dtv

Nicolas Wolz

»UND WIR VERROSTEN IM HAFEN«

Deutschland, Großbritannien und der Krieg zur See 1914 – 1918

Mit zahlreichen Abbildungen

Deutscher Taschenbuch Verlag

MIX
Papier aus verantwortungsvollen Quellen
FSC® C006701
www.fsc.org

Originalausgabe 2013

Umschlagkonzept: Balk & Brumshagen
Umschlagfoto: Matrosen auf der Landungsbrücke in Helgoland (1910)
(ullstein bild/Haeckel Archiv)
Satz: Greiner & Reichel, Köln
Druck und Bindung: Ebner & Spiegel (CPI books)
Gedruckt auf säurefreiem, chlorfrei gebleichtem Papier
Printed in Germany · ISBN 978-3-423-28025-9

Für Kristina und Mia

Inhalt

Vorwort

Einmal im Jahr, kurz vor Weihnachten, versammeln sich die wenigen noch lebenden Besatzungsmitglieder des Panzerschiffs *Admiral Graf Spee* auf dem deutschen Friedhof in Buenos Aires am Grab ihres ehemaligen Kommandanten, Kapitän z. S. Hans Langsdorff. Gemeinsam lassen sie noch einmal Revue passieren, was sich vor mehr als siebzig Jahren, am 17. Dezember 1939, vor der Küste Uruguays abgespielt hat. An diesem Tag hatte Langsdorff seinen Männern den Befehl gegeben, ihr Schiff, das nach einem Gefecht mit drei britischen Kreuzern schwer beschädigt im neutralen Hafen von Montevideo lag, von eigener Hand zu versenken. Der Kommandant wollte keinen Kampf gegen eine feindliche Übermacht führen, der für die *Graf Spee* den Untergang und für den Großteil ihrer mehr als eintausend Offiziere und Mannschaften den sicheren Tod bedeutet hätte. Weil er mit dem Entschluss, sein Schiff kampflos aufzugeben, gegen den Ehrenkodex der Marine verstoßen hatte, der einen »Heldentod« verlangte, erschoss Langsdorff sich zwei Tage später in einem Hotelzimmer in Buenos Aires.

Aus Argentinien, wo die deutschen Seeleute nach der Selbstversenkung der *Graf Spee* Zuflucht gesucht hatten, gelangten einige der Offiziere in den folgenden Monaten auf teils abenteuerlichen Wegen zurück nach Deutschland. Einer von ihnen war Korvettenkapitän Paul Ascher, der Erste Artillerieoffizier der *Graf Spee*. Im Mai 1941 lief Ascher, inzwischen Admiralstabsoffizier beim Flottenstab, an Bord des Schlachtschiffs *Bismarck* zur Operation »Rheinübung« aus. Was als Angriff auf feindliche Geleitzüge im Nordatlantik geplant war, endete mit einer Tragödie. Zusammengeschossen von einem überlegenen britischen Verband, sank die *Bismarck* am 27. Mai 1941 mit mehr als 2200 Mann Besatzung. Ihr Kommandant, Kapitän z. S. Ernst Lindemann, hatte sich bis zum Schluss geweigert, die Flagge zu streichen und so das grausame Gemetzel zu beenden. Nur 115 deutsche Seeleute überlebten. Paul Ascher gehörte nicht zu ihnen.

Der Untergang der *Bismarck* und die Selbstversenkung der *Admiral Graf Spee* zählen zu den bekanntesten Kapiteln der deutschen Marinegeschichte und der Seekriegführung während des Zweiten Weltkriegs. Die Bedingungen jedoch, unter denen diese beiden Ereignisse überhaupt erst möglich wurden, schuf ein anderer Krieg. Langsdorff und Lindemann hatten beide ihre Offizierlaufbahn in der Kaiserlichen Marine begonnen, und ihre jeweiligen Entscheidungen – die Kapitulation des einen ebenso wie die Kapitulationsverweigerung des anderen – waren das Resultat der Erfahrungen, die sie als kaiserliche Seeoffiziere im Ersten Weltkrieg gemacht hatten.

Das war alles andere als selbstverständlich. Noch zu Beginn des 20. Jahrhunderts besaß die Landmacht Deutschland keine nennenswerten Seestreitkräfte. Erst der Anspruch, eine gleichberechtigte Rolle im Kreis der Welt- und Kolonialmächte zu spielen, führte in Verbindung mit der Marineleidenschaft des deutschen Kaisers Wilhelm II. und dem Organisationsgeschick des Admirals Alfred von Tirpitz dazu, dass innerhalb weniger Jahre eine Flotte mächtiger Schlachtschiffe gebaut wurde, mit deren Hilfe man sich den weltpolitischen Hauptkonkurrenten Großbritannien gefügig machen wollte. Doch dieses Kalkül ging nicht auf. Statt zu willfährigen Bündnispartnern wurden die Briten zu erbitterten Gegnern Deutschlands, als im August 1914 der Krieg ausbrach.

Und auch eine andere Hoffnung erfüllte sich nicht: Statt der deutschen Flotte die Gelegenheit zu geben, der Nation in einer großen Seeschlacht zu beweisen, wozu man sie gebaut hatte, verfolgte die britische Royal Navy eine zurückhaltende Strategie und beschränkte sich auf eine Fernblockade der Nordsee. Die dagegen weitgehend machtlose Kaiserliche Marine wartete ab, plante, übte und exerzierte, dann und wann unternahm sie Vorstöße in die feindlichen Gewässer und hoffte darauf, dass es eines Tages doch noch zu der ersehnten Bewährungsprobe käme. Dabei zeigte sie nicht nur eine bedingungslose Treue gegenüber ihrem Obersten Kriegsherrn Wilhelm II., sondern auch einen geradezu todesverachtenden Einsatzwillen. Beide Eigenschaften machte sich später Adolf Hitler zunutze, der von seinen Schiffen einen Kampf »bis zur letzten Granate« verlangte – ein Anspruch, den nicht nur die *Bismarck* bereitwillig einlöste. Nichts fürchtete die Marine zwischen 1939 und 1945 mehr als eine Wiederholung ihres unrühmlichen Statistendaseins während des Ersten Weltkriegs.

Aber auch Langsdorffs Weigerung, seine Männer einen sinnlosen Tod sterben zu lassen – übrigens der einzige Fall dieser Art in beiden Kriegen – ist nicht denkbar ohne den Hintergrund des Ersten Weltkriegs. Am 8. Dezember 1914 traf Vizeadmiral Maximilian Graf von Spee in einer Situation, die der Langsdorffs auf fatale Weise ähnelte, die genau entgegengesetzte Entscheidung. Der Admiral, der später Langsdorffs Schiff den Namen gab, nahm den Kampf gegen eine britische Übermacht auf, obwohl er wusste, dass es für ihn keine Aussicht auf Erfolg gab. Damit begründete Spee gewissermaßen die Tradition des Untergangs mit wehender Flagge in der deutschen Marine, die Langsdorff fünfundzwanzig Jahre später nicht fortsetzen wollte, der er sich aber auch nicht entziehen konnte, wie sein Selbstmord beweist.

Wenn Langsdorffs Schicksal und das der *Bismarck* heute populärer sind als das des Grafen Spee und der Kaiserlichen Marine, liegt das zum einen daran, dass der Zweite Weltkrieg uns buchstäblich näher ist als der Erste. Hitler, der Holocaust und fast sechzig Millionen Tote versperren uns den Blick zurück auf jene »Ur-Katastrophe« des 20. Jahrhunderts, in die die Staaten Europas nach einem Wort des Historikers Christopher Clark wie »Schlafwandler« hineingetaumelt waren. Der andere Grund ist, dass die Jahre 1914 bis 1918 vor allem als Land- und Stellungskrieg in die kollektive Erinnerung eingegangen sind. Bis heute verbinden wir mit dem Ersten Weltkrieg in allererster Linie Bilder einer Schützengraben- und Stacheldrahtwüste. Er steht für unzählige hoffnungslose Sturmangriffe auf uneinnehmbare gegnerische Stellungen ebenso wie für Verdun und für die Somme, für menschenverachtende Materialschlachten, in denen für den Preis von ein paar Metern schlammigen Ackerbodens Hunderttausende einen schrecklichen Tod starben.

Die wenigen »echten« Kampfhandlungen zur See, allen voran die Schlacht vor dem Skagerrak am 31. Mai 1916, haben sich demgegenüber weniger stark ins Bewusstsein der nachfolgenden Generationen eingeprägt. Auch in der mittlerweile fast unüberschaubaren Literatur zum Ersten Weltkrieg spielt der Seekrieg für gewöhnlich eine untergeordnete Rolle, in manchen Darstellungen taucht er überhaupt nicht auf. Wenn er thematisiert wird, stehen meist strategische und technische Aspekte im Vordergrund; auf britischer Seite beschäftigt sich eine Vielzahl von Monographien ausschließlich mit der Skagerrakschlacht. Eine Gesamtdarstellung des

Seekriegs der Kaiserlichen Marine gegen die Royal Navy, die neben den militärischen und politischen auch sozial-, alltags- und mentalitätsgeschichtliche Aspekte einbezieht, gibt es bislang nicht.

Dabei ist gerade die Frage, wie die beteiligten Offiziere und Mannschaften »ihren« Krieg erlebten – und zwar nicht nur während der wenigen Stunden, in denen sich ihre Schiffe im Gefecht befanden, sondern auch in den langen Monaten des Wartens auf den nächsten Einsatz – eine äußerst spannende. Auf beiden Seiten der Nordsee nämlich stand die unscheinbare Rolle der Flotten *im* Krieg in grellstem Gegensatz zu der politischen, militärischen und auch gesellschaftlichen Bedeutung, die ihnen *vor* dem Krieg beigemessen worden war. Vor allem die mit so großen Hoffnungen erbaute deutsche Flotte vermochte die in sie gesetzten Erwartungen nicht zu erfüllen. Kaltgestellt durch die britische Fernblockade, lag sie praktisch nutzlos in Wilhelmshaven und Kiel vor Anker, ihre wenigen Kampfeinsätze konnten, so heldenhaft sie aus Sicht der Zeitgenossen auch durchgeführt worden sein mochten, daran nicht das Geringste ändern. Am Ende des Krieges war sie dann auch noch einer der Brandherde der Revolution, die in aller Deutlichkeit offenbarte, wie sehr sich die auch und gerade von der Marine repräsentierte alte Ordnung des Kaiserreichs überlebt hatte. »Selten«, so das Urteil des Historikers Michael Salewski, »ist eine Organisation von so stolzer Höhe so tief gefallen ...«[1]

Doch auch die am Ende siegreiche Royal Navy war in einer schwierigen Lage. Ganz Großbritannien hatte erwartet, dass die englische Flotte, die seit Nelsons großem Sieg über die französisch-spanische Armada bei Trafalgar 1805 unangefochten die Meere beherrschte, ihre deutschen Herausforderer binnen kürzester Zeit zum Kampf stellen und vernichten würde. Stattdessen hielt sie sie lediglich aus sicherer Entfernung in Schach – eine zwar effektive, der eigenen ruhmreichen Tradition jedoch scheinbar völlig unangemessene Vorgehensweise. Für die britischen Seeleute, die sich ebenso wie ihre deutschen Kontrahenten damit zufriedengeben mussten, beinahe wie im Frieden ihren Dienst zu tun und statt auf gegnerische Schiffe auf alte Tonnen zu schießen, war es eine mehr als bittere Erfahrung, nur Nebendarsteller in einem Krieg zu sein, der für die Royal Navy mit einem zweiten Trafalgar hätte enden sollen.

Wie gingen die Seeleute auf beiden Seiten mit der passiven Rolle der Flotten um? Welchen Sinn konnten sie diesem Krieg ohne Gegner abgewinnen? Wie beurteilten sie ihre eigene Leistung im Vergleich zu dem, was die Armeesoldaten auf den Schlachtfeldern des Kontinents durchmachten? Wie vereinbarte sich die Untätigkeit der Schlachtschiffe mit dem elitären Selbstverständnis ihrer Offiziere? Woher kam ihr Wunsch, unbedingt kämpfen zu wollen? Und wenn es zum Kampf kam: Warum opferten viele lieber ihr Leben für eine schon verlorene Sache, als sich einfach zu ergeben? Und schließlich: Was trieb ein Seemann eigentlich den ganzen Tag, wenn sein Schiff im Hafen lag?

Die Antworten auf diese Fragen lassen sich nur zum Teil in den amtlichen Unterlagen, in Akten, Dienstkorrespondenzen und Denkschriften finden. Weitaus ergiebiger sind die Aufzeichnungen der Akteure selbst, ihre Tagebücher und Briefe, die sie während des Krieges verfasst haben. Sie geben einen unmittelbaren Eindruck von den damaligen Ereignissen und Zusammenhängen und ermöglichen uns einen faszinierenden Einblick in die Erlebnis- und Gedankenwelt der Soldaten. Wir sehen, was sie sahen, erfahren, was sie fühlten und dachten, können beobachten, wie sie den Krieg erlebten, deuteten und verarbeiteten.

Bislang sind solche »Ego-Dokumente« für die maritime Historiographie des Ersten Weltkriegs nicht oder doch nur in sehr geringem Umfang herangezogen worden. Verglichen mit den 13 Millionen Soldaten, die insgesamt zwischen 1914 und 1918 für das deutsche Heer rekrutiert wurden, war die Kaiserliche Marine mit einer Personalstärke von rund 80000 Mann eine kleine Streitkraft. Entsprechend gering war auch die Zahl der potentiellen Brief- und Tagebuchschreiber in ihren Reihen. Doch es gab sie dort ebenso wie in der Royal Navy, und ihre Aufzeichnungen liegen über ganz Deutschland und Großbritannien verstreut in Archiven und Museen, bei Vereinen und Verbänden, bei Marinekameradschaften und in privaten Memorabilia-Sammlungen. Erstmals zusammengetragen und ausgewertet habe ich sie für meine Dissertation am Fachbereich Geschichte der Universität Tübingen.[2] Nun bilden sie die Grundlage dieses Buches, das sich an einen breiteren Leserkreis richtet und das weder die wissenschaftliche Debatte in all ihren Verästelungen nachzeichnen möchte noch die strategischen und operativen Details der damaligen Seekriegführung erschöpfend erfassen will. Sein vorrangiges Ziel ist es, dem Leser eine persönliche Sicht auf die Vergangenheit zu ermöglichen, indem es die Betroffenen selbst ausführlich zu Wort kommen lässt. Auf Fußnoten wurde deshalb dort, wo es nicht um wörtliche Wiedergaben aus den Quellen geht, weitgehend verzichtet. Englische Zitate wurden ins Deutsche übertragen, ebenso die englischen Rangbezeichnungen. Die Originaltexte werden in den Anmerkungen wiedergegeben.

Die weitaus meisten erhaltenen Aufzeichnungen stammen von Offizieren. Die Sicht der Mannschaften schildert vor allem das Ende der 1920er-Jahre veröffentlichte Tagebuch des Matrosen Richard Stumpf. Umfang und Stil der Tagebücher und Briefe variieren: Einige Schreiber zogen es vor, ihre Erlebnisse und Gedanken in relativ knapper, nüchterner Form zu erfassen, während andere an so gut wie jedem der etwa 1500 Tage des Krieges zu Papier und Feder gegriffen haben. Besonders bemerkenswerte Beispiele solcher Schreibwut sind auf deutscher Seite die Tagebücher von Kapitänleutnant Bogislav von Selchow, auf englischer die von Leutnant Oswald Frewen. Beide haben nicht nur die Kriegsjahre, sondern praktisch ihr gesamtes Leben in mit Zeichnungen, Fotos, Zeitungsausschnitten und Gedichten reich verzierten Bänden festgehalten. Die Frewen-*Diaries*, nach dem Krieg in dickes Schweinsleder gebunden, füllen heute einen guten Teil der Bibliothek im Landhaus der Frewens in Sussex, wo sie Oswald Frewens Großneffe Jonathan hütet wie einen Schatz. Unter den Briefeschreibern sticht Konteradmiral Adolf von Trotha hervor, der während des Krieges mit rund vierhundert verschiedenen Korrespondenzpartnern in Kontakt stand. Für unsere Zwecke am interessantesten freilich sind die Briefe, die er an seine Frau schrieb – darin äußerte er sich ähnlich wie die Tagebuchschreiber frei und ohne Hintergedanken politischer oder dienstlicher Natur.

Trothas Nachlass befindet sich heute im Niedersächsischen Staatsarchiv in Bückeburg. Den Mitarbeitern dort möchte ich für ihre Hilfsbereitschaft und tatkräftige Unterstützung ebenso danken wie jenen des Bundesarchiv-Militärarchivs in Freiburg, des Wehrgeschichtlichen Ausbildungszentrums an der Marineschule Mürwik in Flensburg, der Marine-Offizier-Vereinigung in Bonn und des Wissenschaftlichen Instituts für Schiffahrts- und Marinegeschichte in Hamburg. Auf britischer Seite gilt mein Dank den Archivaren des Royal Naval Museum in Portsmouth, des National Maritime Museum in Greenwich, des Imperial War Museum und des Public Record Office in London, des Churchill Archives Centre in Cambridge und der Liddle Collection an der Universität Leeds. Die Deutsche Marine hat mir wertvolle Einblicke in das Alltagsleben heutiger Seestreitkräfte ermöglicht, sei es an der Marineschule Mürwik, an Bord einer Fregatte, eines Minensuchers, eines U-Bootes oder auch des Schulschiffes *Gorch Fock*, mit dem ich zwei Wochen lang den Nordatlantik befahren durfte. Dem Deutschen Taschenbuch Verlag und seiner Cheflektorin Dr. Andrea Wörle danke ich für die überaus fruchtbare und angenehme Zusammenarbeit. Für ihren Rat und ihre Unterstützung schulde ich den Historikern Dieter Langewiesche (Tübingen), Michael Epkenhans (Potsdam), Nicholas Rodger (Oxford) und Michael Salewski (Kiel, †2010) besonderen Dank. Der größte Dank aber gebührt meiner Familie, ohne die dieses Buch vermutlich nie geschrieben worden wäre.

Prolog: Wettlauf im Mittelmeer

Es ist einer jener unvergleichlich schönen Tage, an denen dieser Sommer so reich war. Die Sonne brennt von einem wolkenlosen Himmel über der strahlend blauen Adria, als in Pola, dem Hauptstützpunkt der österreichisch-ungarischen Marine an der Südspitze Istriens, die Nachricht eintrifft, Österreich habe Serbien den Krieg erklärt. Man schreibt Dienstag, den 28. Juli 1914. Genau einen Monat zuvor haben serbische Nationalisten den österreichisch-ungarischen Thronfolger Franz-Ferdinand und dessen Frau in Sarajewo erschossen und Europa in die schwerste politische Krise des noch jungen Jahrhunderts gestürzt.

Im Hafen von Pola liegt, inmitten befreundeter österreichischer Kriegsschiffe, auch der deutsche Schlachtkreuzer SMS *Goeben*. Mit seinen zehn 28-cm-Geschützen, einer Wasserverdrängung von mehr als 25 000 Tonnen und rund 1100 Mann Besatzung ist er eines der größten und modernsten Kriegsschiffe der damaligen Zeit. Und eines der schnellsten: Vierundzwanzig mit Kohle beheizte Dampfkessel tief im Innern des Rumpfes erzeugen genug Druck, um zwei gewaltige Parsons-Turbinen anzutreiben, die dem Stahlkoloss eine Höchstgeschwindigkeit von 28 Knoten ermöglichen. Zusammen mit dem Kleinen Kreuzer *Breslau* bildet die *Goeben* die Mittelmeerdivision der Kaiserlichen Marine. Es sind die einzigen deutschen Kriegsschiffe im gesamten Mittelmeerraum.

Kommandiert wird der kleine, aber prestigeträchtige Verband von Wilhelm Souchon, damals Konteradmiral. Rein äußerlich ist er eher unscheinbar – nach Auffassung eines amerikanischen Diplomaten ähnelt er mehr einem Pfarrer als einem Admiral[1] –, doch der 1864 in Leipzig geborene Souchon hat im Laufe seiner mehr als dreißig Berufsjahre in der Marine schon einige brenzlige Situationen überstanden und gilt als äußerst erfahrener und kompetenter Offizier.

Nach dem Attentat von Sarajewo ist er mit der *Goeben* nach Pola gelaufen, um dort die weiteren Entwicklungen abzuwarten und währenddessen die Maschinenanlagen seines Schiffes überholen zu lassen. Doch nun, da die Österreicher offensiv auf Vergeltung gegen Serbien dringen und die zum Zerreißen gespannte Atmosphäre auf dem Kontinent sich immer weiter auflädt, muss er eine wichtige Entscheidung treffen.

Souchon weiß, dass er in der Adria in der Falle sitzt, sollte es zu einem großen Krieg in Europa kommen. Auch mit Unterstützung der Österreicher besteht für *Goeben* und *Breslau* nicht die geringste Aussicht, etwas gegen die erdrückende Übermacht der britischen und französischen Flotte in diesem Seegebiet auszurichten. Mit etwas Glück könnte man aber vielleicht einige der Transportschiffe versenken, die im Falle eines Krieges die Soldaten der französischen Kolonialarmee von Algerien nach Frankreich bringen sollen. Souchon beschließt deshalb, mit seinen Kreuzern so schnell wie möglich die Adria zu verlassen, Sizilien zu umrunden und sich vor der nordafrikanischen Küste auf die Lauer zu legen.

Am 29. Juli 1914 lichtet die *Goeben* Anker, verlässt Pola und nimmt zunächst Kurs auf Brindisi. Von dort dampft sie weiter nach Sizilien, wo sie von der *Breslau* erwartet wird. Unterwegs erfährt Souchon über Funk vom Admiralstab in Berlin, was für eine Kettenreaktion von Kriegserklärungen und Mobilmachungsbefehlen die österreichische Kampfansage an Serbien inzwischen ausgelöst hat. Die Bündnisse, die die europäischen Großmächte in den vergangenen Jahren und Jahrzehnten miteinander geschlossen haben, kommen zum Tragen und teilen den Kontinent in Verbündete und Gegner. Seit 1879 gibt es zwischen dem Deutschen Reich und Österreich-Ungarn einen zunächst geheimen, später öffentlichen Defensivvertrag, den Zweibund. Das Deutsche Reich stellt sich nun bedingungslos hinter seinen Zweibund-Partner Österreich-Ungarn und erklärt am 1. August Russland den Krieg, das wiederum seine Armee mobilisiert hat, um Serbien beizuspringen. An der Seite der Russen rüsten sich Frankreich und Großbritannien, die Mitglieder des dem Zweibund seit 1907 gegenüberstehenden Militärbündnisses der Triple Entente, zum Krieg. Doch noch sind die letzten Entscheidungen nicht gefallen.

Italien, das eigentlich über den Dreibund mit Deutschland und Österreich verbunden ist, erklärt sich just an dem Tag für neutral, als die *Goeben* Sizilien erreicht und im Hafen von Messina an der Seite der *Breslau* vor Anker geht. Es ist Sonntag, der 2. August 1914, und die italienischen Behörden weigern sich, die kaiserlichen Kreuzer mit Kohle zu versorgen. Souchon kann seine Fahrt nur fortsetzen, weil im Hafen einige deutsche Handelsschiffe liegen, deren Brennstoffvorräte er kurzerhand beschlagnahmt. Seiner Frau schreibt er am Abend dieses Tages in einem Brief: »Ich bin guten Muts und freue mich, das stärkste und schnellste Schiff unter den Füßen zu haben.«[2]

Am nächsten Tag, der deutsche Verband hat Sizilien verlassen und steuert die Küste Nordafrikas an, erfährt der Admiral, dass Berlin nun auch Paris den Krieg erklärt hat. Seine Schiffe, denkt er, sind also auf dem richtigen Weg.

Doch als er sein Ziel beinahe erreicht hat, erhält Souchon plötzlich aus der Heimat den Befehl: »*Goeben* und *Breslau* sofort nach Konstantinopel gehen.« Der Grund: Deutschland und das Osmanische Reich haben gerade ein gegen Russland gerichtetes Bündnis geschlossen, allerdings rein defensiver Natur. Um die Türken dazu zu bewegen, sich aktiv auf deutscher Seite am Krieg zu beteiligen, will Berlin militärische Präsenz am Bosporus zeigen. Souchon, der erst zu Ende bringen möchte, was er begonnen hat, ignoriert die Order und setzt seine Fahrt fort.

An der algerischen Küste angekommen, beschießen *Goeben* und *Breslau* die Hafenstädte Philippeville und Bône, von denen aus die französischen Truppen nach Europa verschifft werden sollen. Auch wenn die deutschen Granaten keinen nennenswerten Schaden anrichten, ist Souchon zufrieden. Seine erste Mission ist erfüllt. Wie viel Schaden er wirklich angerichtet hat, weiß er zunächst nicht, für ihn zählt vor allem, seine Geschütze abfeuern zu können – das zeigt: Die Deutschen sind da, und sie sind gefährlich. Nun kann er zurück nach Messina, um für den 2000 Kilometer langen Marsch nach Konstantinopel frische Kohlen zu fassen. Die beiden Kreuzer drehen ab und gehen auf östlichen Kurs.

Sie haben noch nicht viele Seemeilen zurückgelegt, da tauchen querab am Horizont plötzlich die Silhouetten zweier britischer Kriegsschiffe auf. Es sind HMS *Indomitable* und HMS *Indefatigable*, zwei der modernsten Schlachtkreuzer der Royal Navy, ähnlich gebaut wie die *Goeben*, aber beide ausgestattet mit je acht 30,5-cm-Kanonen. Wenn es jetzt zum Gefecht käme, hätte der deutsche Verband so gut wie keine Chance gegen ihre überlegene Feuerkraft. In voller Kampfbereitschaft, mit geladenen Geschützen gleiten die vier Schiffe aneinander vorbei, der Abstand beträgt nur wenige tausend Meter. Doch es fällt kein Schuss. Es ist der Vormittag des 4. August 1914, und Deutschland und Großbritannien sind noch nicht im Krieg miteinander.

Das Zusammentreffen auf hoher See ist reiner Zufall. Seit Souchons kleiner Verband unbemerkt die Adria verlassen hat, rätseln der britische Oberkommandierende im Mittelmeer, Admiral Sir Archibald Berkeley Milne, und sein Stellvertreter, Konteradmiral Ernest Troubridge, welchen Plan die Deutschen wohl verfolgen. Von dem Abkommen mit der Türkei wissen sie nichts. Noch dazu treffen aus London ständig neue, zum Teil widersprüchliche Meldungen und Befehle im Hauptquartier der Mittelmeerflotte auf Malta ein. Erster Lord der Admiralität und damit politischer Oberbefehlshaber der britischen Kriegsmarine ist seit 1911 Winston Churchill. Churchill besteht darauf, dass Milne und Troubridge die deutschen Schiffe unter allen Umständen aufspüren. Was dann geschehen soll, bleibt zunächst offen. *Indomitable* und *Indefatigable* erhalten den Auftrag, die Straße von Gibraltar zu überwachen für den Fall, dass die Deutschen versuchen sollten, in den Atlantik zu entkommen. Nun haben sie die Gesuchten direkt vor sich.

Kaum haben die britischen Schlachtkreuzer den deutschen Verband passiert, wenden sie und heften sich an Souchons Fersen. Der Admiral, der nicht sicher sein kann, ob mittlerweile nicht doch der Krieg zwischen Deutschland und England erklärt worden ist, fürchtet, dass die Briten jeden Augenblick das Feuer auf ihn eröffnen könnten. Er befiehlt, die Verfolger abzuschütteln. Tief unten in den Maschinenräumen der *Goeben* und der *Breslau* schaufeln die Heizer buchstäblich bis zum Umfallen Kohle in die glühend heißen Kessel, um die Schiffe auf maximale Fahrt zu bringen. Langsam wird der Abstand größer. Doch noch immer sind die Deutschen in Reichweite der britischen Geschütze. Die aber schweigen.

Was Souchon nicht weiß: Das Kabinett in London hat der deutschen Regierung soeben ein Ultimatum gestellt, das noch bis Mitternacht läuft. Vorher darf, wie Churchill über Funk anordnet, kein Schuss abgegeben werden. In ihrem Ultimatum verlangen die Briten eine Garantie der belgischen Neutralität. Die aber können und wollen die Deutschen nicht geben, da die gesamte Strategie des kaiserlichen Generalstabs für einen Krieg mit Frankreich – der berühmt-berüchtigte »Schlieffen-Plan«, benannt nach dem Generalfeldmarschall Alfred von Schlieffen – darauf aufbaut, die starken französischen Befestigungen im Norden des Landes zu umgehen und stattdessen durch Belgien und Luxemburg nach Paris vorzustoßen.

Die Stunden verrinnen, und allmählich geraten die deutschen Schiffe außer Sichtweite der Engländer; auf britischer Seite kann allein der mittlerweile hinzugekommene Leichte Kreuzer *Dublin* das hohe Tempo mithalten. Mit dem Hereinbrechen der Dunkelheit verliert dann aber auch er den Sichtkontakt. Gegen 22 Uhr erhält die *Dublin* den Befehl, die Verfolgung abzubrechen. Zwei Stunden später läuft das englische Ultimatum aus. Es ist Mitternacht am 5. August 1914, und Großbritannien befindet sich nun offiziell im Krieg mit Deutschland.

Am nächsten Morgen erreicht Souchon mit seinen Schiffen unbeschadet Messina, wo ihm die Italiener erlauben, ein letztes Mal Kohlen zu fassen. Viel Zeit zum Ausruhen bleibt den erschöpften deutschen Seeleuten nicht. Maximal 24 Stunden darf laut Haager Konvention der Aufenthalt der Schiffe von Kombattanten in einem neutralen Hafen dauern, sonst droht die Internierung. Souchon rechnet nun, da der Krieg erklärt ist, fest damit, dass die Engländer ihn kein zweites Mal entkommen lassen. Auslaufen will er aber trotzdem, auch wenn das möglicherweise den Untergang seiner Schiffe bedeutet. Deshalb hat ihm der Admiralstab die Entscheidung ausdrücklich freigestellt. Seiner Frau schreibt er später: »Aber in neutralen Häfen desarmieren, das gibt es Gott sei Dank für einen deutschen Seeoffizier nicht, und wird es hoffentlich nie geben.«[3] Bevor *Goeben* und *Breslau* am Nachmittag des 6. August wieder die Anker lichten, verfasst Souchon noch schnell sein Testament und lässt es an Land bringen.

Doch als sie die italienischen Hoheitsgewässer in südöstlicher Richtung verlassen, die Geschütze klar zum Gefecht, werden die Deutschen lediglich von einem einzelnen Leichten Kreuzer der Briten verfolgt. Diesmal ist es die *Gloucester*. Erst später wird Souchon erfahren, dass ein schwerer taktischer Fehler seinen Verband gerettet hat: Weil Admiral Milne glaubt, Souchon werde einen weiteren Versuch unternehmen, die französischen Truppentransporter anzugreifen, hat der britische Oberbefehlshaber alle seine Schiffe bis auf die kleine *Gloucester* westlich von Sizilien positioniert, weit entfernt von der tatsächlichen deutschen Route. Als den Briten schließlich dämmert, dass Souchon ein ganz anderes Ziel verfolgt, ist der Abstand für Milne schon zu groß.

Allein Konteradmiral Troubridge, der mit vier älteren Panzerkreuzern südlich von Korfu Wache hält, um Souchon den Rückweg nach Pola zu versperren, kann die Deutschen jetzt noch einholen. Seine Schiffe sind zwar jedes für sich genommen schwächer als die *Goeben*, doch zusammen verfügen sie über eine beachtliche Feuerkraft. Um diesen Vorteil nutzen zu können, muss Troubridge, dessen Geschütze die geringere Reichweite haben, allerdings erst einmal nah genug an die deutschen Kreuzer herankommen. Er entschließt sich zunächst, den Versuch zu wagen, und nimmt die Verfolgung auf.

Dann aber, im Verlauf einer unruhigen Nacht, kommen Troubridge Bedenken. Zu groß erscheint ihm nun nach Rücksprache mit seinen Offizieren das Risiko, von den Deutschen aus der Distanz zum Wrack geschossen zu werden. Außerdem hat er Befehl, seine Schiffe nicht im Kampf gegen einen überlegenen Gegner aufs Spiel zu setzen. An der Frage, ob *Goeben* und *Breslau* an diesem Tag für Troubridges Verband ein solcher überlegener Gegner sind oder nicht, werden sich später noch lange die Geister scheiden.

Für Troubridge ist die Sache klar. Schweren Herzens und, wie es heißt, unter Tränen gibt der Admiral, dessen Urgroßvater 1797 in der berühmten Seeschlacht bei Kap St. Vincent an der Seite des legendären Admirals Horatio Nelson die fast doppelt so starke spanische Flotte besiegt hat, den Befehl, die Verfolgung abzubrechen. Nur die kleine *Gloucester* hält weiter Kurs.

Souchon, der von all dem nichts ahnt und annimmt, die gesamte britische Mittelmeerflotte sei hinter ihm her, verlangt seiner Mannschaft noch einmal das Letzte ab, um die vermeintlichen Verfolger loszuwerden. Diesmal lässt er so lange Dampf aufmachen, bis buchstäblich die Kessel platzen. Mehrere Heizer der *Goeben* werden mit kochendem Wasser übergossen und erleiden tödliche Verbrühungen. Der Admiral ordnet außerdem an, alles für eine Sprengung der Schiffe vorzubereiten, um sie nach einem Gefecht, »wenn sie ganz zusammengeschossen sein würden, zu versenken, damit unter keinen Umständen eins in die Hand des Feindes falle«.[4]

Doch so weit kommt es nicht. Am Abend des 7. August 1914 erreichen *Goeben* und *Breslau* ungefährdet die Ägäis und nehmen Kurs auf die Dardanellen. Jetzt dreht auch die *Gloucester* ab und überlässt das Feld der gemächlich herandampfenden Mittelmeerflotte. Admiral Milne, der Souchons Absichten schon einmal falsch eingeschätzt hat, ist fest davon überzeugt, dass die Deutschen in der Ägäis in der Falle sitzen. Ohne jede Eile macht er sich auf die Suche nach seinem Gegner, um ihn zum entscheidenden Gefecht zu stellen. Erst als Milne endlich am späten Nachmittag des 10. August vor der kleinasiatischen Küste eintrifft und dort weit und breit keine Spur des deutschen Verbands zu entdecken ist, begreift der britische Admiral, dass Souchon ihm zum zweiten Mal entwischt ist.

Tatsächlich haben *Goeben* und *Breslau* nur wenige Stunden zuvor von den Türken die Erlaubnis erhalten, in die Dardanellen einzulaufen. Sie haben die rund 65 Kilometer lange, von mächtigen Festungen gesäumte Meerenge passiert, die das Ägäische Meer mit dem Marmarameer verbindet. Vor ihnen erheben sich am Ufer die Kuppeln, Türme und Minarette der Stadt Konstantinopel. Nun lassen die beiden deutschen Kreuzer die Anker fallen. Sie haben ihr Ziel erreicht.

Wenig später erwarb die Türkei die Schiffe offiziell von ihrem neuen Bündnispartner Deutschland und integrierte sie unter den Namen *Sultan Yawuz Selim* und *Midilli* in die türkische Flotte. An den Masten der ehemals kaiserlichen Kreuzer wehte nun die Flagge des Osmanischen Reiches, die deutschen Matrosen trugen den Fes. Konteradmiral Souchon wurde zum türkischen Flottenchef ernannt und provozierte Ende Oktober 1914 durch die Beschießung russischer Schwarzmeerhäfen die Kriegserklärungen der Entente-Mächte Russland, Frankreich und Großbritannien an Konstantinopel. So trug er dazu bei, die zunächst zögerlichen Türken zum Kriegseintritt auf Seiten der sogenannten Mittelmächte Deutschland und Österreich-Ungarn zu bewegen. Während der folgenden drei Jahre widmete Souchon sich erfolgreich der Aufgabe, die türkischen Meerengen und damit die Seeverbindung nach Russland zu sperren.*

---

* Im September 1917 verließ Souchon die Türkei und wurde Chef des IV. Geschwaders der Hochseeflotte; zu seinem Nachfolger am Bosporus wurde Vizeadmiral Hubert von Rebeur-Paschwitz ernannt. Im Januar 1918 liefen *Goeben* und *Breslau* im Mittelmeer auf eine englische Minensperre. Während die *Goeben* schwer beschädigt gerettet werden konnte, sank die *Breslau* mit dem größeren Teil ihrer Besatzung.

Alle Versuche der Entente, die Dardanellen und den Bosporus von See aus zu erobern, scheiterten, ebenso eine große Offensive unter britischer Führung auf der Halbinsel Gallipoli im Sommer 1915.

Für seine spektakuläre Flucht in die türkischen Gewässer wurde Konteradmiral Souchon von Kaiser Wilhelm II. mit dem Eisernen Kreuz I. Klasse ausgezeichnet. Die glücklosen britischen Befehlshaber Milne und Troubridge dagegen mussten sich vor einer Untersuchungskommission dafür verantworten, dass sie die deutschen Schiffe hatten entkommen lassen. Während Milnes Verhalten für einwandfrei erklärt wurde, stellte man den armen Troubridge vor ein Kriegsgericht. Er habe, so lautete der Vorwurf, als einziger britischer Offizier eine echte Chance gehabt, Souchon zum Gefecht zu stellen, und sie nicht genutzt. Der Admiral verteidigte sich damit, er habe lediglich den Befehl befolgt, seine Schiffe nicht gegen einen überlegenen Gegner einzusetzen. Am Ende erkannte das Gericht diese Argumentation an und sprach Troubridge frei. Doch sein Ruf innerhalb der Royal Navy war ruiniert. Troubridge durfte nie wieder ein Schiff kommandieren.

Seit der Seeschlacht von Trafalgar 1805 galt in der britischen Marine nämlich das eherne Diktum Nelsons: »Kein Kommandant kann etwas falsch machen, der sein Schiff längsseits an das des Feindes bringt.«[5] Auch wenn er dabei untergeht. Dieses ungeschriebene Gesetz, das keinen überlegenen Gegner kennt, hatte Troubridge verletzt, auch wenn er formal richtig gehandelt hatte. Statt froh darüber zu sein, dass durch die Zurückhaltung des Admirals Schiffe und Menschenleben verschont geblieben waren, die sonst mit großer Wahrscheinlichkeit sinnlos geopfert worden wären, litt die Royal Navy noch viele Jahre lang unter diesem »beklagenswerten Schlag gegen das britische See-Prestige«.[6]

Als besonders schmerzvoll empfanden die Briten diesen Schlag aber vor allem deshalb, weil er der stolzen Royal Navy, der stärksten Kriegsmarine der Welt, die auf eine jahrhundertealte, ruhmreiche Vergangenheit zurückblicken konnte, von einer Nation zugefügt wurde, die wenige Jahre zuvor nicht einmal eine eigene Flotte besessen hatte. Erst unter dem neuen, jungen Kaiser Wilhelm II. hatten die deutschen »Landratten« angefangen, Schiffe zu bauen und von der Seemacht zu träumen. Schickten sie sich nun etwa an, diesen Traum wahr werden zu lassen?

Kapitel I

»Bitter not ist uns eine starke Flotte!« Der deutsche Traum von der Seemacht

Am frühen Morgen des 23. Juni 1914 schälten sich vor der nebelverhangenen Kieler Förde die Umrisse von vier gewaltigen Kriegsschiffen aus dem grauen Dunst. Am Heck der stählernen Giganten flatterten große weiße Fahnen mit einem roten Georgskreuz und dem *Union Jack* oben links in der Ecke. Es war das berühmte *White Ensign*, die Kriegsflagge der britischen Marine. Unter den neugierigen Blicken zahlreicher Schaulustiger liefen die vier Schiffe – sie hießen *King George V.*, *Ajax*, *Audacious* und *Centurion* – nacheinander in den Kieler Hafen ein. Sie bildeten unter dem Kommando von Vizeadmiral Sir George Warrender das 2. Schlachtschiffgeschwader der Royal Navy. Begleitet wurden sie von den drei Leichten Kreuzern *Southampton*, *Birmingham* und *Nottingham* unter dem Kommando von Kommodore William E. Goodenough. In Kiel hatte man die Repräsentanten der stärksten Seemacht der Welt schon erwartet. Die Stadt stand ganz im Zeichen der Kieler Woche, und der Besuch des britischen Geschwaders sollte den Festlichkeiten einen besonderen Glanz verleihen.

Die deutschen Gastgeber waren eifrig darum bemüht, den englischen Offizieren und Mannschaften den Aufenthalt an der Ostsee so angenehm wie möglich zu machen. Sie organisierten Bälle, Feste und Sportveranstaltungen, für verheiratete britische Offiziere gab es Einladungen in die Privathäuser verheirateter deutscher Offiziere. Vizeadmiral Warrender verkehrte in den höchsten Kreisen. Er traf nicht nur Prinz Heinrich von Preußen, den jüngeren Bruder des Kaisers und seit 1909 Generalinspekteur der Marine, sondern auch den deutschen Flottenchef Admiral Friedrich von Ingenohl, den Staatssekretär des Reichsmarineamtes und Baumeister der deutschen Flotte, Großadmiral Alfred von Tirpitz, und schließlich an Bord der kaiserlichen Yacht *Hohenzollern* auch Kaiser Wilhelm II. persönlich. In Gesprächen, Reden und Trinksprüchen wurden immer wieder die lange Verbundenheit und die gute Kameradschaft zwischen der britischen und der deutschen Marine beschworen.

Auch als am 28. Juni die Nachricht von der Ermordung des österreichischen Thronfolgers in Sarajewo einen dunklen Schatten auf die Kieler Festwoche warf, blieb die Stimmung unter den Seeleuten freundschaftlich. Zwei Tage später lichtete das englische Geschwader die Anker und trat die Heimreise an. Auf den deutschen Schiffen wehte zum Abschied das Signal »Glückliche Reise«. Die Briten antworteten mit dem Funkspruch: »Friends in past and friends for ever!«[1]

Fünf Wochen später begann der Erste Weltkrieg.

Das eigentlich Erstaunliche an der Kieler Begegnung war aber nicht die Tatsache, dass sich dort Angehörige zweier Nationen ewige Freundschaft versprachen, die nur einen Wimpernschlag später zu Todfeinden wurden.

Nehmen wir an, einer der Besucher der damaligen Kieler Woche hätte die zwanzig Jahre zuvor so verbracht wie jener 76 Jahre alte Mann in Süddeutschland, der sich im Oktober 1914 bei den Behörden danach erkundigte, ob es denn stimme, was man sagen höre: dass ein großer Krieg ausgebrochen sei? Da er tief zurückgezogen im Wald lebte, ohne Post und Zeitung, hatte er von den umstürzenden Ereignissen in Europa erst erfahren, als ihm ein Tourist zufällig davon erzählte.[2]

Einem solchen Beobachter musste es geradezu unglaublich erscheinen, dass das Kaiserreich 1914 überhaupt eine Flotte besaß, die mit der britischen Flotte mithalten konnte. Denn während Großbritannien, die größte und stärkste Seemacht der Welt, seit Nelsons legendärem Sieg bei Trafalgar vor mehr als einem Jahrhundert unangefochten die Meere beherrschte, hatte Deutschland lange Zeit kaum einen Gedanken an seine Seestreitkräfte verschwendet. Eine Ausnahme war die im Revolutionsjahr 1848 von der Frankfurter Nationalversammlung ins Leben gerufene »Reichsflotte«. Mit dem Scheitern der Revolution war allerdings auch ihr Schicksal besiegelt, und die Schiffe, die als Symbol der deutschen Einheit gedacht gewesen waren, endeten schmählich unter dem Hammer eines Auktionators.

Für die maritime Zurückhaltung der Deutschen gab es gute Gründe. Das 1871 gegründete Deutsche Reich war, wie zuvor Preußen, eine klassische Kontinentalmacht; es verfügte über eine Tausende von Kilometern sich erstreckende Landgrenze, die es im Westen gegen Frankreich, im Osten gegen Russland zu schützen galt. Die Küstenlinie dagegen war vergleichsweise kurz und auch ohne starke

Flotte leicht zu verteidigen. Über viele Jahre hinweg kam deshalb nahezu der gesamte Militäretat der Armee zugute, denn die Armee war es, die in drei Kriegen (gegen Dänemark, Österreich-Ungarn und Frankreich) die Einigung des Reiches erkämpft hatte. Die Marine war in keinem dieser Kriege sonderlich in Erscheinung getreten; den Seeleuten, die am Feldzug gegen Frankreich teilgenommen hatten, wurde diese Zeit nicht einmal als Kriegsdienst anerkannt. Nichts illustriert besser die geringe Bedeutung der Seestreitkräfte als die Tatsache, dass bis 1888 der Oberbefehl über die Kaiserliche Marine, wie seit 1871 ihre offizielle Bezeichnung lautete, in den Händen von Armeeoffizieren lag, nämlich der Generale Albrecht von Stosch und Leo von Caprivi.

Immerhin, eine kleine Flotte gab es, von Preußen mit ins Reich gebracht. Aufgebaut hatte sie der preußische Prinz Adalbert, ein Neffe des preußischen Königs Friedrich Wilhelm III. Ihm war es in erster Linie darum zu tun gewesen, Küste und Handel zu schützen. Weitergehende Absichten, gar eine Herausforderung der maritimen Vormachtstellung Englands, verfolgte er nicht. Im Gegenteil: Ganz bewusst suchte Adalbert Inspiration und praktische Unterstützung bei der von ihm bewunderten führenden Seemacht. Über mehrere Jahrzehnte hinweg leisteten die Briten so der deutschen Marine Entwicklungshilfe. Englische Firmen lieferten nicht nur Schiffe, Maschinen und Geschütze nach Deutschland, sondern auch Seekarten und nautische Instrumente. »Wir rankten uns sozusagen an der britischen Marine empor«, schrieb Admiral Tirpitz später über diese Zeit. »Man beschaffte lieber in England. Wenn eine Maschine sicher und ohne Störung arbeitete, ein Tau oder eine Kette nicht riß, dann war es bestimmt kein heimisches Werkstück, sondern ein Fabrikat aus englischen Werkstätten, ein Tau mit dem berühmten roten Faden der britischen Marine.«[3]

Die Royal Navy bildete bis 1865 auch eine ganze Reihe deutscher Offiziere aus. Viele von ihnen wirkten später an einflussreicher Stelle in der Kaiserlichen Marine. Schließlich gewährten die Briten der kleinen deutschen Flotte, die über keine eigenen Stützpunkte in Übersee verfügte, auch logistische Unterstützung und ermöglichten so erst den Einsatz deutscher Schiffe außerhalb von Nord- und Ostsee. Kurzum: England war und blieb »über ein halbes Jahrhundert der Meister, der mit wohlwollender Unterstützung seinem deutschen Lehrling den Weg über die Meere ebnete«.[4]

Diese Großzügigkeit konnten die Briten sich erlauben, weil die deutschen Schiffe aus strategischer Sicht lange Zeit eine zu vernachlässigende Größe für sie waren, kaum mehr als die harmlose Spielerei eines reichen, technikbegeisterten Landes. Wahre Gefahr drohte der britischen Seemacht zu jener Zeit eher von Russland und Frankreich, die beide seit den 1880er-Jahren konsequent ihre Kriegsflotten modernisierten. Gegen diese beiden Länder richtete sich deshalb auch der im Naval Defence Act von 1889 festgelegte »Two-Power-Standard«. Der besagte, dass die Royal Navy stets so stark sein müsse wie die beiden nächststärksten Flotten zusammen. England war bereit, gewaltige Anstrengungen zu unternehmen, um diesen Abstand zu wahren. Denn nur so würde es, wie man glaubte, von Bündnispartnern unabhängig bleiben, seine außenpolitische Optionsfreiheit behalten und für ein Gleichgewicht der Kräfte in Europa sorgen können. Das war die berühmte Politik der »Splendid isolation«, und sie sollte bald zu Ende sein.

Maßgeblichen Anteil daran hatten zwei Männer: der deutsche Kaiser Wilhelm II. und der von ihm zum Staatssekretär des Reichsmarineamtes ernannte Konteradmiral Alfred Tirpitz. Der junge Monarch, der nach dem plötzlichen Tod seines Vaters, Kaiser Friedrichs III., 1888 im Alter von 29 Jahren den Thron bestiegen hatte, wollte eine neue Ära begründen und Deutschland in den Rang einer Weltmacht erheben. Lange genug hatte sich nach seiner und nach der Ansicht vieler Zeitgenossen das Reich in Zurückhaltung geübt und unter Otto von Bismarcks Führung eine eher kontinental ausgerichtete Politik verfolgt. Unterdessen hatten die anderen Großmächte die Welt unter sich aufgeteilt und eine Kolonie nach der anderen erworben. Damit sollte und musste nun Schluss sein, wenn Deutschland seinen Status im Konzert der Großmächte bewahren wollte. Der im Oktober 1897 von Wilhelm II. zum Staatssekretär des Auswärtigen Amtes ernannte Bernhard von Bülow formulierte den mit der neuen »Weltpolitik« verbundenen Anspruch so: »Wir wollen niemand in den Schatten stellen, aber wir verlangen auch unseren Platz an der Sonne.«[5]

Es stand außer Frage, dass ein solcher Richtungswechsel der deutschen Außenpolitik sich auch und vor allem gegen Großbritannien richten musste, die Welt- und Kolonialmacht schlechthin. Dabei war es aber weniger die Tatsache an sich, »daß Deutschland nunmehr ungestüm und fordernd in die Reihe der imperialistischen

Staaten zu drängen versuchte«, die das Reich in den kommenden Jahren zum erbitterten Kontrahenten Englands werden ließ.[6] Viel bedrohlicher als die auftrumpfende Rhetorik deutscher Politiker musste aus englischer Sicht das militärische Mittel erscheinen, mit dem der Kaiser den Aufstieg Deutschlands zur Weltmacht erreichen wollte: der Bau einer mächtigen Schlachtflotte. Das und nichts anderes war die »Lizenz zum großen Spiel«.[7]

Der marinebegeisterte Monarch, der an der Seite seiner Großmutter, der britischen Königin Victoria, schon als kleiner Junge voller Bewunderung an den alljährlichen Paraden der Royal Navy teilgenommen hatte und als Kaiser mit Vorliebe Admiralsuniform trug, hatte zunächst an eine Flotte aus schnellen Kreuzern gedacht. Schiffe dieses Typs waren zwar im Vergleich zu herkömmlichen Schlachtschiffen schwächer gepanzert und bewaffnet, konnten aber dank ihrer Geschwindigkeit und ihrer großen Reichweite überall auf der Welt eingesetzt werden und noch vor den entlegensten Winkeln Afrikas und Asiens die deutsche Flagge zeigen.

Doch der Mann, den Wilhelm dazu ausersehen hatte, diese Flotte für ihn zu bauen, hatte andere Pläne. Konteradmiral Alfred Tirpitz war achtundvierzig Jahre alt, als er im Juni 1897 an die Spitze des Reichsmarineamtes berufen wurde. Zweiunddreißig davon hatte er in der Marine verbracht, zuletzt als Kommandant der kaiserlichen Kreuzerdivision in Ostasien. Im Laufe dieser langen Karriere hatte der Mann mit dem runden Schädel und dem grimmigen grauen Gabelbart seine eigenen Vorstellungen von einer deutschen Seemacht entwickelt. Und ganz offenkundig auch die Autorität, sie durchzusetzen. Es gelang ihm, den Kaiser davon zu überzeugen, dass die neue deutsche Flotte nicht aus Kreuzern, sondern aus schweren, »seemächtigen« Schlacht- oder Linienschiffen mit dicker Panzerung und großkalibrigen Geschützen bestehen müsse – ganz so, wie es der amerikanische Marinetheoretiker Alfred Thayer Mahan in seinem damals ungemein einflussreichen Buch ›The Influence of Sea Power upon History‹ postuliert hatte. Schon bald sollte auch der von Tirpitz bekehrte Wilhelm II. öffentlich verkünden: »Bitter not ist uns eine starke deutsche Flotte!«[8]

Die geringere Reichweite und Geschwindigkeit dieser Schiffe waren zu vernachlässigen, denn nach Tirpitz' Auffassung war für Deutschland »der gefährlichste Gegner zur See England. Es ist auch der Gegner, gegen den wir am dringendsten ein gewisses Maß an

Flottenmacht als politischer Machtfaktor haben müssen. ... Unsere Flotte muß demnach so eingerichtet werden, daß sie ihre höchste Kriegsleistung zwischen Helgoland und der Themse entfalten kann.« Er kam zu dem Schluss: »Die militärische Situation gegen England erfordert Linienschiffe in so hoher Zahl wie möglich.«[9]

Wenn Deutschland eine Flotte hatte, so Tirpitz' Kalkül, mit der es England *militärisch* bedrohen konnte, dann müsste es auch *politisch* möglich sein, den deutschen Weltmachtanspruch einzulösen. Denn nur eine respekteinflößende Marine würde die Landmacht Deutschland in die Lage versetzen, für die Seemacht Großbritannien so gefährlich zu werden, dass man die Briten bewegen konnte, sich mit dem Reich zu arrangieren und ihm politische Konzessionen zu machen. Annäherung durch Abschreckung – das war der Grundgedanke dieses als »Tirpitz-Plan« in die Geschichte eingegangenen Konzepts.

Eine weitergehende offensive militärische Absicht, die darauf zielte, die britische Seeherrschaft und damit die britische Position im europäischen Gleichgewicht in Frage zu stellen, verfolgte der »Tirpitz-Plan« allem Anschein nach nicht, auch wenn dies immer wieder vermutet wurde und Tirpitz selbst noch 1894 in der strategischen Offensive »die natürliche Bestimmung einer Flotte« gesehen hatte.[10] Im Zentrum des Flottenbaus stand vielmehr seine Funktion als politischer Hebel. Die »Stärkung unserer politischen Macht und Bedeutung gegen England« sei, so Tirpitz im Jahr 1897, die »Grundlage des Flottenplans«.[11] Die konkreten militärischen Aufgaben der Flotte blieben dagegen relativ unklar; sie sollten ganz allgemein im Schutz der deutschen Küsten vor einem englischen Angriff liegen.

Wie groß musste die deutsche Flotte sein, um tatsächlich eine bedrohliche Wirkung auf die Briten zu entfalten? Als Antwort auf diese Frage entwickelte Tirpitz seine berühmte »Risikotheorie«. Sie besagte, die Flotte müsse mindestens so stark sein, dass das Risiko sie anzugreifen für »den seemächtigsten Gegner [gemeint war England] mit derartigen Gefahren verbunden ist, daß seine eigene Machtstellung in Frage gestellt wird«.[12] Um diesem Anspruch zu genügen, durfte nach Tirpitz' Rechnung die deutsche Flotte der englischen nicht schwächer gegenüberstehen als im Verhältnis 2:3.

Seine Planung sah vor, über einen Zeitraum von zwanzig Jahren jährlich durchschnittlich drei Schlachtschiffe (Linienschiffe oder Große Kreuzer) zu bauen, insgesamt also eine Flotte von sechzig großen Schiffen nebst den erforderlichen kleineren Einheiten (Kleine Kreuzer, Torpedoboote, später auch U-Boote) zu schaffen. Das war die Zahl, von der Tirpitz annahm – wissen konnte er es nicht –, dass die Briten sie keinesfalls um mehr als die Hälfte übertreffen könnten. Nach zwanzig Jahren im Dienst sollte außerdem jedes Schiff automatisch durch einen Neubau ersetzt werden, so dass die Flotte sich praktisch immer wieder und auf unbeschränkte Zeit von selbst erneuerte. »Äternat« nannten das die Zeitgenossen.

Eine solche Theorie aufzustellen war das eine. Sie Wirklichkeit werden zu lassen, etwas ganz anderes. Der »Tirpitz-Plan«, das wusste auch sein Schöpfer, würde Unsummen an Geld verschlingen, und ohne die Zustimmung des Reichstags, bei dem im deutschen System der parlamentarischen Monarchie das Haushaltsrecht lag, würde kein einziges Schiff vom Stapel laufen. Doch warum sollten die konservativen preußischen Agrarier, die durch die »gräßliche Flotte«[13] ihre traditionelle Vorrangstellung bedroht sahen, oder die vor allem an sozialen Reformen interessierten Abgeordneten der SPD, die Ende des 19. Jahrhunderts schon über knapp ein Drittel der Sitze im Reichstag verfügten, Geld für eine »seemächtige« Flotte bewilligen? Zumal der von Tirpitz angestrebte Äternat den Parlamentariern langfristig diese Zuteilungskompetenz aus den Händen nehmen würde.* Tirpitz löste das Problem, indem er gar nicht erst versuchte, sein Ziel in einem einzigen Anlauf zu erreichen. Stattdessen ging er in mehreren Schritten vor, was seine Pläne schwerer zu durchschauen machte. Das erste Flottengesetz, das Tirpitz nur wenige Monate nach seinem Amtsantritt Ende 1897 im Reichstag präsentierte, war vergleichsweise moderat gehalten. Es setzte die Stärke der künftigen deutschen Schlachtflotte auf 19 Linienschiffe (Ersatzfrist: 25 Jahre), 12 Große Kreuzer (Ersatzfrist: 20 Jahre) und 30 Kleine Kreuzer fest.

Wichtiger als die absolute Zahl an Schiffen waren für Tirpitz zu diesem Zeitpunkt der nun sozusagen offiziell vollzogene Übergang zum Schlachtflottenbau und die langfristige Festlegung. Die Vor-

---

* Diese bewusste Schwächung des Parlaments war ein wichtiger Nebeneffekt des »Tirpitz-Plans«, in dem manche Historiker deshalb auch eine »innenpolitische Krisenstrategie« des Establishments zur Stabilisierung der bestehenden politischen und gesellschaftlichen Ordnung gesehen haben.

lage, vom Kaiser zur »nationalen Sache« erklärt, wurde am 28. März 1898 mit den Stimmen der bürgerlichen und konservativen Parteien angenommen; die Agrarier erhielten als Kompensation Schutzzölle für die Landwirtschaft. Die SPD und einige Liberale waren dagegen.

Zwei Jahre später war es dann vorbei mit der Bescheidenheit. Das zweite Flottengesetz, verabschiedet am 12. Juni 1900, erhöhte den zu erreichenden Bestand an Linienschiffen auf das Doppelte, also 38 Einheiten. Obwohl das Parlament statt der außerdem geforderten acht nur zwei weitere Große Kreuzer sowie acht Kleine Kreuzer bewilligt hatte, war die Annahme der Vorlage ein Triumph für Tirpitz und, nach Ansicht seines Biographen Patrick Kelly, der »Höhepunkt seiner Karriere«.[14] Noch am selben Tag erhob ihn der überglückliche Kaiser in den Adelsstand. Erstmals erhielt von nun an die Marine bei der Zuteilung finanzieller Mittel Vorrang vor der Armee. Um sein Ziel vollständig zu erreichen und die Flotte technisch auf dem neuesten Stand zu halten, ergänzte Tirpitz die beiden Flottengesetze in den kommenden Jahren durch insgesamt drei Novellen: 1906, 1908 und 1912.

In diesem Zeitraum prägte der Chef des Reichsmarineamtes die deutsche Politik in einem Maße, das bei vielen Erinnerungen an Bismarck weckte, und nicht immer waren es gute. Möglich wurde das zum einen durch die fortwährende Unterstützung des Kaisers, der sich selbst nur zu gern als den Urheber von Tirpitz' Erfolgen sah und diesem eine Machtstellung einräumte, die es Tirpitz immer wieder gestattete, seine Vorstellungen gegen den wachsenden Widerstand der politischen Reichsleitung durchzusetzen.

Zum anderen ließ Tirpitz nichts unversucht, um auch die Öffentlichkeit, deren Bedeutung als politische Größe er schon früh erkannt hatte, für die Flotte zu gewinnen. Dazu startete er eine breit angelegte, äußerst professionell gemanagte PR-Kampagne. »Überall in Deutschland wurden Massenveranstaltungen zugunsten des Flottenbaus organisiert, führende Männer aus Politik und Wirtschaft erhielten Einladungen zu Flottenparaden, Offiziere bemühten sich um das Wohlwollen von Reichstagsabgeordneten, populäre Zeitschriften und Bücher verherrlichten die Marinegeschichte, Marine-Uniformen kamen in Mode, besonders für Kinder, vor allem aber unterstützten Universitätsprofessoren in ihrer wissenschaftlichen Tätigkeit das Flottenprogramm.«[15] Parallel dazu wurde 1898 auf Tirpitz' Betreiben außerdem der Deutsche Flottenverein gegründet. Nur zwei Jahre später zählte der Verein bereits fast 250 000 Mitglieder, 1914 waren es 1,1 Millionen.

Den Öffentlichkeitsarbeitern des Reichsmarineamtes kam zugute, dass man in kaum einer anderen europäischen Großmacht einen solchen Sinn für das Militärische hatte wie im Deutschen Kaiserreich. Das Offizierkorps der Armee galt als »erster Stand im Staate«, und in einer Welt, in der schon ein kleiner Leutnant »als junger Gott« auftreten mochte, trachteten viele Bürger danach, als Reserveoffiziere selbst an dem Prestige teilzuhaben, das »des Kaisers Rock« seinem Träger verlieh.[16] In den allgegenwärtigen Kriegervereinen wurde nicht nur die Erinnerung an die Einigungskriege und die Reichsgründung wachgehalten, sondern auch »das militärische und nationalistische Denken an sich« gepflegt.[17] Von dieser spezifischen gesellschaftlichen Grundhaltung profitierte auch die Marine.

Zudem wusste Tirpitz einflussreiche »nationale« Interessengruppen wie die Deutsche Kolonialgesellschaft und den Alldeutschen Verband auf seiner Seite, die schon lange von einem deutschen Weltreich träumten. Auch der mächtige Centralverband Deutscher Industrieller hatte nichts gegen den »Tirpitz-Plan« einzuwenden. Für die deutsche Schwerindustrie versprach er feste Aufträge auf Jahre hinaus.

Im Ergebnis führte all das dazu, dass zu Beginn des 20. Jahrhunderts Presse und Öffentlichkeit in Deutschland ein beinahe ebenso großes Interesse an der Marine zeigten, wie es auch in Großbritannien der Fall war, wo die Royal Navy als der für den Schutz und Zusammenhalt des British Empire zuständige *Senior Service* traditionell ein hohes Ansehen genoss. Stapelläufe und Schiffstaufen, die vor allem im Kaiserreich als »bedeutende imperiale Schauspiele« inszeniert wurden, lockten Hunderttausende von Zuschauern an. Millionen Briten gar sahen die große Flottenparade vor Spithead anlässlich des Diamantenen Thronjubiläums der Königin Victoria im Jahr 1897.[18] Auf beiden Seiten der Nordsee waren die Menschen fasziniert von solchen Zurschaustellungen maritimer Macht; mit ihren mächtigen Rümpfen aus Panzerstahl und ihren gewaltigen Geschütztürmen versinnbildlichten die modernen Kriegsschiffe wie kaum etwas sonst den überragenden Stand von Wirtschaft, Wissenschaft und Technik in den beiden führenden Industrienationen der Welt. Und mehr noch als für die Briten erfüllten sie für die Deutschen eine wichtige Funktion als Symbole einer über alle Landesgrenzen hinwegreichenden nationalen Identität.

Tirpitz' größte Sorge nach der Verabschiedung der beiden Flottengesetze war es, dass England – wie hundert Jahre zuvor gegen die dänische Marine – einen Präventivschlag gegen die im Aufbau befindliche Flotte führen könnte. Es kam ihm daher darauf an, kein Aufsehen zu erregen, gegenüber Großbritannien eine zurückhaltende Politik zu verfolgen und die internationale Lage möglichst entspannt zu halten, bis die »Gefahrenzone« überwunden und man verteidigungsbereit war.

Bernhard von Bülow, im Oktober 1900 vom Staatssekretär des Auswärtigen Amtes zum Reichskanzler aufgestiegen, bemühte sich nach Kräften, diesen Anforderungen gerecht zu werden. Doch auch er vermochte nicht zu verhindern, dass die Marine immer mehr ins Zentrum der britischen Aufmerksamkeit rückte und in der Folge die politischen Prämissen des »Tirpitz-Plans« schon bald ins Wanken gerieten.

Großbritannien, das durch den Bau der Flotte gezwungen werden sollte, Deutschland als gleichberechtigten Partner in der Welt anzuerkennen, reagierte nämlich ganz anders, als Wilhelm II. und Tirpitz angenommen hatten. Zum einen dachten die Briten gar nicht daran, sich enger an ihren Herausforderer zu binden. Als sich abzeichnete, dass die Ära der »Splendid isolation« ihrem Ende entgegenging, setzten die Briten sich nicht etwa mit dem Kaiserreich, sondern mit ihren alten Rivalen Frankreich und Russland an den Verhandlungstisch. 1904 schlossen London und Paris sich zur Entente Cordiale zusammen, drei Jahre später erweiterten sie das Bündnis zur Triple Entente mit dem Zarenreich. Den Deutschen, die diese Entwicklung als »Einkreisung« durch die anderen Großmächte wahrnahmen, blieb als einziger verlässlicher Verbündeter ihr alter Zweibund-Partner Österreich-Ungarn (über den Dreibund war das Reich zwar auch mit Italien verbunden, doch galten die Italiener als wankelmütig und erklärten sich, wie wir gesehen haben, ja auch für neutral, als der Krieg ausbrach).

Zum anderen, und das wog für Tirpitz fast noch schwerer, war die britische Regierung entschlossen, die Vormachtstellung der Royal Navy um jeden Preis aufrechtzuerhalten. Der Mann, der mit dieser Aufgabe betraut wurde, war Admiral Sir John Fisher, der dreiundsechzig Jahre alte frühere Befehlshaber der britischen Mittelmeerflotte. Keine andere Persönlichkeit hat die britische Marine des 19. und 20. Jahrhunderts so intensiv geprägt wie John Fisher, den alle Welt nur »Jacky« nannte, und kein anderer hat sie so stark gespalten: Während die einen ihn als genialischen Reformer und Strategen verehrten, galten seine Vorstellungen und Ideen anderen als viel zu radikal.

1904 wurde Fisher zum Ersten Seelord der britischen Admiralität ernannt und war damit verantwortlich für die operative Leitung der Royal Navy. Über ihm stand nur noch der Erste Lord der Admiralität, ein Zivilist und Mitglied des Parlaments. Fisher leitete umgehend ein rigoroses Reformprogramm ein, das die Kriegsfähigkeit der Royal Navy in der Nordsee schlagartig erhöhte. Eine große Anzahl überalterter Kreuzer, Schaluppen und Kanonenboote ließ er einfach verschrotten. Außerdem sorgte er dafür, dass in Übersee stationierte britische Schlachtschiffe nach und nach in heimatliche Gewässer zurückverlegt wurden.

Die militärisch und historisch bedeutsamste Leistung Fishers aber bestand darin, dass er den internationalen Kriegsschiffbau gleichsam revolutionierte. Unter seinem maßgeblichen Einfluss wurde 1906 HMS *Dreadnought* fertiggestellt, ein Großkampfschiff neuen Typs, das mit einer Geschwindigkeit von 21 Knoten, einer Verdrängung von 17 900 Tonnen, einem knapp 30 cm starken Panzergürtel und zehn Geschützen (bisher waren vier üblich gewesen) des damals größten Kalibers 30,5 cm jedem anderen Kriegsschiff auf der Welt an Kampfkraft weit überlegen war.

Damit waren auf einen Schlag große Teile der Flotten aller anderen Seemächte praktisch wertlos geworden. Zugleich hatte Fisher aber auch zahlreiche britische Schiffe in Alteisen verwandelt, wofür er von seinen Gegnern heftig kritisiert wurde. Zumal die technische Entwicklung in den nächsten Jahren so rasant voranschritt, dass bis zum Ausbruch des Krieges 1914 die *Dreadnought* selbst schon wieder veraltet war. Das im Oktober 1912 vom Stapel gelaufene Flaggschiff der britischen Flotte HMS *Iron Duke* etwa verdrängte bei einer Länge von 190 und einer Breite von 27 Metern bereits 30 000 Tonnen, lief 22 Knoten und trug zehn 34,3-cm-Geschütze.

Die Bezeichnung »Dreadnought«, wörtlich »Fürchtenichts«, wurde rasch zum Synonym für alle modernen Großkampfschiffe (ältere Modelle hießen fortan »Prä-Dreadnoughts«). Dazu zählten neben den Linienschiffen (englisch: *Battleships*) auch die Schlachtkreuzer (*Battlecruisers*). Sie lösten die bislang üblichen Großen Kreuzer oder Panzerkreuzer ab. Als erstes Schiff des neuen, wesentlich leistungsstärkeren Typs wurde 1908 die parallel zur *Dreadnought* entwickelte HMS *Invincible* in Dienst gestellt. Schlachtkreuzer waren noch einmal 20 bis 30 Meter länger und einige Meter breiter als Linienschiffe. Ihre Panzerung war dünner und ihre Bewaffnung etwas schwächer, dafür erzielten sie deutlich höhere Geschwindigkeiten und hatten eine größere Reichweite. Komplettiert wurde das maritime Waffenarsenal durch die Kleinen Kreuzer (*Light Cruisers*), die ähnlich konzipiert waren wie die Schlachtkreuzer, nur wesentlich kleiner und schwächer bewaffnet; die Torpedoboote (*Destroyer*), kleine, wendige, schnelle Boote, die mit ihren unter der Wasserlinie verschossenen Torpedos eine beträchtliche Gefahr für die Großkampfschiffe darstellten; und schließlich durch die U-Boote (*Submarines*).

Angetrieben wurden die meisten Überwasser-Kriegsschiffe der damaligen Zeit mit Hilfe von Dampfturbinen. Der benötigte Wasserdampf entstand durch das Verbrennen von Kohle. Das bedeutete einen immensen Aufwand: Jedes Schiff musste ständig mehrere tausend Tonnen Kohle mit sich führen, und Hunderte von Heizern schufteten unter bisweilen kaum erträglichen Bedingungen in den dunklen, heißen und stickigen Kesselräumen. Vor allem die Briten setzten deshalb immer stärker auf Ölfeuerung, über die im Ersten Weltkrieg jedoch erst ein kleiner Teil der Schiffe verfügte.

Für Tirpitz war Fishers »Dreadnought-Sprung« eine Herausforderung, mit der er nicht gerechnet hatte. Doch blieb ihm gar nichts anderes übrig, als sie anzunehmen. Denn nur wenn die Kaiserliche Marine ebenfalls Schiffe des neuen Typs baute, würde sie überhaupt eine Chance haben, mit der Royal Navy mitzuhalten. Das bedeutete aber auch, dass die ohnehin schon immensen Ausgaben für den Flottenbau in geradezu schwindelerregende Höhen getrieben wurden. Denn nicht nur die Baukosten für die Schiffe selbst stiegen jetzt um mehr als hundert Prozent (ein modernes Schlachtschiff des Dreadnought-Typs kostete rund 45 Millionen Mark), auch die Werft-, Hafen- und Dockanlagen sowie der Kaiser-Wilhelm-Kanal zwischen Nord- und Ostsee mussten für viel Geld erweitert werden, um die neuen Riesenschiffe überhaupt aufnehmen zu können. In den Jahren von 1905 bis 1914 verdoppelte sich so der Finanzbedarf der Marine und trug erheblich dazu bei, dass die Rüstungsausgaben des Kaiserreichs auf einen Anteil von nahezu neunzig Prozent des Gesamthaushaltes emporschnellten.[19]

Ein weiterer kritischer Punkt betraf das Personal. Je größer die Schiffe wurden, desto mehr Männer waren erforderlich, um die vielfältigen Aufgaben an Bord zu bewältigen. Auf einem Linienschiff taten rund 1100 Seeleute Dienst, auf einem Schlachtkreuzer sogar noch einige mehr. Während die Kaiserliche Marine zur Bemannung der Flotte auf Wehrpflichtige zurückgreifen konnte, die für jeweils drei Jahre eingezogen wurden, war die Royal Navy auf Freiwillige angewiesen, die sich für mindestens zwölf Jahre verpflichten mussten. Erst 1916, mitten im Krieg, wurde auch in Großbritannien die Wehrpflicht eingeführt.

Am deutlichsten zeigte sich das Personal-Problem bei der Rekrutierung des Offiziernachwuchses. Die Offiziere, genauer gesagt: die Seeoffiziere in den Rangstufen Leutnant bis Admiral, standen an der Spitze der maritimen Hierarchie. Ihnen war die Führung der Schiffe und die Verantwortung für Menschen und Material anvertraut, sie repräsentierten die Nation, wo auch immer auf der Welt sie mit ihren Schiffen in Erscheinung traten. Auf ihre sorgfältige Auswahl war deshalb sowohl in der deutschen wie in der britischen Marine stets besonderer Wert gelegt worden. In beiden Ländern konnte nur Seeoffizier werden, wer über die »richtige« Herkunft verfügte. Besonders gern genommen wurden Sprösslinge von Adligen und Offizieren, doch musste man wegen des stetig steigenden Bedarfs immer öfter auch auf Bewerber aus der höheren Beamtenschaft und dem Bürgertum zurückgreifen.

Als beispielsweise der spätere Großadmiral Karl Dönitz am 1. April 1910 in die Kaiserliche Marine eintrat, war er einer von 203 jungen Männern der Jahrgänge 1890 bis 1892, die nun die »Crew 1910« bildeten. Sie entstammten allesamt dem gehobenen Bürgertum; »ihre Väter waren Offiziere, Gymnasiallehrer, Ärzte oder Akademiker anderer Fachrichtungen, seltener Adelige, auf keinen Fall jedoch Angestellte in untergeordneter Stellung und schon gar nicht Arbeiter«.[20]

Ihre Ausbildung, deren Kosten das durchschnittliche Jahreseinkommen eines Industriearbeiters um ein Vielfaches überstiegen, hatten die angehenden Offiziere, deutsche wie britische, aus eigener Tasche zu bezahlen. Auch auf diese Weise blieb sichergestellt, dass keine »unerwünschten Elemente« in den elitären Kreis der

Seeoffiziere aufgenommen wurden. Andere Führungsgruppen, wie etwa die für die hoch komplexen Maschinenanlagen der modernen Großkampfschiffe zuständigen Marine-Ingenieure, waren den Seeoffizieren untergeordnet und galten in deren Augen meist auch als »Offiziere zweiter Klasse«.

Kaiserliche Marine	**Royal Navy**
Großadmiral	Admiral of the Fleet
Admiral	Admiral
Vizeadmiral	Vice-Admiral
Konteradmiral	Rear-Admiral
Kapitän zur See	Captain
Fregattenkapitän	Commander
Korvettenkapitän	Lieutenant-Commander
Kapitänleutnant	Lieutenant (senior)
Oberleutnant z. S. (zur See)	Lieutenant (junior)
Leutnant z. S.	Sub-Lieutenant
Seekadetten/Fähnriche z. S.	Naval Cadets/Midshipmen

Tabelle 1: Rangstufen der Seeoffiziere[21]

Für die deutschen Offiziere war der »Tirpitz-Plan« ein grandioses Geschenk. Durch ihn erfuhr die Marine, die so lange im Schatten der erfolgreichen Armee gestanden hatte, eine schier atemberaubende Aufwertung ihrer politischen und militärischen Bedeutung. Die Flotte war für die ganz »im Banne des Prestiges« (Klaus Hildebrand) stehenden Deutschen der Schlüssel zur »Weltpolitik«, und die Offiziere in den blauen Uniformen mit den goldenen Abzeichen und der Kaiserkrone auf den Ärmeln waren die von Wilhelm II. mit der Erfüllung dieser glanzvollen Aufgabe betrauten Männer. Dazu passte auch, dass alle Angehörigen der Marine dem Kaiser, der gemäß der Reichsverfassung von 1871 als »Oberster Kriegsherr« die Kommandogewalt über Heer und Marine besaß, einen persönlichen Treueid schwören mussten.

Wilhelm II. wiederum machte aus seiner Vorliebe für seine »blauen Jungs« keinen Hehl. Anlässlich der Eröffnung der neuen

Marineschule in Flensburg-Mürwik im November 1910 sagte er: »Ich brauche nicht zu betonen, wie sehr Mir das Seeoffizierkorps, dessen Uniform Ich trage, ans Herz gewachsen ist. Ich kenne es von Meiner frühesten Jugend an. Ich habe es schätzen gelernt in seinen vortrefflichen Leistungen, in der Führung Meiner Schiffe im In- und Auslande und bei der ganzen Entwicklung der Marine. Ich liebe den Beruf, den Sie, Meine jungen Kameraden, sich gewählt, und Ich habe volles Empfinden für alles das Schöne und Stolze, was Ihnen dieser Beruf, namentlich in den frühzeitig erreichten selbständigen Stellungen bietet.«[22]

Mit vollem Recht hat der Historiker Holger Herwig die Seeoffiziere daher das »Elitekorps des Kaisers« genannt, das in der Gesellschaftsordnung des Kaiserreiches einen der Spitzenplätze einnahm, vergleichbar etwa dem Gardeoffizierkorps der preußischen Armee. Mit seiner Entscheidung, Marineoffizier zu werden, begab sich somit auch der junge Karl Dönitz auf den Weg »in höhere, wenn nicht höchste gesellschaftliche Kreise, die seinem Vater als Ingenieur nicht so selbstverständlich offen standen«.[23]

Die Offiziere dankten es »ihrem« Kaiser, indem sie einen dezidiert monarchisch-konservativen, anti-liberalen Habitus pflegten, der bei vielen in scharfem Kontrast zu ihrer bürgerlich-akademischen Herkunft stand. Sozialdemokratie wurde mit Revolution gleichgesetzt, die SPD stand im Ruf einer »vaterlandslosen«, systembedrohenden Partei, die es mit allen Mitteln zu bekämpfen galt. »Schon der leiseste Verdacht sozialdemokratischer Neigungen konnte die Laufbahn eines Seeoffiziers beenden oder doch erheblich stören.«[24]

Anders als im autoritären System des deutschen Kaiserreichs, wo das Militär dem Einfluss des Reichstags weitgehend entzogen war, bestand in der parlamentarischen Demokratie Großbritanniens nicht der geringste Zweifel daran, dass die Royal Navy ungeachtet ihres königlichen Namens allein dem Parlament unterstand. Es fanden sogar »Inspektionen« der britischen Flotte durch die beiden Houses of Parliament statt, an denen der Monarch nicht teilnahm – im wilhelminischen Deutschland wäre so etwas völlig undenkbar gewesen. Das änderte aber nichts daran, dass die Offiziere der Royal Navy, von denen die meisten der konservativen Oberschicht entstammten und damit eo ipso zur *Ruling class* des britischen Weltreichs gehörten, politisch und sozial ähnlich elitär dachten wie ihre deutschen Berufskollegen. »Viele britische Seeoffiziere waren glänzende Seeleute, tapfere und einfallsreiche Anführer, aber in ihrer Gesamtheit waren sie eine kleine, reaktionäre, klassenbewusste und auf sich selbst bezogene soziale Gruppe.«[25]

Besonderes Kennzeichen der deutschen, aber auch der britischen Seeoffiziere war ein spezieller Ehrenkodex, in dessen Zentrum Begriffe standen wie Treue, Pflichterfüllung und Kampfesmut bis hin zur Bereitschaft, sein Leben für König und Vaterland zu opfern. »Die dem Kaiser eidlich gelobte Treue unverbrüchlich zu wahren und die Ehre der Flagge und Fahne rein und fleckenlos zu erhalten, ist die vornehmste Pflicht des Soldaten«, hieß es in den Kriegsartikeln der Kaiserlichen Marine, einer Art maritimem Gesetzbuch.[26] Zu den Quellen, aus denen sich dieser archaisch anmutende Ehrbegriff speiste, gehörten antike Heldenepen ebenso wie mittelalterliche Rittersagen oder das Nibelungenlied. Für deutsche Offiziere war es bis ins 20. Jahrhundert hinein üblich, ihre Ehre im Duell zu verteidigen – soweit derjenige, der sie »verletzt« hatte, seinerseits ein Ehrenmann und damit »satisfaktionsfähig« war. Mit einem Arbeiter stritt man sich allenfalls vor Gericht. Während des Krieges bildete »Ehre« dann eines der wichtigsten Leitmotive für das Handeln und Verhalten der Seeoffiziere – mit zum Teil katastrophalen Folgen.

Personalmangel, Finanznot, englische Entschlossenheit: Es waren nicht wenige Probleme, vor die der »Dreadnought-Sprung« die deutschen Flottenbauer stellte. Einige nüchterne Beobachter waren sogar der Ansicht, es seien zu viele, um am Ende doch noch erfolgreich zu sein. Doch Tirpitz weigerte sich, diese an sich auch für ihn erkennbare Tatsache zu akzeptieren. Stattdessen hielt er hartnäckig an seinen Plänen fest und führte Deutschland damit in ein ruinöses Wettrüsten mit Großbritannien, das die Beziehungen der beiden Länder schwer belastete und nicht unwesentlich zur Spaltung Europas in zwei gegensätzliche Bündnisblöcke beitrug.

Mit der ersten von insgesamt drei Novellen zu den Flottengesetzen, die im Mai 1906 den Reichstag passierte, stellte Tirpitz sicher, dass fortan auch in Deutschland nur noch Großkampfschiffe nach dem Vorbild der *Dreadnought* gebaut wurden. An neuen Schiffen sah die Novelle lediglich die sechs Großen Kreuzer vor, die das Parlament 1900 nicht bewilligt hatte.

Die zweite Vorlage, angenommen im März 1908, sollte vor allem verhindern, dass die Abgeordneten angesichts der ausufernden Kosten des Flottenbaus und der zunehmenden außenpolitischen Isolierung dcs Reichs womöglich auf die Idee kommen könnten, den »Tirpitz-Plan« zu stoppen. Dazu musste möglichst bald der von Anfang an angestrebte Äternat, die automatische und zeitlich unbegrenzte Selbsterneuerung der Flotte, erreicht werden. Die Novelle setzte deshalb das Lebensalter der Linienschiffe, das im ersten Flottengesetz auf 25 Jahre festgelegt worden war, auf 20 Jahre herab. Außerdem sollten nun vier Jahre lang, 1908 bis 1911, anstelle der bisher üblichen drei jeweils vier große Schiffe pro Jahr gebaut werden. 1912 sollte das Bautempo dafür auf zwei Schiffe pro Jahr herabsinken und erst 1917 wieder auf drei steigen. Allerdings plante Tirpitz schon jetzt, diese Durststrecke von fünf Jahren wenn irgend möglich zu verkürzen.

Die Erhöhung der deutschen Baugeschwindigkeit löste in Großbritannien große Beunruhigung aus. Kurz nach Verabschiedung der Novelle unternahmen die Verantwortlichen in London deshalb einen ersten Versuch, mit dem Reich zu einer Verständigung in der Flottenfrage zu kommen. Die unnachgiebige Haltung Wilhelms II. machte dieses Vorhaben zunichte; der Kaiser war, von Tirpitz beeinflusst, nicht bereit, Abstriche am deutschen Bauprogramm zu akzeptieren.

Der britischen Regierung unter dem seit 1906 amtierenden liberalen Premierminister Herbert Henry Asquith, die eigentlich angetreten war, um die Rüstungsausgaben zugunsten von Sozialreformen zu reduzieren, blieb nun gar nichts anderes übrig, als den Etat der Royal Navy drastisch zu erhöhen. Zwischen 1909 und 1913 wurden nicht weniger als 24 Linienschiffe und Schlachtkreuzer in Auftrag gegeben – doppelt so viele wie in den vier Jahren zuvor. Alleine 1909 wurde der Bau von acht Schiffen beschlossen, nachdem das Gerücht, Tirpitz beabsichtige eine weitere Beschleunigung des deutschen Bauprogramms, in der britischen Öffentlichkeit eine regelrechte Panik ausgelöst hatte.

Nun war es die deutsche Regierung, die sich an die Briten wandte, um nach einem Ausweg aus der verfahrenen Situation zu suchen. Bülow, der als Reichskanzler den »Tirpitz-Plan« stets mitgetragen hatte, hatte mittlerweile erkannt, dass Deutschland die kostspielige und riskante Flottenrüstung nicht endlos weitertreiben konnte. Unterstützung erhielt er vom deutschen Botschafter in London, Paul Graf Wolff Metternich, der in seinen Berichten immer wieder darauf hinwies, dass allein die Flotte einem besseren Verhältnis des Reiches zu Großbritannien im Weg stehe. »Nichts und niemand wird den Engländer von der Überzeugung abbringen, daß eine in der Nähe seiner Küsten erwachsende mächtige Flotte nicht eine Gefahr, die größte, der er ausgesetzt werden könne, für ihn bedeute«, warnte der Botschafter den Kanzler 1908.[27]

Wilhelm II., der Metternichs Berichte ebenfalls las, versah sie mit Randbemerkungen wie »Blech«, »Quatsch« und »Hasenfuß«. Einmal schrieb er: »Ich glaube, daß es das Beste wäre, wenn Metternich endlich den Mund hielte.«[28] Ein Marineabkommen mit England, wie es Bülow jetzt im Sinn hatte, wollte der Kaiser nur unterschreiben, wenn darin, wie von Tirpitz vorgeschlagen, ein Stärkeverhältnis der deutschen gegenüber der britischen Flotte von 3:4 festgeschrieben würde. Für die Briten war eine solche Festlegung jedoch vollkommen inakzeptabel. Die Verhandlungen scheiterten.

So ging es auch mit allen anderen Verständigungsversuchen, die in den folgenden Jahren mal auf deutsche, mal auf englische Initiative hin unternommen wurden. Die Deutschen verlangten aus Sicht der Briten jedes Mal einen zu hohen Preis für das Zugeständnis, Abstriche an ihrem Flottenprogramm zu machen. Großbritannien aber war weder bereit, ein für die Royal Navy ungünstiges Stärkeverhältnis zu akzeptieren, noch – auch das eine deutsche Forderung – ein Neutralitätsversprechen für den Fall eines Kontinentalkriegs abzugeben. Eine solche Garantie hätte aus Sicht der Briten nicht nur die Partnerschaften mit Frankreich und Russland gefährdet, sondern dem Deutschen Reich womöglich den Weg zur Hegemonie in Europa geebnet.

Einen letzten Versuch, doch noch eine Einigung zu erzielen, unternahm Anfang 1912 der 1909 als Nachfolger Bülows ins Amt des Reichskanzlers gekommene Theobald von Bethmann Hollweg. Tirpitz, dem das in diesem Jahr beginnende Zweier-Tempo ein Dorn im Auge war, hatte tatsächlich eine weitere Novelle vorgelegt, in der er drei neue Schlachtschiffe sowie die Wiederherstellung des Dreier-Tempos forderte. Bethmann Hollweg versuchte mit allen Mitteln, diese Vorlage zu verhindern. Seiner Ansicht nach würde sie desaströse Auswirkungen auf das deutsch-britische Verhältnis haben.

Zwar gelang es dem Kanzler, einen Teil des für die Marine vorgesehenen Geldes in den Etat des Heeres umzuleiten. Doch hinsichtlich der geforderten zusätzlichen Schiffe ließ Tirpitz nicht mit sich reden. Er war lediglich dazu bereit, bis 1917 auf das Dreier-Tempo zu verzichten – bei entsprechenden Gegenleistungen. Vor diesem Hintergrund war eine wie auch immer geartete Verständigung mit Großbritannien praktisch ausgeschlossen. Nachdem auch ein Besuch des englischen Kriegsministers Richard Haldane in Berlin zu keinem greifbaren Ergebnis geführt hatte, wurde schließlich am 22. Mai 1912 die letzte Flottennovelle des Kaiserreiches vom Reichstag verabschiedet. Damit war das Ziel des »Tirpitz-Plans« – eine sich selbst erneuernde Flotte von 60 Großkampfschiffen – zumindest theoretisch erreicht.

Doch die Antwort der Briten ließ nicht lange auf sich warten. Erster Lord der Admiralität war seit Oktober 1911 Winston Churchill. In seinen Augen war für eine Landmacht wie Deutschland der Besitz einer Schlachtflotte »mehr eine Art Luxus«, keinesfalls aber eine Notwendigkeit wie für Großbritannien.[29] Churchill war nach dem Scheitern der Haldane-Mission und der Verabschiedung der Novelle fest entschlossen, den Deutschen ein für allemal und unmissverständlich klarzumachen, dass die Royal Navy auf jedwede Bedrohung ihrer Vormachtstellung mit entsprechenden Gegenmaßnahmen antworten würde. Dazu ließ er zum einen den größten Teil der englischen Mittelmeerflotte in die Nordsee verlegen, was die britische Kampfkraft dort mit einem Schlag drastisch erhöhte. Zum anderen erklärte er die Doktrin des »Two-Power-Standard« offiziell für beendet. Fortan, so Churchill, werde England nur noch gegen eine Nation Schiffe bauen – gegen Deutschland.

Churchill hielt eine britische Überlegenheit über die deutsche Flotte von 60 Prozent für ausreichend, kündigte jedoch an, dass man für jeden über das bekannte Programm hinausgehenden deutschen Neubau zwei englische auflegen werde. Der Marineetat, den Churchill schließlich im Winter 1913/14 gegen alle innenpolitischen Widerstände auf den Weg brachte, war mit einem Volumen von umgerechnet einer Milliarde Mark mehr als doppelt so groß wie der deutsche.

Das war das Ende des »Tirpitz-Plans«. Wollte Deutschland jetzt immer noch eine Flotte bauen, die den Briten gefährlich werden konnte, hätte es in der Lage sein müssen, die schier unerschöpfliche Finanzkraft des Britischen Weltreiches zu überbieten. Das aber war völlig ausgeschlossen. Bereits die zusammen mit der Flottennovelle 1912 verabschiedete Heeresvorlage hatte keinen Zweifel daran gelassen, dass in Deutschland fortan wieder die Armee im Mittelpunkt der politischen und militärischen Aufmerksamkeit stehen würde. Die beiden Balkankriege von 1912/13, die eine merkliche Verschlechterung des deutsch-russischen Verhältnisses zur Folge hatten, verstärkten noch diese Tendenz. Im Juni 1913 passierte eine weitere Heeresvorlage den Reichstag; es war die größte, die es je gegeben hatte.

An eine abermalige Flottenverstärkung war nun nicht mehr zu denken. Zumal, wie das Reichsmarineamt errechnete, angesichts der stark gestiegenen Baukosten das Geld selbst für die bereits bewilligten Neubauten kaum reichen würde. Auch Tirpitz musste schließlich resigniert feststellen: »Wir können die Schiffe nicht mehr bauen, die vorgesehen sind.«[30] Allein der Ausbruch des Krieges bewahrte den Staatssekretär davor, seine Fehlkalkulation öffentlich eingestehen zu müssen. Dabei war Tirpitz sich absolut im Klaren darüber, dass die »Hochseeflotte«, so ihre offizielle Bezeichnung, 1914 noch zu schwach war, um der Royal Navy ernsthaft Paroli bieten zu können (siehe Tabelle 2); der Ausbruch des Krieges kam ihm deshalb alles andere als gelegen.

	Kaiserliche Marine	**Royal Navy**
Linienschiffe im aktiven Dienst	15	22
Linienschiffe im Bau	5	13
Schlachtkreuzer im aktiven Dienst	5	9
Schlachtkreuzer im Bau	3	1
Ältere Linienschiffe (Prä-Dreadnoughts)	22	40
Ältere Panzerkreuzer	7	40
Kleine Kreuzer	16	20
Torpedoboote/Zerstörer	205	330
U-Boote	31	73

Tabelle 2: Stärkeverhältnisse im August 1914[31]

Auch außenpolitisch war Tirpitz gescheitert. Seine Risikotheorie hatte sich am Ende als reines »Hirngespinst« (Rolf Hobson) erwiesen. Die Briten hatten die Herausforderung durch die deutsche Flotte angenommen und klar für sich entschieden. Anstatt zu einem begehrten Bündnispartner war Deutschland zu einer isolierten Macht geworden. Der Bau der Flotte hatte eine tiefe Kluft zwischen Großbritannien und dem Kaiserreich geschlagen und dazu beigetragen, dass England 1914 an der Seite seiner alten Rivalen Frankreich und Russland stand. Mit der englischen Kriegserklärung an Deutschland zerstob auch die letzte kleine Hoffnung, die Briten würden aus Respekt vor der deutschen Flotte eine neutrale Haltung einnehmen.

Nun blieb nur noch eine Frage zu klären: Würden die stählernen Kolosse, mit denen die Deutschen vergeblich versucht hatten, auf politischem Parkett zu punkten, wenigstens militärisch das leisten, was man sich von ihnen erhoffte? Noch konnte man darüber allenfalls Vermutungen anstellen, denn es war das erste Mal, dass die Landmacht Deutschland sich auf das Wasser wagte. »Die Marine«, so schrieb der junge Kapitänleutnant Ernst von Weizsäcker später über das, was im August 1914 vor ihm und seinen Kameraden lag, »hatte noch keine Kriegstradition. In ihrer jungen Geschichte hatte sie nur in fremden Gewässern und gegen nicht ganz ebenbürtige Gegner einige Bravour-Stückchen hinter sich. Wie wir uns gegen die Engländer, die erste Seemacht, bewähren würden – das mußten wir nun zeigen.«[32]

Kapitel II

»Und wenn sie nicht kommen, so holen wir sie«

Der Krieg beginnt

Konteradmiral Franz Hipper, Jahrgang 1863, war kein Offizier wie jeder andere. Der Sohn eines Eisen- und Kolonialwarenhändlers aus dem oberbayerischen Weilheim war 1881, im selben Jahr wie Wilhelm Souchon, in die Kaiserliche Marine eingetreten. Beide hatten eine glänzende Karriere gemacht. Aber anders als so gut wie alle anderen hohen Offiziere, bei denen sich Bord- und Stabsverwendungen in etwa die Waage hielten, konnte sich Hipper stolz darauf zeigen, »weder eine Schreibstube noch eine höhere Landbehörde durchlaufen zu haben«.[1] Auch die Marineakademie hat er nie besucht. Bei Kriegsausbruch hatte er von 33 Dienstjahren 25 an Bord verbracht.

Den vorläufigen Höhepunkt seiner für höhere Offiziere »absolut untypische(n) Laufbahn« erreichte Hipper 1913, als er das Kommando über die Aufklärungsstreitkräfte der Hochseeflotte übernahm.[2] Damit war er Herr über die modernen Schlachtkreuzer und Kleinen Kreuzer der Kaiserlichen Marine, deren taktische Funktion als »Vorhut« der Linienschiffs-Geschwader ihn dazu prädestinierte, bei jedem kriegerischen Einsatz der Flotte eine wichtige Rolle zu spielen. Die Eigenschaften, die Hipper für diesen herausgehobenen Kommandoposten qualifizierten, hatte einer seiner Vorgesetzten, Admiral Felix von Bendemann, einmal so zusammengefasst: »Hervorragend tüchtiger Offizier von hoher Befähigung, energisch, lebhaft, von schnellem Entschluß und klarem Blick. Auch in der letzten Dienststelle Gutes geleistet. Guter Reiter, passionierter Jäger. Zur Beförderung geeignet.«[3]

Anfang Juli 1914, etwa zur gleichen Zeit, als im Mittelmeer sein Freund Souchon die Entscheidung traf, mit der *Goeben* den österreichischen Kriegshafen Pola anzulaufen, kreuzten Hippers Schiffe vor der Küste Norwegens. Dorthin waren sie nach dem Attentat von Sarajewo gemeinsam mit den übrigen Einheiten der Flotte zur alljährlichen Manöver-Sommerreise der Kaiserlichen Marine aufgebrochen. Während in den Ministerien und Palästen der europäischen Hauptstädte Botschafter einbestellt, Noten getauscht und Krisensitzungen abgehalten wurden, absolvierten die deutschen Kriegsschiffe inmitten der idyllischen norwegischen Fjordlandschaft ihre routinemäßigen Fahr- und Schießübungen. Ganz bewusst sollte alles so ablaufen wie immer, um die nach der Ermordung des habsburgischen Thronfolgerpaares durch den serbischen Nationalisten Gavrilo Princip und die Terroristen der »Schwarzen Hand« angespannte politische Atmosphäre nicht noch weiter aufzuheizen. Um den Anschein der Normalität perfekt zu machen, hatte Kaiser Wilhelm II. wie üblich die Flotte auf ihrer Fahrt in die nördlichen Gewässer an Bord seiner Yacht *Hohenzollern* begleitet.

Die Fassade hielt genau so lange, bis die Nachricht bei der Flotte eintraf, Österreich habe Serbien ein Ultimatum gestellt. Auf Befehl des Flottenchefs, Admiral Friedrich von Ingenohl, versammelten sich am 26. Juli 1914 alle Kommandanten an Bord des Flaggschiffs *Friedrich der Große,* wo Ingenohl ihnen mitteilte, dass wegen der drohenden Kriegsgefahr die Reise abgebrochen werde und die Schiffe unverzüglich in die heimatlichen Häfen zurückkehren sollten. Wenige Stunden später lichtete die deutsche Kriegsflotte die Anker und ging auf einem südlichen Kurs in See. »Welchem Schicksal entgegen?«, fragte sich Hipper.[4]

Noch war ungewiss, ob es wirklich zum Krieg kommen und, falls ja, wie Großbritannien sich verhalten würde. Würde es an der Seite seiner Entente-Partner Frankreich und Russland in den Krieg ziehen oder würde es, wie nicht zum ersten Mal in seiner Geschichte, den Kontinent sich selbst überlassen und versuchen, so lange wie möglich neutral zu bleiben? Für die Marine war das die entscheidende Frage. Gegen England war die Tirpitz-Flotte gebaut worden, und gegen England sollte sie auch eingesetzt werden.

Auf Befehl des Kaisers dampften die aus Norwegen zurückkehrenden Schiffe zunächst in die Ostsee, für den Fall, dass Russland der Hauptgegner zur See sein sollte. Doch schon kurze Zeit später liefen erste Meldungen über die beginnenden Kriegsvorbereitungen der Royal Navy ein. Am 31. Juli machten sich deshalb die neuesten und kampfkräftigsten Schiffe des I. und III. Geschwaders auf den rund 100 Kilometer langen Weg durch den Kaiser-Wilhelm-Kanal von Kiel nach Wilhelmshaven. Die Stadt an der Jade war seit 1912 Hauptstützpunkt der Hochseeflotte und Ausgangsbasis für einen Seekrieg gegen Großbritannien.

Auch Hipper mit seinen Schlachtkreuzern bezog dort Stellung. Seine wichtigste Aufgabe war es zunächst, die innere Deutsche Bucht gegen das Eindringen feindlicher Schiffe und U-Boote zu sichern. Dazu wurden ihm sämtliche leichten Streitkräfte der Marine wie Torpedoboote, Minensucher, U-Boote und Luftfahrzeuge unterstellt. Noch bevor am Abend des 1. August aus Berlin die Mitteilung von der deutschen Kriegserklärung an Russland und der offizielle Mobilmachungsbefehl in Wilhelmshaven eintrafen, hatte Hipper eine Reihe von Torpedobooten und bewaffneten Fischdampfern in See geschickt, die zwischen den Inseln Baltrum und Amrum nach verdächtigen Fahrzeugen Ausschau halten sollten. Zu ihrer Unterstützung hielten sich auf der Außenjade und auf der Elbe ständig mehrere Großkampfschiffe der Hochseeflotte bereit zum Auslaufen.

Auf Hippers Befehl wurden sämtliche Schiffe gefechtsklar gemacht. Die Geschütze wurden geladen, die Wachposten verstärkt, an den Bordwänden Netze aufgespannt, um zu verhindern, dass feindliche Matrosen die Decks enterten. Die Engländer hatten 1807 in einem Präventivschlag die friedlich im Kopenhagener Hafen liegende dänische Flotte vernichtet, um sie nicht in die Hände Napoleons fallen zu lassen. Ihnen war also alles zuzutrauen. In der Nacht gingen an der deutschen Nordseeküste buchstäblich die Lichter aus: Alle Leuchtfeuer wurden gelöscht, die als schwimmende Navigationshilfen dienenden Feuerschiffe eingezogen und sämtliche Leuchtbojen entfernt.

Während Hipper die Sicherung der Deutschen Bucht organisierte, bezogen nach dem I. und III. Geschwader nun auch die übrigen Einheiten der Hochseeflotte ihre Kriegspositionen in der Nordsee. Das aus älteren Linienschiffen, »Prä-Dreadnoughts«, gebildete II. Geschwader unter dem Kommando von Vizeadmiral Reinhard Scheer ankerte in der Elbmündung zwischen Cuxhaven und Brunsbüttel. Ein Kleiner Kreuzer und eine Torpedobootsflottille übernahmen den Schutz der Emsmündung; auch an den Mündungen von Jade, Elbe und Weser wurden Schiffe postiert. Die U-Boote der Hochseeflotte waren auf Helgoland, an der Ems, auf Borkum-Reede und in Emden stationiert. Weitere Operationsbasen entstanden später in den besetzten belgischen Küstenstädten Zeebrügge, Brügge und Ostende. Im Mittelmeer führten deutsche U-Boote von den österreichisch-ungarischen Stützpunkten Cattaro und Pola an der östlichen Adriaküste aus Handelskrieg und unterstützten das bei Kriegsbeginn in die türkische Marine integrierte Mittelmeergeschwader bei der Verteidigung der Dardanellen sowie bei Operationen gegen russische Verbände im Schwarzen Meer.

In der Ostsee verblieben unter dem Oberbefehl von Großadmiral Prinz Heinrich von Preußen vor allem ältere Schiffe. Da die russische Flotte seit ihrer Niederlage im Krieg gegen Japan (1904/05) deutlich geschwächt war und außerdem Dänemark auf Ersuchen der deutschen Regierung die Belte sperrte, so dass keine anderen feindlichen Streitkräfte in die Ostsee eindringen konnten, brauchte es nach Ansicht des Admiralstabs keine übermäßig starken Einheiten, um die Kieler Bucht zu sichern. Zumal man durch den Kaiser-Wilhelm-Kanal im Notfall jederzeit Verstärkung aus der Nordsee nach Kiel schicken konnte.

Schwierig würde die Lage dagegen für all jene deutschen Schiffe werden, die in ausländischen Gewässern unterwegs waren. Sollte es zum Krieg mit England kommen, war ihnen der Rückweg in die heimatlichen Häfen aller Voraussicht nach versperrt. Neben Konteradmiral Souchons Mittelmeerdivision betraf das vor allem das im chinesischen Tsingtau stationierte Ostasiengeschwader unter dem Kommando von Vizeadmiral Maximilian Graf von Spee sowie die Kleinen Kreuzer *Königsberg*, *Dresden* und *Karlsruhe*. Vorgesehen war, dass alle diese Schiffe im Kriegsfall versuchen sollten, so lange wie möglich auf See zu bleiben und feindliche Handelsschiffe anzugreifen. Allen Beteiligten war jedoch klar, dass das fernab der Heimat und ohne ein Netz von eigenen Stützpunkten (allein Tsingtau war dafür ausgelegt, moderne Kriegsschiffe zu warten) ein Unterfangen mit sehr begrenzten Erfolgsaussichten sein musste.

Nachdem alle Vorbereitungen getroffen waren, lagen die Schiffe der Hochseeflotte in höchster Kriegsbereitschaft vor Wilhelmshaven und warteten auf weitere Befehle. Am 2. August informierte das Auswärtige Amt die Flottenleitung darüber, dass nach dem Einmarsch deutscher Truppen ins Großherzogtum Luxemburg ein englischer Angriff nun immer wahrscheinlicher werde. Hipper schickte daraufhin vorsichtshalber weitere Schiffe zum Wachehalten hinaus in die Nordsee. Einen Tag später erklärte Deutschland Frankreich den Krieg.

Die Strategie des deutschen Generalstabs sah bekanntermaßen vor, die gewaltigen französischen Festungen von Verdun bis Belfort im Osten zu umgehen und dem französischen Heer von Norden her in den Rücken zu fallen. Dazu mussten deutsche Truppen durch Belgien marschieren, dessen Neutralität seit 1839 international anerkannt war. Eine der Garantiemächte war Großbritannien. Als das deutsche Heer am frühen Morgen des 4. August die belgische Grenze überschritt, forderte die britische Regierung das Deutsche Reich ultimativ dazu auf, die belgische Neutralität zu respektieren. Das Ultimatum endete um Mitternacht desselben Tages. Die britische Regierung wartete vergeblich auf ein Einlenken aus Berlin und brach daraufhin die Beziehungen zu Deutschland ab. Nun hatte die Marine endlich Gewissheit: Der Krieg mit England und der Royal Navy war da.

Die Spannung, die sich in den vorangegangenen Stunden und Tagen bei Offizieren und Mannschaften angestaut hatte, entlud sich nun in grenzenlosem Jubel und allgemeiner Euphorie. Nicht nur Hipper schrieb von einer »großen Begeisterung«.[5] Auch Heinrich Stenzler, 28 Jahre alter Oberleutnant auf Hippers Flaggschiff, dem Schlachtkreuzer *Seydlitz*, konnte seiner Mutter berichten: »Die Begeisterung in diesen Tagen war groß, unser Auslaufen auf die Reede eine imposante Feier. Die ganzen Ufer waren mit Menschen dicht besetzt. Unsere Musik spielte die ›Wacht am Rhein‹. Alles sang mit. Und dann folgte ein nicht enden wollendes Hurrarufen.«[6] Für Kapitänleutnant Hermann Graf von Schweinitz, gerade 31 Jahre alt geworden, war die Nachricht vom Krieg gegen England »beinahe eine Erlösung«. In seinem Tagebuch notierte er: »Das Gefühl war zu peinlich, daß die Marine querab steht und untätig zusehen muß, während die Armee sich an zwei Fronten schlägt. Jetzt gehts auch bei uns los.«[7] Und am Bosporus ärgerte sich Konteradmiral Souchon, dass er all das nur aus der Ferne miterleben durfte: »Ich beneide alle daheim um die Eindrücke dieser großen Zeit. Wir sind aber auch in der besten und zuversichtlichsten Stimmung, freuen uns, daß endlich das Deutsche Reich zum Schwert gegriffen hat … nach all dem Kleinbeigeben der letzten Dezennien.«[8]

Diese positiven Reaktionen waren beileibe keine Einzelfälle. Zwar weiß man heute, dass es ein einheitliches »Augusterlebnis«, das alle Menschen in Deutschland, egal ob arm oder reich, gebildet oder ungebildet, Stadt- oder Landbewohner, auf einer Woge der Begeisterung mit sich in den Krieg gerissen hätte, so nicht gegeben hat. Doch völlig unbeeindruckt von der Aura des außergewöhnlichen Augenblicks blieb gewiss auch niemand. Die Mehrzahl der Deutschen erfasste ein »spontanes und überwältigendes Gefühl nationaler Einheit und Einmütigkeit«.[9] Die Überzeugung, das Kaiserreich sei ohne eigenes Verschulden in den Krieg gedrängt worden und müsse sich nun gegen eine »Welt von Feinden« verteidigen, einte die Gesellschaft quer durch alle sozialen Schichten und politischen Lager. Das war der später vielbeschworene »Geist von 1914«. Vor allem bei den weniger Privilegierten weckte er zugleich die Erwartung, dass sowohl die Lasten des Krieges als auch die möglichen Gewinne gerecht verteilt werden würden.

Für viele junge Männer, vor allem aus dem bürgerlichen Milieu, waren der Glaube an die Notwendigkeit des Krieges und die Sehnsucht nach einem großen Abenteuer Motivation genug, ihr Leben auf dem Schlachtfeld aufs Spiel zu setzen. Sie mochten ähnlich empfunden haben wie Ernst Jünger, der in seinen umstrittenen Kriegserinnerungen ›In Stahlgewittern‹ die Stimmung unter den Soldaten bei Kriegsausbruch so beschrieb: »In einem Meer von Blumen waren wir hinausgezogen, in einer trunkenen Stimmung von Rosen und Blut. Der Krieg mußte es uns ja bringen, das Große, Starke, Feierliche. Er schien uns männliche Tat, ein fröhliches Schützengefecht auf blumigen, blutbetauten Wiesen. ›Kein schönrer Tod ist auf der Welt …‹ Ach, nur nicht zu Haus bleiben, nur mitmachen dürfen!«[10] Was Krieg wirklich bedeutete, zumal in seiner modernen, hochtechnisierten Form, davon hatte die Generation von 1914 allerdings nur eine sehr begrenzte Vorstellung. Die letzten militärischen Auseinandersetzungen lagen mehr als 40 Jahre zurück, und sie waren, wie sich bald herausstellen sollte, in nichts dem vergleichbar, was die Soldaten an den Fronten in Flandern und Frankreich erwartete.

In der Marine brannten besonders die Offiziere darauf, sich bei einem Einsatz der Flotte zu bewähren, am liebsten in einer großen Seeschlacht. In den langen Jahren des Friedens vor 1914 hatten sie, deren »Handwerk der Krieg« war (so Wilhelm Souchon in einem Brief an seine Frau)[11], immer wieder die Situation theoretisch durchgespielt, in der sie sich jetzt tatsächlich befanden. Sie hatten sich selbst und ihre Schiffe in unzähligen Manövern und Übungen akribisch auf den Tag vorbereitet, an dem aus dem Spiel Ernst werden würde. Sie hatten die Geschichte der Seekriege so intensiv studiert, dass sie jetzt davon träumten, es den großen Helden der Vergangenheit nachzutun (dass diese Helden in der Regel Engländer waren, spielte keine Rolle). Und sie hatten ihrem Kaiser, der laut

Verfassung persönlich den Oberbefehl über die Marine führte, einen heiligen Eid geschworen, »die Ehre der Flagge und Fahne rein und fleckenlos zu erhalten«. Dieses Versprechen galt es nun einzulösen.

Dass dies möglicherweise den Verlust des eigenen Lebens bedeutete, schreckte kaum jemanden ab. So schrieb Hermann von Schweinitz, der bei Kriegsbeginn noch in einer Dienststelle an Land eingesetzt war, sehnsuchtsvoll in sein Tagebuch: »Ich vertraue ja fest darauf, daß auch ich dann mit dabei bin. Der Gedanke, mein Leben dabei zu lassen, ist mir ganz natürlich. Ich habe ein schönes Leben hinter mir. Wieviel Freude habe ich gehabt und wie gut ist es mir immer gegangen, ich kenne es nur von der sonnigen Seite. Mich deucht, daß es schöner nun nicht mehr werden kann. Doch den Erfolg unseres Kampfes, den möchte ich noch erleben. Etwa so wie Nelson bei Trafalgar, in klein.«[12] Später fügte er hinzu: »Wie gern möchte ich an Bord! Allerdings nur auf ein Frontschiff, das kämpfen kann, nicht so eins, das in der Reserve liegt.«[13] Als er schließlich nach langen Monaten des vergeblichen Hoffens im April 1915 ein Bordkommando auf dem Kleinen Kreuzer SMS *Rostock* erhielt, war er außer sich vor Freude: »Meine Stunde ist gekommen! … Ich jauchze innerlich, Gott sei Dank, nun kann alles gut werden.«[14]

In der deutschen Flotte rechnete man fest damit, dass die Royal Navy unmittelbar nach Kriegsbeginn angreifen würde. »Und wenn sie nicht kommen, so holen wir sie«, schrieb Richard Stumpf, ein 22 Jahre alter Zinngießer aus Nürnberg, der 1912 als Freiwilliger zur Marine gekommen war und den Krieg als Matrose an Bord des Linienschiffs SMS *Helgoland* erlebte, in seinem Tagebuch.[15] Dass die Briten gar nicht anders konnten, als die Offensive zu wagen, das war ein Grundgedanke des Tirpitz'schen Flottenkonzepts gewesen. Zwar hatte es in den letzten Jahren vor dem Krieg genug Hinweise gegeben, die eher das Gegenteil nahelegten. Doch die strategische Planung des deutschen Admiralstabs ging 1914 noch immer davon aus, dass die Briten im Kriegsfall einen engen Blockadegürtel vor die deutsche Nordseeküste legen würden, um den deutschen Seehandel lahmzulegen und die deutschen Kriegsschiffe in der Helgoländer Bucht einzukesseln. Der Operationsbefehl für die Kriegführung in der Nordsee vom 30. Juli 1914 sah deshalb vor, dass die deutsche Flotte die gegnerischen Blockadekräfte erst einmal durch U-Boot- und Minenattacken so weit dezimieren sollte, bis eine Seeschlacht untcr dann »günstigen Umständen« eine realistische Aussicht auf Erfolg besaß.

Wie ein maritimer Schlieffen-Plan hatte die Vorstellung von einer solchen »Entscheidungsschlacht« (in den Köpfen der deutschen Admirale fand sie idealerweise in der Nähe von Helgoland statt) in der Kaiserlichen Marine seit vielen Jahren »im Mittelpunkt aller operativen Überlegungen und der praktischen Flottenausbildung« gestanden.[16] Schon 1891 hatte Tirpitz die Schlacht als das »Endziel« bezeichnet, auf das hin alles, »die oberen Behörden, das Jahrespensum der Flotte, die Ausbildung der Schlachtschiffbesatzungen vom ersten Tage an ... dirigiert sein« müsse.[17]

Doch die Briten dachten überhaupt nicht daran, ihre heimatlichen Stützpunkte für eine enge Blockade der deutschen Küste zu verlassen. Im strategischen Kalkül der Royal Navy überwogen die möglichen Verluste einer solchen Vorgehensweise bei weitem den zu erwartenden Gewinn. Solange sie nicht direkt die englischen Versorgungslinien im Atlantik bedrohte (was praktisch ausgeschlossen war) oder die Küsten der Insel angriff, stellte die kaiserliche Flotte für Großbritannien keine allzu große Gefahr dar. Zumindest keine so große, dass es sich gelohnt hätte, ihretwegen wertvolle Schiffe zu riskieren.

Bereits 1912 hatte die Admiralität in London daher den Gedanken an eine enge Blockade aufgegeben. Stattdessen hatte man sich dazu entschlossen, die günstige geographische Lage der britischen Inseln konsequent auszunutzen, und beschränkte sich nun darauf, die beiden Nordseeausgänge im Ärmelkanal sowie zwischen Schottland und Norwegen zu sperren. So ließen sich die wichtigsten Ziele der Royal Navy, der Schutz der britischen Küsten und des britischen Seehandels, ebenso erreichen wie die Unterbrechung der deutschen Seeverbindungen in den Atlantik. Während Deutschland dadurch weitgehend von Importen abgeschnitten war, konnten die Briten und ihre Verbündeten nahezu uneingeschränkt auf die Industrieproduktion der Vereinigten Staaten und die Ressourcen der britischen Überseereiche zurückgreifen.

Die kaiserliche Hochseeflotte war gegen diese Vorgehensweise praktisch machtlos. Das Dilemma, in das sie durch die Strategie der Royal Navy geriet, beschreibt der britische Historiker David Stevenson so: »Um die offene See zu erreichen, blieb den Deutschen nur eine wenig beneidenswerte Wahl. Entweder konnten sie die Fahrt durch die Straße von Dover und 200 Meilen Ärmelkanal wagen, die bald durch Minenfelder und Zerstörer abgesichert wurden, oder Schottland umrunden – was eine Fahrt von 1100 Seemeilen bedeutete –, um die atlantischen Schifffahrtslinien zu erreichen. In diesem Fall hätten sie dann die Grand Fleet zwischen sich und ihren Flottenstützpunkten gehabt.«[18]

Der einzige Grund, weshalb man in Großbritannien nicht von Anfang an auf die Lösung einer Fernblockade gesetzt hatte, war die jahrhundertealte Tradition der Royal Navy, die stets einer offensiven Strategie den Vorzug gegeben hatte. Noch als der Krieg begann, war es in der britischen Öffentlichkeit »Common sense«, dass auf dem Wasser die Entscheidung in einer, möglicherweise auch mehreren großen Seeschlachten fallen würde. An deren Ende stand, ebenso selbstverständlich, die völlige Vernichtung der deutschen Flotte. Etwas anderes war sowohl im Hinblick auf die ruhmreiche Vergangenheit als auch auf die zahlenmäßige Überlegenheit der englischen Marine überhaupt nicht vorstellbar. Dass die Admiralität in London sich stattdessen für eine Strategie des »Safety first« entschied, in der ein solches Szenario nicht unbedingt vorgesehen war, sollte vor diesem Hintergrund noch zu einem großen Problem werden – für die Seeleute ebenso wie für die Öffentlichkeit.

Statt also Anfang August 1914 mit allem, was schwimmen konnte, die Nordsee Richtung deutsche Küste zu überqueren, verteilten die Briten ihre Kräfte lieber auf die für eine Fernblockade wichtigsten strategischen Punkte. Die Sperrung des Ärmelkanals übernahm die im südenglischen Portland stationierte, hauptsächlich aus Prä-Dreadnoughts bestehende *Channel Fleet*. Unterstützt wurde sie von der zwischen East Anglia und der holländischen Küste operierenden *Harwich Force*, einem von Kommodore Reginald Tyrwhitt kommandierten starken Verband Leichter Kreuzer und moderner Zerstörer. Ebenfalls in Harwich stationiert waren die britischen U-Boote unter dem Oberbefehl von Kommodore Roger Keyes. Die Verteidigung der englischen Ostküste übernahmen mehrere *Patrol Flotillas*, darunter auch die *6th Patrol Flotilla*, die sogenannte *Dover Patrol*, die über die Einfahrt zur Straße von Dover wachte.

Wesentlich schwieriger und kräftezehrender als die Sicherung der heimischen Küsten war die Sperrung des zweiten, nördlichen Nordseeausgangs. Diese Aufgabe übernahm die *10th Cruiser Squadron*, die als *Northern Patrol* in die britische Seekriegsgeschichte eingegangen ist. Unter vor allem im Winter oft kaum zu ertragenden äußeren Bedingungen kontrollierte sie tagein, tagaus sämtliche Handelsschiffe, die versuchten, die 200 Seemeilen breite Lücke zwischen Schottland und Norwegen zu passieren. Frachter, die zur Lieferung nach Deutschland bestimmte kriegswichtige Güter (Konterbande) geladen hatten, durften ihre Fahrt nicht fortsetzen, sondern wurden unter das Kommando britischer Seeleute gestellt und nach Scapa Flow geschickt.

Dort, in einem kargen Naturhafen inmitten der Orkneyinseln vor der Nordküste Schottlands, lag das Gros der englischen Flotte, die *Grand Fleet*. Im Kern bestand sie aus zwanzig modernen Linienschiffen und vier Schlachtkreuzern. Schon die Wikinger hatten Scapa Flow als Flottenstützpunkt genutzt, und nun wie auch später im Zweiten Weltkrieg erschien die sturmumtoste Bucht als ideale Ausgangsbasis für die britischen Kriegsschiffe: Von dort aus konnten sie falls nötig sowohl der *Northern Patrol* beispringen als auch Vorstöße in die südliche Nordsee unternehmen. Einziges Manko: In den ersten Monaten des Krieges bot der Ankerplatz noch keinen Schutz gegen U-Boote, so dass die Schiffe der *Grand Fleet* meist auf See blieben. Später wurden die verschiedenen Einfahrten nach Scapa Flow dann durch Balken-, Netz- und Minensperren sowie gezielt im Fahrwasser versenkte alte Frachter gesichert.

Zum Oberbefehlshaber (*Commander-in-Chief*) der *Grand Fleet* war nur einen Tag vor Beginn des Krieges mit Deutschland Admiral Sir John Jellicoe ernannt worden. Er löste Admiral Sir George Callaghan ab, den Churchill für zu alt und zu schwach hielt, um die britische Flotte in den Krieg zu führen. Der 54 Jahre alte Jellicoe hatte auf zahlreichen Stationen seine herausragende fachliche Qualifikation unter Beweis gestellt (zuletzt als Zweiter Seelord der Admiralität) und genoss hohes Ansehen bei Offizieren und Mannschaften. Der britische Historiker Correlli Barnett schrieb über ihn: »Sein Hirn war eine gutgeordnete Registratur für Einzelheiten; sein Wesen spiegelte sich in seinem schlankwüchsigen, adretten Äußeren wider, dem gestrafften Mund und den wachsamen, ruhigen Augen, die fest über die vorspringende Nase hinwegblickten. Er war kühl, beherrscht und immer höflich. Seine Zurückhaltung war Ausdruck eines großen Selbstvertrauens.«[19]

Nach einem berühmten Diktum Winston Churchills war Jellicoe der einzige Mann auf beiden Seiten der Nordsee, der den Krieg an einem Nachmittag verlieren konnte. So unrecht hatte der britische Marineminister damit nicht: Falls Deutschland seiner Flotte verlustig ging, besaß es immer noch die stärkste Armee in ganz Europa. Falls England die *Grand Fleet* verlor, war die Insel einer Invasion mehr oder weniger schutzlos ausgeliefert. Jellicoe war sich bei allem, was er tat, dieser außerordentlichen Verantwortung bewusst, und nicht zuletzt deshalb lehnte er es immer wieder ab, sich auf riskante Unternehmungen mit der Flotte einzulassen.

Unter dieser Zurückhaltung litt keiner mehr als der ungestüme Chef der britischen Schlachtkreuzerflotte, Vizeadmiral Sir David Beatty. Zwölf Jahre jünger als Jellicoe, charismatisch und von betont lässigem Auftreten, verkörperte Beatty den Typus des schneidigen Draufgängers, der das Abenteuer liebt und dem kein Preis zu hoch ist, wenn es gilt, Ruhm und Ehre zu erwerben. Im Gegensatz zu Jellicoe war Beatty in der Marine jedoch nicht unumstritten: Sein kometenhafter Aufstieg – er war der jüngste britische Admiral seit Nelson – erregte Neid und Argwohn, seine finanzielle Unabhängigkeit – durch die Heirat mit einer geschiedenen amerikanischen Millionärstochter – ermöglichte ihm einen luxuriösen Lebensstil, entfremdete ihn aber zugleich von seinen Kameraden. Dennoch hielten viele Beatty für den richtigen Mann, um die schnellsten und taktisch flexibelsten Schiffe der Royal Navy zu führen. Um die Schlachtkreuzer noch effektiver einsetzen zu können, wurden sie Ende 1914 aus der *Grand Fleet* ausgegliedert und in den Firth of Forth verlegt, einen Meeresarm an der schottischen Ostküste, an dem auch Edinburgh liegt.

Zahlreiche weitere, rund um den Erdball verteilte Einheiten, meist ältere Schiffe mit geringer Kampfkraft, komplettierten die britische Streitmacht. In ihrer Gesamtheit war es die größte Flotte von Kriegsschiffen, die die Welt je gesehen hatte. Und sie wartete nur darauf, auf ihren Gegner losgelassen zu werden. Während die Kaiserliche Marine davon träumte, ihrem einstigen Lehrmeister zu zeigen, dass sie ihm längst ebenbürtig war, ging es für die Royal Navy darum, die deutschen Emporkömmlinge, die so gerne Seemacht sein wollten, ein für allemal in ihre Schranken zu weisen. Seit mehr als einhundert Jahren beherrschte Großbritannien unangefochten die Meere, und so sollte es bleiben.

Wie ihre kaiserlichen Kontrahenten hatten auch die englischen Seeleute gespannt verfolgt, wie in den ersten Augusttagen auf dem

Kontinent ein Staat nach dem anderen seinen Nachbarn den Krieg erklärte, während allein London noch zu zögern schien. Die größte Sorge der Offiziere war, dass England sich womöglich gar nicht an den Kämpfen beteiligen würde. »Ich sehe nicht, wie England es jetzt noch ablehnen könnte, Frankreich beizustehen, nachdem Deutschland sich so (in den Krieg) hineingestürzt hat«, schrieb der 33 Jahre alte Korvettenkapitän Lennon Goldsmith, der einen Zerstörer der *Harwich Force* kommandierte, in einem Brief an seinen Vater. »Und ich habe wenig Zweifel daran, dass ein Engländer niemals mehr den Kontinent betreten könnte, ohne verachtet zu werden, wenn wir uns jetzt in einer unrühmlichen Neutralität aus allem heraushalten.«[20]

Nicht zuletzt deshalb wurde die Nachricht vom Beginn des Krieges in der Royal Navy ebenso freudig begrüßt wie auf der anderen Seite der Nordsee. Er habe, teilte Vizeadmiral Beatty seiner Frau mit, nie zuvor eine »solch großartige und fröhliche Stimmung« erlebt.[21] Ein junger Offizier vertraute seinem Tagebuch an: »Jeder will in die Schlacht«, und ergänzte wenig später: »Wir freuen uns wirklich sehr auf eine fröhliche kleine Rauferei in naher Zukunft, und ich hoffe, dass wir dann ganz vorne mit dabei sind.«[22] Bezeichnenderweise rechneten auch die englischen Seeleute mit einem Angriff des Gegners innerhalb von 48 Stunden nach Kriegsausbruch. Dass die deutsche Flotte sich kampflos in ihr Schicksal fügen und der Royal Navy gewissermaßen freiwillig das Feld überlassen würde, hielt man in Großbritannien zunächst für ebenso unwahrscheinlich wie auf deutscher Seite die englische Entscheidung für eine weitgehend defensive Strategie. »In Wahrheit war die Stimmung vor allem geprägt von der Erwartung, dass jeden Moment der Feind herauskommen und der lang erwartete Kampf stattfinden könne«, schrieb ein Offizier an Bord des Schlachtkreuzers *Lion*, Beattys Flaggschiff.[23]

Doch kein kaiserliches Kriegsschiff zeigte sich. Die allseits erwartete Seeschlacht fand nicht statt. Die einzige Kampfhandlung der ersten Kriegstage war die Versenkung des ehemaligen Hapag-Dampfers *Königin Luise* am 5. August 1914. Getarnt als britisches Fährschiff, hatte die *Königin Luise* den Auftrag, Minen vor der englischen Küste zu legen. Dabei fiel sie dem Kapitän eines Fischkutters auf, der über Funk um Hilfe bat. Eine eilig herbeibeorderte Zerstörerflottille der *Harwich Force* unter Führung des Leichten Kreuzers *Amphion* eröffnete sofort das Feuer auf den deutschen Dampfer, und nach mehreren schweren Treffern sank die *Königin Luise* mit

130 Mann Besatzung. Fünfundsiebzig davon wurden von den Briten gerettet und auf Befehl des Kommandanten im Vorschiff der *Amphion* eingesperrt. Seine Begründung: »Wenn wir auf eine Mine laufen, sollen sie ruhig zuerst in die Luft fliegen.«[24] Und genau das geschah auch: Eine von der *Königin Luise* noch kurz vor ihrem Untergang gelegte Mine zerriss den Bug der *Amphion*, das Schiff sank innerhalb von 15 Minuten. 132 britische Matrosen wurden getötet, von den deutschen Gefangenen überlebte nur einer.

Das waren die ersten toten Seeleute und die ersten versenkten Schiffe des deutsch-britischen Seekrieges.

Viel mehr passierte zunächst nicht. Die Royal Navy konzentrierte sich in den folgenden Wochen darauf, die Soldaten der *British Expeditionary Force* (BEF) über den Ärmelkanal nach Frankreich zu bringen. Die kaiserliche Flotte sah tatenlos dabei zu, wie zwischen dem 9. und dem 22. August 1914 fast 100 000 Tommys unbeschadet die französische Küste erreichten. Sie sollten kurz darauf in der ersten Marneschlacht entscheidend dazu beitragen, den Vormarsch der deutschen Armeen in Frankreich zu stoppen. Nun rächte sich, dass es im Kaiserreich nie eine gemeinsame Operationsplanung von Armee und Marine gegeben hatte. Noch dazu hielt es die Oberste Heeresleitung (OHL) unter Generaloberst Helmuth von Moltke auch gar nicht für nötig, die britische Armee am Überqueren des Kanals zu hindern: Man würde, da gab es auf deutscher Seite wenig Zweifel, sie so oder so schlagen, die Hilfe der Marine brauchte man dazu nicht. Nach dem Debakel an der Marne erlitt Moltke einen Nervenzusammenbruch und wurde durch General Erich von Falkenhayn ersetzt.

Für die Seeoffiziere begann die Untätigkeit der Flotte schon bald zu einem Problem zu werden. Kapitänleutnant Rudolph Firle, 1881 in Bonn geboren und seit 14 Jahren bei der Marine, fasste die Gemütslage der in Wilhelmshaven auf ihre »Feuertaufe« Wartenden folgendermaßen zusammen: »Es wird mächtig langweilig. Man stellte sich den Krieg immer so vor, als ob nach der Kriegserklärung gleich Hurrah käme, Angriff und dann Schluß. ... Vom Feind nichts zu sehen, es ist schwer, da Stimmung aufrecht zu erhalten.«[25] Umso erfreuter war Firle, als er Ende August mit dem neu gebildeten »Sonderkommando Kaiserliche Marine Türkei« an den Bosporus gehen durfte, wo er unter Konteradmiral Souchon Chef einer Torpedoboots-Halbflottille wurde (zwei Halbflottillen bildeten eine Flottille mit zwölf Booten).

Düster sah es auch an Bord des Kleinen Kreuzers *Rostock* aus, wo Kapitänleutnant Reinhold Knobloch, der 31 Jahre alte Artillerieoffizier des Schiffes, gehofft hatte, seine Geschütze schon bald auf einen englischen Gegner abfeuern zu können. Doch nach knapp zwei Wochen Krieg musste er eine andere Rechnung aufmachen. »Abflauen der Stimmung, weil man sich den Krieg so ganz anders dachte. Schlaffheit, sich gehen lassen. Alles ist langweilig und arbeitsmäßig. ... Nichts ist los. ... An Bord ist allgemeine Unaufmerksamkeit und Langeweile, die Armeesoldaten werden beneidet.«[26]

Den meisten deutschen Seeleuten dämmerte allmählich, dass die Briten ihnen kaum den Gefallen tun würden, sich nah an die deutsche Küste heranzuwagen. Wie Konteradmiral Hipper erfahren hatte, »sollen die Engländer absolut nicht die Absicht haben, in die deutsche Bucht einzudringen, sondern dem Kampf, solange er nicht an ihrer Küste stattfinden kann, auszuweichen. Nette Aussichten.«[27] Der alles überragende Einfluss des Tirpitz'schen Schlachtflottenkonzepts hatte, das zeigte sich jetzt in aller Deutlichkeit, zu einer »fundamentalen Fehleinschätzung der britischen Seestrategie« (Werner Rahn) geführt.

Die Folge waren langwierige Auseinandersetzungen darüber, wie angesichts der veränderten Situation die Flotte am sinnvollsten einzusetzen sei. Dabei erwies es sich als verhängnisvoll, dass die deutsche Marineführung keine Einheit bildete, sondern in eine Vielzahl von Befehlsstellen zersplittert war. Während das einst übermächtige Reichsmarineamt während des Krieges stetig an Bedeutung verlor (Tirpitz reichte schließlich im März 1916 entnervt seinen Rücktritt ein), vergrößerte sich im Gegenzug der Einfluss des Admiralstabs, dem die strategische Planung oblag. Die operative Steuerung der Flotte wiederum lag in den Händen des Flottenkommandos, an dessen Spitze der Flottenchef stand. Schließlich gab es auch noch das kaiserliche Marinekabinett, verantwortlich für das Personalwesen und die Umsetzung der kaiserlichen Befehle.

Denn auch der Monarch wollte mitreden. Dies umso mehr, weil sein Einfluss auf die Kriegführung an Land eher gering war. Laut Verfassung führte der Kaiser den Oberbefehl über die Streitkräfte, doch Wilhelm II. erkannte selbst nur zu gut, wie sehr die OHL bestrebt war, ihn aus allen wichtigen Entscheidungen herauszuhalten. »Wenn man sich in Deutschland einbildet, daß ich das Heer führe, so irrt man sich sehr«, schrieb er in einem Brief an den Prinzen Max von Baden. »Ich trinke Tee und säge Holz und gehe spazieren, und dann erfahre ich von Zeit zu Zeit, das und das ist gemacht, ganz wie es den Herren beliebt. Der Einzige, der ein bißchen netter zu mir ist, ist der Chef der Feldeisenbahnabteilung, der erzählt mir alles, was er macht und beabsichtigt.«[28]

Die Marine jedoch betrachtete Wilhelm als seine Schöpfung, und hier ließ er sich nicht so leicht zurückdrängen. Seine Fähigkeiten als Flottenlenker waren jedoch, milde ausgedrückt, äußerst begrenzt. Weder gelang es ihm, ein schlüssiges Gesamtkonzept zum Einsatz der Flotte gegen die Royal Navy zu entwickeln, noch gab er seinen Admiralen freie Hand für Operationen in der Nordsee. Stattdessen schwankte er in allen Fragen von Strategie und Taktik ständig hin und her. Nur in einem Punkt blieb er standhaft: Wilhelm II. war grundsätzlich gegen einen riskanten Einsatz »seiner« Schiffe.

In einer »Allerhöchsten Willensmeinung« vom 6. Oktober 1914 erklärte er, die Flotte dürfe keinesfalls aufs Spiel gesetzt werden, sondern müsse vielmehr in ihrem Bestand erhalten bleiben, um sie bei späteren Friedensverhandlungen als politisches Druckmittel gegen England benutzen zu können. Von der bisherigen Leistung der Marine zeigte er sich »in hohem Maße befriedigt« und mahnte: »Seine Majestät der Kaiser erwarten von dem Geist der Führer und der Besatzungen, daß er durch die abwartende Haltung nicht leidet und daß seine Majestät auf die Flotte rechnen können, wenn Allerhöchstderselbe den Zeitpunkt zum Einsetzen für gekommen erachten.«[29]

Für die Offiziere und Mannschaften hieß das, sich in einer völlig neuen, gänzlich unerwarteten Situation zurechtzufinden: Warten statt Kämpfen. Für manche war das schwerer zu ertragen, als das eigene Leben in der Schlacht zu riskieren. Dass die britischen Seeleute auf der anderen Seite der Nordsee ähnlich denken und fühlen mussten, vermochte kaum jemandem über die jähe Enttäuschung hinwegzuhelfen, die der kaiserliche Stillhaltebefehl auslöste. Selbst Konteradmiral Hipper, dem klar war, dass ein Angriff auf die *Grand Fleet* einem Hasard gleichkäme, hatte Schwierigkeiten, mit der veränderten Lage klarzukommen, und rätselte, wie man sich nun am besten verhalten solle. Einerseits glaubte er: »Würden wir jetzt ... die Schlacht riskieren, so würden wir nicht nur gar keinen Erfolg haben, sondern die Hochseeflotte wäre mit einem Schlage von der Bildfläche verschwunden, das Beste, was England haben könnte. Also müssen wir schon wohl oder übel Geduld haben.«[30] Andererseits wollte er kurz darauf dann plötzlich doch in die Offensive gehen und mit seinen Panzerkreuzern einen (tatsächlich nie zur Ausführung gekommenen) Vorstoß gegen die *Northern Patrol* unternehmen. »Es wäre ja ein sehr kühnes Unternehmen und kann unter Umständen ein Schlag ins Wasser werden bzw. ganz zur Aufreibung der P[an]z[er]Kreuzer führen, aber ich habe das Gefühl, es muß etwas geschehen. … Jedenfalls das tatenlose Herumliegen macht auf die Dauer den Unternehmungsgeist schlapp und nimmt den Leuten die Kriegsbegeisterung, die zweifellos in hohem Grade vorhanden ist.«[31]

Es muss etwas geschehen mit der Flotte, doch es darf ihr nichts passieren – das war das Dilemma, in dem vor allem Hipper und die deutsche Flottenleitung, aber auch die Royal Navy während des gesamten Krieges befangen bleiben sollten. Die Geschichte des Seekrieges ist so gesehen auch die Geschichte des immer verzweifelteren Versuchs, dieser misslichen Lage auf die ein oder andere Weise zu entkommen. Im August 1914 überwog freilich noch die Hoffnung, dass die mächtigen Dreadnoughts früher oder später schon die Gelegenheit erhalten würden zu beweisen, wozu man sie gebaut hatte. Und zumindest auf Hipper und Beatty und ihre beiden Schlachtkreuzerflotten warteten in der Tat sechs ereignisreiche Monate.

Kapitel III

»Aber die Flagge wehte noch« Kämpfen und Sterben im Namen der Ehre

Nachdem die Anspannung der ersten Tage sich gelöst hatte, hätte man an Bord der Schlachtschiffe, die in Wilhelmshaven friedlich um ihre Anker schwojten, fast vergessen können, dass man überhaupt im Krieg war. Doch wie schmal trotz allem jetzt der Grat zwischen Leben und Tod war, zeigte sich, als am 21. August 1914 die Kleinen Kreuzer *Rostock* und *Straßburg* zusammen mit einer Torpedobootsflottille in See geschickt wurden, um im Gebiet der Doggerbank britische Fischerboote anzugreifen. Die Doggerbank ist eine große Untiefe in der Nordsee nordwestlich der Deutschen Bucht. Bei diesem Unternehmen wäre es fast zur Katastrophe gekommen, als ein britisches U-Boot zwei Torpedos auf die *Rostock* abfeuerte, die aber wie durch ein Wunder beide ihr Ziel verfehlten. Kapitänleutnant Reinhold Knobloch, der Artillerieoffizier der *Rostock*, hatte gerade die Brücke betreten, um dem Kommandanten eine Meldung zu machen, als plötzlich auf der Steuerbordseite des Schiffes ein Periskop auftauchte. »Im selben Moment erschien ein Wasserschwall beim U-Boot und 2 Blasenbahnen kamen auf uns zu. Der Kommandant kommandierte sofort ›hart Backbord‹ und ›äußerste Kraft voraus‹. Das war unsere Rettung. Die Blasenbahnen gingen unter der Back hindurch, die Torpedos sind also dicht vor dem Bug vorbeigegangen. Ich gab Feuererlaubnis, und 9 Schuß wurden unregelmäßig auf das U-Boot abgegeben, ohne einen Treffer zu erzielen. Die Geschützbedienungen waren von dem plötzlichen Erscheinen des U-Bootes zu sehr überrascht.« Der Angriff des U-Boots, so Knobloch weiter, »war uns allen eine heilsame Lehre, wir sahen, daß doch tatsächlich der Feind vorhanden war.«[1]

Nur wenige Tage später zeigte sich der Feind aufs Neue, und diesmal ging es für die Deutschen nicht so glimpflich ab. Am frühen Morgen des 28. August 1914 stieß ein von den zwei Leichten Kreuzern *Fearless* und *Arethusa* geführter britischer Verband aus U-Booten und Zerstörern in die von dichten Nebelschwaden verhangene Helgoländer Bucht vor. Die Schiffe hatten den Auftrag, die deutschen Torpedoboote anzugreifen, die dort rund um die Uhr Wache hielten. Möglicherweise würden, so das Kalkül der Briten, andere, größere Schiffe der kaiserlichen Flotte ihren bedrängten Kameraden zu Hilfe kommen und den in Lauerstellung liegenden englischen U-Booten ein lohnendes Ziel bieten.

Obwohl Kommodore Reginald Tyrwhitt, der Chef der *Harwich Force*, und Kommodore Roger Keyes, der Oberbefehlshaber der britischen U-Boot-Flotte, den Angriff sorgfältig vorbereitet hatten, war die Ausführung schlecht koordiniert und hätte beinahe zu einem peinlichen Fehlschlag geführt. So hatte die Admiralität in London es beispielsweise glatt versäumt, den britischen Flottenchef über die geplante Aktion zu informieren. Als Admiral Jellicoe schließlich doch noch von dem Unternehmen erfuhr, bot er an, mit der *Grand Fleet* auszulaufen, um Tyrwhitt und Keyes gegebenenfalls unterstützen zu können. Von der Admiralität bekam er zu hören, das sei nicht nötig, er könne aber gerne, falls er dies wünsche, ein paar Schlachtkreuzer schicken.

Jellicoe beorderte daraufhin umgehend Vizeadmiral Beatty mit den Schlachtkreuzern *Lion*, *Queen Mary* und *Princess Royal* in die südliche Nordsee, außerdem ein Geschwader Leichter Kreuzer unter dem Kommando jenes Kommodore William Goodenough, der keine zwei Monate zuvor mit seinen Schiffen noch Gast bei der Kieler Woche gewesen war. Davon wussten nun wiederum Tyrwhitt und Keyes nichts. So führte Goodenoughs unangekündigtes Auftauchen am Schauplatz des Geschehens zu erheblicher Verwirrung bei den Briten, die zunächst annahmen, es handele sich um deutsche Schiffe. Eines von Keyes' U-Booten schoss sogar einen Torpedo auf Goodenoughs Leichten Kreuzer *Southampton* ab, der das Schiff nur um Haaresbreite verfehlte.

Auch die völlig überraschten Besatzungen der deutschen Torpedoboote hatten keine Ahnung, dass noch weitere, wesentlich stärkere britische Kräfte in der Nähe standen, als sie gegen 7 Uhr in der Früh einen Angriff feindlicher Zerstörer nach Wilhelmshaven meldeten. So kam es, dass die Flottenleitung in der Annahme, dies sei völlig ausreichend, zunächst lediglich die Kleinen Kreuzer *Stettin* und *Frauenlob* zur Unterstützung in die Helgoländer Bucht schickte. Im Laufe des Vormittags folgten ihnen dann noch die Kleinen Kreuzer *Cöln*, *Ariadne*, *Straßburg* und *Mainz*, die allerdings – taktisch ungeschickt – nicht als geschlossene Formation, sondern einzeln nacheinander losdampften. Hippers mächtige Schlachtkreuzer konnten wegen des niedrigen Wasserstandes auf der Jade erst mittags auslaufen, wenn die Flut einsetzte.

In der Zwischenzeit lieferten sich Briten und Deutsche über mehrere Stunden hinweg einen Schlagabtausch, der immer wieder unterbrochen wurde, wenn einzelne Schiffe im dichten Nebel verschwanden. Den Engländern gelang es, das deutsche Torpedoboot *V.187* zu versenken, die Deutschen landeten einige Treffer auf Tyrwhitts Flaggschiff *Arethusa*. Mehr Schaden wurde nicht angerichtet, was auch daran lag, dass es für beide Seiten schwierig war, bei noch immer schlechter Sicht in dem komplizierten Gewirr von Kleinen Kreuzern, Zerstörern, Torpedobooten und U-Booten den Überblick zu behalten. Der amerikanische Marinehistoriker Paul Halpern hat die nachträglich erstellten Karten zum Schlachtenverlauf als die vielleicht am schwierigsten zu lesenden des gesamten Krieges bezeichnet.[2]

Das Gefecht wäre vermutlich unentschieden und ohne größere Verluste zu Ende gegangen, wenn Vizeadmiral Beatty nicht den Entschluss gefasst hätte, mit seinen Schlachtkreuzern eine eindeutige Entscheidung herbeizuführen. Lange hatte er gezögert einzugreifen, denn nur zu leicht konnte so dicht vor der gegnerischen Küste eines seiner Schiffe von einem U-Boot attackiert werden oder auf eine Mine laufen. Am Ende behielt jedoch Beattys in der Royal Navy fast sprichwörtlicher Angriffsgeist die Oberhand. Damit war das Schicksal der deutschen Schiffe besiegelt. Innerhalb von vierzig Minuten schoss Beattys Flaggschiff *Lion*, dessen 34,3-cm-Granaten eine wahrhaft zerstörerische Wirkung entfalteten, den Kleinen Kreuzer *Ariadne* zum Wrack und versenkte die *Cöln*. Zuvor war schon die *Mainz* von mehreren hundert Treffern zersiebt gesunken. Ein überlebender Offizier beschreibt die letzten Minuten an Bord:

»Das einzige, was sich noch tun ließ, war Feuer zu löschen und den Verwundeten zu helfen. Leute kamen zu mir und fragten mich, ob sie über Bord springen dürften. Ich ließ es nicht zu, sie gehorchten. … An Steuerbord kam ein britischer Zerstörer längsseits, um Leute wahrzunehmen. … ›Come on board!‹ rief mir ein Offizier vom Zerstörer zu. Ich schüttelte nur den Kopf. Ich wollte bis zuletzt auf meiner ›Mainz‹ bleiben. Sie sackte immer tiefer weg. Der Zerstörer legte ab. 80 Schwerverwundete hatte er geborgen. Ich rief: ›Klar bei Schwimmwesten und Hängematten!‹ Auf der Kommandobrücke stand der Oberleutnant zur See von Tirpitz [der Sohn des Staatssekretärs] und versuchte mit den zerschossenen Loten die Wassertiefe zu bestimmen. Der Zahlmeister beschwor ihn, das Schiff zu verlassen. Tirpitz beachtete ihn nicht. Die ›Mainz‹ war jetzt ein Totenschiff. Wer außer uns wenigen, die noch lebten, an Bord war, war hoffnungslos verstümmelt und bewußtlos. Die Gesichter waren gelb, von Geschoßgasen verpestet. Es war aber alles sehr feierlich. Um uns ein Ring von Schiffen, lautlose Stille. Alle Boote zogen sich in respektvolle Entfernung zurück, um nicht in den Sog des Schiffes zu geraten. Die ›Mainz‹ legte sich über. Unter mir hörte ich es rauschen. Da lief ich an der Steuerbord-Bordwand hinab und sprang ins Wasser. Mit dem einen unbeschädigten Arm ließ es sich schlecht schwimmen. Ich wandte mich trotzdem noch einmal um, um das Ende der ›Mainz‹ zu erleben. Bugunterst sank sie weg. Ich trieb zwischen Trümmern, Baljen und Hängematten. Das letzte noch zur Stelle befindliche Boot nahm mich auf, dazu den Bootsmannsmaaten Mayrhofer, den ich als nicht transportfähig an eine Hängematte hatte binden lassen, und den Oberleutnant zur See von Tirpitz, der nach dem Untergang des Schiffes aufgeschwommen war. … Wir kamen an Bord der ›Liverpool‹ und wurden in der Offiziermesse sehr freundlich aufgenommen. Auf dem Tisch lag aufgeschlagen [das internationale Schiffsverzeichnis] ›Jane's fighting ships of the world‹ – S. M. S. ›Mainz‹ war ausgestrichen.«[3]

Als Hipper endlich mit den Schlachtkreuzern zur Stelle war, waren die Briten längst auf dem Rückmarsch nach Harwich und Scapa Flow. Die Bilanz dieses Tages: Die Deutschen hatten drei Kleine Kreuzer und ein Torpedoboot verloren, drei weitere Kreuzer waren zum Teil schwer beschädigt. 712 Seeleute waren getötet, mehr als 500 verwundet worden. 336 Überlebende hatten die Briten gerettet und gefangen genommen. Auf englischer Seite hatte es 35 Tote und 40 Verwundete gegeben, keine Schiffsverluste.

Drei Tage nach der Schlacht fischte ein deutsches Torpedoboot einen Heizer der *Cöln* aus dem Meer, der wie durch ein Wunder 72 Stunden im Nordseewasser überlebt hatte. Er berichtete, wie er, zusammen mit anderen Überlebenden im Wasser treibend, den Untergang seines Schiffes beobachtet hatte. Nach und nach erlahmten dann die Kräfte seiner Schicksalsgenossen, und einer nach dem anderen versank in der Tiefe. »Leutnant von Forell soll sich noch von einem anderen Offizier durch Händedruck verabschiedet haben.«[4]

In Großbritannien wurde das Seegefecht bei Helgoland als fulminanter Sieg der Royal Navy gefeiert. »We've gone to Heligoland and Back! Please God, We'll Go Again!«, titelte etwa der ›Daily Express‹. David Beatty war der Mann der Stunde und wurde wie ein Held verehrt. Selbst ebenfalls zufrieden mit seiner Leistung – »es war gute Arbeit, dass wir das 20 Meilen vor ihrem Hauptstützpunkt, Helgoland, geschafft haben und das Gros der Hochseeflotte den Donner unserer Geschütze hören konnte« –,[5] empörte es Beatty umso mehr, dass er keine offizielle Anerkennung für seine Leistung erhielt. Dagegen empfanden andere an der Aktion beteiligte Offiziere den Ausgang der Schlacht weniger als großen Sieg denn als knappe Verhinderung einer Katastrophe. So schrieb Roger Keyes an William Goodenough: »Meiner Ansicht nach wurde ein geradezu lächerlicher Wirbel um diese unbedeutende Angelegenheit gemacht.«[6]

In Deutschland fielen die Reaktionen weit weniger freundlich aus. Die Marine hatte eine schwere Niederlage erlitten, daran gab es nichts zu deuteln. Verhielt sie sich denn nicht auch viel zu defensiv? »Die öffentliche Meinung fängt schon an, das Zuwarten der Flotte übel zu nehmen«, stellte Hipper einige Tage nach der Schlacht niedergeschlagen fest. »Besonders in Wilhelmshaven werden in Verbindung mit unseren Verlusten am 28. böse Stimmen laut. Es ist zum Verzweifeln.«[7] Da half es nicht viel, dass auch die Seeleute unter der passiven Strategie litten, die der Flotte verordnet worden war. »Wir schämen uns ja selbst am meisten, daß wir noch nicht vorgegangen sind«, schrieb Kapitänleutnant Ernst von Weizsäcker seiner Mutter. Er hoffe bloß, fügte er hinzu, »daß man sich mit Ehren später im Inland als Seeoffizier sehen lassen kann«.[8]

Weizsäcker, 1882 in Stuttgart als Sohn des späteren Ministerpräsidenten des Königreichs Württemberg Karl von Weizsäcker und dessen Frau Paula geboren, war bei Kriegsbeginn als Admiralstabsoffizier dem III. Linienschiffsgeschwader zugewiesen worden. Zuvor hatte er dem kaiserlichen Marinekabinett in Berlin angehört. Er war fest davon überzeugt, dass man den Seeoffizieren in den Gasthäusern der Hafenstädte wohl schon bald das Bier verweigern würde, wenn »nicht gelegentlich von einem gesunkenen Engländer die Zeitung berichten könnte«.[9] Dass es so weit nicht kam, mochte aus Weizsäckers Sicht erfreulich gewesen sein, war aber nicht das Verdienst der »dicken« Schiffe der Hochseeflotte.

Tatsächlich gingen die wenigen Erfolge, die die Kaiserliche Marine in der Anfangsphase des Krieges zu verzeichnen hatte, fast ausnahmslos auf das Konto der U-Boot-Waffe. Das erste von einem deutschen U-Boot versenkte britische Kriegsschiff war am 5. September 1914 der alte Kreuzer *Pathfinder*. Keine drei Wochen später gelang Kapitänleutnant Otto Weddigen, dem 32 Jahre alten Sohn eines ostwestfälischen Leinenfabrikanten, mit seinem Boot *U 9* der wohl spektakulärste Schlag des ganzen Krieges. Am 22. September sichtete er frühmorgens im Seegebiet der Hoofden, der südlichen Nordsee zwischen Holland und Großbritannien, drei gemächlich in Kiellinie hintereinander herdampfende Kriegsschiffe. Wie sich herausstellte, handelte es sich um die technisch veralteten britischen Panzerkreuzer *Aboukir*, *Hogue* und *Cressy*.

Weddigen glaubte zunächst, die drei Schiffe, die zur *Harwich Force* gehörten, seien die Vorhut einer größeren Streitmacht. Sobald er sicher war, dass keine weiteren Schiffe folgten, gab er den Befehl zum Angriff. Der erste Torpedo traf die *Aboukir*, die sofort unterging. Als die beiden anderen Schiffe versuchten, Überlebende aus dem Wasser zu ziehen, nahm Weddigen auch sie unter Beschuss: zwei Torpedos auf die *Hogue*, drei auf die *Cressy*. Beide Schiffe sanken innerhalb weniger Minuten. Damit hatte ein einziges U-Boot mit 28 Mann Besatzung in nicht einmal einer Stunde 36000 Tonnen feindlichen Schiffsraum vernichtet und fast 1500 britische Seeleute getötet. 837 Mann wurden von holländischen und britischen Schiffen gerettet.

Zurück in Wilhelmshaven wurde Weddigen von Kaiser Wilhelm II. mit dem Eisernen Kreuz I. und II. Klasse ausgezeichnet, die Besatzung erhielt geschlossen das Eiserne Kreuz II. Klasse. Auch auf den Kommandoturm von *U 9* wurde ein Eisernes Kreuz gemalt. Nachdem das Boot einige Wochen später vor Schottland den britischen Kreuzer *Hawke* versenkt hatte (mit mehr als 500 Todesopfern), verlieh der Kaiser Kapitänleutnant Weddigen als erstem Seeoffizier überhaupt den höchsten preußischen Orden *Pour le Mérite*. Ganz Deutschland jubelte, der U-Boot-Kommandant wurde zum Volkshelden, seine Popularität war, »an heutigen Maßstäben gemessen, kaum vorstellbar«.[10]

In den Augen seiner Offizierkollegen war diese Ehre voll verdient. Denn Weddigens Erfolge hatten, wie Kapitänleutnant Schweinitz feststellte, »das Prestige der Marine im Volke gehoben, just zu der Zeit, wo die Armee im Westen stagniert«. Die vielen Todesopfer bedauerte er zwar (»Tut einem leid um sie«), »aber schließlich ist Krieg und das waren Kriegsschiffe.«[11] Weizsäcker freute sich ebenfalls und schrieb: »Heute ist man wieder gern Seeoffizier.«[12] Und wer, wie der dritte Artillerieoffizier des Linienschiffs SMS *Helgoland*, der 30 Jahre alte Kapitänleutnant Walter Zaeschmar, über Gewinn und Verlust genau Buch führte, der konnte jetzt der Ansicht sein: »Mit der Vernichtung dieser 3 Panzerkreuzer ist der Untergang der ›Cöln‹ und ›Mainz‹ am 28. VIII. gerächt.«[13]

In aller Deutlichkeit hatte Weddigens Husarenstück das offensive Potential der U-Boote offenbart, die bis dahin eher als nützliches Beiwerk der Dreadnought-Flotten betrachtet worden waren. Bisher hatte niemand sich vorzustellen vermocht, dass ein so kleines Boot (*U 9* war 57 Meter lang und sechs Meter breit, konnte 50 Meter tief tauchen und erreichte unter Wasser eine Höchstgeschwindigkeit von acht Knoten) einen solchen Schaden anrichten konnte. Vor allem die Deutschen sollten deshalb, wie wir noch sehen werden, im weiteren Verlauf des Krieges vor einem zunehmend rücksichtslosen Einsatz dieser lange unterschätzten Waffe nicht zurückschrecken.

Für die Royal Navy dagegen besaßen U-Boote insgesamt gesehen keine so hohe strategische Bedeutung wie für die in der Deutschen Bucht eingeschlossene Kaiserliche Marine. Das mag mit ein Grund dafür gewesen sein, weshalb viele britische Offiziere noch lange an ihrer traditionellen Verachtung für diese in ihren Augen heimtückischen und hinterhältigen Waffen festhielten – wer in einem U-Boot kämpfte, »spielte nicht nach den Regeln«, war kein fairer und ehrlicher Gegner.[14] »Mir behagten U-Boote noch nie«, schrieb der 20 Jahre alte Fähnrich Geoffrey Harper in seinem Tagebuch, »und nichts könnte mich dazu bewegen, mich auf sie einzulassen, denn ich fand schon immer, dass sie eigentlich nicht Teil der Marine sind, und jetzt bin ich mir dessen sicher. … Es ist niederträchtig und heimtückisch, wie wenn man einem Mann in den Rücken sticht.«[15] Es erfüllte Harper deshalb mit besonderer Genugtuung, als im März 1915 ausgerechnet sein Schiff, die *Dreadnought*, das deutsche Boot *U 29* durch einen Rammstoß versenkte. Denn der Kommandant des Bootes war kein anderer als Kapitänleutnant Otto Weddigen. Er und die gesamte Besatzung von *U 29* kamen bei der Attacke ums Leben.

Harper war fair genug zuzugeben, dass seine Kritik auch für die U-Boote der englischen Flotte galt, die naturgemäß genauso »hinterhältig« agierten, wie es die deutschen taten. Etwa, als das Boot

E9 unter Korvettenkapitän Max Horton am 13. September 1914 rund sechs Seemeilen südwestlich von Helgoland den deutschen Kleinen Kreuzer *Hela* versenkte oder drei Wochen später vor der Emsmündung das Torpedoboot *S-116*.

U-Boote waren im Übrigen nicht die einzigen neuen Waffen, die beide Seiten während des Krieges zum ersten Mal in größerem Stil einsetzten. Auch Flugzeuge, Luftschiffe und vor allem Minen spielten eine immer wichtigere Rolle, wenn es darum ging, dem Gegner Tod und Verderben zu bringen. Laut Haager Konvention war das offensive (also nicht der Verteidigung der eigenen Küsten dienende) Legen von Minen nur innerhalb einer Drei-Meilen-Zone vor der gegnerischen Küste erlaubt. Daran hielten sich im Ersten Weltkrieg aber weder Deutsche noch Briten. Allein die Kaiserliche Marine legte insgesamt mehr als 43 000 Minen, davon 25 000 in der Nordsee. Kommodore Reginald Tyrwhitt, der Chef der *Harwich Force*, unterschätzte womöglich die deutsche Gründlichkeit, als er im August 1914 bemerkte: »Es wird wohl Monate dauern, bis man in der Nordsee wieder gefahrlos segeln kann.«[16]

Doch auch für die deutschen Schiffe war es ein mühsames Geschäft, freie Fahrwege durch die immer größer werdenden Minenfelder zu finden. Und wer auf einem Minensuchboot Dienst tat, konnte sich über einen Mangel an anstrengender und hochgefährlicher Arbeit nicht beklagen. Der größte durch Minen erzielte Erfolg im ersten Kriegshalbjahr war die Versenkung des britischen Schlachtschiffs *Audacious*, das am 27. Oktober 1914 vor der nordirischen Küste in ein von den Deutschen erst kurz zuvor gelegtes Minenfeld geraten war. Die Besatzung wurde in einer waghalsigen Aktion von dem Ozeandampfer *Olympic*, einem Schwesterschiff der *Titanic*, gerettet.

Große Hoffnungen setzten die Deutschen auch auf ihre Luftschiffe. Mehr als fünfzig Angriffe auf englische Städte flogen die in der Regel von Marineoffizieren gesteuerten Zeppeline im Lauf des Krieges; auch über London warfen sie Bomben ab. Von der deutschen Propaganda wurden solche Aktionen weidlich ausgeschlachtet, und im Offizierskorps nahm man die entsprechenden Meldungen begeistert zur Kenntnis. So schrieb etwa Wilhelm Souchon seiner Frau: »Die Angriffe unserer Marineluftschiffe auf die englische Ostküste sind eine reine Freude.«[17] Die Attacken der Zeppeline waren allerdings in keiner Weise vergleichbar mit den Luftangriffen des Zweiten Weltkriegs. Die Luftschiffe der Kaiserzeit waren äußerst schwerfällige Fluggeräte und ließen sich je nach Wind- und Wetterlage nur mit großer Mühe steuern, die abgeworfenen Bomben waren klein und richteten vergleichsweise geringen Schaden an. Einen bitteren Vorgeschmack auf das, was später kommen sollte, gaben sie aber allemal.

Weitaus beunruhigender als die Bedrohung aus der Luft war für Großbritannien die Gefahr, die von den über die Weltmeere verstreuten Auslandsschiffen der Kaiserlichen Marine ausging. Nachdem die Mittelmeerdivision unter Konteradmiral Souchon ihren britischen Verfolgern entwischt war, galt es aus Sicht der Royal Navy, einen weiteren Fehlschlag unbedingt zu vermeiden. Das hieß vor allem, den nun gefährlichsten Gegner außerhalb der heimischen Gewässer auszuschalten, ehe ihm womöglich ein vergleichbarer Coup gelang: das deutsche Ostasiengeschwader.

Stützpunkt dieses Verbandes moderner schlagkräftiger Kreuzer war die Stadt Tsingtau (Qingdao) an der Ostküste Chinas, die Hauptstadt des »Deutschen Schutzgebiets Kiautschou«. Von dort aus sollten sie dem deutschen Handel im ostasiatischen und südpazifischen Raum militärischen Rückhalt geben und die deutschen Besitztümer in dieser Weltgegend schützen, in erster Linie Pazifikinseln wie die Marianen, die Karolinen oder Samoa. Seit 1912 stand das Geschwader unter dem Oberbefehl von Vizeadmiral Maximilian Graf von Spee, einem der profiliertesten Seeoffiziere der Kaiserlichen Marine, geboren 1861 in Kopenhagen als Sohn einer dänischen Mutter und eines Vaters aus altem preußischen Adel.

Spee kreuzte mit seinen Schiffen gerade weit draußen im Pazifik bei den Karolinen, als ihn die Nachricht vom Ausbruch des Krieges erreichte. Der Admiral beschloss, seinen Verband, der zu diesem Zeitpunkt aus den Schlachtkreuzern *Scharnhorst* und *Gneisenau* sowie den Kleinen Kreuzern *Emden* und *Nürnberg* bestand, nicht zurück nach Tsingtau, das seiner Ansicht nach bald fallen würde,* sondern stattdessen einmal quer durch den Pazifischen Ozean bis

* Nach der japanischen Kriegserklärung an das Deutsche Reich vom 23. August 1914 belagerten japanisch-britische Truppen Tsingtau, das von einer rund 5000 Mann starken deutschen Garnison verteidigt wurde und am 7. November 1914 schließlich kapitulierte.

an die Westküste Südamerikas zu führen. Dort gab es neutrale Häfen, in denen seine Schiffe ihre Bunker mit frischen Kohlen füllen konnten. Die regelmäßige Versorgung mit Brennstoff war die Voraussetzung für die erfolgreiche Erfüllung ihres Auftrags, Jagd auf feindliche Handelsschiffe zu machen.

Spee ahnte bereits, dass seine Zeit begrenzt war. Einem Bekannten schrieb er: »Sie müssen nicht vergessen, daß ich ganz heimatlos bin. Nach Deutschland kann ich nicht. Irgendeinen sicheren Hafen sonst auf der Welt besitzen wir nicht; ich muß mich so durch die Weltmeere schlagen und so viel Unfug anrichten, als ich kann, bis uns an Bord die Munition ausgeht oder bis mich ein an Machtmitteln weit überlegener Feind zu packen kriegt.«[18] Doch der Admiral war fest entschlossen, dem Schicksal so lange wie möglich zu trotzen. Das gelang zunächst auch recht gut; nach verschiedenen Zwischenstopps – unter anderem bombardierten Spees Schiffe Papeete, die Hauptstadt Tahitis, und nahmen vor der Osterinsel Kohlen aus eigens dorthin bestellten Transportdampfern auf – erreichte das Ostasiengeschwader nach einer rund 12 000 Seemeilen langen Fahrt Ende Oktober 1914 unbehelligt die Küste Chiles.

Unterwegs waren noch die Kleinen Kreuzer *Leipzig* und *Dresden* zu den deutschen Schiffen gestoßen. Im Gegenzug hatte Spee die *Emden* zum Handelskrieg in den Indischen Ozean entlassen, wo sie Madras und Penang beschoss, einen russischen Kreuzer, einen französischen Zerstörer und 16 englische Handelsschiffe versenkte, ehe sie nach einem Gefecht mit dem australischen Kreuzer *Sydney* am 9. November 1914 bei den Cocos-Inseln auf Grund lief. Einem Teil der Besatzung gelang unter Führung des Ersten Offiziers Hellmuth von Mücke auf dem Schoner *Ayesha* die Flucht zunächst nach Sumatra. Von dort aus schlugen die Seeleute sich unter abenteuerlichen Umständen nach Konstantinopel und schließlich bis nach Deutschland durch. Der andere Teil der Mannschaft geriet in englische Kriegsgefangenschaft, darunter auch der Kommandant der *Emden*, Fregattenkapitän Karl von Müller. Wegen seiner seemännischen Brillanz und seiner ritterlichen, Menschenleben wenn irgend möglich schonenden Art der Kriegführung wurde Müller von den Briten hoch geachtet und durfte als sichtbares Zeichen dieser Wertschätzung als Gefangener weiterhin seinen Degen tragen.

Der Admiralität in London war nicht verborgen geblieben, welche Richtung Spees Ostasiengeschwader eingeschlagen hatte. Sie beorderte daraufhin die älteren Panzerkreuzer *Good Hope* und *Monmouth*, den Leichten Kreuzer *Glasgow* und den Hilfskreuzer *Otranto*, ein umgerüstetes Handelsschiff, in den südwestlichen Pazifik, um die deutschen Schiffe aufzuspüren und zu vernichten. Der britische Verband stand unter dem Kommando von Konteradmiral Sir Christopher Cradock. Cradock wusste, dass seine überwiegend mit Reservisten bemannten Schiffe zu schwach waren, um es mit Spees Geschwader aufnehmen zu können, das für seine überragenden Schießleistungen mehrfach ausgezeichnet worden war. Wiederholt hatte er deswegen die Admiralität um Verstärkung gebeten, war aber jedes Mal auf taube Ohren gestoßen. Dennoch setzte Cradock die Suche nach seinem überlegenen Gegner fort. Am späten Nachmittag des 1. November 1914 hatte er ihn schließlich gefunden. Was sich danach in den Gewässern vor der chilenischen Stadt Coronel abspielte, war nach den Worten Winston Churchills »der traurigste Seekampf des Weltkriegs. Von den Offizieren und Männern der beiden Geschwader, die sich dort in der schweren See, weit weg von der Heimat, gegenüberstanden, waren auf beiden Seiten neun von zehn zum Sterben verurteilt. Und an diesem Abend waren die englischen Seeleute an der Reihe zum Sterben.«[19]

Das Gefecht war ebenso kurz wie heftig, und es endete mit der völligen Vernichtung des britischen Verbands. Um vier Minuten nach sieben Uhr am Abend, die Sonne war gerade untergegangen, eröffneten die Deutschen aus einer Entfernung von rund elf Kilometern das Feuer auf Cradocks Geschwader. Gestochen scharf hoben sich die Silhouetten der britischen Schiffe vor dem helleren westlichen Horizont ab, während Spees Kreuzer mit dem östlichen Nachthimmel verschmolzen. Trotz schwerer See landete die *Scharnhorst* schon nach wenigen Minuten den ersten Treffer auf der *Good Hope*. Insgesamt sechzehn deutsche 21-cm-Geschütze gaben jetzt alle zwanzig Sekunden eine Breitseite auf die Briten ab, die ihrerseits nur einmal pro Minute aus mehreren 15-cm-Kanonen und einer 23-cm-Kanone feuerten. Nach nicht einmal einer Stunde war alles vorbei.

Als Erstes ging die zu einem Haufen glühenden Metalls zusammengeschossene *Good Hope* unter. Die *Monmouth* folgte ihr wenig später, nachdem der Kleine Kreuzer *Nürnberg* das manövrierunfähige britische Schiff aus nächster Nähe mit einem tödlichen Granathagel überschüttet hatte. »Es war furchtbar, auf die armen Kerls zu feuern, die sich nicht mehr wehren konnten«, sagte Graf Spees Sohn Otto, der als Leutnant an Bord der *Nürnberg* diente, nach der Schlacht. »Aber die Flagge wehte noch. Aber auch als wir für mehrere Minuten das Feuer einstellten, wurde die Flagge nicht niedergeholt. Daher unternahmen wir einen weiteren Anlauf und brachten damit (die *Monmouth*) durch unser Geschützfeuer zum Kentern. Das Schiff sank mit wehender Flagge.«[20]

Mit *Good Hope* und *Monmouth* versanken mehr als 1600 britische Seeleute im eisigen Wasser des Pazifik, unter ihnen auch Konteradmiral Cradock. Niemand überlebte. Deutsche Verluste gab es keine. Die *Glasgow* war in letzter Sekunde entkommen, bevor die Deutschen ihr Feuer auf sie konzentrieren konnten; die schwache *Otranto* hatte schon vor dem Gefecht das Weite gesucht.

Die Seeschlacht von Coronel ist aus mehreren Gründen bemerkenswert. Zunächst einmal war sie ein fulminanter Sieg des Grafen Spee, der den Briten die erste Niederlage seit mehr als hundert Jahren zugefügt hatte. Davon hatte man in der deutschen Marine immer geträumt, entsprechend groß war nun dort die Begeisterung. An der strategischen Gesamtlage änderte sich durch die Schlacht jedoch ebenso wenig etwas wie durch irgendein anderes Seegefecht des Ersten Weltkriegs einschließlich der Skagerrakschlacht. Die Briten hatten zwei ältere Panzerkreuzer verloren, blieben aber weiterhin die stärkste Seemacht. Kapitänleutnant Ernst von Weizsäcker traf diesen Punkt ziemlich genau, als er bemerkte, Coronel sei »für unser Selbstvertrauen wertvoll und ärgert die Engländer«.[21] Mehr nicht, und auch nicht weniger.

Bedeutender als das militärische Resultat der Schlacht war die Tatsache, dass bei Coronel eine Tradition wiederbegründet wurde, die noch aus der Zeit der Segelschiffe stammte: der Untergang mit wehender Flagge. In jedem Kampf gibt es einen Punkt, von dem an das Weiterkämpfen militärisch sinnlos ist und, wie auch Carl von Clausewitz, der berühmte preußische Kriegstheoretiker, einräumte, »nur eine verzweiflungsvolle Torheit genannt und also von keiner Kritik gebilligt werden kann«.[22] Dieser Punkt war für Cradock bei Coronel eindeutig erreicht. Anders als etwa die *Mainz* im Seegefecht bei Helgoland durfte der britische Admiral nicht darauf hoffen, dass ihm andere Schiffe vielleicht doch noch rechtzeitig Hilfe brachten. Auch der Gedanke, ein mögliches weiteres Vordringen des Feindes an die eigene Küste verhindern zu müssen, spielte keine Rolle. Dennoch schickte Cradock lieber seine Männer und sich selbst in den Tod, als mit seinen wertlosen Wracks zu kapitulieren. »Ich werde dafür sorgen, dass ich nicht das gleiche Schicksal erleide wie der arme Troubridge«, hatte er kurz vor der Schlacht an einen befreundeten Offizier geschrieben – eine Anspielung auf den unglücklichen Admiral, der im Mittelmeer Konteradmiral Souchon mit *Goeben* und *Breslau* kampflos hatte entkommen lassen und damit für immer seinen Ruf ruiniert hatte.[23]

Mit Sicherheit kannte Cradock auch den Fall des russischen Admirals Nikolai Nebogatow. Der hatte mit seinen Schiffen 1905 an der Seeschlacht von Tsushima gegen die japanische Flotte teilgenommen und sich, als er erkannte, dass er hoffnungslos unterlegen war, kampflos ergeben. Für diese Tat wurde Nebogatow vor ein Kriegsgericht gestellt und zum Tode durch Erschießen verurteilt; der Zar wandelte die Strafe später in zehn Jahre Festungshaft um. Zur Begründung für seine Entscheidung führte Nebogatow an: »Ich bin kein weichherziger Mensch und hätte Tausende von Leben geopfert, wenn es Rußland Nutzen gebracht hätte. ... Auch alle meine Untergebenen waren bereit, ihr Leben zu opfern. ... Ich aber hatte kein Recht, unter den Umständen, in denen wir uns damals ... befanden, 2000 junge Menschen nutzlos hinzuopfern. Das Gesetz gestattet, das Leben zu schonen, wenn alle Mittel zu einem Widerstand erschöpft sind. ... Darum entschloß ich mich zur Kapitulation.«[24] Gegen die übermächtige japanische Flotte zu kämpfen, so sah das auch ein japanischer Offizier, wäre für die russischen Schiffe in etwa so sinnlos gewesen, »wie das Meer mit einem Besen zu kehren«.[25]

Der Prozess gegen Nebogatow erregte in Marinekreisen großes Aufsehen, und nahezu alle Offiziere lehnten die Handlungsweise des russischen Admirals ab. »Nebogatows Kapitulation wurde als abschreckendes Beispiel wirkmächtig, nicht als Vorbild für verantwortliche Führung in der Niederlage.«[26] Und so ließ sich auch Sir Christopher Cradock bei Coronel lieber vom Vorbild des großen britischen Admirals Horatio Nelson leiten, der, tödlich verwundet, in der Seeschlacht von Trafalgar den Kommandanten seines Flaggschiffs *Victory* fragte: »Ich hoffe, Hardy, keins unserer Schiffe hat die Flagge gestrichen?« Und zur Antwort erhielt: »Nein, mein Lord, das wird nie geschehen.«[27]

Innerhalb der Royal Navy stand völlig außer Frage, dass Cradock das Richtige getan hatte. »Der arme alte Cradock ist gestorben, bei

Coronel, armer Kerl. Er hatte einen glorreichen Tod«, stellte Vizeadmiral Beatty mit Bedauern und Bewunderung fest.[28] Dass Cradock mit seinem Opfertod tatsächlich eine Art Metamorphose vom Verlierer der Schlacht zum unsterblichen Helden durchgemacht hatte, zeigte sich 1916, als im Münster der nordenglischen Stadt York ein Gedenkstein zur Erinnerung an die Seeschlacht von Coronel enthüllt wurde. Arthur Balfour, der frühere Premierminister der Konservativen Partei und seit 1915 Churchills Nachfolger im Amt des Ersten Lords der Admiralität, verklärte während der feierlichen Zeremonie Cradocks Verhalten zum heroischen Akt: »Wir werden nie erfahren, was Admiral Cradock in dem Augenblick bewegte, da ihm klar wurde, daß er einem artilleristisch und an Reichweite überlegenen Gegner gegenüberstand und ein Erfolg zur Unmöglichkeit geworden war. Er muß erkannt haben, daß seine Hoffnungen für immer zunichte gemacht waren, daß sein Plan fehlgeschlagen war. Sein Leib ruht in der ewigen See – ein halber Erdball trennt uns von ihm. Admiral Cradock und seine tapferen Kameraden dürfen nicht in heimatlicher Erde ruhen. Doch sie haben ihren Ruhm als Lohn. Wir haben gewiß das Recht zu erklären, daß sie einen unsterblichen Platz in der großen Geschichte unserer Seehelden errungen haben.«[29]

Die Inschrift auf dem Gedenkstein lautete:

Gott verhüte, daß mir dies je geschähe,
daß ich je vor dem Feinde fliehe;
Und wenn unsere Zeit gekommen ist, laß uns mannhaft sterben,
für unsere Brüder,
und laß uns nie unsere Ehre beflecken.[30]

Konteradmiral Cradocks Tat blieb kein Einzelfall, sie lieferte vielmehr die Blaupause für alle, die während des Krieges mit ihren Schiffen in eine ähnliche Situation gerieten. Und die Deutschen, in so vielen Dingen gelehrige Schüler der Royal Navy, waren entschlossen, ihrem Lehrmeister auch in diesem Beispiel zu folgen. Den Anfang machten Graf Spee und das Ostasiengeschwader.

Für Spee war es offensichtlich, dass er mit der Vernichtung Cradocks zwar der deutschen Marine den größten Triumph ihrer noch jungen Geschichte geschenkt hatte, damit aber zugleich sein eigenes Todesurteil unterzeichnet hatte. Als seine Schiffe nach der Schlacht in den Hafen von Valparaiso einliefen, um ihre Kohlenvorräte aufzufüllen, erhielt der Admiral zahlreiche Glückwünsche von den in der Stadt lebenden Deutschen. Für einen Strauß Lilien, den ihm jemand überreichte, bedankte Spee sich mit den Worten: »Sie werden sich schön auf meinem Grab ausnehmen.«[31]

Spee wusste, dass die Briten gar nicht anders konnten, als ihn jetzt erst recht zu jagen. Alternativlos war seine Situation aber dennoch nicht. Aus Berlin hatte man ihm Handlungsfreiheit signalisiert, so dass es allein bei ihm lag, ob er mit seinen Schiffen auf See blieb und riskierte, sie ins Gefecht führen zu müssen, oder ob er, was durchaus denkbar gewesen wäre, sein Geschwader in einem neutralen Hafen internieren ließ. Doch das kam für Spee ebenso wenig in Frage, wie es einige Monate zuvor eine Option für Konteradmiral Souchons Mittelmeerdivision gewesen war. Stattdessen entschloss sich Spee, zunächst Kap Hoorn zu umrunden, dann den Atlantik zu überqueren und den Durchbruch in die Nordsee zu wagen. Vorher wollte er aber, obwohl er bei Coronel bereits die Hälfte seiner Munition verschossen hatte, noch Port Stanley angreifen, den englischen Flottenstützpunkt auf den Falklandinseln.

Diese Entscheidung erwies sich als fatal. Denn tatsächlich hatten die Briten, wie von Spee vermutet, nach der Seeschlacht von Coronel umgehend zwei Schlachtkreuzer, *Invincible* und *Inflexible*, unter dem Kommando von Vizeadmiral Sir Doveton Sturdee nach Südamerika geschickt. Zusätzlich wurden alle verfügbaren britischen Schiffe in südamerikanischen Gewässern zu einem großen Geschwader zusammengezogen, darunter auch die bei Coronel entkommene *Glasgow*. Diesmal wollte die düpierte Admiralität nichts dem Zufall überlassen. Doch wer konnte schon damit rechnen, dass die vereinigte britische Streitmacht just in dem Augenblick einen Zwischenstopp in Port Stanley einlegen würde, als die deutschen Schiffe am Morgen des 8. Dezember 1914 ebenfalls dort eintrafen?

Sturdee konnte sein Glück kaum fassen, und noch bevor der erste Schuss fiel, wusste der britische Befehlshaber bereits, dass er gewonnen hatte. In dieser Hinsicht ähnelte eine Seeschlacht einer mathematischen Gleichung: Wenn man zugrunde legte, wie viele Schiffe mit wie vielen Geschützen und mit welcher Höchstgeschwindigkeit beide Seiten zur Verfügung hatten, dann konnte man ohne große Mühe den Ausgang des Gefechts bestimmen. Zu groß war die Überlegenheit der stärkeren Schiffe über die schwächer bewaffneten und gepanzerten, als dass es viel Spielraum für Überraschungen gegeben hätte.

Einer der wenigen Faktoren, die sich nicht exakt berechnen ließen, war das Wetter. An jenem Morgen vor den Falklandinseln strahlte die Sonne von einem klaren, blauen Himmel, die See war glatt und – für die Bedienmannschaften der Geschütze am wichtigsten – die Sicht reichte bis zum Horizont. Für Sturdee, der über schnellere Schiffe mit stärkeren Geschützen und größerer Reichweite verfügte als Spee, bedeutete dies, dass die Deutschen ihm praktisch ausgeliefert waren. Er allein konnte bestimmen, wann die Schlacht begann, und da die 850 Pfund schweren britischen 30,5-cm-Granaten rund 16 Kilometer weit flogen, während die nicht einmal halb so schweren deutschen 21-cm-Geschosse nur 13 Kilometer schafften, brauchte er sich dabei noch nicht einmal selbst in Gefahr zu begeben.

Der britische Admiral ließ sich Zeit. Mehrere Stunden lang verfolgten seine Schiffe Spees Geschwader, ohne einen Schuss abzugeben. An Bord der deutschen Kreuzer machte man sich keine Illusionen über das, was kommen würde. Jedermann wusste, dass es kein Entrinnen gab. »Das war eine bittere, sehr bittere Erkenntnis«, sollte Korvettenkapitän Hans Pochhammer, der Erste Offizier der *Gneisenau* und einer der wenigen deutschen Überlebenden, später schreiben. »Man würgte etwas am Kragen, schluckte sie herunter und straffte sich, denn sie bedeutete Kampf auf Leben und Tod oder besser Kampf um ehrenvollen Tod. ... Das alte Gesetz des Seekrieges, dass schwächere und langsamere Schiffe stärkeren und schnelleren im freien Wasser und hellen Tageslicht unterliegen, mußte sich heute an uns erfüllen.«[32] Zum Abschied gaben die Offiziere sich die Hand.

Nachdem die Briten noch in Ruhe zu Mittag gegessen hatten, gab Sturdee endlich den Befehl zum Angriff, und zehn Minuten vor 13 Uhr eröffnete der Schlachtkreuzer *Inflexible* aus der Maximaldistanz von rund 16 Kilometern das Feuer auf den Kleinen Kreuzer *Leipzig*. Kurz darauf stiegen gigantische Wassersäulen erschreckend nahe neben dem deutschen Schiff aus dem Ozean auf. Die nächste Salve der Briten lag noch dichter am Ziel. Spee erkannte, dass es nur noch eine Frage von Minuten sein musste, bis die kleine *Leipzig* die ersten Treffer erhielt. Also tat er, was ihm das einzig Vernünftige zu sein schien: Er signalisierte seinen drei Kleinen Kreuzern *Leipzig*,

Nürnberg und *Dresden*, dass sie versuchen sollten zu entkommen, während er mit *Scharnhorst* und *Gneisenau* die Briten möglichst lange aufhalten würde.

Sturdee, der dieses Manöver vorausgesehen hatte, teilte seinen Verband ebenfalls. Während *Inflexible* und *Invincible* es mit *Scharnhorst* und *Gneisenau* aufnahmen, verfolgten die anderen britischen Schiffe die mit Höchstgeschwindigkeit davondampfenden deutschen Kreuzer. Spee befand sich nun in der gleichen Situation wie Cradock sechs Wochen zuvor bei Coronel. Um seine Geschütze zum Tragen zu bringen, musste er den Abstand zu Sturdee verringern. Der wiederum tat alles, um die deutschen Schiffe innerhalb der Reichweite seiner Geschütze zu halten, ohne selbst in deren Schussbereich zu geraten. Das gelang nicht immer, so dass die Deutschen, deren Schießkunst die Briten später in den höchsten Tönen lobten, trotz der für sie ungünstigen Bedingungen eine Reihe von Treffern erzielen konnten.

Mehrere Stunden lang kreuzten die vier Schiffe auf parallelen Kursen und beschossen sich dabei ohne Unterlass. Am Ende gab die überlegene Feuerkraft der Briten den Ausschlag. Die *Scharnhorst*, die so viele schwere Treffer erhalten hatte, dass sie nur noch ein brennendes, kaum mehr schwimmfähiges, aber immer noch schießendes Wrack war, sank zuerst. Um 16 Uhr 17 verschwand sie in den Fluten des Atlantik, Admiral Spee und 800 Mann Besatzung mit sich reißend – »aber die Admiralsflagge wehte stolz am Fockmast und die Kriegsflagge an Großmast und Gaffel«.[33] Eins der letzten Signale Spees galt dem Kommandanten der *Gneisenau*, Kapitän z.S. Julius Maerker, der sich gegen den Angriff auf Port Stanley ausgesprochen hatte: »Admiral an Kommandant: Sie haben doch recht gehabt.«[34]

Auf Maerkers Schiff konzentrierte sich nun das britische Feuer. Rund eineinhalb Stunden lang waren die deutschen Seeleute jetzt noch dem mörderischen Hagel der englischen Sprenggranaten ausgesetzt, ohne jede Möglichkeit zu entkommen. Was sich an Bord des Kreuzers abspielte, war, in Korvettenkapitän Pochhammers Worten, »zu grausig, um wiedergegeben zu werden«.[35] Auf einem später gefundenen Zettel hatte ein Offizier notiert: »5 Uhr 10 getroffen, 5 Uhr 12 getroffen, 5 Uhr 14 getroffen, getroffen, wieder getroffen. 5 Uhr 20 Hinterturm weg, 5 Uhr 40 getroffen, getroffen. Überall Feuer. 5 Uhr 41 getroffen, getroffen, überall ist Feuer und es sinkt. 5 Uhr

45 getroffen. Überall sterben Leute. 5 Uhr 46 getroffen, getroffen.«[36] Doch aufgeben war für Kapitän Maerker ebenso wenig eine Option wie für Graf Spee. Erst als mehr als die Hälfte seiner Besatzung tot oder verwundet war, gab der Kommandant den Befehl, das völlig zusammengeschossene Schiff zu versenken. Um 18 Uhr folgte die *Gneisenau* der *Scharnhorst* auf den Grund des Ozeans.

Bevor die Überlebenden auf Maerkers Befehl ins Wasser sprangen (die Rettungsboote waren längst in Stücke geschossen), brachten sie drei Hurras auf den Kaiser aus und sangen »Deutschland, Deutschland, über alles«. Ein britischer Seemann auf der *Invincible* beobachtete den Untergang des Schiffes:

»Dann sank sie, und man konnte die Unglücklichen einer nach dem andern vom Strudel erfaßt und verschlungen erblicken. Als wir näherkamen, konnten wir sehen, daß das Wasser ganz gelb war, wo sie gesunken war, und ein schrecklicher Geruch von Lyddit war in der Luft. Es war wirklich schrecklich mit all den unglücklichen Deutschen, wie sie ertranken und erbarmungswürdige Schreie ausstießen nach Hilfe, die wir aber nicht geben konnten, weil die meisten unserer Boote in Stücke waren. Ich hoffe, daß ich so etwas nicht wieder durchzumachen habe. Eine Menge Leute schwammen, als wir das Schiff niedergehen sahen, aber als wir die Stelle erreichten, war die Hälfte von ihnen ertrunken. Es war schrecklich, sie längsschiff zu sehen, wie sie versuchten, sich an den schlüpfrigen Seiten des Schiffes zu halten, und dann abglitten und niedergingen, wie sie schwer für ihr Leben kämpften, aber wie sie immer weiter sanken, bis sie nicht mehr zu sehen waren. Man wurde krank bei dem Anblick, die Menschen in ihrem Todeskampfe zu sehen; einigen von ihnen waren Arme und Beine weggeschossen, und es war ein schrecklicher Anblick, sie sinken zu sehen hinter einer blutigen Spur.«[37]

Von 850 Mann Besatzung zogen die Briten immerhin noch 187 aus dem vier Grad kalten Wasser. Unter den Toten war neben Kapitän Maerker auch Leutnant Heinrich von Spee, der jüngere der beiden Söhne des Admirals, die an der Seite ihres Vaters im Ostasiengeschwader dienten.

Während die Matrosen der *Gneisenau* in den eisigen Fluten um ihr Leben kämpften, beschossen in etwa 100 Kilometern Entfernung zwei britische Schiffe den Kleinen Kreuzer *Leipzig* am Ende einer stundenlangen Verfolgungsjagd derart, dass nur 18 von 333 Besatzungsmitgliedern das Inferno überlebten. Da die *Leipzig*, die ihre gesamte Munition verschossen hatte, bis zum Schluss nicht die Flagge strich, feuerten die Briten auch dann noch weiter, als längst jede Gegenwehr erloschen war.

»Die Geschosse schlugen in verheerender Weise in die dichtgedrängt stehende Besatzung und richteten hier ein fürchterliches Gemetzel an. ... In allen Teilen des Schiffes schlugen Treffer ein, am schwersten jedoch waren die Verheerungen beim Backbordkutter. Dieser war eingeschwungen, und eine verhältnismäßig große Zahl von Leuten war damit beschäftigt, ihn auszusetzen, nachdem sie Verwundete in ihn gepackt hatten. Unter diesen Mannschaften trat ein derartiges Blutbad ein, daß alle weiteren Versuche, das Boot zu Wasser zu bringen, unterbleiben mußten. Diese Machtlosigkeit und die verhältnismäßig große Nähe der englischen Schiffe ließen einem Teil der Offiziere und Mannschaften schon jetzt den Zeitpunkt für geeignet erscheinen, über Bord zu gehen und auf den Gegner zuzuschwimmen ... aber die niedrige Temperatur des Wassers, etwa 3° Celsius, ließ alle nach kurzer Zeit erstarren, und von Bord aus war ein Haufen erstarrter Körper, auf den Feind zutreibend, sichtbar. Gerettet wurde von ihnen niemand. ... Etwa um 21 Uhr, als es bereits ganz dunkel war, leuchtete an steuerbord achtern plötzlich ein Scheinwerfer auf. Es war Glasgow ... Etwa gleichzeitig wurde ein Boot ungefähr 200 m vom Schiff sichtbar, das auf die Leipzig zuhielt. Als das Boot noch hundert Meter ab war, ordnete der Kommandant an: ›So, nun alle springen.‹ Die eindringlichsten Bitten, ebenfalls über Bord zu gehen, da das Schiff im nächsten Augenblick kentern und sinken müsse und dem Feind keinesfalls in die Hände fallen könne, beantwortete er mit den Worten: ›Sie wissen ja, der Kaiser hat mich zum Kommandanten dieses Schiffes gemacht, also gehe ich nicht eher von Bord, als bis es unter Wasser ist.‹ Der Kommandant verabschiedete sich von den Überlebenden und wendete sich, eine Zigarre rauchend, zum Kommandostand. Kurz darauf sprangen die übrigen von Bord, und fast gleichzeitig legte sich Leipzig nach Backbord über, sank vorn schnell, so daß die Steuerbordschraube hoch aus dem Wasser kam, und ging dann nach Backbord vorn unter lautem Zischen, das durch die verlöschenden Flammen entstand, um 21.23 Uhr rasch unter, mit wehender Flagge, und mit ihm der Kommandant, Fregattenkapitän Haun.«[38]

Auch die *Nürnberg* wurde von ihren englischen Verfolgern eingeholt und vernichtet. Hier überlebten sogar nur sieben von 334 Seeleuten. Leutnant Otto von Spee teilte das Schicksal seines Vaters und Bruders. Während die Deutschen insgesamt mehr als 2000 Tote zu beklagen hatten, beliefen sich die britischen Verluste in der Falklandschlacht auf nicht mehr als 10 Tote und 19 Verwundete. Als einziges deutsches Schiff konnte der Kleine Kreuzer *Dresden* entkommen. Erst im März 1915 spürten ihn britische Schiffe an der chilenischen Küste auf, woraufhin die Besatzung das Schiff versenkte.

In Kiel und Wilhelmshaven löste der Untergang des Spee'schen Geschwaders kaum sechs Wochen nach seinem großen Triumph tiefe Betroffenheit aus. Für Konteradmiral Hipper war der Verlust der Schiffe eine »entsetzlich traurige Nachricht« und »ein furchtbarer Schlag für uns«.[39] Kapitänleutnant Rudolph Firle schrieb: »Der wackere Spee, dieser altpreussische, vornehme Soldat. So werden in der Marine die besten verloren gehen, und wer weiß, was übrig bleibt.«[40]

Wichtiger war jedoch etwas anderes: Trotz seiner Niederlage war es Spee, wie zuvor Cradock, in den Augen der Zeitgenossen gelungen, die Ehre der Marine zu bewahren. Kein deutsches Schiff hatte die Flagge gestrichen. Die »Kapitulationsverweigerung«, wie der Historiker Holger Afflerbach den Untergang mit wehender Fahne nennt, gehörte zum Ehrenkodex der deutschen Seeoffiziere ebenso wie zu jenem der Briten. Den Tod der ihnen unterstellten Mannschaften nahmen sie dabei in Kauf, »als Kollateralschaden für etwas, das sie als wichtiger empfanden«.[41] Aufgeben kam selbst in aussichtsloser Situation nicht in Frage. Das hatte auch Kaiser Wilhelm II. zu Beginn des Krieges noch einmal unmissverständlich klargestellt. Er erinnerte die Marine an einen Erlass seines Großvaters, Wilhelms I., vom 17. März 1885, in dem es hieß: »Je schwieriger seine Lage wird, je aussichtsloser sie erscheint, um so fester soll der Kommandant sich allein an die Gebote der militärischen Ehre halten. ... Unnachsichtlich werde Ich aber gegen denjenigen Kommandanten einschreiten, der die Ehre der Flagge bloßstellt. ... Ich hoffe, daß selbst im Unglück ein ehrenvoller Untergang Meine Schiffe davor bewahren wird, die Flagge streichen zu müssen.«[42] Und in den Dienstvorschriften der Flotte konnte man nachlesen: »Sind alle Kampfmittel erschöpft, so soll ein ehrenvoller Untergang das Schiff davor bewahren, die Flagge zu streichen. ... Der Kommandant, der die Flagge vor dem Feinde streicht, verfällt dem Kriegsgericht und wird vor ein Ehrengericht gestellt.«[43] Noch bis 1969 existierte in der deutschen Marine die Dienstbestimmung »Streiche nie die Flagge!«.[44]

Wie absurd vor diesem Hintergrund für Vizeadmiral Spee der Gedanke gewesen sein muss, sich vor den Falklandinseln womöglich ähnlich zu verhalten wie der russische Admiral Nebogatow, erklärte der Chef des kaiserlichen Admiralstabs, Admiral Hugo von Pohl, in einem Brief an seine Frau: »Dann fragst Du, warum man nicht dem Grafen Spee gesagt hätte, er sollte einen neutralen Hafen anlaufen? So wäre er doch verloren gewesen. Er konnte anlaufen, was er wollte; aber in einem neutralen Hafen durfte er nur 24 Stunden bleiben ... Blieb er länger, mußte er abrüsten, und wenn ich das von ihm und seinen Schiffen verlangt hätte, dann hätte er diesen Befehl nicht verstanden. ... Abrüsten wäre eine Schmach für ihn und die ganze Marine gewesen.«[45] So sah das auch Wilhelm Souchon: »Es war ein Verhängnis, daß ihn die Schufte fanden. Wenn er aber einmal mit ihnen zusammentraf, da gab es nichts anderes für ihn als zu kämpfen und mit Ehren danach unterzugehen.«[46]

Ironischerweise war es ausgerechnet das Schiff, das Spees Namen trug, das fünfundzwanzig Jahre nach dem Ende des Ostasiengeschwaders als erstes und bis 1945 einziges deutsches Kriegsschiff den Untergang mit wehender Flagge verweigerte. Am 17. Dezember 1939 ließ Kapitän z. S. Hans Langsdorff vor der Küste Uruguays den von ihm kommandierten Panzerkreuzer *Admiral Graf Spee* in aussichtsloser Situation von der eigenen Besatzung versenken. Langsdorff begründete seine Entscheidung, mit der er den Zorn Hitlers auf sich zog, damit, dass für ihn »tausend junge Männer lebend mehr wert (waren) als tausend tote Helden«.[47] Um die vermeintlich befleckte Ehre der Marine wiederherzustellen, erschoss sich Langsdorff zwei Tage später in einem Hotelzimmer in Buenos Aires.

Um sicherzustellen, dass sich ein solcher Vorfall nicht wiederholte, gab Großadmiral Erich Raeder, Hippers ehemaliger Stabschef und mittlerweile Oberbefehlshaber der Kriegsmarine, am 22. Dezember 1939 die Weisung aus: »Das deutsche Kriegsschiff kämpft unter vollem Einsatz seiner Besatzung bis zur letzten Granate, bis es siegt oder mit wehender Flagge untergeht.«[48] Mit dieser »nun amtlichen und verbindlichen Selbstmordanweisung« war, wie Holger Afflerbach schreibt, »für den gesamten weiteren Verlauf des Zweiten Weltkriegs, das Schicksal der deutschen Kriegsschiffe vorgezeichnet«.[49]

So wie das der *Bismarck*. Ihr Untergang ist der wohl spektakulärste der deutschen Marinegeschichte. Am 27. Mai 1941 lag das damals größte Kriegsschiff der Welt manövrierunfähig und von einem überlegenen britischen Verband umstellt im Nordatlantik, und nur ein Streichen der Flagge konnte eine Katastrophe noch verhindern. Doch der Kommandant, Kapitän z. S. Ernst Lindemann, und der ebenfalls an Bord befindliche Flottenchef, Admiral Günther Lütjens, hatten Hitler telegraphisch versprochen, »bis zur letzten Granate« zu kämpfen.[50] Als die *Bismarck* schließlich zerfetzt von mehr als 3000 britischen Treffern im Meer versank, stand Lindemann aufrecht am Bug, die Hand zum Gruß an die weiße Mütze gelegt. Von 2221 deutschen Seeleuten überlebten nur 115. Die britischen Offiziere, die alles mitansehen mussten, waren in ihren Berichten voller Bewunderung für die Art und Weise, wie das Schiff sich geschlagen hatte: »Bismarck hat gegen eine riesige Übermacht einen äußerst tapferen Kampf geführt, würdig der vergangenen Tage der Kaiserlichen Marine, und sie ist mit wehender Flagge untergegangen.«[51]

Auch im Dezember 1914 zollten die Briten den deutschen Seeleuten Hochachtung für ihren todesverachtenden Kampf bis zur letzten Minute. Nach dem Untergang des Spee'schen Geschwaders ließ es sich Vizeadmiral Sturdee nicht nehmen, Korvettenkapitän Pochhammer als dem ranghöchsten überlebenden deutschen Offizier seine Glückwünsche zu übermitteln: »Der Geschwaderchef ist über Ihre Rettung sehr erfreut. Wir fühlen alle, dass die ›Gneisenau‹ höchst tapfer bis zum Schluß gekämpft hat. Wir bewundern die guten Schießleistungen beider Schiffe sehr und bedauern mit Ihnen den Verlust Ihres Admirals und so vieler Offiziere und Mannschaften. Unglücklicherweise befinden sich unsere beiden Länder im Krieg miteinander. Die Offiziere beider Marinen, die in der anderen Freunde haben, müssen ihre Vaterlandspflicht erfüllen. Das haben Ihr Admiral, Ihr Kommandant und Ihre Offiziere würdig bis zum letzten Augenblick getan.«[52] Später lud Sturdee, der für seinen Sieg in den Adelsstand erhoben wurde, Pochhammer sogar zum Essen in die Offiziermesse seines Flaggschiffs ein, wo der Deutsche nicht wie ein Kriegsgefangener, sondern wie ein Gentleman in einem vornehmen Londoner Club behandelt wurde.

Mit dem Ostasiengeschwader war der für die Royal Navy gefährlichste Gegner außerhalb der Nordsee verschwunden. Die Handvoll deutscher Kreuzer, denen es bislang gelungen war, ihren britischen

Häschern zu entkommen, wurden im Lauf der nächsten Monate ebenfalls aufgespürt und vernichtet. Vom Schicksal der *Emden* und *Dresden* war bereits die Rede. Schon Anfang November 1914 war im Atlantik der Kleine Kreuzer *Karlsruhe* ohne Feindeinwirkung nach einer Explosion im Vorschiff gesunken. Am längsten hielt sich der Kleine Kreuzer *Königsberg*. Zum Handelskrieg im Indischen Ozean bestimmt, wurde er von britischen Schiffen fast zehn Monate lang an der ostafrikanischen Küste im Rufiji-Delta, damals in der Kolonie Deutsch-Ostafrika, heute Tansania, blockiert und dort schließlich im Juli 1915 von seiner eigenen Besatzung gesprengt.

In der deutschen Flottenleitung reifte nach der Niederlage vor den Falkland-Inseln die Überzeugung, dass jetzt ein schneller Gegenschlag erforderlich sei. Dieser Gegenschlag musste idealerweise geführt werden, bevor die zur Jagd auf Graf Spee in den Pazifik entsandten britischen Schlachtkreuzer wieder in die Nordsee zurückgekehrt sein würden. Nachdem verschiedene Varianten durchgespielt worden waren, entschied sich Flottenchef Ingenohl für einen Angriff auf die britischen Küstenstädte Scarborough, Whitby und Hartlepool. Etwas Ähnliches hatte die Marine schon Anfang November versucht, als Hippers Schlachtkreuzer die ostenglische Stadt Yarmouth beschossen hatten. Damals war nichts erreicht worden. Das einzige Resultat der Aktion – immerhin der erste größere Vorstoß der deutschen Flotte in britische Gewässer – war der Verlust des Kreuzers *Yorck* gewesen, der auf dem Rückmarsch nach Wilhelmshaven auf eine (deutsche) Mine gelaufen und gesunken war.

Diesmal sollte alles besser werden. Der Angriff wurde für den 16. Dezember 1914 angesetzt, und wieder wurde Hipper mit der Ausführung betraut. Der Admiral, der lieber gegen die englische Flotte gekämpft hätte, war skeptisch, ob das Vorhaben überhaupt sinnvoll sei. Man solle jedenfalls, schrieb er in sein Tagebuch, etwaige Verluste nicht ihm »in die Schuhe schieben«, die Verantwortung habe allein der Flottenchef zu tragen, von dem dieser Plan stamme. Zwar werde die erfolgreiche Durchführung des Unternehmens vermutlich »wieder ein großes Geschrei in England ergeben«, doch stand ein solcher »Erfolg« seines Erachtens »nicht im Einklang mit dem Einsatz«. Wenn schon kostbare Schiffe riskiert werden sollten, dann doch besser im Kampf gegen andere Dreadnoughts. »Also man möge«, forderte Hipper, »wenn ich nicht zurückkomme und wertvolle Schiffe verliere, keine Steine auf mich werfen, da ich nur einen mir erteilten Auftrag ausführe.«[53]

Ebenso verhasst wie der Gedanke, einen seiner Schlachtkreuzer zu verlieren, war Hipper die Vorstellung, er könne bei einer solchen Fahrt, die keinen besonderen Gewinn versprach, sondern in seinen Augen bloßem Aktionismus entsprang, auf eine englische Mine laufen. »So kampf- und ruhmlos untergehen, wäre ein trauriger Abschluß meiner Laufbahn.« [54] Viel lieber wäre es ihm gewesen, wenn »[ich] an der Spitze meiner Kreuzer im Gefecht falle«.[55]

In der Flotte wurde die geplante Aktion dagegen mit Begeisterung zur Kenntnis genommen. So berichtete Kapitänleutnant Reinhold Knobloch, der mit der *Rostock* ebenfalls auslaufen sollte: »Heute war überall frohe Stimmung. ... Sämtliche Aufklärungsgruppen kamen heraus, das erste Geschwader und 5 Flottillen gingen neben uns vor Anker. Da war doch wieder Leben in der Bude ... Überall war große Begeisterung, daß endlich etwas los war. Schnell wurde das Schiff gesäubert und die Vorbereitungen zum Gefecht gemacht, die Kanonen wurden noch einmal gestreichelt und die Munition nachgesehen.«[56] Nach vier Monaten untätigen Wartens konnte Knobloch es, wie viele andere auch, kaum erwarten, aus dem Hafen zu kommen.

Was die deutsche Schlachtkreuzerflotte allerdings nicht ahnte, als sie in der Nacht des 15. Dezember die Anker lichtete: Die Briten wussten über die bevorstehende Beschießung ihrer Küste Bescheid. Ende August 1914 hatten russische Seeleute das Signalbuch des in der Ostsee auf Grund gelaufenen deutschen Kleinen Kreuzers *Magdeburg* geborgen und nach London geschickt. Mit Hilfe dieses Verzeichnisses schaffte es ein Team von Kryptologen, viele von ihnen bekannte Mathematiker und Physiker der Universitäten Oxford und Cambridge, von nun an bis zum Ende des Krieges den codierten deutschen Funkverkehr zu entschlüsseln. Aus dieser nach ihrem Arbeitsraum im Londoner Admiralitätsgebäude schlicht *Room 40* genannten Dechiffrier-Abteilung ging später der britische Marinenachrichtendienst in Bletchley Park hervor, dem es während des Zweiten Weltkriegs gelang, die legendäre deutsche Verschlüsselungsmaschine »Enigma« zu knacken.

Als die deutschen Schiffe über Funk ihre Instruktionen für den Vorstoß am 16. Dezember erhielten, hörten die englischen Codeknacker mit. Die Flottenleitung hatte allerdings darauf verzichtet,

Details mitzuteilen, so dass die Briten nicht genau wussten, an welcher Stelle die Deutschen zuschlagen würden. Die Admiralität entschied sich daher dafür, den deutschen Angriff, den man nicht verhindern konnte, geschehen zu lassen in der Hoffnung, die Täter unmittelbar nach der Tat zur Strecke zu bringen. Admiral Jellicoe wurde angewiesen, einen starken Flottenverband, bestehend aus Vizeadmiral Beattys Schlachtkreuzern, Kommodore Goodenoughs Leichten Kreuzern sowie einem Dreadnought-Geschwader, an einer strategisch günstigen Stelle in der offenen Nordsee zu positionieren, um den deutschen Schiffen den Rückweg nach Wilhelmshaven abzuschneiden. Auch Kommodore Tyrwhitts *Harwich Force* und Kommodore Keyes' U-Boote waren beteiligt.

Ebenfalls entgangen war *Room 40* der Umstand, dass nicht nur Hipper mit den Schlachtkreuzern, sondern auch Admiral Ingenohl mit der gesamten deutschen Hochseeflotte auslaufen würde. Ingenohl sollte Hippers Rückzug decken – und zwar fast genau von demselben Punkt aus (180 Meilen nordwestlich von Helgoland und 100 Meilen südöstlich von Scarborough), an dem auch die Briten die deutschen Schlachtkreuzer erwarteten. Um ein Haar wäre es dort am frühen Morgen des 16. Dezember zu einem Zusammenstoß der beiden Flotten gekommen, bei klarer deutscher Überlegenheit. Doch sobald Ingenohls Vorhut die Anwesenheit feindlicher Schiffe meldete, ließ der Flottenchef abdrehen und kehrte nach Wilhelmshaven zurück. Ohne die Genehmigung des Kaisers wollte Ingenohl keine Schlacht riskieren.

Niemals wieder sollte es für die Deutschen eine so günstige Gelegenheit geben, der Royal Navy zumindest erheblichen Schaden zuzufügen und das Stärkeverhältnis der beiden Flotten auszugleichen. Schon bald neigte sich die Waagschale endgültig auf die Seite der Briten, die Schiff um Schiff bauten und ihre Kräfte nach der Ausschaltung der deutschen Auslandskreuzer voll auf die Nordsee konzentrieren konnten.

Hipper, der von Ingenohls Umkehr-Manöver nichts mitbekam, hatte unterdessen die englische Ostküste erreicht und dort seine Streitmacht geteilt. Die Schlachtkreuzer *Von der Tann* und *Derfflinger* sowie der Kleine Kreuzer *Kolberg* beschossen Scarborough und Whitby, Hipper selbst eröffnete mit den Schlachtkreuzern *Seydlitz*, *Moltke* und der älteren *Blücher* das Feuer auf Hartlepool. Ein nennenswerter militärischer Erfolg war weder an der einen noch an der anderen Stelle zu verzeichnen, da fast ausschließlich Wohnhäuser zerstört wurden. Insgesamt starben im Hagel der deutschen Granaten 122 Männer, Frauen und Kinder, 443 wurden verwundet. Fast noch schlimmer als die Ermordung von Zivilisten war aus britischer Sicht aber die Tatsache, dass Hippers Schiffe nach dem Angriff unbehelligt in die Deutsche Bucht entkommen konnten. Die Falle der Royal Navy schnappte nicht zu.

»Der liebe Herrgott hat geholfen«, schrieb Hipper hinterher in sein Tagebuch.[57] Tatsächlich war es eine Reihe von unvorhersehbaren Zufällen und Missgeschicken, die verhinderten, dass die in Lauerstellung liegenden britischen Schiffe die deutschen Kreuzer zum Gefecht stellen konnten. Allen voran das plötzlich aufkommende schlechte Wetter, das Hippers Verband praktisch unsichtbar machte, daneben aber auch erhebliche Missverständnisse in der britischen Kommunikation und daraus resultierende taktische Fehlentscheidungen. Beatty selbst änderte, kurz bevor er mit dem in Richtung Wilhelmshaven zurückdampfenden Hipper zusammengetroffen wäre, aufgrund falsch interpretierter Funkmeldungen den Kurs seiner Schlachtkreuzer und ermöglichte es dadurch dem deutschen Admiral, durch eine Lücke in den britischen Reihen zu schlüpfen.

Der Imageschaden für die Royal Navy war beträchtlich. Die britische Öffentlichkeit, die in den zurückliegenden Wochen und Monaten schon die Versenkung der drei alten Kreuzer durch *U 9* und Cradocks Niederlage bei Coronel hatte verkraften müssen, war schockiert: Die Marine war offensichtlich nicht in der Lage, die eigenen Küsten vor deutschen Angriffen zu schützen. »Wo war die Navy?«, titelten vorwurfsvoll die großen Zeitungen. Die britischen Seeleute ärgerte das maßlos. Die Leute wollten einfach nicht einsehen, dass die Flotte nicht überall gleichzeitig sein könne, schäumte etwa Roger Keyes, der mit seinen U-Booten Hippers Schiffe ebenfalls verpasst hatte. Dabei sollten sie doch froh sein, dass sie von ihr beschützt wurden. »Wo wären wir ohne sie!«[58]

Auch Beatty war zutiefst deprimiert. Eben erst noch hatte er sich über Sturdees großen Sieg in der Falklandschlacht gefreut und gehofft, dass jetzt die Pressestimmen verstummen würden, nach denen die Marine »ein teurer Luxus ist und ihre Arbeit nicht macht«.[59] Er war es auch gewesen, der immer wieder auf Jellicoe eingeredet hatte, wenn schon nicht die gesamte Flotte, dann doch wenigstens die Schlachtkreuzer offensiver einzusetzen. Die Zurückhaltung der Flotte, so hatte Beatty dem Flottenchef gegenüber argumentiert, sei nicht nur schädlich für das Prestige der Navy, sondern verursache auch eine »beträchtliche Schwächung der Moral, was zu diesem kritischen Zeitpunkt von höchster Bedeutung ist, falls feindliche Kräfte unsere Küsten und Waffenlager bombardieren und wir nicht auf der Stelle zurückschlagen«.[60]

Nun war, als hätte Beatty es geahnt, genau dieser Fall eingetreten. Hippers Kreuzer waren ohne eine Schramme in die Deutsche Bucht zurückgedampft und die Royal Navy hatte eine »Riesenchance, reichlich Ruhm und Ehre zu erwerben«, verpasst.[61] Kein Wunder also, dass Beatty dunkle Gefühle beschlichen: »Die vergangene Woche war wahrlich die schwärzeste meines Lebens, und ich vertraue von ganzem Herzen darauf, in nicht zu ferner Zukunft die Gelegenheit zu bekommen, sie auszuradieren.«[62]

Auf deutscher Seite waren die Meinungen geteilt. Während die einen sich darüber freuten, dass Hipper den Engländern ein Schnippchen geschlagen hatte und »etwa 1000 Zivilisten zur Strecke gebracht« worden waren, sahen andere in der Aktion nicht mehr als »eine schwache Rache für unser Kreuzergeschwader«.[63] Der zunächst so skeptische Hipper selbst war, als er in der Zeitung Berichte über den angerichteten Schaden las, der Meinung: »Kurzum, wir können zufrieden sein.«[64] Die Tatsache, dass er ein Jahr später vom Flottenchef »ein sehr herzlich gehaltenes Glückwunschtelegramm an die Kreuzer zum heutigen Jubiläumstage« erhielt, unterstreicht, wie sehr der deutschen Marineführung daran gelegen war, den 16. Dezember 1914 als Erfolg zu deuten.[65]

In Wahrheit hatte die Marine mit ihrer strategisch sinnlosen Aktion vor allem eines erreicht: Ganz England brannte vor Hass und Zorn auf die deutschen »Baby-Mörder« (Winston Churchill). Die britischen Zeitungen sahen in der Beschießung der unbefestigten Küstenstädte einen Verstoß gegen die Haager Konvention und ein »infames Verbrechen gegen die Menschlichkeit und gegen internationales Recht«.[66] In den Augen vieler Briten hatte die Kaiserliche Marine damit die Gerüchte bestätigt, die schon seit längerem über angebliche Greueltaten deutscher Soldaten in Belgien und Frankreich kursierten.

Für den 22 Jahre alten Leutnant James Colvill stand der Überfall der Schlachtkreuzer in einer Reihe mit dem barbarischen Gemetzel, das die kaiserlichen Truppen laut englischen Pressemeldungen bei der Einnahme der belgischen Stadt Löwen (Louvain) angerichtet hatten. »Hoffentlich bietet sich uns die Gelegenheit, es ihnen mit gleicher Münze bis auf den letzten Pfennig heimzuzahlen, jedoch nicht, indem wir Zivilisten abschlachten, wenn wir Deutschland erreichen. Ich möchte ein Dutzend deutscher Städte – angefangen mit Essen & am Ende Berlin – dem Erdboden gleichgemacht & vollständig geplündert sehen, in einem Wort – ›louvainiert‹.«[67]

Wenngleich die meisten der in den englischen Sensationsblättern ausgebreiteten Schauergeschichten frei erfunden waren, haben Historiker inzwischen eindeutig nachgewiesen, dass es Übergriffe deutscher Truppen auf die Zivilbevölkerung in den besetzten Gebieten Belgiens und Frankreichs tatsächlich gegeben hat. Von der britischen Propaganda wurden diese Vorfälle bereitwillig aufgegriffen und weiterverbreitet, oftmals grotesk überzeichnet. So konnte Kapitän z. S. Adolf von Trotha, der Kommandant des Linienschiffs *Kaiser*, kaum fassen, was er in den englischen Zeitungen über die vermeintlichen Verbrechen deutscher Soldaten zu lesen bekam, die als »die gemeinsten, hinterlistigsten, grausamsten Bestien« dargestellt wurden:

»Offiziere und Soldaten, die Kinder hinschlachten, die sich an den Vorräten ihrer Quartierwirte vollfressen und saufen und dann mit der Knute in der Hand die Leute zwingen ihr eigenes Haus anzuzünden, Truppen, die vor der englischen Kavallerie in die Knie fallen und dann, als die Engländer großmütig an ihnen vorbeireiten, von hinten schießen; Schützengräben, in denen unsere Leute massenweise die Gewehrkolben hochzeigen als Zeichen der Übergabe, während andere die herantretenden Engländer niederschießen u. s. w. Was für Mittel müssen diese Leute anwenden, um den Krieg volkstümlich zu machen und was für eine furchtbare Saat muß daraus aufgehen.«[68]

Wie kaum etwas sonst trugen die Horrormeldungen von kindermordenden, vergewaltigenden und brandschatzenden deutschen Soldaten dazu bei, dass sich in den englischen Köpfen ein Bild von den Deutschen als den »bösen Hunnen« (evil Huns) bis weit über die Grenzen des Krieges hinaus festsetzte. Leutnant Colvills Abneigung gegen alles Deutsche ging schließlich so weit, dass er selbst die Röteln (englisch: »German measles«) umtaufte: »I have got Hun measles – damn 'em!«[69]

Auf der anderen Seite der Nordsee gab sich die deutsche Propaganda ihrerseits alle Mühe, der Öffentlichkeit einzuhämmern, dass Großbritannien, das »perfide Albion«, der Hauptanstifter des Krieges und die »Wurzel allen Übels« sei. Der Slogan »Gott strafe England« zierte Postkarten, Zigarettenschachteln, Kaffeetassen und Taschentücher. Ernst Lissauers ›Haßgesang gegen England‹ avancierte zum am weitesten verbreiteten Gedicht des Weltkrieges, deutsche Professoren produzierten reihenweise anti-englische Pamphlete, und das Kriegspresseamt wurde nicht müde, in zahlreichen Broschüren darauf hinzuweisen, dass »der Krieg ein Kampf des angelsächsischen Kapitals gegen das deutsche Volk« sei.[70]

Gerade dieses ökonomisch argumentierende Deutungsmuster erwies sich als besonders erfolgreich. So war Kapitänleutnant Knobloch, wie viele andere in Deutschland auch, der Ansicht, dass die Engländer vor allem »dank ihres Geldbeutels ... ein riesiges Ansehen und Gewicht« in der Welt hätten, während Deutschland sich sein Ansehen, »das ungern gezollte«, dagegen »mühsam mit Blut und Eisen erkämpfen« müsse.[71] Für Kapitän z.S. Walter von Keyserlingk, den Kommandanten des Schlachtschiffs *Lothringen*, war es deshalb ein »herrliches Gefühl für uns Deutsche, daß wir in den Luftschiffen und U-Booten Waffen besitzen, denen die Gegner nichts Ebenbürtiges entgegenzustellen haben. Der Engländer hatte überhaupt in seiner maßlosen Überhebung seit Jahrzehnten den Maßstab verloren, was andere Nationen schaffen und leisten. Wohl uns, mögen sie immer so bleiben!«[72]

Wer so dachte, der nahm den Vorwurf der Brutalität achselzuckend zur Kenntnis – zu groß war das Verlangen, den stolzen Engländern Schaden zuzufügen und zugleich die eigene Erfolgsbilanz aufzubessern. Für Skrupel blieb da wenig Platz. Ein schlechtes Gewissen verspürten sicher auch die wenigsten, als gute zwei Wochen nach dem Angriff auf Scarborough und Whitby das deutsche U-Boot *U 24* das veraltete britische Schlachtschiff *Formidable* mit mehr als 500 Seeleuten an Bord versenkte.

Mit diesem »Streich« ging das Jahr 1914 zu Ende, ohne dass die britische Flotte noch einmal Gelegenheit bekommen hatte, die Scharte auszuwetzen, die Hippers Schlachtkreuzer ihr geschlagen hatten. Allzu lange indes mussten die auf Vergeltung sinnenden Briten sich nicht gedulden: Das neue Jahr war noch keine vier Wochen alt, als es zum ersten »echten« Aufeinandertreffen jener Kontrahenten kam, die sich bereits zwei Mal so knapp verfehlt hatten. Im August 1914 war es der niedrige Wasserstand auf der Jade gewesen, der Hipper daran gehindert hatte, in das Gefecht in der Helgoländer Bucht einzugreifen, im Dezember hatte Beattys unglückliche Kursänderung dazu geführt, dass Hipper ihm entwischt war. Dieses Mal war alles anders.

Schon länger hegte die in Bezug auf *Room 40* völlig ahnungslose deutsche Flottenleitung den Verdacht, dass ihre Operationspläne an die Briten verraten wurden. Man tippte auf Spione und Verräter, aber auch auf einige der zahlreichen Fischdampfer, die unter neutraler Flagge vor allem im Seegebiet der Doggerbank unterwegs waren. Um herauszufinden, ob die Fischtrawler tatsächlich Späher in britischen Diensten waren, und um leichte englische Streitkräfte anzugreifen, die dort gesichtet worden waren, lief Konteradmiral Hipper am 23. Januar 1915 mit den Schlachtkreuzern *Seydlitz*, *Moltke*, *Derfflinger* und dem älteren Panzerkreuzer *Blücher* in Richtung Doggerbank aus. Unterstützt wurde sein Verband von den vier Kleinen Kreuzern *Stralsund*, *Graudenz*, *Kolberg* und *Rostock* sowie zwanzig Torpedobooten.

Die Briten hatten den deutschen Funkverkehr mitgehört und waren deshalb über alle Einzelheiten der geplanten Aktion genau im Bilde. Der Royal Navy bot sich damit die einmalige Gelegenheit, den modernsten und für sie gefährlichsten Teil der deutschen Flotte gleichsam im Handstreich auszuschalten. Die Falle, die sie Hipper stellte, war nahezu perfekt: Die vereinigten Kräfte von Beattys Schlachtkreuzerflotte und Tyrwhitts *Harwich Force* erwarteten die deutschen Kreuzer an der Doggerbank, Keyes' U-Boote und ein Verband älterer Schlachtschiffe sollten ihnen die Fluchtwege abschneiden. Im Hintergrund stand Jellicoe mit der *Grand Fleet* bereit für den Fall, dass entgegen den abgehörten deutschen Meldungen auch die Hochseeflotte wieder mit auslief (was nicht geschah).

Als Hipper am frühen Morgen des 24. Januar 1915 an der Doggerbank ankam, meldeten ihm seine aufklärenden Kleinen Kreuzer über Funk die Anwesenheit gegnerischer Schiffe. Der Admiral, der sofort begriff, dass das kein Zufall sein konnte, ließ seinen Verband auf der Stelle wenden und auf Gegenkurs gehen. Doch es war zu spät. Diesmal schnappte die Falle zu.

Die Schlachtkreuzer *Lion*, *Tiger*, *Princess Royal*, *New Zealand* und *Indomitable* hefteten sich sofort an die Fersen der deutschen

Schiffe, die aus Rücksicht auf die langsamere *Blücher* nicht mit Höchstgeschwindigkeit fahren konnten. Langsam, aber beständig holten die Briten auf, und sobald die Entfernung zwischen Beattys Flaggschiff *Lion* und der *Blücher* auf etwa zwanzig Kilometer zusammengeschmolzen war, eröffneten sie gegen neun Uhr vormittags das Feuer. Wegen der größeren Reichweite ihrer 34-cm-Geschütze brauchten die Briten selbst keine Treffer zu fürchten. Allerdings war das Schießen auf so große Entfernung wenig effektiv. Um den Abstand weiter zu verringern, trieb Beatty seine Mannschaften zu immer neuen Höchstleistungen an. Ein Beobachter an Bord der *Indomitable* beschreibt, welch dramatische Szenen sich in den Maschinenräumen der Schlachtkreuzer abspielten:

»Jemand, der im Zeitalter der Ölbrennstoffe aufgewachsen ist, kann sich die körperliche Anstrengung nicht vorstellen, die den Heizern auf einem kohlebetriebenen Schiff, das mit Höchstgeschwindigkeit dampft, abverlangt wird. Die Ventilatoren, die den Dampfkesseln Luft zuführen, surren auf Hochtouren, während die Öfen die Kohle genau so schnell verschlingen, wie ein Mann sie beschicken kann. Schwarze, beschmutzte und schwitzende Männer arbeiteten in den Bunkern an der Seite des Schiffes, gruben die Kohle aus und luden sie auf Ladeschlitten, die dann über das Stahldeck gezogen und auf die Bodenplatten vor die einzelnen Kessel gekippt wurden. Für diese Männer gab es keine hygienische oder sterile Arbeitskleidung. Wenn das Schiff schlingerte und stampfte, bestand immer das Risiko, dass ein beladener Schlitten sich selbständig machte und zu einer Gefahr für Leib und Leben wurde. Wenn man von oben auf der eisernen Galerie einen Blick nach unten warf, erinnerte die Szenerie an Dantes Inferno – ›Weil ich dort Klagen hört' und Feuer sah.‹ Der Chefheizer lief hin und her, kontrollierte die Druckmesser auf jedes Abfallen des Dampfdrucks und feuerte seine Männer an. Hin und wieder schepperte der Maschinentelegraf und der Zeiger auf der Drehscheibe rastete auf ›MEHR DAMPF‹ ein. Mit einem Fluch drückte der Chef den Antwortgong. ›Was glauben diese Mistkerle eigentlich, was wir hier tun?‹, rief er aus. ›Los, Jungs, aufwachen, marsch, marsch!‹, woraufhin die schwitzenden Männer ihre Anstrengungen verdoppelten, die Kesseltüren aufrissen und noch mehr Kohle in das glühende Inferno schaufelten.«[73]

Um kurz nach neun Uhr landeten die ersten Treffer auf der *Blücher*. Die Deutschen erwiderten jetzt das Feuer. Wie in der Gefechtsordnung vorgesehen, schoss jeweils ein Schiff auf eins des Gegners. Je kleiner der Abstand zwischen den Kontrahenten wurde, desto mehr Geschosse fanden ihr Ziel. Eine englische Granate, die im hinteren Geschützturm von Hippers Flaggschiff *Seydlitz* einschlug, tötete im Bruchteil einer Sekunde 165 deutsche Seeleute. Aber auch die britischen Schlachtkreuzer blieben nicht verschont; vor allem Beattys *Lion* wurde mehrfach getroffen und schwer beschädigt.

Trotzdem waren die Verfolger in der günstigeren Position. Es war nur noch eine Frage der Zeit, bis sie die *Blücher*, die Treffer um Treffer kassierte und schon ein ganzes Stück hinter die anderen deutschen Schlachtkreuzer zurückgefallen war, ganz ausgeschaltet haben würden. Dann standen fünf britische Schiffe gegen drei deutsche, und nur ein Wunder hätte Hipper noch retten können. Doch bevor es so weit kam, unterlief Beatty ein verhängnisvoller Fehler. Er glaubte plötzlich, von deutschen U-Booten angegriffen zu werden (was nicht stimmte), und erteilte seinen Schiffen per Flaggensignal den Befehl, abzudrehen und die vermeintliche Gefahrenzone zu verlassen. Als der englische Admiral wenige Minuten später seinen Irrtum erkannte und das Signal zum neuerlichen Angriff gab, führte eine missverständliche Flaggenkombination dazu, dass alle britischen Schiffe sich, anstatt die Verfolgung der übrigen Schlachtkreuzer fortzusetzen, gemeinsam auf die bereits schwer angeschlagene *Blücher* stürzten.

Damit war Hipper gerettet. Kurz spielte er mit dem Gedanken, zu wenden und der *Blücher* beizuspringen, setzte dann aber doch seine Flucht fort. Der zurückgelassene Panzerkreuzer wurde von den britischen Schlachtkreuzern förmlich massakriert. In den insgesamt drei Stunden, in denen das Schiff dem feindlichen Geschosshagel ausgesetzt war, erhielt es 70 Granaten- und sieben Torpedotreffer. »Es ist ein Jammer, wenn man mitansehen muß, wie solch ein Schiff durch Überzahl totgeschlagen wird«,[74] klagte Kapitänleutnant Knobloch, der von der Brücke der *Rostock* aus das Gefecht teilweise beobachtet hatte. Fast überflüssig zu erwähnen, dass die *Blücher* bis zum Schluss das Feuer erwiderte, die Flagge wurde nicht gestrichen.

Als das Schiff sich schließlich auf die Seite legte und kieloben im Meer versank, versuchten die noch lebenden Seeleute verzweifelt, sich zu retten. Das Bild der kenternden *Blücher* mit den wie Ameisen über ihren glitschigen Rumpf krabbelnden Matrosen wurde zu einer der bekanntesten Fotoaufnahmen des Ersten Weltkriegs. Für die meisten gab es keine Hoffnung: Von etwa 1200 Mann Besatzung überlebten nur rund 250. Drei weitere deutsche Schiffe – *Seydlitz*, *Derfflinger* und *Kolberg* – wurden zum Teil schwer beschädigt. Die englischen Verluste fielen dagegen vergleichsweise moderat aus: Zwei Schlachtkreuzer, *Tiger* und *Lion*, trugen Schäden davon, es gab 15 Tote und 80 Verletzte.

Die Seeschlacht auf der Doggerbank ließ beide Seiten mit gemischten Gefühlen zurück. Auch wenn sie nicht mit der totalen Vernichtung des Gegners geendet hatte, die sich so viele Briten wünschten, war die Öffentlichkeit in Großbritannien zufrieden. Die Zeitungen druckten das Bild der untergehenden *Blücher* und schrieben: »Es wird einige Zeit dauern, ehe sie wieder Babys umbringen!«[75] Doch in der Royal Navy selbst war die Stimmung geteilt. Nur zu gerne hätte Vizeadmiral Beatty einen vollständigen, vernichtenden Sieg errungen, und die Tatsache, dass ihm das nicht gelungen war, erfüllte ihn mit Missmut: »An die Enttäuschung dieses Tages wage ich kaum zu denken. Jedermann denkt, es habe sich um einen großen Erfolg gehandelt, während es in Wirklichkeit ein schrecklicher Fehlschlag war. Ich hatte mir vorgenommen, vier zu erwischen, alle zusammen, und vier hätten wir auch erwischen müssen.«[76] Dass die Kommentare der Presse nach der Schlacht durchaus freundlich ausfielen, vermochte weder ihn noch andere zu trösten. Stephen King-Hall, 22 Jahre alt und Leutnant auf dem Leichten Kreuzer *Southampton*, hoffte immerhin, dass die in seinen Augen ungerechtfertigten Vorwürfe an die Flotte nun aufhören würden. »Vielleicht hören wir nach dem 24. (Januar) jetzt nicht mehr so oft dieses grässliche ›Wo ist die Navy?‹. Es macht mich rasend, dass nach dem, was manche Leute sagen und schreiben, man meinen könnte, wir würden uns hier gerade prächtig an der Riviera amüsieren.«[77]

Auf der anderen Seite der Nordsee bot sich das umgekehrte Bild. Dort waren die Reaktionen der Presse angesichts der hohen deutschen Verluste weit weniger positiv. Dafür freute man sich in der Flotte darüber, den Engländern trotz ihrer Überlegenheit Paroli geboten zu haben (irrtümlicherweise ging man zunächst davon aus, die schwer beschädigte *Tiger* sei gesunken). So berichtete etwa Kapitänleutnant Schweinitz, obwohl er mit Hippers Gefechtsführung nicht zufrieden war, da er glaubte, der Admiral hätte besser »einfach drauflos« gehen sollen: »Dennoch ist alles begeistert von dem Kreuzervorstoß, endlich mal kräftig zurückgeschossen! Das Selbstvertrauen und die Zuversicht sind zurückgewonnen.«[78] Oberleutnant Heinrich Stenzler, der das Gefecht an Bord von Hippers Flaggschiff mitgemacht hatte, schrieb seiner Mutter: »Es ist eine große Begeisterung. Strahlend kommen sie [die Matrosen] von Land zurück. An Land heißt es: sieh, einer von der *Seydlitz*! Dann gehen die Kerls natürlich noch einmal so stramm.«[79]

Hipper selbst, dessen Entscheidung, die langsame *Blücher* mit auf die Reise zu nehmen, später oft kritisiert worden ist, ärgerte sich über die schlechte Presse. Hatte er doch, wie er glaubte, »nach bestem Können und Wissen gehandelt und aus der üblen Lage, in die ich durch die Schuld der Flotte [die eben nicht mit ausgelaufen war, um ihn zu unterstützen] geraten bin, das Menschenmöglichste gemacht«.[80] Der Admiral konnte sich damit trösten, dass ihm von allen Seiten bestätigt wurde, seine Führung in der Schlacht sei »nicht nur einwandfrei, sondern ... glänzend gewesen«. Seine bayerische Heimatstadt Weilheim beschloss sogar, eine Straße nach ihm zu benennen.[81]

Dass schließlich auch der 24. Januar 1915 zu einem ganz besonderen Tag im Kalender der deutschen Marine wurde, dessen man fortan alljährlich gedachte, vermag nur auf den ersten Blick zu verwundern. Denn es war eben so: Auch eine nicht gewonnene Seeschlacht taugte vor dem Hintergrund einer an ruhmvollen Taten nicht eben reichen Geschichte ganz offensichtlich zur Traditionsbildung – immer unter der Voraussetzung freilich, dass mit Anstand gestorben worden war. Genau das hatte die *Blücher*-Besatzung getan. Das sah auch Kaiser Wilhelm II. so. Zehn Tage nach dem Gefecht reiste er, zum ersten Mal in diesem Krieg, nach Wilhelmshaven, um der Marine persönlich seine Anerkennung für das bisher Geleistete auszudrücken.

In seiner Ansprache an die Offiziere und Mannschaften ließ der Kaiser keinen Zweifel daran, dass die *Blücher*-Besatzung richtig und ehrenhaft gehandelt hatte, indem sie die Flagge nicht gestrichen, sondern das völlig zerstörte Schiff bis zur letzten Sekunde verteidigt hatte. »Es kommt nicht nur darauf an, daß jedes Mal ein Erfolg erfochten ist; auf den Geist kommt es an, der aus Euren Taten herausleuchtet. Und dieser Geist, dieses todesmutige, freudige Verhalten im Augenblick des Untergangs, der ist es, der dem Gegner und allen anderen Nationen den größten Respekt abgerungen hat. Dafür spreche ich Euch Meinen Dank aus. Unsere Aufgabe ist es nach wie vor, wo und wie es nur möglich ist, dem Gegner Abbruch zu tun. Und wenn das eigene Schiff untergeht, er muß mit hinunter.« Für Wilhelm stand das Gefecht auf der Doggerbank in einer Reihe mit den Seeschlachten von Coronel und den Falklandinseln. Alle diese Beweise deutschen Heldentums, versprach der Kaiser, »bleiben in der Ehrentafel Meines Volkes für immer«.[82]

Trotzdem galt nach wie vor – und nach dem Verlust der *Blücher* erst recht – seine Forderung, dass »die Hochseeflotte als wichtiges politisches Instrument in der Hand des Allerhöchsten Kriegsherrn« intakt bleiben sollte.[83] Riskante Einsätze waren also weiterhin zu vermeiden. Schließlich dauerte es rund drei Jahre, ein verloren gegangenes Schiff durch einen Neubau zu ersetzen. Als Anfang Februar 1915 Admiral Hugo von Pohl, der bisherige Chef des Admiralstabs, den glücklosen Admiral Ingenohl als Flottenchef ablöste, blieb es daher bei der zurückhaltenden deutschen Strategie. Insgesamt unternahm die Hochseeflotte 1915 noch sieben kürzere Vorstöße, von denen aber keiner weiter als 120 Seemeilen über Helgoland hinausging. »Strategische Auswirkungen oder auch nur Gefechtsberührungen hatten diese Vorstöße nicht.«[84] Statt auf die Großkampfschiffe setzten die Deutschen ihre Hoffnungen nun zunächst auf den U-Boot-Krieg.

Auch die Royal Navy, für die es nach wie vor wichtiger war, eine Niederlage zu vermeiden, als einen Sieg zu erringen, zog sich fürs Erste aus der Nordsee zurück. Die wurde, ähnlich wie die Gebiete zwischen den Schützengräben an der Westfront, zu einer Art Niemandsland, in das man sich besser nicht hineinwagte. Admiral Jellicoe, schreibt Paul Halpern, verspürte nicht die geringste Lust, »seinen Kopf in die deutsche Schlinge zu stecken«.[85] Auf der Suche nach anderen Betätigungsfeldern wandte die britische Marine ihre Aufmerksamkeit dem östlichen Mittelmeer zu. Im Februar 1915 begann dort eine groß angelegte Offensive zur Eroberung der Dardanellen. Nach einem erfolglosen britisch-französischen Flottenangriff landeten alliierte Truppen auf der Halbinsel Gallipoli, konnten aber trotz erbitterter Kämpfe die türkische Abwehrfront nicht durchbrechen. Nach schweren Verlusten wurde das Unternehmen, dessen Scheitern Winston Churchill das Amt als Ersten Lord der Admiralität kostete, schließlich Ende 1915 abgebrochen.

So endete mit der Seeschlacht auf der Doggerbank nach kaum sechs Monaten die vergleichsweise aktive erste Phase des Seekriegs zwischen Deutschland und Großbritannien. Das nächste Aufeinandertreffen der beiden Flotten sollte fast eineinhalb Jahre auf sich warten lassen. Bis es so weit war, blieb den Offizieren und Mannschaften auf den »dicken« Schiffen nur eines: »Und wir warten weiter, warten und warten, bis auch unsere Stunde kommt.«[86]

Kapitel IV

»Man hat jetzt kein angenehmes Gefühl, daß es unsereinem so gut geht« Leben an Bord und an Land

Die vielleicht größte Überraschung für die Seeleute auf beiden Seiten der Nordsee war der Umstand, dass sich das tägliche Leben an Bord der Schiffe trotz des Krieges kaum veränderte. Während die Soldaten an der Front lernen mussten, sich unter völlig neuen, oft widerwärtigen und lebensbedrohlichen Bedingungen zurechtzufinden, ging in der Flotte schon bald alles wieder seinen gewohnten Gang. Was auf den ersten Blick ein großer Vorteil gewesen zu sein scheint, stellte die Kommandanten und Offiziere, die für die ständige Einsatzbereitschaft ihrer Schiffe verantwortlich waren, vor ganz neue Herausforderungen. Denn die allzu friedliche Stimmung führte auf Dauer dazu, dass sich, wie Kapitänleutnant Reinhold Knobloch beobachtete, »eine allgemeine Wurschtigkeit« in der Flotte breit machte.[1] Hermann von Schweinitz bestätigte diesen Eindruck: »Der Besatzungen bemächtigt sich eine absolute Gleichgültigkeit gegenüber den Kriegsereignissen.«[2]

Umso wichtiger war es aus Sicht der Offiziere, die komplexen Abläufe zur Handhabung der Schiffe und Waffen Tag für Tag aufs Neue zu proben. Um später im Gefecht schneller schießen und besser manövrieren zu können als der Gegner, kam es auf ein perfektes Zusammenspiel von Mensch und Technik an. Das ließ sich nur mit Drill und Disziplin erreichen. Der Dienstbetrieb an Bord war bis ins kleinste Detail geregelt und lief mit der Präzision eines Uhrwerks ab. Geleitet wurde das Tagesgeschäft vom Ersten Offizier. Der Kommandant, bei dem die oberste Befehlsgewalt an Bord lag und dessen Stellung der eines regierenden Fürsten nicht unähnlich war, hielt sich aus den Routineangelegenheiten weitgehend heraus.

Zur Erfüllung seiner vielfältigen Pflichten standen dem Ersten Offizier die übrigen Seeoffiziere mit ihren jeweiligen Verantwortungsbereichen zur Seite. Die wichtigsten waren der Navigationsoffizier, der Artillerieoffizier, die Wach- und Divisionsoffiziere, der Funkoffizier und der Signaloffizier. Auf einem Linienschiff wie der

Helgoland befehligten zwanzig Seeoffiziere eine Besatzung von rund 1100 Mann. Zum Offizierskorps gehörten auch die für Betrieb, Wartung und Pflege der Maschinenanlagen zuständigen Marineingenieure. Hierarchisch waren sie wie alle anderen Führungsgruppen an Bord den Seeoffizieren untergeordnet. Dazu zählten neben den Offizieren der Marineinfanterie, den Sanitätsoffizieren, den Feuerwerks-, Zeug- und Torpederoffizieren auch die Unteroffiziere und die Deckoffiziere. Letztere standen zwischen Seeoffizieren und Unteroffizieren, waren häufig aus dem Mannschaftsstand aufgestiegen und bekleideten wichtige Funktionen etwa als Steuermann, Bootsmann, Feuerwerker oder Maschinist.

Die Mannschaft wiederum setzte sich zusammen aus dem seemännischen Personal, das zur Führung des Schiffes und für die Bedienung der Geschütze benötigt wurde, und dem Maschinenpersonal, den Heizern. Matrosen und Heizer waren in mehrere Divisionen eingeteilt, die jeweils einem Divisionsoffizier unterstanden und deren Zahl sich nach der Größe des Schiffes richtete. Üblich waren im seemännischen Dienst vier, da im Gefecht die Divisionen die vier Geschütztürme des Schiffes bemannten, und beim Maschinenpersonal drei.

Der Dienstbetrieb auf den deutschen Schiffen lehnte sich eng an das englische Vorbild an und bestand im Wesentlichen aus zwei Bereichen: dem Divisionsdienst, zu dem unter anderem Dienstunterricht, Seemannschaft, Schiffs- und Steuermannskunde, Gefechtsdienst und Sport in Form von Schwimmen und Turnen gehörten, sowie dem Wirtschafts- oder Arbeitsdienst, der alle Arbeiten zur Reinigung und Instandhaltung des Schiffes umfasste. Samstags stand anstelle der üblichen täglichen Reinigungsarbeit »Großes Reinschiff« auf dem Dienstplan, am Sonntag eine ausführliche Musterung der Mannschaft durch den Kommandanten, gefolgt von einem Gottesdienst. Der Sonntagnachmittag war frei.

Unterschiede zur Vorkriegsroutine gab es kaum. »Der Dienst ist wieder der gleiche wie im Frieden«, stellte der Matrose Richard Stumpf von der *Helgoland* fest. »Vormittag Reinschiff, Musterung, Gefechtsdienst. Am Nachmittag Geschützreinigen, Arbeitsdienst oder Zeugflicken.«[3] Hinzu kam noch das sogenannte Rollenexerzieren. Eine »Rolle« war eine Art detaillierter Ablaufplan für ein bestimmtes Szenario. Am wichtigsten war die Klarschiffrolle, die jedem Mann an Bord seinen Platz im Gefecht zuwies. Alle Rollen mussten laut Dienstordnung regelmäßig von der gesamten Mannschaft durchexerziert werden.

Was an sich durchaus sinnvoll und notwendig war, verkam während des Krieges allerdings, wie Stumpf berichtet, nicht selten zum reinen Selbstzweck. »Am vergangenen Freitag wußte der R[ollen] O[ffizier] wirklich nimmer, womit er die Leute den Tag über beschäftigen sollte. Reinschiff machen? Das geht nicht mehr, seit es keine Seife mehr gibt. Geschütze reinigen? Auch das findet die Woche über nur noch zweimal statt, weil schon lange mit dem Verbrauch von Putzwolle, Schmirgel, Öl und dergleichen aufs äußerste gespart werden muß. So mußte auch diesmal der Lückenbüßer aushelfen, der für solche Fälle wie geschaffen ist, das sogenannte Rollenexerzieren. Der Trick vons janze ist sehr einfach. Es wird z. B. bei der Feuerlösch- oder Schotten-Dicht-Ordnung eine Kleinigkeit geändert, dies wird dann in großem Vortrage erläutert, und dann drei bis acht Nachmittage hintereinander exerziert, dann nochmal was geändert u.s.f. Auf solche Weise wird hier die Zeit totgeschlagen.«[4]

Ein weiteres wichtiges Element des Bordalltags war der Wachdienst. Umfangreiche Sicherheitsvorkehrungen und andauernde Wachsamkeit waren an Bord eines Kriegsschiffes unumgänglich. Die Besatzung wurde dazu in mehrere Gruppen unterteilt – in der Regel waren sie identisch mit den Divisionen –, die sich regelmäßig ablösten. Auf See wechselte die Wache gewöhnlich alle vier Stunden, im Hafen waren auch 12- oder sogar 24-Stunden-Wachen möglich. Bei Gefahr im Verzug konnte dieses System jederzeit außer Kraft gesetzt und »Kriegswache« angeordnet werden. Dann teilte sich die Besatzung in zwei sich alle vier Stunden abwechselnde Hälften, von denen eine die Gefechtsstationen besetzte, bereit zur Abwehr feindlicher Angriffe, während die andere zwar frei hatte, sich aber dennoch in ständiger Bereitschaft halten musste. An Schlaf war unter diesen Umständen kaum zu denken.

Besonders strapaziös war der Wachdienst in der Anfangsphase des Krieges, als man auf beiden Seiten der Nordsee noch täglich mit einem gegnerischen Angriff rechnete und die Liegeplätze der Schiffe noch nicht ausreichend gegen U-Boot-Attacken geschützt waren. Ein englischer Offizier berichtete, dass er auf Wache ständig auf und ab gegangen sei, um nicht einzuschlafen – ohne Erfolg: »Ich hätte es nie für möglich gehalten, dass man im Laufen einschlafen kann, aber es geht wirklich.«[5] Andere banden sich mit Seilen an der Reling fest, um nicht vor Müdigkeit umzufallen. Kapitänleutnant Reinhold Knobloch empfand es als einen »unsagbaren Stumpfsinn, jeden Tag ca. 8 Stunden in das graue Jadewasser zu dösen«, und klagte: »Bei dem ewigen Kriegswachegehen bei Tag und Nacht merkt man doch, wie Nerven und Gesundheit allmählich leiden.«[6]

Eine willkommene Abwechslung vom täglichen Einerlei versprachen die Fahr- und Schießübungen der Flotte, die zur »Vervollkommnung der Gefechtsbereitschaft« (so der deutsche Flottenchef in seinem Tagesbefehl vom 14. August 1914) regelmäßig stattfanden. Zumal dafür auf deutscher Seite gerne die vergleichsweise gut geschützte Kieler Bucht genutzt wurde und man dem eher unbeliebten »Schlicktown«, wie die Seeleute Wilhelmshaven nannten, für einige Tage den Rücken kehren konnte. Die Royal Navy absolvierte ihre Übungen meist im Pentland Firth, der Meerenge zwischen dem schottischen Festland und den Orkney-Inseln.

Schnelligkeit und Präzision beim Laden, Richten und Abfeuern der Geschütze wurden ebenso intensiv trainiert wie das Fahren der Schiffe im Verband und in wechselnden Gefechtsformationen, das sogenannte Evolutionieren. Übungen dieser Art gehörten seit vielen Jahren zum Standardrepertoire der Flotten. Trotzdem erschien selbst die hundertste Wiederholung eines bestimmten Wendemanövers mitunter sinnvoller als die unvermeidliche Alternative: untätig im Hafen zu liegen. Das sah, zu seiner eigenen Verwunderung, auch Admiral Hipper so. »Merkwürdig, dieses Evolutionieren, das einem im Frieden zum Halse heraushing, macht einem jetzt Spaß. Man wird eben bescheiden in seinen Ansprüchen.«[7]

So bescheiden, dass die seltenen Gelegenheiten, wenn die Flotte einmal die geschützten Seegebiete verließ, um einen Vorstoß in die offene Nordsee zu unternehmen, geradezu begeistert begrüßt wurden. Auch wenn man wusste, dass dies in den meisten Fällen nur geschah, um, wie Kapitän z. S. Adolf von Trotha süffisant feststellte, »einmal die Gäule aus dem Stall zu bringen«.[8] Trotzdem war bei Kapitänleutnant Schweinitz, der Anfang 1915 sein ersehntes Bordkommando erhalten hatte und zum Navigationsoffizier des Kleinen Kreuzers *Rostock* ernannt worden war, die Freude groß, als er mit seinem neuen Schiff von einer Fahrt zur Kontrolle des Handelsverkehrs vor Skagen zurückkehrte. »Aber wenn wir auch nichts ausgerichtet haben, so war es doch eine herrliche Seefahrt, die Navigation kommt ja immer auf ihre Kosten. Das Gefühl, einmal frei losgelassen zu sein, ist so befriedigend, daß jetzt eine ganz andere Stimmung bei uns ist. Uns werden Aufgaben gestellt, man hat einen guten Untersatz unter den Füßen, weiß, daß man eine gute Stellung hat. Was will man mehr?«[9]

Auf See drohten gleichwohl unablässig Gefahren, sei es durch Minen, U-Boote oder das plötzliche Auftauchen gegnerischer Schiffe, so dass man keine Sekunde unaufmerksam sein durfte. Hinzu kam noch das oft »dicke« Wetter, für das die Nordsee bei Seeleuten berüchtigt ist. Gerade kleinere Schiffe und Boote, die den Naturgewalten nicht so viel entgegenzusetzen hatten wie die mächtigen Dreadnoughts, litten beträchtlich unter Regen, Sturm und meterhohen Wellen.

Der britische Zerstörerkommandant Lennon Goldsmith beschrieb in einem Brief an seinen Vater das harte Los seiner Einheit auf See: »Wir haben eine fürchterliche Zeit, wobei die Befehlshaber selbstverständlich den Großteil der Sorgen und Belastungen hinzunehmen haben – und die häufigen Wechsel in der Führung dieser Flottille zeigen wohl vor allem, wie Menschen unter den strengen Launen der Natur einknicken! Gestern war eine typische Situation. Ich stand praktisch die ganze Zeit von 3 Uhr morgens bis 22 Uhr abends auf der Brücke und wurde von einem dieser schier endlosen Orkane durchgeblasen, durchnässt und übergossen; ich verließ meine Position steif, unter Schmerzen und vollkommen erschöpft.«[10] An Essen, Waschen oder Schlafen war nicht zu denken, wenn ein Schiff oder Boot sich bis zu 40 Grad auf die Seite neigte und man sich die Ohren zustopfen musste, weil das Heulen des Windes so unerträglich laut war. Ganz zu schweigen davon, dass dann auch alle Räume unter Wasser standen und die Männer manchmal tagelang kein trockenes Stück Kleidung am Leib trugen.

Sobald ein Schiff in den Hafen zurückkehrte, musste es als Erstes seine Brennstoffvorräte ergänzen, um so schnell wie möglich wieder einsatzbereit zu sein. Das war eine ungemein harte und schmutzige Arbeit, denn während zumindest die neuesten englischen Schlachtschiffe mit Öl angetrieben wurden, heizte die deutsche Flotte ihre Kessel während des Ersten Weltkriegs noch immer fast ausschließlich mit Kohlen. Ein Linienschiff wie die *Helgoland* verbrauchte bei normaler Fahrt mehrere hundert Tonnen pro Tag, insgesamt fassten ihre Bunker rund 3200 Tonnen Kohle. Gewaltige Massen mussten bewegt werden, um sie zu füllen. Die Männer arbeiteten oft bis zur völligen Erschöpfung. Um die Plackerei erträglicher zu machen, ließen viele Kommandanten die Bordkapelle spielen und sorgten dafür, dass die Matrosen und Heizer nach getaner Arbeit ein besonders gutes Essen erhielten. An Bord der *Gneisenau* durften sie sich sogar maskieren. »Kleidungsstücke, die zu anderem Zweck nicht mehr getragen werden konnten, kamen dabei zum Vorschein, und man liebte es, sich etwas theatralisch auszustatten. Die spaßigsten Gestalten traten auf. Ein alter Frack war hervorgeholt oder eine Phantasieuniform von der letzten Linientaufe. Ein Hut ohne Deckel, kunstvoll geschwungene Vatermörder oder ein Ordensband auf der Brust vervollständigten den Anzug. Meist erschienen solche Komiker sehr fein aufgetakelt und halfen der allgemeinen Fröhlichkeit, wenn sie auch bei der Arbeit schnell sich entblätterten.«[11]

Je länger der Krieg dauerte, desto sparsamer musste die Marine mit dem kostbaren Brennstoff umgehen. Auch die Munition begann knapp zu werden. Hinzu kamen ständige Probleme mit den technischen Anlagen der Schiffe. Die Maschinen waren durch den Dauerbetrieb höchsten Belastungen ausgesetzt und bedurften regelmäßiger Überholung. Immer seltener verließen deshalb die Schiffe den Hafen für Fahr- und Schießübungen oder Vorstöße in die offene Nordsee. Im Juli 1915 beschrieb Admiral Pohl, der deutsche Flottenchef, diese missliche Lage in einem Brief an seine Frau: »Ich wollte heute einen Vorstoß machen, um endlich wieder einmal die Schiffe in Bewegung zu setzen und womöglich an den Feind heranzukommen; da versagten wieder 4 Schiffe zu gleicher Zeit mit Maschinendefekten … Es ist geradezu zum Verzweifeln, daß immer so viele Schiffe reparaturbedürftig sind und ich so in meinem Tun behindert werde. Ich muß raus, sobald ich nur kann. Es ist eine ganz schreckliche Stellung, ich möchte so gern etwas erreichen und kann es nicht. Alle Führer an Land haben Erfolge, jetzt wieder Hindenburg und Gallwitz, und ich sitze dahier und kann nicht; dabei muß ich meine Leute damit vertrösten, daß unsere Zeit noch kommt.«[12]

Nur wenige Seeleute waren auch während der häufigen Ruhepausen ihrer Schiffe noch so beschäftigt wie Vizeadmiral Souchon, der seiner Frau gegenüber klagte: »Immer Krieg, Krieg, Krieg, der ja sein muß. Aber ich hätte auch gerne etwas mehr Zeit für mich, um anderes zu treiben.«[13] Den weitaus meisten Offizieren und Mannschaften blieb eine Menge Zeit, »um anderes zu treiben«. Diese Zeit sinnvoll zu nutzen, war jedoch nicht immer einfach, sie gar zu genießen, nicht jedem möglich.

An Bord war Lesen zweifellos eine der Hauptbeschäftigungen. Hippers Stabschef Erich Raeder etwa nutzte seine Mußestunden, um »Schillers Werke noch einmal systematisch durchzulesen«.[14] Viele Schiffe besaßen sogar eigene Bibliotheken. Auch Schallplatten und Filme standen zur Unterhaltung der Seeleute zur Verfügung. So hatte beispielsweise die *Helgoland* seit Ende 1915 einen Kinematographen an Bord. Kamen die Filme für das Bordkino zunächst aus dem Ausland, aus Frankreich, Italien, Dänemark oder den Vereinigten Staaten, sorgte das neue staatliche »Bild- und Filmamt« (Bufa) bald auch für geeignete heimische Produktionen. Viel gezielter als die Deutschen, die in dieser Hinsicht aber rasch dazulernten, nutzten die Briten das noch junge Medium Film als Propagandainstrument und führten den Schiffsbesatzungen einschlägige Produktionen wie ›Britain Prepared‹ oder ›The Battle of the Somme‹ vor. Die Bilder vom grausamen Stellungskrieg in den Schützengräben Flanderns oder Frankreichs beeindruckten viele Marinesoldaten weit stärker, als ihre eigenen spärlichen Kriegserlebnisse das vermochten.

Zentrum des gesellschaftlichen Lebens der Offiziere an Bord war die Messe. Dort wurde gegessen, getrunken, gefeiert, diskutiert und gespielt. Neben Billard und Pingpong erfreuten sich Schach, Bridge, Halma und Backgammon großer Beliebtheit, auf deutscher Seite auch Mühle, Dame, Puff und, natürlich, Skat. »Der furchtbare Doppelkopf hat glücklicherweise etwas aufgehört.«[15] Während die deutschen Offiziere in ihren Messen am liebsten unter sich blieben, luden die Briten gerne ihre Kameraden von anderen Schiffen ein. Das ging so weit, dass man, wie Fregattenkapitän Edward Roynon-Jones, der 35 Jahre alte Navigationsoffizier des Schlachtkreuzers *Tiger*, manchmal einen ganzen Tag von einem Schiff zum nächsten sprang. »Erst besuchte ich die *Princess Royal*, dann war ich zum Mittagessen auf der *Lion* und danach zum Tee auf der *New Zealand*. Nach dem Abendessen haben wir Bridge gespielt.«[16]

Die Atmosphäre in den englischen Offiziermessen – größere Schiffe verfügten zusätzlich über separate Smoking-rooms – erinnerte eher an einen vornehmen Londoner Club als an ein Kriegsschiff. »Bei Kaffee und Zigarren saß man gemütlich am Kamin und sprach über frühere Ereignisse und Tagesfragen«; zum Dinner spielte meist die Bordkapelle auf.[17] Dieser schöne Brauch wurde auch auf Konteradmiral Hippers Flaggschiff *Seydlitz* gepflegt. Die Musik seiner Stabskapelle gehörte für Hipper zum »Besten, was ich an Bord an Erholung finde«. Am liebsten mochte er Wagner. Als er das Schiff einmal für längere Zeit verlassen musste, war seine größte Sorge, dass ihm sein Stellvertreter (der nach Hippers Ansicht keine Ahnung von Musik hatte) in der Zwischenzeit die Kapelle »versauen« würde.[18]

Leutnant Stephen King-Hall beschlich angesichts von so viel Behaglichkeit zuweilen ein etwas merkwürdiges Gefühl. »Heute abend musste ich an den außerordentlichen Kontrast in einem modernen Krieg denken, und vielleicht ganz besonders in einem modernen Seekrieg«, notierte er in seinem Tagebuch. »Was mich dazu veranlasste, waren die Gedanken, die mir durch den Kopf gingen, als ich mich vor einer halben Stunde in der Messe umblickte. Wir hatten gerade das Abendessen beendet, und wir waren auf See. Auch wenn wir nicht gerade im Luxus schwelgen, musste ich doch daran denken, wie gemütlich alles aussah. Tulpen auf dem Tisch, schönes weißes Tischtuch, ein Dutzend oder mehr Offiziere, die rauchten, Wein und Kaffee tranken, alles schön erleuchtet von elektrischen Lampen mit gelben Seidenschirmen. Und doch waren wir, bei allem Komfort, draußen um unseren Job zu tun, Gott sei Dank.«[19]

Deck- und Unteroffiziere hatten weder in der britischen noch in der deutschen Marine Zutritt zu den Räumlichkeiten der Seeoffiziere. In der Royal Navy waren immerhin die Marineingenieure zugelassen, in Deutschland mussten auch sie eigene Messen unterhalten. Für die Mannschaften gab es Kantinen.

Wer das Alleinsein der Gesellschaft seiner Kameraden vorzog, dem boten sich an Bord kaum Rückzugsräume. Das war umso weniger der Fall, je niedriger man in der militärischen Hierarchie stand. Während der Kommandant auf einem Großkampfschiff etwa ein Viertel der zur Verfügung stehenden Wohnfläche für sich beanspruchte – an Bord des Schlachtkreuzers *Derfflinger* standen ihm außer einer geräumigen Schlafkammer mit Baderaum auch noch ein großes Arbeitszimmer und ein Salon »groß genug, um etwa vierzig Personen mit Bequemlichkeit zu Tisch zu setzen«, zur Verfügung –,[20] waren die mehr als tausend Mann Besatzung deutlich bescheidener untergebracht. Unteroffiziere und Mannschaften aßen und schliefen in großen Sälen im vorderen Teil des Schiffes. In langen Reihen hingen dort nachts die Hängematten so dicht nebeneinander, dass von

Privatsphäre nicht einmal ansatzweise die Rede sein konnte. Die Luft war unventiliert und ungesund, im Sommer waren Hitze und Feuchtigkeit unter Deck kaum zu ertragen, Tuberkulose war unter den Seeleuten weit verbreitet.

Noch deutlich karger als auf den großen Schiffen lebte man auf einem Minensucher, Zerstörer oder U-Boot. In den U-Booten herrschte eine geradezu klaustrophobische Enge. Kapitänleutnant Weddigens *U 9* zum Beispiel besaß einen Durchmesser von gerade einmal 3,65 Metern. Hunderte von Reglern, Ventilen, Hebeln und Schaltern schränkten zusätzlich die Bewegungsfreiheit ein. Am schlimmsten aber, darin stimmten alle U-Boot-Fahrer des Ersten Weltkriegs überein, war der Gestank. Ein schwerer Dunst von Diesel vermischte sich mit dem Geruch von Batteriesäure und fauligem Seewasser, das bei jedem Öffnen der Einstiegsluke nach innen schwappte. Hinzu kamen das Erbrochene seekranker Matrosen, Essensreste und Fäkalien, die beim Versuch, sie mittels eines komplizierten Mechanismus aus den behelfsmäßigen Toiletten nach draußen zu pumpen, oft genug zurück ins Innere des Bootes spritzten – »getting your own back«, nannten das die Engländer. Als Weddigens Erster Wachoffizier, Kapitänleutnant Johannes Spiess, zum ersten Mal das Klosett von *U 9* sah, verstand er sofort, »warum mir mein Vorgänger empfahl, bei längeren Fahrten stets Opium zu nehmen«.[21]

Nur unzureichend konnte die verbrauchte Luft mit Hilfe von Kalipatronen gereinigt werden. Blieb ein Boot längere Zeit unter Wasser, wurde irgendwann der Sauerstoff so knapp, dass kein Streichholz mehr brannte. »Nach 15 Stunden etwa fängt es an, ungemütlich zu werden. Die Lunge arbeitet schwer, und eine große Müdigkeit befällt den Menschen. Man wird gleichgültig und muß alle Energie zusammenraffen, um wach und aufmerksam zu bleiben.«[22]

Da neben der sauberen Luft auch der Frischwasser-Vorrat äußerst begrenzt war, wuschen sich die Männer manchmal eine Woche oder länger nicht, die Kleidung zu wechseln kam ebenfalls nicht in Frage. Kein Wunder also, dass ein britischer U-Boot-Offizier, der nach 14 Tagen Patrouillenfahrt in den Hafen zurückkehrte, eine gründliche Körperpflege als den »größten Genuss meines Lebens« beschrieb: »Sich so schwarz von Abgasen, fettverschmiert, unbehaglich und müde in ein heißes Bad zu legen, immer wieder frisches Wasser nachlaufen zu lassen und durchzuweichen, bis der ganze

Dreck und die Müdigkeit aus einem herausgeströmt waren – das war nur eine Stufe vom reinen Himmel entfernt.«[23]

Auf vielen Booten besaß nur der Kommandant eine eigene Koje, alle anderen teilten sich zu zweit oder zu dritt einen Schlafplatz, den sie abwechselnd benutzten. Da von der nackten Stahlhülle des Bootes unablässig Kondenswasser herabtropfte, deckten die Matrosen sich beim Schlafen gerne mit Regenmänteln oder gummierten Seekarten zu. Die Koje des Wachoffiziers an Bord von *U9* war zudem so schmal, dass Spiess nur seitlich und mit angewinkelten Beinen darin liegen konnte. Und während für die Offiziere auf den Großkampfschiffen zum Essen die Kapelle spielte, liefen auf einem U-Boot ständig schmutzverschmierte Matrosen durch die »Messe«, die nicht mehr war als ein Klapptisch in der Mitte des Raumes.

An Bord eines U-Boots waren schlicht kein Platz und keine Zeit für allzu viele Förmlichkeiten, gab es keine starre Hierarchie wie auf einem Großkampfschiff. Die gemeinsam ertragenen Strapazen schweißten Offiziere und Mannschaften dafür stärker zusammen, als es das Leben an Bord der Dreadnoughts je vermocht hätte. »Auf U 62 sind wir wie eine Familie und das Boot ist unsere Mutter«, schrieb Kapitänleutnant Ernst Hashagen, der Kommandant des Bootes, nach dem Krieg. »Wenn ich in die Gesichter meiner Leute sah, fühlte ich mich stark und sicher. Sie kämpften für mich und ich für sie.«[24]

Den meisten Schlachtschiff-Offizieren lag eine solche Einstellung fern. Sie sahen in den Matrosen und Heizern in erster Linie Untergebene und Befehlsempfänger, die in der militärischen und sozialen Rangordnung so weit unter ihnen standen, dass es praktisch keine Berührungspunkte gab. Vor allem in der deutschen Flotte sollte diese tiefe Kluft zwischen »oben« und »unten« noch zu einem großen Problem werden. In der Royal Navy dagegen erkannte man früher und besser, wie wichtig ein gemeinsames Band zwischen Vorgesetzten und Untergebenen für die Stimmung und Leistungsbereitschaft der Besatzungen war, mochte es auch noch so lose geknüpft sein. Von Vorteil war dabei, dass, so groß ansonsten die Unterschiede auch dort waren, Offiziere und Mannschaften in Großbritannien wenigstens eine gemeinsame Leidenschaft teilten, nämlich die für Sport und Spiel.

Sport war ein elementarer Bestandteil der britischen Erziehung und Kultur, das Motto »to play the game« geradezu ein Leitbild des viktorianischen Zeitalters. Viele Briten hatten es so sehr verinnerlicht, dass sie sogar im Krieg selbst eine Fortsetzung des sportlichen Spiels mit anderen Mitteln sahen. »For war by any other name, is just another British game«, hieß es in einem populären patriotischen Lied.[25] Nicht von ungefähr meldeten sich ganze Fußballmannschaften geschlossen zum Fronteinsatz. »In England«, stellte ein russischer Offizier fest, der zur *Grand Fleet* abkommandiert worden war, »nahm man zu Turf, Theater, Fußball und Boxen eine ebenso ernsthafte Stellung ein wie zum Krieg.« Die Flotte, so schrieb er weiter, sei in dieser Hinsicht »ein typischer Vertreter für ihr Land«.[26]

Regelmäßig fanden in Scapa Flow Ruderregatten, Boxkämpfe und andere Sportwettbewerbe statt. Die Offiziere spielten am liebsten Deck-Hockey, Pingpong oder Badminton, Admiral Jellicoe trainierte mit einem Medizinball. »Ich habe mir zwar schon einen Finger und ein Knie verstaucht, aber es hält einen so fit, wie es nur geht.«[27] Auf der kleinen Insel Flotta entstand außerdem ein 18-Loch-Golfplatz, der schnell zu einer großen Attraktion wurde. »Jeden Nachmittag, wenn es das Wetter und die Umstände erlaubten, stellten sich jede Menge Offiziere, von Sir John Jellicoe bis zum jüngsten Rotzlöffel, in einer Schlange am ersten Abschlag an.«[28]

Die Mannschaften verbrachten ebenfalls einen Großteil ihrer freien Zeit auf Flotta, wo sie ihre Kräfte beim Rugby, Boxen und vor allem beim Fußball maßen. »Die Regierung«, so noch einmal der russische Offizier, »hatte einen Teil der Insel Flotta gepachtet, und dort wurden Fußballplätze für die Mannschaft und ein Stand für Teeservierung eingerichtet, welcher später durch eine von der Vereinigung christlicher junger Männer eingerichtete Kantine ersetzt wurde. War das Wetter schön, kämpften Fußballmannschaften verschiedener Schiffe dort gegeneinander, und bei schlechtem Wetter beschäftigten sie sich mit der Ausbesserung der Plätze.«[29] Es gab, ganz wie zu Hause, Ligen und eine jährlich ausgetragene Meisterschaft, den Gewinnern winkten Geld- und Sachpreise. Der Zuspruch, den die Sportveranstaltungen fanden, war enorm. So sahen das Finale der *Grand Fleet Box Championship* nicht weniger als 10 000 Zuschauer.

Während in der englischen Flotte jede freie Minute für sportliche Aktivitäten genutzt wurde, nahmen sich die deutschen Bemühungen in dieser Hinsicht ziemlich bescheiden aus. Erst im Spätsommer 1915 begann man damit, ähnliche Wettkämpfe auf den deutschen Kriegsschiffen zu organisieren, und auch dann offenbar eher widerwillig. »Jetzt sollen wir Sportfeste feiern, ich soll die Sache arrangieren. Man hat jetzt verdammt wenig Lust zu solchem Kinderkram«, notierte Kapitänleutnant Knobloch in seinem Tagebuch.[30] Der Matrose Richard Stumpf resümierte im Herbst 1916 über ein auf der *Helgoland* veranstaltetes Sportfest: »Es waren viele Preise ausgesetzt, trotzdem waren das Interesse und die Beteiligung kläglich.«[31]

Warum das so war, offenbart ein Blick in das »Kompendium der Standes- und Berufspflichten des deutschen Offiziers«. Dort heißt es, Sport solle vor allem dazu dienen, »den Körper an die Ertragung großer Anstrengungen zu gewöhnen«, um dadurch zur »zähen und lang anhaltenden geistigen und körperlichen Spannung« fähig zu sein.[32] Mit anderen Worten: Die Deutschen waren schlicht noch nicht so weit, im Sport auch ein Spiel zu sehen, das Spaß machen und Freude bereiten konnte. Für sie war Sport, wie von der Turnbewegung des 19. Jahrhunderts propagiert, in erster Linie ein Mittel zur körperlichen Ertüchtigung und Abhärtung. Entsprechend öde und phantasielos gingen sie an die Sache heran. Stets standen Drill und Disziplin im Vordergrund, auch an Land, wo der körperlichen Ertüchtigung hauptsächlich durch Geländemärsche und auf dem Exerzierplatz Rechnung getragen wurde. »Damit will man«, wetterte Stumpf, »uns eine Zerstreuung bieten, indem man uns in geschlossenen Reihen ein Stück am Damm hin und her führt. Oder auf dem Exerzierplatz im Dreck liegen läßt. Ich bin gewiß nicht gegen solche körperliche Übungen, sie sind sogar recht gesund, wenn sie in vernünftiger zweckmäßiger Weise durchgeführt werden. Unsere Kameraden liegen wohl auch draußen im Dreck bei Sturm und Wetter, aber die wissen wenigstens, warum. Wir aber nicht!!«[33]

Die Lust am Spiel, die die Briten den Deutschen voraushatten, führte auch dazu, dass vor allem im tristen Scapa Flow, wo wenig anderes den Geist ablenkte, Offiziere und Mannschaften sich zu Theater- und Gesangsgruppen, sogenannten *concert parties*, zusammenschlossen. Mit viel Liebe zum Detail studierten sie Sketche, Pantomimen, Revuen, Theaterstücke und Konzerte ein. Die Besatzung von HMS *Warspite* inszenierte einmal sogar eine komplette Oper, von der es hieß: »Das war die beste Show, die es jemals auf einem Schiff gegeben hat.«[34] Stil und Ton der Darbietungen lehnten sich eng an die Kultur der damals in England ungemein populären Music halls an, in denen in einer Mischung aus Cabaret und Musical alle möglichen Themen aus Politik und Gesellschaft aufgegriffen und soziale Missstände ironisch-spöttisch angeprangert wurden.

Fanden die Vorstellungen anfangs noch ausschließlich an Bord der einzelnen Schiffe selbst statt, zum Teil auf eigens für diesen Zweck gebauten Bühnen, wurde aufgrund der großen Nachfrage im Herbst 1915 der Versorgungsdampfer *Gourkho* zu einem schwimmenden Theater mit mehreren hundert Sitzplätzen umgebaut. Alle in Scapa Flow stationierten Schiffe konnten dort Termine für ihre Aufführungen buchen. Auch Gottesdienste, Kinovorführungen und Boxkämpfe fanden auf der *Gourkho* statt. Der Dampfer verfügte nicht nur über eine große Bühne mit Vorhang, sondern auch über einen ansehnlichen Fundus an Kulissen, Kostümen und Musikinstrumenten. Oft gab es für die Besucher sogar gedruckte Programme der verschiedenen Vorstellungen. Der Zuspruch war außerordentlich groß, das Schiff oft auf Wochen im Voraus reserviert. Admiral Jellicoe hatte einen eigenen Sessel in der ersten Reihe.

Ein Offizier berichtete von der Aufführung einer Pantomime, die von nicht weniger als 800 Offizieren besucht wurde, darunter auch viele Kommandanten und Admirale. Im Anschluss gab es dann noch eine gesonderte Vorstellung für die Mannschaften: »Das war ein noch besseres Publikum zum Herumblödeln, denn ihre Lacher waren spontan und ungehemmt. Sie haben an Stellen gelacht, an denen die Offiziere ernst blieben, und umgekehrt.«[35]

Wie wichtig diese Form der Freizeitbeschäftigung gerade für die in der Abgeschiedenheit der Orkney-Inseln stationierten Besatzungen der *Grand Fleet* war, zeigte sich im Frühjahr 1916, als das Theaterschiff von Scapa Flow ins Mittelmeer verlegt werden sollte. Admiral Jellicoe protestierte vehement gegen diesen Plan. In einem langen Brief an den Zweiten Seelord, Admiral Sir Frederick Hamilton, zählte der britische Flottenchef alle Vorteile auf, die die schwimmende Bühne seinen Männern bot. Darin heißt es unter anderem: »Es mag wie eine Kleinigkeit erscheinen, doch ich versichere Ihnen, dass ich mir große Sorgen darum gemacht habe, wie ich die Männer zufrieden und bei guter Laune halten kann, und die *Gourkho* ist in dieser Hinsicht eine wertvolle Hilfe. Wenn Sie sie wegnehmen, prophezeie ich viele Übel, Glücksspiel, Sittenlosigkeit, Streiks etc. etc. Sie wissen besser als die meisten anderen Menschen, wie leicht man von einer glücklichen Flotte zu einer gelangweilten und unzufriedenen Flotte werden kann.«[36]

Jellicoe hatte begriffen, dass er den Offizieren und Mannschaften die Gelegenheit geben musste, sich in ihrer Freizeit eine Art Gegenwelt zur Eintönigkeit des Kriegsalltags zu erschaffen. Vielleicht war ihm sogar bewusst, was Historiker inzwischen durch zahlreiche Beispiele belegt haben: dass es bei der Gestaltung dieser Gegenwelt für die Soldaten stets auch darum ging, an die normalen Lebensbezüge zu erinnern, von denen der Krieg sie getrennt hatte. Die *Grand Fleet* holte sich mit ihren Sport-, Musik- und Theaterveranstaltungen also auch ein Stück Heimat in die Einöde von Scapa Flow.

In der deutschen Flotte hingegen gab es keine Fußballturniere, Boxmeisterschaften oder Theatergruppen. Da die Schiffe ihre heimatlichen Häfen erst gar nicht verlassen hatten, mussten Offiziere und Mannschaften die vertraute Umgebung auch nicht auf diese Weise neu konstruieren. In Wilhelmshaven und Kiel fanden sie Angebote in Hülle und Fülle, um sich die Zeit zu vertreiben. Sie brauchten bloß zuzugreifen. Dabei waren die Offiziere, die über mehr Geld und dienstfreie Zeit verfügten als die einfachen Matrosen, klar im Vorteil. Sie konnten fechten, Golf, Tennis oder Hockey spielen, mit dem Pferd ausreiten oder ins Offizierkasino gehen. Auch Gaststätten, Weinstuben und Cafés, Tanz- und Konzertveranstaltungen, Theater und Kinos luden die zu einem Besuch ein, die es sich leisten konnten.

Für die Matrosen und Heizer gab es in Kiel und Wilhelmshaven Seemannshäuser, in denen hin und wieder auch Unterhaltungsabende und Musikveranstaltungen stattfanden, doch sahen die Männer diese Etablissements eher als eine Art Diensteinrichtung an und mieden sie deshalb. Etwas besser angesehen waren die den Seemannshäusern angeschlossenen Marineheime. Das Kieler Marineheim besaß fünf Zimmer, »in denen sich Klavier, Harmonium, eine gute Bücherei und viele Zeitschriften und Zeitungen befinden. Ferner ist dort – auch unentgeltlich – Schreibgelegenheit vorhanden. Das Heim steht mit dem christlichen Verein junger Männer in Verbindung, wodurch für gesellige und bildende Unterhaltung gesorgt ist. Gutes und billiges Essen gibt es auch im Hause, Alkohol ist ausgeschlossen.«[37]

Stürzte man sich ins Treiben der Städte, war der Kontrast zum Leben an Bord mitunter so groß, dass man, wie Kapitänleutnant

Knobloch seinem Tagebuch anvertraute, »zunächst von dem Straßenleben ganz benommen [ist]« und »es einem ganz schwindlig werden [kann]«.[38] Mitunter regte sich auch das schlechte Gewissen. So wie an jenem verregneten Sonntagnachmittag im November 1915, als Knobloch zusammen mit einem seiner Kameraden zunächst ein klassisches Konzert in der Aula der Kieler Universität besuchte (»Es war mir sehr anregend«), und die beiden anschließend noch zum Essen in ein Restaurant gingen. »Alles dick besetzt von Seeoffizieren, die zum Teil mit ihren Frauen hier schlemmten. Man hat jetzt kein angenehmes Gefühl, daß es unsereinem so gut geht, während draußen unsere Kameraden sterben und verderben. Man merkt hier allzuwenig vom Kriege. Auch im Café Uhlmann saß alles dicht gedrängt voll und amüsierte sich, schleckerte Süßigkeiten, las Witzblätter und machte freundliche Augen.«[39]

Was Knobloch an jenem Nachmittag in Kiel erlebte, war durchaus nichts Ungewöhnliches. Diejenigen in Deutschland, die es sich leisten konnten, vermochten den Krieg, der ja nicht im eigenen Land stattfand, weitgehend aus ihrem Leben auszublenden. Noch im Juli 1918 hieß es in einem Bericht des I. Stellvertretenden Generalkommandos in Berlin: »Die Vergnügungsstätten aller Art sind überfüllt, gerade die besseren Plätze tagelang vorausbestellt. Vor den Kassenschaltern stehen mehrfach am Tage lange Reihen. Die Züge nach den Ostseebädern sind trotz erhöhter Fahrpreise voll besetzt.«[40] Auch hochrangige Seeoffiziere wie Konteradmiral Hipper und Vizeadmiral Scheer fuhren regelmäßig zur Kur, etwa nach Bad Ems oder nach Bad Kissingen, um sich dort von den Anstrengungen des Kriegshandwerks zu erholen. Adolf von Trotha, der das Ehepaar Scheer im Juni 1918 in der Sommerfrische in Bad Kissingen besuchte, konnte seiner Frau berichten: »Es geht den Leuten da nicht schlecht. Viel Droschken mit dick gefütterten Gäulen. Auch Kirchenglocken scheinen sie gehamstert zu haben. Aber gräßlich elegante Menschen und viel Juden.«[41]

Angesichts der Enge und eingeschränkten Bewegungsfreiheit an Bord der Schiffe überrascht es nicht, dass viele Seeleute an Land zu passionierten Spaziergängern wurden. Kapitänleutnant Schweinitz etwa unternahm regelmäßig ausgedehnte Streifzüge durch die Natur, die für ihn auch eine willkommene Gelegenheit darstellten, dem dauernden Zusammensein mit anderen Menschen für einige Stunden zu entfliehen. »Wanderte durch die einsame Gegend – das ist meine Erholung, mein Kraftquell. Jede Gesellschaft stört mich, ich schüttele sie ab, niemand darf mich begleiten. Diese paar Stunden will ich frei und allein sein. Einsamkeit und unmittelbare Berührung mit der Natur, nicht sprechen zu brauchen, so fürbaß gehen, wie mirs paßt – das ist das einzige Stück Freiheit, das mir geblieben ist. Daran halte ich fest, das soll mir keiner nehmen. Nach Rückkehr wunschlos glücklich.«[42]

Nicht selten wurden die Spaziergänge zu Tagesausflügen in die nähere Umgebung von Wilhelmshaven oder Kiel ausgedehnt. Ging es weiter weg, fuhr man mit dem Fahrrad, der Bahn oder dem Auto. Man befand sich meist in der Gesellschaft von Gleichgestellten; auch in der Freizeit spielten Rangunterschiede in der deutschen Marine eine wichtige Rolle. Eine Szene, wie sie Vizeadmiral Souchon in einem Brief an seine Frau beschreibt, war so sicher nur unter den besonderen Umständen vorstellbar, unter denen die deutschen Seeleute in der Türkei lebten. Zusammen mit einer Gruppe von Offizieren und Fähnrichen war Souchon an einem herrlichen Sommertag zu einem Ausflug an einen besonders schönen Badestrand an der türkischen Küste aufgebrochen. Dort angekommen, begann ein wahrhaft ausgelassenes Treiben. »Wir jagten uns im Sand und Wasser, führten Reiterkämpfe auf, bauten Pyramiden, frühstückten im Sande im Badeanzug lagernd (alles reichlich sandig). Ich habe die jüngeren Offiziere in meiner Gesellschaft nie so übersprudeln sehen vor Lebensfreude.«[43]

Ansonsten vertrieb Souchon sich seine freie Zeit am liebsten bei der Jagd. Dieses Hobby teilte er mit seinem Crewkameraden Hipper, einem auch laut dienstlicher Beurteilung »passionierten Jäger«. Über seine waidmännischen Erfolge führte Hipper genauestens Buch. »Am Nachmittag Jagdfahrt mit von Krosigk und Schultz nach Westerloy. Herrlicher Tag. Ich schoß 1 Hasen, 1 Fasanenhenne und 1 Huhn, Krosigk 1 Hasen, Schultz 1 Hasen und 1 Huhn. Es war ganz famos und hat mir endlich wieder mal meinen Körper ein bißchen durchgearbeitet. Es war aber auch höchst notwendig. Man wird ja sonst ganz steif.«[44]

Dass die deutsche Flotte während des Krieges ihre gewohnten Stützpunkte beibehielt, führte auch dazu, dass sich zumindest im Privatleben der Offiziere, die schon länger in Wilhelmshaven oder Kiel ansässig waren, nur wenig änderte. So konnte Kapitänleutnant Ernst von Weizsäcker, der mit Frau und Kindern in der Wilhelmshavener Holtermannstraße wohnte, sich auch im Krieg fast jeden Tag darauf freuen, »wenn ich nach Hause komme zum Turnen mit dem Buben [gemeint ist der Sohn Carl-Friedrich, der spätere Physiker und Philosoph] und Spiel mit der Familie«.[45] Eine der wenigen Einschränkungen, die er in Kauf nehmen musste, war, dass hin und wieder seine Frau Marianne »jetzt den Sonntagsbraten allein essen [muß]«, weil die Schiffe in erhöhter Bereitschaft lagen und Weizsäcker nicht von Bord durfte.[46]

Die Erfahrung des Herausgerissenwerdens aus einer gewohnten Lebenswelt, die lange Trennung von Familie und Freunden, eigentlich typisch für Soldaten im Krieg, blieb ihm wie den meisten anderen Offizieren der Hochseeflotte erspart. Selbst am Bosporus erhielten die Offiziere schließlich die Möglichkeit, ihre Frauen auf dem Landweg nach Konstantinopel nachkommen zu lassen. »So wie die Lage für uns hier jetzt günstig geworden ist«, erklärte Vizeadmiral Souchon, »so halte ich es für unbedenklich, daß jetzt Damen herauskommen von Offizieren, die hier fast wie im Frieden ihren Dienst tun.«[47]

Doch auch ein unverheirateter Offizier wie Hermann von Schweinitz, der »eine schöne Wohnung in der Roonstraße [in Wilhelmshaven] gefunden« und dafür »meine alte im Niemannsweg [in Kiel] gekündigt« hatte, wusste es zu schätzen, dass er auf diese Weise dem Bordleben regelmäßig entfliehen konnte. »Ein herrliches Gefühl, wieder in der eigenen Wohnung zu sein. Ein gutes Buch zum Lesen, ein Glas Wein und eine gute Cigarre – mehr verlange ich heute abend nicht.«[48] Ein anderer Junggeselle, Schweinitz' Schiffskamerad Reinhold Knobloch, fand nach längerem Suchen ebenfalls eine recht komfortable Bleibe in Wilhelmshaven, ganz in der Nähe der Weizsäckers. Er hoffe, notierte er in seinem Tagebuch, dort »bessere Ruhe und Erholung während der Hafentage zu haben«.[49] Wann immer es sich einrichten ließ, schlief Knobloch nun an Land; lediglich im bitterkalten Winter 1916/17 blieb er wieder häufiger über Nacht an Bord, da wegen der Kohlenknappheit in Deutschland sein Landquartier nicht mehr ordentlich beheizt war.

Die Zeit zu Hause verbrachte Knobloch für gewöhnlich mit dem Schreiben von Briefen, seinem Tagebuch, Rauchen, Lesen und Schlafen. Als die kaiserliche Flotte am Tag nach der Seeschlacht vor dem Skagerrak wieder in Wilhelmshaven einlief, eilte der völlig erschöpfte Artillerieoffizier des in der Schlacht gesunkenen Kleinen

Kreuzers *Rostock* sogleich in seine Wohnung, um ein langes, heißes Bad zu nehmen. Anschließend ruhte er sich auf dem Sofa aus – gerade so, als genieße er nach einem anstrengenden Arbeitstag den wohlverdienten Feierabend. Ein anderes Mal nutzte Knobloch den Abend nach der Rückkehr von einem Vorstoß der Flotte zum Bearbeiten von Steuererklärungen und Rechnungen.

Während die Offiziere so lange an Land bleiben durften, wie sie wollten (auch wenn sie jederzeit damit rechnen mussten, an Bord zurückgerufen zu werden), hatten dienstfreie Matrosen und Heizer sich spätestens um 21 Uhr auf ihren Schiffen zurückzumelden. Ihnen war es strikt untersagt, an Land zu übernachten, es sei denn, sie hatten Urlaub. Jedem Besatzungsmitglied standen zehn Urlaubstage pro Jahr zu, die aber nur gewährt wurden, wenn ein Schiff zur Reparatur oder Wartung in die Werft musste, und auch dann nicht immer.

Bei den Offizieren wurde das weniger streng gehandhabt. Sie erhielten ein bis zwei Mal im Jahr für jeweils etwa ein bis zwei Wochen Urlaub. Manchmal aber auch deutlich länger. Konteradmiral Hipper, der seine freien Tage gerne auf der Pirsch verbrachte, hatte allein im Jahr 1915 nicht weniger als fünfmal Urlaub, jeweils zwischen vier und acht Tage lang. Im November 1916 schickte er seine Schlachtkreuzer unter dem Kommando seines Stellvertreters zu Übungen in die Ostsee, da er selbst noch zur Jagd fahren wollte. Er kam dann eine Woche später nach. Und im darauffolgenden Frühjahr ärgerte er sich darüber, dass durch einen geplanten Vorstoß der Flotte sein Vorhaben, zur Auerhahnjagd nach Österreich zu fahren, »schmählich in's Wasser gefallen« sei.[50] Da er stark unter Ischias und Gicht litt, fuhr Hipper daneben auch häufig zur Kur, so jeweils im Herbst 1916 und 1917 für anderthalb Monate nach Bad Kissingen und in den Harz. Noch im September 1918, kurz vor Kriegsende, als wegen der allgemeinen Kohlenknappheit kaum noch Reiseverkehr stattfand, brach Hipper, inzwischen Flottenchef, zu einem mehrwöchigen Aufenthalt in Bad Kissingen auf – mit seinem eigenen Salonwagen: »Mein Vorgänger hat das so schön eingerichtet, ich sehe nicht ein, warum ich das aufgeben soll.«[51]

Vizeadmiral Souchon, der selbst nicht freimachen wollte (»Von Urlaub nehmen kann für mich während des Krieges natürlich keine Rede sein, zumal ich gesund bin wie der Fisch im Wasser«),[52] schickte im Sommer 1915 einen Offizier, dessen »Spannkraft sehr nachgelassen hat«, vom Bosporus nach Deutschland, damit er mal für »14 Tage auf seinem Gut in der Uckermark nach dem Rechten sehen kann«.[53] Einem anderen bewilligte er nicht weniger als 45 Tage Erholungsurlaub in der Heimat. Das stand durchaus im Einklang mit den Bestimmungen: Erkrankte Offiziere erhielten außer ihrem regulären Urlaub zusätzlichen Sonderurlaub bis zu einer Länge von sechs Monaten pro Jahr. Zu viel, wie der Matrose Stumpf monierte: »Der zweite Artillerieoffizier, der im Gefecht die ganze Mittelartillerie zu leiten hat, erhielt 16 (sechzehn) Wochen Urlaub, angeblich zur Wiederherstellung seiner Gesundheit. Während dieser Zeit übernahm eben ein Leutnant seine ›Arbeit‹ mit, und nirgends wirkte sein Fehlen irgendwo hemmend oder störend. Ich glaube, viele hatten schon vergessen, daß es einmal einen extra II. A.O. gab.«[54]

Bei dem von Stumpf erwähnten Artillerieoffizier handelte es sich höchstwahrscheinlich um Kapitänleutnant Walter Zaeschmar. In seinem Tagebuch gibt Zaeschmar unumwunden zu, dass er sich mit fingierten Krankschreibungen dafür »rächen« wollte, mehrmals bei Beförderungen übergangen worden zu sein: »Zunächst gehe ich 4 Wochen nach Pyrmont zur Nervenkur, dann werden wir weiter sehen.«[55] Weitere zwei Wochen verbrachte er anschließend zu Hause in Burg bei Magdeburg. Sein Plan, sich für dienstunfähig erklären zu lassen, um überhaupt nicht mehr auf die *Helgoland* zurückzumüssen, schlug allerdings fehl. »Die Schuld liegt beim Arzt, der ein törichtes Zeugnis ausgestellt hat. Nun sitze ich wieder an Bord des Linienschiffes als W[ach] O[ffizier].«[56] Immerhin konnte er sich bis Kriegsende noch über diverse Wochen Urlaub freuen, den er meist in München zubrachte. »Man lebt dort noch am besten.«[57]

Zaeschmar war nicht der Einzige, der auf diese Weise den Krieg für sich vorzeitig zu beenden trachtete. Wie Kapitän z. S. Adolf von Trotha seiner Frau mitteilte, gab es »viele Offiziere, die schließlich ohne schwer krank zu sein pensioniert werden. Man macht da im Allgemeinen keine besonderen Umstände. Immerhin gehört dazu, daß ein ärztliches Attest vorliegt und die Bescheinigung des Vorgesetzten, daß der Betreffende danach dienstunfähig ist.«[58] Nicht jeder verfügte offenbar über ein so ausgeprägtes Pflichtbewusstsein wie Konteradmiral Albert Hopman, der Befehlshaber der Aufklärungsstreitkräfte der Ostsee. Als ihm sein Vorgesetzter im Oktober

1915 nahelegte, doch auch einmal ein paar Wochen Urlaub zu nehmen, notierte er in seinem Tagebuch: »Mir kommt es merkwürdig vor, ohne krank zu sein, jetzt auf Urlaub zu gehen. Werde mir Sache noch überlegen.«[59]

Es liegt auf der Hand, dass für die Marineoffiziere Urlaub, zumal wenn er so großzügig vergeben wurde, nicht den gleichen Stellenwert gehabt haben kann, wie das bei den Frontsoldaten in Frankreich und Flandern der Fall war. Was jene tatsächlich nur im (Heimat-)Urlaub zu finden vermochten – einmal wieder in einem richtigen Bett zu schlafen, etwas Anständiges zu essen oder Frau und Kinder zu sehen –, gehörte in Wilhelmshaven und Kiel praktisch zum Alltag. Wie privilegiert die deutschen Offiziere in dieser Hinsicht waren, macht auch ein Blick auf die andere Seite der Nordsee deutlich.

Zumindest die Offiziere der *Grand Fleet* fristeten ein eher karges Dasein. In Scapa Flow bot das Ufer so wenig Verlockendes, dass viele Seeleute ihre Schiffe nur selten verließen. Wer es dennoch tat, dem blieb wenig mehr, als sich seine freie Zeit mit Spaziergängen, Angeln oder der Jagd auf Hasen und Möwen zu vertreiben. »Anscheinend muss man, wenn man keine Hunnen töten kann, eben Vögel töten«, stellte Kapitänleutnant John McLeod lakonisch fest, der einen der *Grand Fleet* zugeteilten Zerstörer kommandierte.[60] Einige Offiziere betätigten sich auch als Schrebergärtner und bauten auf der kleinen Insel Fara Kartoffeln und Gemüse an. Andere zog es nach Kirkwall, der Hauptstadt der Orkney-Inseln mit damals etwa 4000 Einwohnern. Etwas näher am Stützpunkt der Flotte lag der Ort Stromness, der vor allem wegen seines Golfplatzes ein beliebtes Ziel war.

Wer an Land ging, gleich ob Offizier oder Matrose, durfte sich in der Regel nur so weit von seinem Schiff entfernen, dass er innerhalb von vier Stunden wieder zurück an Bord gelangen konnte. Nach Einbruch der Dunkelheit war der Aufenthalt an Land grundsätzlich verboten. Im Herbst und Winter, wenn es bereits am frühen Nachmittag dämmerte und die Stürme regelmäßig Orkanstärke erreichten, bestand manchmal für mehrere Tage überhaupt keine Verbindung zum Ufer.

Aus militärischer Sicht hatte all das den großen Vorteil, dass sich die im hohen Norden Schottlands stationierten Schiffe und Verbände voll auf ihre Kriegsaufgaben konzentrieren konnten, während die deutschen Seeleute – wie nach dem Krieg eingewandt wurde – »allzu eng mit Familie, Anhang und Zivilbevölkerung zusammenlebten; auf die Länge der Zeit entstand hierdurch eine nicht gering einzuschätzende seelische Belastung, die in Scapa Flow nicht in Erscheinung treten konnte«.[61]

Für die Betroffenen selbst machte es den jahrelangen Aufenthalt in der öden und unwirtlichen Umgebung von Scapa Flow nur schwer erträglich. Oder wie Leutnant Oswald Frewen von HMS *Comus* es ausdrückte: »Tatsache ist, dass ich müde bin – Kriegsmüde, Scapamüde, müde immer wieder dieselbe verdammte alte Höllenqual grauer, grauer, grauer, grauer Himmel, graues Meer, graues Schiff sehen zu müssen. Ich könnte wirklich einen Schuss Mittelmeer gebrauchen – oder, noch tausend mal besser: einen Monat Urlaub.«[62]

Um wenigstens für etwas Abwechslung zu sorgen, wurden seit Anfang 1915 die verschiedenen in Scapa Flow stationierten Geschwader der *Grand Fleet* in regelmäßigen Abständen für einige Wochen in das südlicher gelegene Cromarty an der schottischen Ostküste geschickt. Das Auslaufen in Richtung Cromarty war, wie der bereits erwähnte russische Offizier berichtete, »immer ein Fest für die Mannschaft und auch für die Offiziermesse«.[63] Das nahe Cromarty gelegene Invergordon mit seinen Kinos und Golfplätzen war zwar beileibe keine Großstadt, aber doch um einiges attraktiver als das von der Zivilisation mehr oder weniger abgeschnittene Kirkwall. Auch die Anwesenheit von Frauen war gestattet; gelegentlich durften sie sogar zum Essen an Bord kommen.

Viele Offiziere holten gleich ihre ganze Familie nach Cromarty. Infolge der großen Nachfrage waren jedoch »sogar gänzlich kümmerliche Zimmer so teuer, daß nur wenige vom Glück Begünstigte sich einen solchen Luxus leisten konnten«.[64] Zu diesen Glücklichen gehörte auch Roger Keyes, der ehemalige Chef der britischen U-Boote, der im Sommer 1916 das Kommando über das in Scapa Flow stationierte Schlachtschiff HMS *Centurion* übernahm. Keyes mietete in der Nähe von Cromarty ein Haus, in das seine Frau zusammen mit »drei Kindern, sieben Bediensteten, zwei Dutzend Hühnern, zwei Kinderwagen und ungefähr zwei Tonnen Gepäck« einzog.[65] Wann immer die *Centurion* in Cromarty lag, konnte Keyes nun bei seiner Familie wohnen. Auch Admiral Jellicoe hatte ein Haus in Cromarty gemietet.

Am ehesten vergleichbar mit der Situation der deutschen Offiziere und Mannschaften waren die Lebensbedingungen der von Vizeadmiral David Beatty kommandierten britischen Schlachtkreuzerflotte. Im Dezember 1914 waren die Schlachtkreuzer aus der *Grand Fleet* ausgegliedert und im Firth of Forth bei Rosyth stationiert worden. Von einer Abgeschiedenheit, wie sie in Scapa Flow und zum Teil auch in Cromarty herrschte, war hier unten im Süden Schottlands nichts zu spüren. Edinburgh, kultureller wie wirtschaftlicher Mittelpunkt des Landes, war nur wenige Meilen entfernt, und da die Nachmittage in Rosyth für gewöhnlich dienstfrei waren, hatten zumindest die Offiziere fast täglich Gelegenheit für einen Besuch *downtown*. Ob Restaurants, Kinos, Theater oder ein Bummel über die berühmte Princes Street: Möglichkeiten, sich seine Zeit zu vertreiben, gab es ähnlich viele wie in Wilhelmshaven und Kiel. Fregattenkapitän Edward Roynon-Jones besuchte Museen, den Zoo, eine Whisky-Destillerie, nahm seinen Lunch und Tee im Caledonian Hotel ein und sah sich im King's Theatre ›Madame Butterfly‹ an. Leutnant Stephen King-Hall schrieb sich zum Klavierunterricht am College of Music ein.

Dagegen verbrachten Matrosen und Heizer ihre freie Zeit an Land, ähnlich wie ihre Kameraden in Scapa Flow, in erster Linie mit Sport: Fußball, Rugby, Boxen und Laufwettbewerbe standen zur Auswahl, daneben gab es gelegentliche Theateraufführungen und Konzerte. Während die Mannschaften ihre Schiffe nur unter Aufsicht und für begrenzte Zeit verlassen durften, mussten die Offiziere sich lediglich in regelmäßigen Abständen im North British Hotel erkundigen, ob sie an Bord gebraucht wurden. In diesem Fall rief man sich dann rasch ein Taxi, das einen zurück nach Rosyth brachte.

Nicht nur Edinburgh, auch die nähere Umgebung von Rosyth hatte einiges an Attraktionen zu bieten. Sehr beliebt war zum Beispiel der Golfplatz in Dunfermline, das ein kleines Stück nördlich von Rosyth lag und leicht mit dem Zug zu erreichen war. Dort gab es außerdem einen Park, ein türkisches Bad, eine Bücherei und ein Kino. Auch Tennis, Cricket und Rugby konnte man dort spielen. Andere legten sich lieber an den Strand, gingen schwimmen oder unternahmen ausgedehnte Spaziergänge, für Vizeadmiral Beatty »die beste Sache, wenn ich in trüber Stimmung bin, was, wie ich fürchte, in letzter Zeit ziemlich häufig der Fall ist«.[66]

Die weniger Privilegierten in Scapa Flow beobachteten das bunte Treiben rund um Rosyth mit Argwohn. »Das ist eine andere Welt als Scapa«, stellte Oswald Frewen fest. »Die Offiziere gehen jeden Nachmittag nach Edinburgh. Die Ufer des Firth of Forth sind meilenlang gesäumt mit Offiziersfrauen und Fähnrichsmüttern. Sie gehen alle ›nach Hause‹ und jammern dann auch noch, weil die Post anderthalb Tage braucht.«[67] Tatsächlich mieteten viele Offiziere in der Umgebung von Rosyth und Edinburgh Häuser oder Wohnungen für ihre Frauen und Kinder. Beattys Landsitz Aberdour House, sechs Meilen von Rosyth entfernt auf einer grünen Anhöhe gelegen, besaß sogar einen eigenen Tennisplatz. Umso mehr bedauerte der Admiral, dass, wie er selbst überschlug, seine umfangreichen Verpflichtungen ihm nicht mehr als vierzehn Stunden Zeit pro Woche ließen, die er dort mit seiner Frau verbringen konnte.[68]

Zwar durften auch die verheirateten britischen Offiziere nur während des Urlaubs zu Hause übernachten. Doch aus der Sicht desjenigen, der seine Familie nur einmal im Jahr sah, war das vermutlich eine leicht zu verschmerzende Einschränkung. Als »die Fleischtöpfe Ägyptens« bezeichnete Frewen deshalb die Verlockungen in und um Edinburgh und kein Verständnis hatte er für die, die scheinbar nichts Besseres zu tun hatten, als regelmäßig diesen Versuchungen zu erliegen: »Ich hasse die Schlachtkreuzer, das sind Pharisäer.«[69]

Stephen King-Hall, der mit der *Southampton* selbst in Rosyth lag, erachtete die Nähe dieses Stützpunktes zur schottischen Metropole ebenfalls als eine »in vieler Hinsicht üble Sache«. Besonders missfiel auch ihm das Verhalten der Schlachtkreuzer-Offiziere, die einen Großteil ihrer Zeit müßig in der Stadt zubrachten. »Unter ihnen gibt es die Tendenz, eher für die Nachmittage zu leben, wenn man an Land gehen kann, anstatt für die Vormittage, wenn mit den Geschützen exerziert wird. Alles in allem kann man sagen, die menschliche Natur bleibt die menschliche Natur, auch auf einem Schlachtkreuzer im Krieg.«[70] Der Gegensatz, der sich so allmählich zwischen der Schlachtflotte in Scapa Flow und der Kreuzerflotte im Firth of Forth entwickelte, konnte erst überwunden werden, als beide Verbände wieder zusammengefasst wurden und von einer gemeinsamen Basis, Rosyth, aus operierten.

Bis es so weit war, hatten es die in Rosyth stationierten Seeleute relativ leicht, sich hin und wieder für einige Stunden oder Tage aus dem Krieg auszuklinken. Ihren Kameraden in Scapa Flow blieb dafür nur die Zeit in Cromarty oder der Urlaub. Die Urlaubsvergabe war ähnlich geregelt wie auf deutscher Seite. Den Mannschaften standen ein bis zwei Wochen im Jahr zu, im Zweifelsfall entschied der Kommandant oder Geschwaderchef. Für die Offiziere gab es keine besondere Regelung, sie erhielten ein- bis zweimal im Jahr bis zu 14 Tage Urlaub, in manchen Fällen aber ebenfalls deutlich mehr. Wie in der deutschen Marine wurden zur Beurlaubung nach Möglichkeit die Werftliegezeiten genutzt. Da viele Schiffe zur Instandsetzung und Überholung ohnehin in die heimatlichen Werften nach Liverpool, Newcastle, Southampton, Portsmouth oder Devonport geschickt wurden, konnte man sich auf diese Weise wenigstens die Mühsal einer langen Reise über Land ersparen; die Fahrt mit dem Zug von Scapa Flow nach London dauerte einschließlich der Überquerung des wegen der heftigen Strömungen gefürchteten Pentland Firth mit der Fähre gute 36 Stunden.

Während andere es kaum erwarten konnten, im Urlaub nach England und damit wieder einmal in die »Zivilisation« zu kommen, war der in Rosyth stationierte Edward Roynon-Jones nicht unglücklich darüber, als sein Schiff, der Schlachtkreuzer *Tiger*, im Frühsommer 1915 zur Überholung nach Cromarty beordert wurde. Von der Kleinstadt Dingwall aus, wohin die Offiziere der *Tiger* mit dem Auto gebracht worden waren, reiste Roynon-Jones direkt weiter an sein eigentliches Ziel, das er sich vorher ausgesucht hatte. »Ich fuhr nach Strathpeffer, weitere 5 Meilen entfernt & bezog ein Zimmer im Highland Hotel. Es ist ein netter kleiner Ort, in einem Tal unterhalb des Ben Wyvis, nahezu 4000 Fuß hoch, mit weiteren Hotels & Pensionen, die nur in den Monaten Juli bis September voll belegt sind. Es gibt ein Heilbad, wo die Leute verschiedenste Arten von Wasser trinken & baden. Golf- und Tennisplätze sind weitere Attraktionen & während der Saison spielt in den Gärten ein Orchester. Am Nachmittag schlief ich.«[71]

Dort, in den schottischen Highlands, spielte Roynon-Jones nun eine Woche lang Golf, Billard und Tennis, ging baden, wanderte durch die Gegend, las Bücher und legte Puzzle. Wie das zu seinem Selbstbild als Berufsoffizier in einem die halbe Welt umspannenden Krieg passte, lässt sich nur erahnen. Der Fregattenkapitän gehörte nicht zu denen, die sich in ihren Briefen und Tagebüchern eingehender mit Fragen wie diesen auseinandersetzten. Er schickte sich in das, was war. Für andere hingegen waren es eben solche Situationen wie Roynon-Jones' stille Tage in den Highlands, die so gar nicht zum Krieg passen wollten und die sie deshalb zum Anlass nahmen, ihre eigene Rolle und die der Marine kritisch zu hinterfragen. Das Ergebnis war, oft genug, Niedergedrücktheit, ja Verzweiflung.

Kapitel V

»Ich wünschte, ich wäre ein Soldat« Selbstzweifel und Sinnkrisen

Jeder Krieg prägt und verändert für immer das Bewusstsein derjenigen, die ihn erleben. Sei es als Soldaten an der Front oder als Zivilisten in der Heimat. Der Erste Weltkrieg, beispiellos in seinem Ausmaß und in seinem Vernichtungspotenzial, tat das ebenfalls. Und zwar in einer Weise, die sich die Zeitgenossen bis dahin überhaupt nicht hatten vorstellen können. Die Bedingungen, die der Krieg schuf, die Zerstörungen, die er anrichtete, das Leid, das er den Menschen zufügte, waren von einer gänzlich neuen Qualität und entzogen sich weitgehend einer Einordnung in vorhandene Wissensbestände und Orientierungsrahmen. Selbst Soldaten, die schon in früheren Kriegen gekämpft hatten – der letzte Waffengang des Deutschen Reiches gegen Frankreich 1870/71 lag mehr als vierzig Jahre zurück –, hätten sich nicht auszumalen vermocht, was ihre Söhne und Enkel in den Schützengräben Flanderns und Frankreichs erwartete. Erst recht nicht konnten das all die jungen Männer, die im August 1914 oft frohen Mutes und mit dem Versprechen: »An Weihnachten sind wir wieder zuhaus!« die Züge an die Front bestiegen, wo dann die »Idee vom erfüllten Tod im großen Krieg fürs Vaterland … die Konfrontation mit dem Granatwerfer« nicht überlebte.[1]

Dass das Erlebte vom Erwarteten abweicht, nicht in das Bild passt, das man sich vom Krieg und der eigenen Rolle darin gemacht hat, das gilt, wenngleich auf andere Art und Weise, auch für die Marine. Auf den ersten Blick befanden die Seeleute sich in einer beneidenswerten Lage: Sie mussten nicht ihre Heimat und ihre Familien verlassen, um in den Krieg zu ziehen, sie mussten nicht ein ums andere Mal ihr Leben aufs Spiel setzen, um ein paar Meter wertloses Gelände zu erobern oder zu verteidigen, sie lebten nicht unter primitivsten Bedingungen in schmutzstarrenden Schützengräben, sie mussten nicht mitansehen, wie Tag für Tag Menschen elend zugrunde gingen. Doch das hieß noch lange nicht, dass damit auch eine erfolgreiche Sinnstiftung verbunden war. Im Gegenteil. Während bei den Armeesoldaten die Extremerfahrungen von Lebensgefahr,

Tod und Verstümmelung buchstäblich das gedankliche Fassungsvermögen überstiegen, war es im Fall der Marine gerade das Nicht-Beteiligtsein am Krieg, das Nicht-kämpfen-Dürfen, das so schwer zu begreifen war und viele Seeleute, allen voran die Offiziere, mit einer tiefen Unzufriedenheit erfüllte.

Die große, entscheidende Seeschlacht, auf die alle gehofft hatten, hatte es nicht gegeben, und das, was stattdessen die Tage füllte, war nicht dazu geeignet, den Tatendrang in der Flotte zu befriedigen. War das erste Kriegshalbjahr noch vergleichsweise ereignisreich verlaufen mit immerhin zwei größeren Gefechten in der Nordsee und verschiedenen Vorstößen der Flotte, bei denen ja zumindest theoretisch jedes Mal die Chance bestand, auf den Gegner zu treffen, wurden die wertvollen Großkampfschiffe nach der Schlacht auf der Doggerbank im Januar 1915 kaum noch in See geschickt. Statt zu kämpfen, hatte die in der Deutschen Bucht eingeschlossene Hochseeflotte sich ebenso wie die in überlegener Position auf den Tag X wartende *Grand Fleet* in Geduld zu üben und dafür zu sorgen, dass Kampfkraft und Einsatzbereitschaft der Schiffe und Besatzungen nicht nachließen. Schon bald bestimmte die übliche, altbekannte Bordroutine mit ihren Rollenexerzitien, Fahr- und Schießübungen sowie dem Gefechts- und Arbeitsdienst den Alltag an Bord. Umso weniger wollte sich in der Flotte das Gefühl einstellen, tatsächlich am Krieg teilzunehmen.

»Es wird scheinbar überhaupt kein Krieg mehr geführt«, beschwerte sich Kapitänleutnant Walter Zaeschmar im Oktober 1914.[2] Wenige Wochen später schrieb er: »In der Nordsee geschieht nichts mehr. Nur die U-Boote sind ständig unterwegs.«[3] Im Februar 1915, nicht lange nach der Doggerbankschlacht, sah er dann »die Marine immer tiefer in ihren Dornröschenschlaf [versinken]. In Ost- und Nordsee geschieht nichts.«[4] Kapitänleutnant Reinhold Knobloch, der die allgemeine Ruhe »unerträglich« fand, begann sich zu fragen: »Wozu haben wir eigentlich die dicken Schiffe?«[5] Seltsam mutete ihn im Herbst 1915 der Anblick der deutschen Dreadnoughts an, die »alle schön ausgerichtet beim Vollmondschein auf Sch[illig]-Reede [liegen]. ... Das hätte niemand gedacht, daß nach 14 Monaten Krieg die deutsche Flotte noch so aussehen würde.«[6]

Für die Offiziere als Angehörige einer zum Krieg erzogenen militärischen Elite war der Umgang mit dieser für sie unerwarteten und buchstäblich »unnatürlichen« Situation alles andere als einfach.

Umso mehr, als die Tatenlosigkeit der Flotte *im* Krieg in so krassem Gegensatz stand zu der herausgehobenen politischen und militärischen Rolle, die sie *vor* dem Krieg gespielt hatte. Auch die gesellschaftliche Stellung und das hohe Sozialprestige des Offizierkorps waren ja im Grunde nichts anderes gewesen als eine Art Vertrauensvorschuss auf noch zu erbringende Leistungen, ein Wechsel auf die Zukunft. Dieser Wechsel wurde nun nicht eingelöst, die Leistungen wurden nicht erbracht. Das empfanden viele Offiziere auch selbst so.

»Meine Stimmung ist weniger gut, da wir noch keine Gelegenheit gehabt haben, etwas zu leisten«, schrieb der auf Hippers Flaggschiff eingesetzte Oberleutnant Heinrich Stenzler seiner Mutter im Oktober 1914. »Mir kommt die *Seydlitz* wie eine Lebensversicherungsanstalt vor.«[7] Als ihm für die Teilnahme an der Beschießung von Hartlepool zwei Monate später das Eiserne Kreuz verliehen wurde, nahm Stenzler die unerwartete Auszeichnung zwar gerne entgegen, konnte sie sich aber nicht recht erklären. »Liebe Mutter, nun kann ich nach dem Kriege wenigstens nach Hause kommen. Ich habe heute das Eiserne Kreuz erhalten und freue mich natürlich sehr darüber. Was ich vor Hartlepool geleistet habe, weiß ich selbst nicht.«[8] Kapitänleutnant Schweinitz, der sich zu Beginn des Krieges so sehr an Bord eines Schiffes gewünscht hatte, kam sich dort am Ende »eingesperrt und geknechtet« vor. »Man lungert so herum, kriecht im Schiff herum. Wie soll man diesen Stumpfsinn aushalten? … Man denkt, daß man etwas Gutes, vielleicht Hervorragendes leisten könnte, weil man das Zeug dazu in sich fühlt. Aber man ist ohnmächtig dagegen. … Die Flotte kann ja doch nichts mehr machen, die ist blockiert von all den Minen. … So sitze ich hier tatenlos herum.«[9]

Am eindringlichsten schildert Kapitänleutnant Reinhold Knobloch die Stimmung im kaiserlichen Seeoffizierkorps: »Man ist Soldat und will an den Feind heran und darf nicht. Warum denn nicht? In aller Ruhe haben allmählich die Engländer beinahe die ganze Nordsee voll Minen geschmissen. Dabei lebt man so faul und bequem. Bekommt Einladungen, ißt und trinkt und schläft und hat doch keinen anderen Gedanken als ›Ran an den Feind‹. Was nützt es, daß wir uns mit eisernen Kreuzen behängen und klug reden. Kämpfen wollen wir! Siegen oder untergehen. … Wir liegen stark und vollgefuttert im Hafen. Wohlbehütet. Donnerwetter, raus wollen wir aus den Löchern, kämpfen, schießen wollen wir. Den Feind vernichten!«[10]

Es dürfte Knobloch kaum getröstet haben, hätte er gewusst, dass dem Chef der britischen Schlachtkreuzerflotte auf der anderen Seite der Nordsee ganz ähnliche Gedanken durch den Kopf gingen. »Manchmal nagt unsere Tatenlosigkeit so sehr an mir, dass ich es kaum ertrage«, schrieb Vizeadmiral David Beatty seiner Frau. »Der größte Krieg aller Zeiten ist im Gange, tagtäglich werden heroische Leistungen vollbracht, (doch) die Träume der Vergangenheit, von Ehre und großen Taten, werden niedergemacht und ihre Erfüllung erweist sich als Ding der Unmöglichkeit. Das Land ist in einer solchen Notlage, der Geist so willig, und doch sind wir dazu verdammt, nichts zu tun, nichts zu bewirken & tagein tagaus herumzusitzen, an Plänen zu arbeiten, die nie zur Ausführung kommen, mit Feder und Papier nach Kräften bemüht, die Admiralität mit der Möglichkeit zu beeindrucken, etwas tun zu können.«[11]

Die Tatsache, dass das Leben an Bord und an Land trotz des Krieges größtenteils in seinen gewohnten, altbekannten Bahnen weiterlief, wurde vor diesem Hintergrund nicht als Erleichterung empfunden, sondern verstärkte noch die Unzufriedenheit. Der tägliche Dienst erschien als »Stumpfsinn«, das Bereitliegen der Schiffe auf Vorposten in gefechtsbereitem Zustand als »Periode der Tretmühle und Abstumpfung – Man kann nicht fahren, schießen, nicht spazierengehen. Man ist wie ein eingekerkertes Raubtier«.[12] Auch die regelmäßigen Fahr- und Schießübungen waren kein Ersatz für den Anspruch, mit dem die kraftstrotzenden Stahlkolosse gebaut worden waren, und konnten auf Dauer auch niemanden darüber hinwegtrösten, dass das eigentliche Ziel allen Übens und Bereithaltens – die Seeschlacht – scheinbar doch nie erreicht wurde. »Es ist zum Verzweifeln. Man exerziert, schießt und übt und kommt nicht an den Feind. Und das in dem riesigen Weltkrieg, der jetzt bereits über 1 Jahr dauert.«[13]

Auch die vielen freien Stunden, die die Offiziere in der Messe, zu Hause oder in den Theatern und Gasthäusern der Hafenstädte verbrachten, bekamen einen faden Beigeschmack. Sie passten noch weniger als alles andere zu dem Bild eines Soldaten im Krieg. »Man hat«, stellte Knobloch fest, »keinen Sinn für schöngeistigen Genuß, man hat keinen Sinn für Vergnügungen und Zerstreuungen. Das Kriegsfieber jagt im Blute. Man will teilhaben an den großen Taten dieser Zeit. Verdammt zu sein zu untätigem Liegen und Warten ist gerade jetzt furchtbar schwer und niederdrückend. Mein einziger

Wunsch, meine einzige Sehnsucht geht nach einem Gefecht, nach Betätigung.«[14]

Während Knobloch häufig sein Tagebuch dazu nutzte, um sich den Missmut, der ihn ob der eigenen Untätigkeit erfasste, von der Seele zu schreiben, hielten viele andere das lange Warten, den Zustand ständiger Bereitschaft und gespannter Erwartung, irgendwann einfach nicht mehr aus. »Nachrichten von Nervenanspannung der Offiziere der Flotte werden immer häufiger«, berichtete Knobloch im Februar 1915. »Zahlreiche Fälle von Weinkrämpfen, Größenwahnsinn.«[15] Auch höchste Offiziere blieben nicht verschont. Konteradmiral Hipper, der im Dezember 1914 von sich selbst gesagt hatte, seine Nerven seien »entsetzlich herunter«, sah mit Schrecken, wie wenig später Vizeadmiral Wilhelm von Lans, der Chef des I. Geschwaders, nach einem Nervenzusammenbruch von seinem Posten abberufen wurde. »Auch sonst sind schon verschiedene Herren wegen Nervenzusammenbruch ausgestiegen. Ich wundere mich nur, daß ich, der ich doch am meisten bisher zu leisten hatte, immer noch aushalte.«[16]

Ein ähnliches Schicksal wie Lans ereilte den Kommandanten des zusammen mit der *Goeben* in türkische Dienste übernommenen Kleinen Kreuzers *Breslau*, Kapitän z. S. Paul Kettner. Obwohl – oder vielleicht gerade weil – Kettner am Bosporus so weit entfernt war von der trüben Stimmung in der Nordsee, verschlechterte sich sein Gesundheitszustand so weit, dass Vizeadmiral Souchon sich gezwungen sah, ihn nach Hause zu schicken. »Der arme Kerl schläft nicht mehr und macht in zunehmendem Maße seine Untergebenen nervös. Da geht es natürlich nicht mehr, obgleich ich ihn sehr ungern ziehen lasse. Er ist ein famoser Mensch und hat bisher bewundernswert gegen seine nervöse Veranlagung angekämpft.«[17]

Weil auch er unter Schlafstörungen litt und ihn »jede schlagende Flaggleine, jeder Schritt an Deck über der Kajüte« störte, suchte schließlich auch Hipper einen Spezialisten für Nervenleiden auf. Für einen kaiserlichen Seeoffizier, der gelernt hatte, niemals Schwäche zu zeigen, war das sicher kein einfacher Gang. Voller Bangen erwartete Hipper die Diagnose des Arztes – sie war zu seiner großen Erleichterung negativ.[18]

Die eingehende Beschäftigung mit »Nerven« und »Nervosität« war nicht bloß eine Marotte frustrierter kaiserlicher Seeoffiziere. Die Nervenschwäche oder Neurasthenie, die alle möglichen Symptome wie Erschöpfung, Ermüdung, Angstzustände oder Reizbarkeit umfasste, war vielmehr eine Art Modekrankheit des ausgehenden 19. und beginnenden 20. Jahrhunderts. Ebenso en vogue, zumal in den gehobenen Gesellschaftsschichten, war ihre Bekämpfung mittels ausgiebiger Heilkuren. Auch in der Kaiserlichen Marine war das Phänomen schon seit längerem bekannt. Nicht ohne Grund hatte Kaiser Wilhelm II. sich bereits einige Jahre vor dem Krieg dazu veranlasst gesehen, seine Seeoffiziere daran zu erinnern, ihre Nerven zu schonen. »Der nächste Krieg und die nächste Seeschlacht«, mahnte der Monarch, »fordern gesunde Nerven von Ihnen. Durch Nerven wird er entschieden.«[19]

Nervosität, schreibt der Historiker Joachim Radkau, entsteht vor allem dann, »wenn ein gewohntes Tempo verändert wird oder mehrere Geschwindigkeiten einander überlagern«.[20] Während es jedoch vor 1914 eher die Tatsache gewesen sein dürfte, dass bestimmte Entwicklungen wie die Entstehung der Flotte im Zuge des Tirpitz-Plans oder der technische Fortschritt im Kriegsschiffbau zu schnell abgelaufen waren und dadurch die Betroffenen überfordert hatten, war jetzt genau das Gegenteil der Fall. Nun war es der schleppende, quälend langsame und weitgehend ereignislose Verlauf des Seekrieges, der die Gemüter belastete. Der nach dem Krieg zusammengestellte offizielle »Kriegssanitätsbericht über die Deutsche Marine« verzeichnete insgesamt 2278 Fälle von Hysterie sowie 5296 Fälle von Neurasthenie, mehr als 120 Seeleute hatten versucht, sich umzubringen.[21]

Für die englische Flotte liegen keine Zahlen vor, doch hatte sie zweifellos mit ähnlichen Problemen zu kämpfen. Als Leutnant James Colvill das Schiff eines Offiziers übernahm, der nach einem »nervous breakdown« dauerhaft dienstunfähig geworden war, schrieb er nur: »Wir wissen alle, was das bedeutet.«[22] Auch Kapitänleutnant John McLeod klagte: »Dieses Schatten-Kämpfen geht mir auf die Nerven. Hier ist der tollste Krieg, den die Welt je gesehen hat, und ich mache nicht mit.« Später litt er monatelang unter Taubheit und Haarausfall, laut ärztlicher Diagnose ein Zeichen dafür, dass er nur knapp einem Nervenzusammenbruch entgangen war.[23]

Keine angemessene Aufgabe zu haben, nicht kämpfen zu dürfen, nicht beweisen zu können, wozu man die milliardenteuren Flotten eigentlich brauchte: das alles war für die Beteiligten schwer zu ertragen und ging ihnen im Wortsinne »auf die Nerven«. Dennoch wäre es wohl um einiges einfacher gewesen, sich mit diesem Schicksal abzufinden, wenn es nicht gleichzeitig so viele andere gegeben hätte, deren Beispiel die Leistung der Flotte noch kümmerlicher erscheinen ließ, als sie es nach Ansicht vieler Seeleute ohnehin schon war.

Besonders schwer hatten es in dieser Hinsicht die traditionsbewussten Briten. Sie mussten sich nicht nur den Vergleich mit den Helden der Gegenwart, den Soldaten in den Schützengräben, gefallen lassen, sondern auch den mit den Heroen längst vergangener Zeiten. Anders als die noch junge deutsche Flotte blickte die Royal Navy zurück auf eine lange Reihe historischer Vorbilder, an deren legendäre Taten anzuknüpfen sie sich verpflichtet fühlte.

Den Spitzenplatz im maritimen Pantheon der Briten nahm und nimmt bis heute Admiral Lord Horatio Nelson ein, der Sieger von Trafalgar, dem es am 21. Oktober 1805 gelungen war, in der wohl berühmtesten Seeschlacht aller Zeiten die vereinigten Flotten Frankreichs und Spaniens zu vernichten. Diese kühne Tat hatte mit einem Schlag alle Hoffnungen Napoleons auf eine Invasion der britischen Inseln zerstört und zugleich der Royal Navy für viele Jahrzehnte die Herrschaft über die Weltmeere gesichert. Der Admiral selbst bezahlte seinen Triumph mit dem Leben und trug durch seinen heroischen Tod in der Schlacht nicht unwesentlich zur rasch einsetzenden Legendenbildung bei. Oft übersehen wurde von vielen seiner späteren Bewunderer, dass auch Nelson einen langen Atem gebraucht hatte, ehe sich ihm nach Jahren des Abwartens und Beobachtens endlich die Chance zum entscheidenden Schlag bot.

Für Generationen britischer Seeoffiziere wurde der Mythos von Trafalgar zu einer Art Fixstern am Firmament einer bis ins Mittelalter zurückreichenden maritimen Tradition, und gewiss nicht wenige träumten davon, einmal etwas Ähnliches vollbringen zu dürfen. Doch ausgerechnet in dem Moment, da viele mit dem Ausbruch des Ersten Weltkrieges endlich den Augenblick gekommen wähnten, sich als würdige Nachfolger Nelsons zu zeigen, schien die Royal Navy außerstande, ihrer ruhmreichen Geschichte ein weiteres glanzvolles Kapitel hinzuzufügen. Denn die unabdingbare Voraussetzung dafür war, wie schon 1805, nicht etwa die Einkesselung des Gegners aus sicherer Entfernung, sondern seine vollständige Vernichtung. Oder hätte sich etwa, so mochten sich manche gefragt haben, die Statue Nelsons noch mehr als hundert Jahre nach seinem großen Sieg mitten in London stolze 45 Meter hoch in den Himmel erhoben, wenn der Admiral sich darauf beschränkt hätte, seine Feinde so lange in Schach zu halten, bis der Krieg an anderer Stelle entschieden worden wäre? Wohl kaum.

»Nichts weniger als die vollständige Vernichtung kann oder darf uns zufriedenstellen«, schrieb Vizeadmiral David Beatty an Winston Churchill und brachte damit auf den Punkt, was alle dachten.[24] Später bekräftigte Beatty diese Ansicht noch einmal gegenüber dem britischen Premierminister Herbert Asquith. »Sie [die Marineoffiziere] verlangen danach, so wie auch die gesamte Nation danach verlangt, dass, wenn wir kämpfen, das Ergebnis kriegsentscheidend und endgültig ist.«[25] Beatty war auch sicher nicht der Einzige, der sich angesichts der Passivität der *Grand Fleet* mehr als einmal die Frage stellte, was wohl der große Ahnherr der britischen Flotte von all dem gehalten hätte. »Ich frage mich oft, was Nelson darüber gedacht hätte. In seinem Heldenmut hätte er sich zu diesem Zeitpunkt bereits in Ungeduld verzehrt.«[26] Die Navy, daran kann kein Zweifel bestehen, war »von ihrer Vergangenheit hypnotisiert«, wie es der amerikanische Marinehistoriker Arthur Marder einmal ausgedrückt hat.[27]

Dabei musste man gar nicht unbedingt in die Vergangenheit blicken, um zu sehen, wie »richtig« Krieg geführt wurde: Die Soldaten der Landarmee, der *British Expeditionary Force*, demonstrierten es Tag für Tag auf den Schlachtfeldern Flanderns und Frankreichs. Verglichen mit dem, was sie durchmachten, das musste man sich in der Flotte eingestehen, war der Seekrieg ein Kinderspiel. »... die Marine zieht im Vergleich zu unserer beherzten Armee recht luxuriös in den Krieg. Man vergleiche nur ihre Stunden in den Schützengräben, im Regen, auf der Erde liegend, die Märsche etc. mit uns. Wir sind zwar lange Stunden auf See, aber wir laufen ein, um Kohle zu laden, und das bedeutet in der Regel 24 Stunden Ruhen und Reinigung. Unser Essen ist so gut wie in Friedenszeiten, wir haben ein Piano, eine bequeme, gut beleuchtete und warme Messe, mit Büchern, Zeitschriften, Zeitungen, eine Kabine, zwar nur mit dem Nötigsten, aber eben eine Kabine mit einer Koje.«[28]

Trotzdem oder gerade deshalb wünschten sich viele Offiziere, das für ihren Geschmack allzu friedfertige Dasein bei der Marine gegen einen Posten bei der Armee eintauschen zu können. »Ich wünschte, ich wäre ein Soldat in diesen Tagen. An Bord ist es höchst langweilig«, schrieb John McLeod im August 1914 an seine Mutter.[29] Er hoffte darauf, dass mit der Vernichtung der deutschen Flotte der Seekrieg bald beendet sein werde und er sich dann freiwillig zur Armee melden könne. Die Vorstellung, er könne, während seine Brüder an der Westfront kämpften, der Einzige in der Familie bleiben, »der nicht mittendrin war«, erschien ihm geradezu unerträglich. Auch David Beatty äußerte in der Anfangsphase des Krieges wiederholt den Wunsch, Soldat auf dem Kontinent zu sein. »Ich würde alles dafür geben, dort zu sein, und würde meine Schlachtkreuzer aufgeben, wenn ich dafür ein Kavallerie-Regiment kommandieren könnte.«[30] Den Einwand seiner Frau, er solle doch froh sein, nicht in einem schlammigen Schützengraben irgendwo in Frankreich liegen zu müssen, ließ er nicht gelten: »Es ist zweifelsohne töricht, aber kannst du das hoffnungslose Gefühl der Nutzlosigkeit nicht verstehen, das mich von Zeit zu Zeit überfällt, wenn wir tagein tagaus nichts tun, während so viele andere so vieles tun?«[31] An seinen Freund Roger Keyes schrieb Beatty: »Aber wenn man von den glorreichen Taten liest, die unsere Armee vollbringt, würde ich auf der Stelle das Schlachtkreuzer-Geschwader aufgeben, um ein Kavallerie-Regiment oder auch nur eine Schwadron zu kommandieren. Das ist Ketzerei, aber sie ist da, tief in mir.«[32]

Dabei litt Keyes, als Kommandeur der britischen U-Boot-Flotte einer der aktivsten Seeoffiziere überhaupt, fast noch stärker als Beatty unter dem Gefühl, nicht annähernd das Gleiche zu leisten wie die Armee. Nachdem er seiner Frau bereits im Oktober 1914 gestanden hatte: »Ich würde alles dafür geben, ein Soldat zu sein, bis die Flotte endlich herauskommt«,[33] machte er sich zwei Monate später in einem Anfall von Verzweiflung heftige Vorwürfe, den falschen Beruf oder doch zumindest die falsche Waffengattung gewählt zu haben. Man hätte, so meinte er, vorher wissen können, dass im Krieg die Armee die Hauptarbeit leisten müsse und die Marine nur gelegentlich zum Einsatz komme. »Diese Untätigkeit macht mich ganz krank! Ich glaube, das nächste Mal, wenn ich in diese Welt komme, werde ich ein Soldat sein – es war dumm von mir, darüber nicht nachzudenken, bevor ich mich entschloss, in die Marine einzutreten. Die Geschichte zeigt doch ganz deutlich, wie es um dieses Thema bestellt ist. Soldaten kämpfen fast jeden einzelnen Tag eines Krieges. Seemänner höchstens einmal im Jahr, wenn sie Glück haben. Das Schlimmste daran ist, dass man sich so jung für die Marine entscheiden muss, wenn man wahrscheinlich noch nicht genug von der Geschichte weiß, und jene 6 Bände der ›Geschichte der Marine‹ von James – (in meinem Zimmer) –, in denen ich zu dieser Zeit lebte, waren irreführend; sie sind angefüllt mit großen und kleinen Schlachten, aber diese erstrecken sich über 30 oder 40 Jahre.«[34]

Kurz nach der Seeschlacht auf der Doggerbank war Keyes' Sinnkrise dann fürs Erste beendet, denn zu seiner großen Überraschung wurde er zum Stabschef für die gemeinsame Operation von Heer und Flotte zur Eroberung der Dardanellen ernannt. »Ich habe mich noch nie zuvor in meinem Leben so froh und zuversichtlich gefühlt. Das wird eine großartige Sache werden.«[35] Doch wie sich zeigen sollte, bot auch der vermeintlich beste Job in der Royal Navy keine Garantie für Zufriedenheit: Ein gutes halbes Jahr später war das Dardanellen-Unternehmen kläglich gescheitert, und Keyes blickte einer ungewissen Zukunft entgegen. Wieder spielte er mit dem Gedanken, den Dienst zu quittieren und sich zur Armee zu melden, dann aber bewarb er sich doch lieber um das Kommando für ein Linienschiff in der Nordsee, das er, auf HMS *Centurion*, schließlich auch bekam.

Indem Keyes sich auf einen in seinen Augen attraktiveren Dienstposten versetzen ließ, schien er zwei Probleme auf einmal lösen zu können: Er wäre endlich imstande, einen eigenen Kriegsbeitrag zu leisten, ohne den Armeesoldaten noch länger nachstehen zu müssen, und bliebe dabei zugleich der Waffengattung verbunden, für die er sich ursprünglich entschieden hatte. Das war, bei aller Bewunderung für die *British Expeditionary Force*, die Strategie, die viele der Unzufriedenen am Ende wählten; kaum einer ging tatsächlich zur Armee. Besonders begehrt waren stattdessen die vielseitig verwendbaren sogenannten Monitore, Kriegsschiffe für den Einsatz in seichten Küstengewässern und auf Flüssen, und die Zerstörer, daneben aber auch die schnellen und wendigen Leichten Kreuzer, da sie oft zu Aufklärungszwecken in See geschickt wurden und bei einem Gefecht zusammen mit den schweren Schlachtkreuzern in vorderster Front kämpften.

Hinter den meisten Anträgen auf Versetzung stand indes keine nüchtern durchdachte Planung, sondern einzig und allein der Wunsch, möglichst schnell den gegenwärtigen langweiligen Arbeitsplatz zu verlassen. Die einen, die keine Lust mehr hatten, im öden Norden Schottlands auf die ersehnte Schlacht zu warten, trachteten danach, dort eingesetzt zu werden, wo mehr »los« war, etwa im Mittelmeer. Die anderen dagegen, die zu Beginn des Krieges in ausländischen Gewässern stationiert waren, wollten möglichst schnell zurück in die Nordsee, das Zentrum des Seekriegs, wo sich alles entscheiden musste. Die jeweils damit verbundenen Hoffnungen erfüllten sich aber bei weitem nicht immer, und das neue Kommando, sofern man eines bekam, brachte allenfalls eine vorübergehende Erleichterung. Eine Schlacht zu schlagen, wie man es sich wünschte und wie es sowohl die eigene Tradition als auch das Beispiel der tapfer kämpfenden Armeesoldaten von der *Grand Fleet* zu fordern schienen, gab es eben nirgendwo, und kaum jemand vermochte einen Hehl aus seiner Enttäuschung über diese bittere Tatsache zu machen.

Wenn also auch der langfristige Erfolg die defensive englische Strategie legitimierte: Die Art und Weise, *wie* die Royal Navy im Begriff war, den Seekrieg zu gewinnen, hatte einen Beigeschmack. Denn der Maßstab, an dem man – bewusst oder unbewusst – die eigene Leistung maß, war eben nicht das *erreichte* Ergebnis (die Neutralisierung der deutschen Flotte), sondern das mit Blick auf die eigene Vergangenheit und zahlenmäßige Überlegenheit *für möglich und notwendig gehaltene* Ergebnis (die Vernichtung der deutschen Flotte).

In Deutschland hingegen gab es keine heroische Historie, an der sich die Marine messen lassen musste. Dass der Flotte, die in dieser Form seit nicht einmal zwanzig Jahren existierte, das Vorbild einer sieg- und glorreichen Tradition fehlte, hätte sich jetzt sogar als Vorteil erweisen können. Denn wie der britische Historiker Andrew Gordon schreibt, war es »in mancher Hinsicht einfacher, ohne irgendwelche Verpflichtungen anzufangen, als überkommene Einstellungen, Gemeinplätze, Strukturen und Strategien zu verändern«.[36] Doch auch auf den kaiserlichen Schiffen lastete eine schwere Hypothek: der Tirpitz-Plan. So wie Tirpitz die deutsche Flotte konzipiert hatte, war die Seeschlacht zwischen Helgoland und der Themse ihre militärische Raison d'Être. Zwar war das eher als theoretische Option gedacht gewesen, da die Flotte ja in erster Linie ein politisches Druckmittel sein sollte. Doch nachdem das Kalkül, die Engländer mit Hilfe der Dreadnoughts aus dem Krieg herauszuhalten oder gar an die Seite Deutschlands zu ziehen, nicht aufgegangen war, blieb der Marine nichts anderes übrig, als sich ihrer Bestimmung zu stellen. Andernfalls, so die treffende Analyse Ernst von Weizsäckers, »bricht die ganze Flottenpolitik an innerer Unwahrheit zusammen. Man kann doch unmöglich für Milliarden eine Flotte bauen, um den Gegner nur vor dem Kriege abzuschrecken ohne die Absicht, sie nachher, wenn es doch so weit ist, nicht zu riskieren. Ein solches vabanque-Spiel traue ich auch dem Über-Schlauberger Tirpitz nicht zu. … Haben wir also nicht den Mut und die Überzeugung, die Flotte mit Vorteil einzusetzen, dann wäre es allerdings besser gewesen, wir hätten sie nicht gebaut, sondern uns auf die billigen Kleinkriegsmittel und auf schnelle Auslandskreuzer beschränkt.«[37]

Weizsäcker wusste, dass es für die Deutschen praktisch unmöglich war, der Royal Navy eine vernichtende Niederlage beizubringen und selbst die Seeherrschaft zu übernehmen. Selbst im günstigsten Fall würde ein Einsatz der Flotte »mit Vorteil« in einer bis zum Ende durchgekämpften Seeschlacht aller Wahrscheinlichkeit nach mit dem Verlust der eigenen Schiffe bezahlt werden müssen. Diese Aussicht hielt aber weder Weizsäcker noch sonst jemanden davon ab, eine solche Entscheidungsschlacht geradezu herbeizusehnen. Solange das finale Kräftemessen allerdings auf sich warten ließ, hatte die hauptsächliche Kriegsleistung der Hochseeflotte laut Einsatzbefehl darin zu bestehen, »die Geduld nicht zu verlieren, jederzeit aber bereit zu sein, den günstigen Augenblick zu benützen«[38].

Für die deutschen Seeleute war es nahezu unmöglich, darin eine befriedigende Aufgabe zu sehen, umso weniger, als ihnen das Bewusstsein ihrer englischen Kontrahenten fehlte, dabei aus einer überlegenen Position heraus zu handeln. Während die Royal Navy, überspitzt gesagt, auch durch Nichtstun ihre strategischen Ziele erreichte, brachte die Untätigkeit der Hochseeflotte ihr keinerlei Vorteile – sie ersparte ihr allenfalls den »Nachteil« der Dezimierung oder Vernichtung. Verglichen mit den Anstrengungen, die rings um sie her unternommen wurden, um das Deutsche Reich gegen eine »Welt von Feinden« zu »verteidigen«, konnte das für sich genommen nicht als große Leistung erscheinen. »Was wir treiben, hat eben keinen Sinn und läßt sich nicht verteidigen«, stellte Weizsäcker fest.[39] Oder wie Kapitänleutnant Reinhold Knobloch es ausdrückte: »Mit Seekrieg können wir keine Lorbeeren ernten.«[40]

Gegen das, was die Soldaten auf den Schlachtfeldern im Westen und Osten durchmachten, war der Seekrieg »eine traurige Beschäftigung«, wie auch Adolf von Trotha sich kritisch eingestand, der seinc Tagc mit »lesen, spazieren laufen an Deck, essen und schlafen« verbrachte.[41] Besonders in den ersten Wochen und Monaten des Krieges standen die Seeleute in Wilhelmshaven und Kiel ganz unter dem Eindruck der gewaltigen Schlachten und schnellen Erfolge der Landstreitkräfte. Auf dem Linienschiff *Helgoland* etwa wurden jeden Tag die neuesten Nachrichten von den Kriegsschauplätzen ausgehängt, auf einer großen Landkarte waren mit bunten Fähnchen die Stellungen der verschiedenen Armeen markiert. »Dicht gedrängt standen die Mannschaften davor und besprachen dann eifrig die eingetretenen Veränderungen und Nachrichten.«[42]

Die klangen durchaus vielversprechend. Im Osten gelang es den Generalen Paul von Hindenburg und Erich Ludendorff, in den Schlachten von Tannenberg und an den Masurischen Seen die Russen schwer zu schlagen und aus Ostpreußen zu vertreiben. Im Westen stießen die deutschen Truppen, nachdem sie Belgien überrollt hatten, binnen weniger Wochen tief nach Frankreich vor. Anfang September 1914 allerdings kam der deutsche Vormarsch an der Marne zu stehen, und alle Versuche, ihn wieder in Gang zu bringen, scheiterten am erbitterten Widerstand der französischen und britischen Soldaten. Das war der Beginn des Stellungskrieges. »Von der belgischen Küste bis zur Schweizer Grenze standen sich die Armeen des Kaiserreichs und die Truppen der alliierten Westmächte an einer geschlossenen, mehr als 700 Kilometer langen Front gegenüber.«[43] Ende 1914 hatten die Deutschen bereits mehr als eine Million Mann verloren. Da die Oberste Heeresleitung sich alle Mühe gab, nur Erfolgsmeldungen zu verbreiten und Niederlagen möglichst zu verschweigen oder zu verharmlosen, blieb vielen Seeleuten das wahre Ausmaß der deutschen Verluste jedoch ebenso verborgen wie dem restlichen Deutschland. Erst im Herbst 1918 erfuhr die schockierte Öffentlichkeit, wie es tatsächlich um die Kampfkraft ihrer Soldaten stand.

Vor allem für die Offiziere war es eine Qual, mit ansehen zu müssen, was ihre Kollegen in der Armee leisteten, während sie selbst zur Untätigkeit gezwungen waren. »Die kämpfen für König und Vaterland, um Sein oder Nichtsein, und unsereins sitzt hier und trinkt Schaum«, ärgerte sich Hermann von Schweinitz.[44] Besonders bedrückte ihn, dass vier seiner Brüder im Fronteinsatz standen, während er selbst »irgendwo hinten in einer Schreibstube herumsitzen« musste. »Alle vier haben das Eiserne Kreuz. Wie war mir zu Mute!

Siegfried ist Kompagnieführer, soll sich glänzend machen. Meine Freude war groß, wenn auch geteilt. Ich bin stolz auf die Brüder, aber ich beneide sie.«[45] Schweinitz spielte später sogar kurz mit dem Gedanken, sich freiwillig zum Marinekorps Flandern zu melden, einem aus Marineinfanteristen gebildeten Kampfverband, der die belgische Küste sichern und den rechten Flügel des deutschen Heeres decken sollte. Wer in dieser »Elitetruppe« diente, stand buchstäblich an vorderster Front und nahm häufig an Schlachten teil.[46]

Die Mischung aus Bewunderung und Eifersucht, die Schweinitz in seinem Tagebuch beschreibt, prägte auch im weiteren Verlauf des Krieges den Blick der Marine auf die Armee. Bis zum Schluss konnten die Offiziere sich nicht damit abfinden, bloß Zuschauer zu sein, während andere Tag für Tag ihr Leben für König und Vaterland riskierten. »O könnten wir doch auch so drauf losgehen«, wünschte Konteradmiral Hipper sich im August 1914.[47] Den Fall Warschaus ein Jahr später kommentierte Kapitänleutnant Knobloch so: »Ich muß mich zur Freude für das allgemeine Wohl und die allgemeine Größe zwingen, da es mir, der ich selbst jetzt beinahe 14 Jahre Soldat bin, nicht vergönnt [ist], tätig mit an diesen großen Taten teilzunehmen.«[48] Die Schlacht an der Somme veranlasste ihn im September 1916 zu folgendem Tagebucheintrag: »Es ist ungeheuer, welche Anstrengungen und Mühen von unseren Soldaten dort gefordert werden müssen. Man kommt sich hier dagegen so als faule Drohne vor. Ihr braven, guten Kerls, haltet wacker weiter aus, wir wollen es Euch danken!«[49] Gedanken dieser Art bewegten den Kapitänleutnant auch ein halbes Jahr später während der Großoffensive der Alliierten an der Aisne und in der Champagne: »Es tobt die gewaltige Schlacht im Westen, die größte, die die Weltgeschichte jemals gesehen hat. … Wir faulenzen währenddessen weiter auf Schillig-Reede herum und vertreiben uns die Zeit, so gut es geht.«[50]

Ganz ähnlich äußerte sich Hermann von Schweinitz während der deutschen Frühjahrsoffensive 1918: »Im Westen hat unsere große Offensive begonnen. Kommt gut voran. Und wir? Dreistündige Bereitschaft! Herumliegen, wo dort um die große Entscheidung gekämpft wird.«[51] Selbstkritisch und mit Blick auf die größeren politischen Zusammenhänge verglich auch Ernst von Weizsäcker die Leistungen der Armee mit den spärlichen Aktivitäten der Marine – und kam zu einem vernichtenden Ergebnis. »Bei mir löst die Lektüre der schweren Armeekämpfe immer wieder den Gedanken von der Nutzlosigkeit der Marine aus. Sie sitzt – bis auf U-Boote und Luftschiffe – untätig herum. Ihr Nutzen in dem Krieg steht in keinerlei Verhältnis zu den ihr gebrachten Opfern an Geld, an politischer Feindschaft und an Zugeständnissen in der inneren Politik.«[52]

Den Offizieren war durchaus bewusst, dass die von ihnen bewunderten Armeesoldaten unter oftmals unmenschlichen Bedingungen lebten und kämpften. »Es muß stellenweise ganz furchtbar sein. Das Geschütztrommelfeuer hat die Leute zum Teil einfach verrückt und rasend gemacht.«[53] Als Knobloch im Frühjahr 1917 zusammen mit vielen anderen Offizieren im Kino einen Propagandafilm über die Somme-Schlacht gesehen hatte, war er ob der »grausenerregende[n] Wirkungen der Minensprengungen und des Trommelfeuers … richtig erschüttert«.[54]

Die Schlacht an der Somme war in der Tat eine der schrecklichsten des gesamten Krieges. Bevor die britisch-französischen Truppen am 1. Juli 1916 ihre Offensive gegen die deutschen Stellungen begannen, verschossen britische Geschütze in einem siebentägigen, ununterbrochenen Trommelfeuer mehr als anderthalb Millionen Spreng-, Gas- und Schrapnellgranaten auf die deutschen Schützengräben. Die deutschen Soldaten, die sich bis zu zehn Meter tief in die Erde eingegraben hatten, mussten dieses jedes Vorstellungsvermögen übersteigende Inferno ohnmächtig über sich ergehen lassen. »Jeden Nerv zum Zerreißen gespannt, saßen sie da, horchten nach dem teuflischen Lärm und warteten auf den dumpfen Aufschlag des nächsten Lufttorpedos, das sich in den Boden wühlte, und dann auf die verheerende Explosion. Die Erschütterung löschte Kerzen und Acetylenlampen selbst in den tiefsten Unterständen aus. Die Wände schwankten hin und her wie die Seiten eines Schiffs, und die Dunkelheit war angefüllt mit Rauch und Gasschwaden.«[55]

Als nach sieben Tagen die Geschütze endlich schwiegen, beobachteten die Deutschen, von denen weitaus mehr den Dauerbeschuss überlebt hatten, als Briten und Franzosen gehofft hatten, mit Hilfe langer Scherenfernrohre, wie die gegnerischen Soldaten sich hinter ihren Brustwehren sammelten. Nun begann ein Wettlauf um Leben und Tod – »ein Wettlauf, bei dem die Briten von ihrem eigenen vordersten Graben zur anderen Seite des Niemandslandes gelangen und die Deutschen aus ihren Unterständen bis zur obersten Stufe des Einstieges klettern mußten. Wer als erster die deutsche Brustwehr erreichte, würde am Leben bleiben. Die Seite, die den

Wettlauf verlor, mußte sterben, würde entweder in den Erdhügeln mit Handgranaten zusammen- oder vor den Schützengräben niedergeschossen werden.«[56]

Wie so oft in diesem Krieg gelang es auch diesmal den Angreifern nicht, die praktisch unverwüstlichen Stellungen der Verteidiger einzunehmen. Die heranstürmenden britischen Infanteristen mussten zunächst einen mehrere hundert Meter breiten Streifen offenes Gelände (»Niemandsland«) durchqueren, in dem sie dem deutschen Maschinengewehr- und Granatfeuer ungeschützt ausgesetzt waren. Diejenigen, die dennoch die gegenüberliegende Seite erreichten, stellten dort zu ihrem Entsetzen fest, dass auch der tagelange Artilleriebeschuss es nicht geschafft hatte, die starken Stacheldrahtbefestigungen vor den deutschen Schützengräben zu zerstören. Während sie verzweifelt nach einer Lücke im Draht suchten, wurde einer nach dem anderen erschossen. Andere blieben im Draht hängen und verbluteten. Allein am ersten Tag der Somme-Schlacht verloren die Briten 60 000 Mann, von denen jeder dritte schon in den ersten Minuten des Angriffs starb. Die deutschen Verteidiger dagegen hatten »nur« 6000 Tote und Verwundete zu beklagen. Insgesamt wurden an der Somme mehr als eine Million Soldaten getötet, verwundet oder gefangen genommen.

Im November 1917 erhielt Reinhold Knobloch dann die Gelegenheit, sich selbst ein Bild davon zu machen, wie wenig beneidenswert das Leben bei der Armee in Wirklichkeit war. Mehrere Wochen lang bereiste er die Front in Flandern und besuchte dabei auch die Schützengräben. »Die Leute der nur schwach besetzten ersten Stellung waren in ihren Unterkunftsräumen. Da die Schlaflöcher gänzlich unter Wasser waren, konnten sie in einem schmalen Gang nur noch hocken. So hausen sie immer 6 Tage und 6 Nächte im vordersten Graben. … Schwer, sehr schwer! So hausen sie nun schon 3 1/2 Jahre hier draußen und brüten und dösen in ihren dunklen Schlammlöchern dahin. Alle Glieder tun ihnen weh von rheumatischen Schmerzen und weil sie keine Gelegenheit haben, sich ordentlich auszutrocknen. Den Engländern drüben geht es aber genau so dreckig.«[57] Das stundenlange »Vernichtungsfeuer« der Artillerie empfand Knobloch gleichwohl als »grandioses Schauspiel«.[58]

Nach seinem Besuch an der Front hätte Knobloch vermutlich sofort zugestimmt, wenn er gelesen hätte, was Kapitän z. S. Adolf von Trotha seiner Frau geschrieben hatte: »Wir haben an Bord ja gegen die arme Armee ein Schlaraffenland.«[59] Diese Tatsache hielt aber wie auf britischer Seite kaum jemanden davon ab, sich genau dorthin zu wünschen, wo man als kaiserlicher Offizier glaubte, sein zu müssen. Dabei spielten nicht nur die Aussicht auf eine sinnvollere, das heißt dem Bild eines Soldaten im Krieg eher entsprechende Aufgabe eine Rolle oder der Reiz, »all die Abenteuer mit durchzufechten«, die nach Wilhelm Souchons Auffassung »in spannender Aufeinanderfolge und Abwechslung dort geschehen«.[60]

Auch der Ehrenkodex der Offiziere, das dem Kaiser gegebene Versprechen, ihm bis in den Tod treu zu dienen, ließ die Gefahren und Strapazen eines Fronteinsatzes erstrebenswert erscheinen. Denn je größer die Gefahr war, in die man sich in Erfüllung seiner Pflicht begab, und je bedenkenloser man dabei das eigene Leben aufs Spiel setzte – das zeigt auch der selbstgewählte Untergang mit wehender Flagge –, desto »ehrenvoller« handelte man. Nicht von ungefähr konnte der 37 Jahre alte Korvettenkapitän Bogislav von Selchow, Erster Offizier des veralteten Kreuzers *Victoria Luise*, schreiben: »Alle Seeoffiziere wollen zur Armee übertreten; dort kann man Ruhm haben und Ehre und zeigen, daß man was kann. Aber die Marine, ist das ein ritterlicher Beruf, ritterlich in seiner ganzen Tätigkeit, ritterlich nun erst in seiner Handhabung?«[61]

Und nur so ist zu erklären, wieso Albert Hopman seiner Frau gegenüber davon schwärmte, wie »herrlich« es die Armee im Osten habe. »Man möchte es fast verwünschen, daß man jetzt nicht auch Armeeoffizier ist.«[62] Oder wie Reinhold Knobloch allen Ernstes über einen Offizier der *Rostock*, der mit einem Sonderkommando an die Front nach Frankreich geschickt wurde, schreiben konnte: »Was manche Leute für einen fabelhaften Dusel haben.«[63]

Natürlich stand es auch den deutschen Offizieren frei, sich um eine andere Verwendung innerhalb der eigenen Reihen zu bemühen. Die in Frage kommenden Alternativen waren wie auf englischer Seite in erster Linie die kleinen, aktiven Einheiten der Marine. Allen voran die U-Boote. Schon im September 1914 hatte Knobloch anlässlich der umjubelten Heimkehr von Kapitänleutnant Weddigen und seiner Mannschaft, die mit *U 9* im Alleingang drei ältere englische Kreuzer versenkt hatten, sehnsüchtig geschrieben: »Es muß ein erhebendes Gefühl sein, nach solcher Leistung in den Hafen einzulaufen.«[64] Dank der U-Boote reichte der Arm der Kaiserlichen Marine bis nach Madeira und in die Irische See, fast so, als gäbe es keine britische Blockade. »Eine ganz unglaubliche Leistung«, fand Hipper, »wir können auf unsere U-Boote wirklich stolz sein.«[65] Stolz und auch ein bisschen neidisch. »Der Glückliche! Und wir? Wir schmeißen weiter mit Buletten«, bemerkte Knobloch bissig, als ein befreundeter Offizier auf ein U-Boot versetzt wurde.[66] Ein U-Boot-Kommandant, der ihm von seinen Kriegsabenteuern erzählte, war in Knoblochs Augen »ein frischer, schneidiger Kerl, der lebt und leben läßt«. Ihm gegenüber merke man erst so recht, wie schwerfällig im Denken und Handeln man selbst schon geworden sei.[67] »Die Vielseitigkeit der Störungen, die an einen U-Bootskommandanten herantreten, ist kaum auszudenken«, berichtete ein tief beeindruckter Wilhem Souchon seiner Frau. »Es sind ganze Kerle, die das alles überwinden.«[68]

Die U-Boote waren nicht nur ständig im Einsatz und nah am Feind, sie waren auch der Garant für die wenigen Erfolge, die die Marine überhaupt in diesem Krieg zu erzielen vermochte. Dazu gehörte nach dem Verständnis der Zeitgenossen auch die Versenkung des britischen Passagierdampfers *Lusitania* durch *U 20* unter Kapitänleutnant Walther Schwieger am 7. Mai 1915, bei der rund 1200 Menschen ums Leben kamen. »Das ist wohl der größte bisher errungene U-Bootserfolg, der m. E. in seiner Wirkung auch die Taten von U 9 in den Schatten stellen wird«, frohlockte Konteradmiral Hipper,[69] und selbst der bedächtige Ernst von Weizsäcker empfand eine gewisse Genugtuung: »Der große Menschenverlust ist mir ebenso wichtig wie die materielle Einbuße. Die Abschreckung ist das wesentliche beim U-Bootskrieg.«[70] Der Matrose Richard Stumpf kommentierte das Ereignis in Unkenntnis der korrekten Opferzahl lapidar mit den Worten: »Es sind 1500 Menschen umgekommen, darunter 100 Amerikaner. Das freut uns!!«[71]

Auch wenn das rücksichtslose Vorgehen der U-Boote nicht recht zu den Vorstellungen eines ehrenvollen Kampfes zwischen einander ebenbürtigen Gegnern passte, wie ihn etwa der Untergang mit wehender Flagge symbolisierte, verflogen die anfänglichen Vorbehalte gegenüber den »hinterlistigen Waffen der modernen Technik« umso mehr, je stärker die großen Schiffe ins Abseits gerieten.[72] Als Hermann von Schweinitz im März 1916 zusammen mit drei anderen Offizieren der *Rostock* zur Versetzung auf ein U-Boot vorgeschlagen wurde (woraus dann aber nichts wurde), konnte er sein Glück kaum fassen. Voller Stolz nahm er die Gratulationen seiner Kameraden entgegen. Alle mochten das Gleiche gedacht haben: »Unter Wasser macht unsereiner heutigentags mehr Fahrt als über Wasser.«[73] Nach der Skagerrakschlacht, die der Flotte die Erkenntnis gebracht hatte, dass auf diese Weise der Krieg nicht zu gewinnen war, meldeten sich immer mehr Offiziere, vor allem die jüngeren, »die auch endlich einmal etwas tun möchten und die nicht gern untätig verfaulen«,[74] freiwillig zum Frontdienst an Bord eines U-Bootes. Auch Vizeadmiral Wilhelm Souchon kokettierte damit, sah aber schließlich ein, dass er dafür schon »zu viel Ärmelstreifen« hatte.[75]

Außer zu den U-Booten wechselten deutsche Marineoffiziere, die von der Tatenlosigkeit der Flotte die Nase voll hatten, am liebsten zu den Luftschiffen. Die Aussicht, Bomben auf London werfen zu können, machte die Zeppeline zu begehrten Kommandos. Der Personalbedarf war dort allerdings wesentlich geringer als bei der U-Boot-Waffe. Kapitänleutnant Walter Zaeschmar war einer der wenigen vermeintlich vom Glück Begünstigten. Nachdem er drei Jahre lang stellvertretender Artillerieoffizier auf SMS *Helgoland* gewesen war, erhielt er Anfang 1917 sein erstes, lang ersehntes Kommando als Führer eines Luftschiffes. Je länger der erste Kampfeinsatz auf sich warten ließ, desto größer wurden allerdings seine Zweifel. »Wenn auch endlich selbständig, so doch ohne jede kriegerische Tätigkeit. Gegen meine Stellung auf der *Helgoland* immerhin ein großer Fortschritt.«[76] Insgesamt kam Zaeschmar bis Kriegsende nicht öfter als ein halbes Dutzend Mal zum Einsatz, unter anderem im Zuge des Unternehmens »Albion« gegen die baltischen Inseln, für das er mit dem Eisernen Kreuz ausgezeichnet wurde, so dass er nun immerhin von sich behaupten konnte: »Jedenfalls ist auch ein Ziel für mich erreicht, daß ich persönlich an der Kriegführung beteiligt gewesen bin und dafür das EK I erhalten habe.«[77]

Für die allermeisten indes war wirkliche Erfüllung scheinbar nirgendwo zu finden: Zu unheroisch, zu unüberschaubar war der Krieg in all seinen Begleiterscheinungen, zu lange dauerte er an und zu ungewiss war sein Ausgang. Und zu sehr waren die Offiziere, deutsche wie britische, auf die eine große Seeschlacht fixiert, das Ziel all ihrer Träume von Ruhm und Ehre und die in ihren Augen einzige Möglichkeit, etwas den Leistungen der Armee Ebenbürtiges zu vollbringen. Als es dann, nach endlos langen Monaten des Wartens und der Zurückhaltung auf beiden Seiten, doch noch zu dem ersehnten Duell der Flotten kam, hatte schon fast keiner mehr damit gerechnet.

Kapitel VI
»Der Tag ist gekommen! Der Feind ist in Sicht!« Die Seeschlacht vor dem Skagerrak

Im Januar 1916 ernannte Kaiser Wilhelm II. den bisherigen Befehlshaber des III. Linienschiff-Geschwaders, Vizeadmiral Reinhard Scheer, zum neuen deutschen Flottenchef. Scheers Vorgänger, Admiral Hugo von Pohl, hatte seinen Posten aufgrund einer schweren Krebserkrankung niederlegen müssen und starb kurze Zeit später in Berlin. In der Flotte wurde die Personalentscheidung des Kaisers mit Beifall zur Kenntnis genommen. »Er hat unbedingt den meisten Verstand von den drei bisher ausprobierten Männern, und am meisten Feuer. Als Leutnant hat er einmal einem Polizisten in nächtlicher Uneinigkeit ein Stück Bart ausgerissen«, so beschrieb Ernst von Weizsäcker den neuen Oberbefehlshaber der Hochseeflotte.[1]

Im Gegensatz zum zögerlichen Pohl galt der 53 Jahre alte Scheer, Sohn eines Schulmeisters aus Hanau, vielen als ein Mann der Tat. Ähnlich wie Hipper hatte Scheer sich im Lauf einer 38-jährigen Karriere in der Marine aus kleinen Verhältnissen bis nach ganz oben gearbeitet. Zu Beginn des Krieges hatte er zunächst das II. Geschwader, bestehend aus den letzten deutschen Prä-Dreadnoughts, befehligt, ehe er im Dezember 1914 das Kommando über die neuesten und kampfkräftigsten Stahlkolosse des III. Geschwaders übernahm. Keines seiner Schiffe hatte bislang einen Schuss auf den Gegner abgegeben. Der Admiral und die Männer an seiner Seite – Kapitän z. S. Adolf von Trotha gab das Kommando über die *Kaiser* ab und wurde Scheers Stabschef, Kapitän z. S. Magnus von Levetzow übernahm die Operationsabteilung – waren fest entschlossen, das zu ändern.

Scheer hielt es für dringend geboten, der Schlachtflotte, die seit dem Gefecht auf der Doggerbank kaum zum Einsatz gekommen war und die meiste Zeit im Hafen oder auf Vorposten verbracht hatte, wieder zu mehr Aktivität zu verhelfen. Zwar wollte auch er eine Schlacht mit der gesamten britischen Flotte auf jeden Fall vermeiden. Doch sprach in seinen Augen nichts dagegen, durch häufigere und weitere Vorstöße als bisher einzelne englische Verbände zu einem riskanteren Vorgehen zu verleiten und so möglicherweise zumindest einen Teilerfolg zu erzielen. Der Kaiser war einverstanden. Scheer hatte freie Hand.

Das erste Unternehmen unter Scheers Führung war eine neuerliche Beschießung der englischen Küste. Am 24. April 1916 eröffneten die Schlachtkreuzer unter dem Kommando von Konteradmiral Friedrich Boedicker (Hipper war wegen seiner lädierten Nerven zur Kur gefahren) das Feuer auf die Städte Lowestoft und Yarmouth. Viel Schaden richteten sie dabei nicht an, und als sie auf dem Rückweg auf Kommodore Tyrwhitts *Harwich Force* trafen, ließen sie außerdem die Chance ungenutzt, diese zum Gefecht zu stellen, obwohl Boedickers Verband deutlich überlegen war. Zur Enttäuschung über diese verpasste Gelegenheit gesellte sich bei Scheer der Zorn auf Reichskanzler Theobald von Bethmann Hollweg, der Ende April der Marine die gerade erst erteilte Erlaubnis zum teilweise uneingeschränkten U-Boot-Krieg wieder entzog, nachdem die Vereinigten Staaten mit dem Abbruch der diplomatischen Beziehungen gedroht hatten.

Scheer beschloss, aus der Not eine Tugend zu machen und die frei gewordenen U-Boote in eine konzertierte Aktion der gesamten Flotte einzubinden. Sein Plan: Konteradmiral Hippers Schlachtkreuzer sollten ein weiteres Mal die englische Küste beschießen, diesmal aber weiter im Norden bei Sunderland und damit näher am Stützpunkt der britischen Schlachtkreuzerflotte im Firth of Forth. Sobald Vizeadmiral Beatty mit seinen Schlachtkreuzern in See ging, um Hipper zu verjagen, würde er in einen Hinterhalt der deutschen U-Boote laufen. Schiffe, denen es gelang, aus der Falle zu entkommen, würde Scheer, der mit der Hochseeflotte ganz in der Nähe auf der Lauer liegen wollte, abfangen und vernichten. Bis Admiral Jellicoe mit der *Grand Fleet* aus Scapa Flow eingetroffen wäre, so die optimistische Annahme, hätten die Deutschen im günstigsten Fall den größten Teil der britischen Schlachtkreuzerflotte außer Gefecht gesetzt.

Um vor unliebsamen Überraschungen geschützt zu sein, legte Scheer fest, dass das Unternehmen nur stattfinden sollte, wenn aufgrund der Wetterlage Luftaufklärung möglich war. Zeppeline sollten Hippers Schiffe begleiten und das Auftauchen feindlicher Kräfte so rechtzeitig melden, dass die Deutschen nötigenfalls den Rückzug antreten konnten. So glaubte der Admiral das eigene Risiko in einem vertretbaren Rahmen halten zu können.

Doch es kam anders. Wegen eines technischen Defekts am Schlachtkreuzer *Seydlitz* musste das ursprünglich für Mitte Mai angesetzte Vorhaben mehrfach verschoben werden. Da aber die U-Boote, die in Scheers Planung eine wichtige Rolle spielten, bereits ihre vorgesehenen Positionen im Firth of Forth eingenommen hatten und nur über begrenzte Treibstoffvorräte verfügten, tickte für den deutschen Flottenchef die Uhr. Spätestens am 1. Juni musste Scheer entweder den Befehl zum Angriff geben oder die aufwändig vorbereitete Aktion abblasen. Hinzu kam eine weitere Schwierigkeit: Das Wetter über der Nordsee wurde von Tag zu Tag schlechter, ein Einsatz der Zeppeline damit immer fraglicher.

Scheer änderte seinen Plan. Hipper sollte nun nicht mehr Sunderland beschießen, sondern stattdessen vor die norwegische Küste laufen und dort ostentativ den britischen Schiffsverkehr im Skagerrak bedrohen, einem Meeresarm in der Höhe von Nordjütland. Der Effekt auf die britische Flotte würde, so hoffte Scheer, der gleiche sein: Beatty würde auslaufen, um Hipper zu verjagen und dabei in die U-Boot-Falle gehen, Scheer mit der Hochseeflotte würde in Hippers Kielwasser folgen und den Rest besorgen. Falls Jellicoe mit der *Grand Fleet* auftauchen sollte, würden die Deutschen sich rechtzeitig in die Sicherheit der Helgoländer Bucht zurückziehen. Luftaufklärung war wegen des Flankenschutzes, den die dänische Küste bot, nach Scheers Ansicht bei dieser Variante nicht erforderlich.

Am Mittwoch, dem 31. Mai 1916, kurz nach Mitternacht, lichtete die deutsche Flotte die Anker. Zuerst liefen die Schlachtkreuzer aus, angeführt von Konteradmiral Hipper an Bord seines neuen Flaggschiffs *Lützow*. In Kiellinie dampften sie hintereinander durch die Nacht, ein Aufklärungsschirm aus Kleinen Kreuzern und Torpedobooten hielt einige Seemeilen voraus Ausschau nach feindlichen Schiffen und Minen. Radar gab es noch nicht. Etwas später folgte Vizeadmiral Scheer auf *Friedrich der Große* mit der restlichen Hochseeflotte. Seine aus drei Geschwadern bestehende Streitmacht fuhr rund 50 Seemeilen hinter Hipper ebenfalls in einer Kiellinie von rund 13 Seemeilen Länge, angeführt vom III. Geschwader und halbkreisförmig umgeben von Kleinen Kreuzern und Torpedobooten. Insgesamt machten sich in dieser Nacht 99 deutsche Kriegsschiffe mit rund 45 000 Mann Besatzung auf den Weg nach Norden: fünf Schlachtkreuzer, 16 Großkampfschiffe, elf Kleine Kreuzer, 61 Zerstörer sowie die sechs älteren Linienschiffe des II. Geschwaders.

Sie waren die langsamsten Schiffe des deutschen Verbands und zogen die Höchstgeschwindigkeit auf 18 Knoten herab.

Was Scheer und Hipper nicht ahnten: *Room 40* hatte wieder einmal alle Vorbereitungen der Deutschen, soweit sie über Funk mitgeteilt worden waren, mitgehört. Zwar wussten die britischen Codeknacker abermals nicht en détail, was die Deutschen vorhatten, doch schon das grobe Bild genügte, um die Royal Navy in Alarmbereitschaft zu versetzen. Noch bevor die deutsche Flotte die Anker eingeholt hatte, liefen am späten Abend des 30. Mai 1916 insgesamt 150 britische Kriegsschiffe mit einer Besatzung von 60000 Mann von Scapa Flow, Cromarty, Rosyth und Harwich aus in Richtung Skagerrak: 28 moderne Großkampfschiffe, neun Schlachtkreuzer, 26 Leichte Kreuzer, acht ältere Panzerkreuzer, 78 Zerstörer und ein Minenleger.

Von Bord seines Flaggschiffs *Iron Duke* aus führte Admiral Jellicoe die Hauptstreitmacht der Briten an, 24 Dreadnoughts, die in sechs parallelen Divisions-Kiellinien zu je vier Schiffen durch die Dunkelheit dampften. Dicht neben ihnen fuhren zum Schutz gegen U-Boote die Zerstörer, mehrere Meilen voraus bildeten die älteren Panzerkreuzer und die Leichten Kreuzer einen breiten Aufklärungsschirm. Vizeadmiral Beattys Flotte bestand aus zwei Geschwadern mit je drei Schlachtkreuzern – *Lion, Princess Royal, Queen Mary, Tiger, New Zealand, Indefatigable* –, die in Kiellinie nebeneinander fuhren und ebenfalls von einem Schirm Leichter Kreuzer umgeben waren.

Da drei von Beattys insgesamt neun Schlachtkreuzern einige Tage zuvor zu Schießübungen nach Scapa Flow geschickt worden waren, war ihm ersatzweise das 5. Schlachtschiffgeschwader unter Konteradmiral Hugh Evan-Thomas unterstellt worden. Es fuhr etwa fünf Seemeilen hinter Beatty und bestand aus den vier Super-Dreadnoughts *Barham, Valiant, Warspite* und *Malaya,* den modernsten und kampfstärksten Großkampfschiffen der Welt. Jedes dieser Schiffe trug acht Geschütze des damals größten Kalibers 38,1 cm und lief 25 Knoten, rund fünf Knoten mehr als die schnellsten deutschen Linienschiffe.

Numerisch waren die Briten den Deutschen also in jeder Hinsicht überlegen. Sie verfügten nicht nur über eine größere Anzahl von Schiffen und Geschützen, sondern auch über mächtigere Kaliber und eine höhere Durchschnittsgeschwindigkeit. Wie unter diesen Umständen ein Gefecht mit der deutschen Flotte ausgehen würde, darüber herrschte unter den britischen Seeleuten nicht der geringste Zweifel. Was genau die Deutschen beabsichtigten, wussten sie allerdings nicht. Beatty sollte deshalb zunächst einen Punkt etwa 100 Seemeilen nordwestlich von Horns Riff ansteuern, einer langgestreckten Sandbank vor der dänischen Küste. Jellicoe würde mit der *Grand Fleet* eine Position knapp 70 Seemeilen nordwestlich davon einnehmen. Sollte bis zum nächsten Tag um 14 Uhr keiner von beiden die deutsche Flotte gesichtet haben, lautete Beattys Auftrag, nach Norden zu dampfen und zu Jellicoe zu stoßen.

Zunächst sah es für die Briten ganz danach aus, als seien sie vergeblich ausgelaufen, denn kein deutsches Schiff ließ sich blicken. Von der Admiralität in London erhielt Jellicoe obendrein die falsche Information, nur Hipper mit den Schlachtkreuzern sei unterwegs, Scheer dagegen befinde sich mit dem Rest der Flotte noch in Wilhelmshaven. Das ließ die Aussicht auf ein großes Gefecht noch weiter schwinden. Unterdessen hatte Hipper jedoch von Süden her das Skagerrak erreicht und befand sich nun ganz in Beattys Nähe, gerade außerhalb seiner Sichtweite. Scheer näherte sich mit der Schlachtflotte ebenfalls, war aber noch rund zweieinhalb Stunden entfernt.

Als die mit Jellicoe vereinbarte Frist verstrichen war und er noch immer keine Spur seines Gegners gesichtet hatte, machte Beatty sich wie befohlen auf den Weg nach Norden. Just in diesem Moment, buchstäblich im letzten Augenblick, entdeckte einer seiner Leichten Kreuzer am Horizont eine Rauchwolke. Sie stammte von einem dänischen Frachter, der von deutschen Torpedobooten zum Anhalten gezwungen worden war. Sofort gab Beatty, der ja davon ausging, dass er es bestenfalls mit Hippers Schlachtkreuzern zu tun hatte, den Befehl zum Kurswechsel. Aufgrund eines missverstandenen Signals wendete Konteradmiral Evan-Thomas mit den vier Super-Dreadnoughts jedoch erst rund zehn Minuten später, so dass Beatty statt mit zehn zunächst nur mit sechs Schiffen auf den Gegner losstürmte.

Auch Hipper ließ, als er Beatty von Westen her auf sich zukommen sah, seine Schiffe drehen. Die Deutschen dampften jetzt zurück in die Richtung, aus der sie gekommen waren. Für den englischen Admiral sollte es so aussehen, als ergriffen sie die Flucht. In Wirklichkeit beabsichtigte Hipper, der ebenfalls glaubte, es nur mit den feindlichen Schlachtkreuzern zu tun zu haben, Beattys Geschwader direkt in die Arme der heraneilenden Hochseeflotte zu führen. Diese erste Phase der Seeschlacht vor dem Skagerrak ist als »Wettlauf nach Süden« oder *Run to the South* in die Geschichte eingegangen.

Während beide Geschwader nun auf parallelen Kursen nach Südosten liefen, wurde aufgrund der höheren Geschwindigkeit der britischen Schiffe der Abstand zwischen ihnen immer kleiner. Als er nur noch rund dreizehn Kilometer betrug, eröffneten die Deutschen um 15 Uhr 48 das Feuer, das die Briten sogleich erwiderten. Bereits nach wenigen Minuten gelangen Hippers Richtkanonieren die ersten Treffer, während die britischen Geschützführer Mühe hatten, die richtige Entfernung einzuschätzen. Dazu mussten sie beobachten, ob ihre Salven zu kurz lagen (dann sah man die Einschläge im Wasser) oder zu lang waren (dann sah man nichts), und dann die Neigungswinkel ihrer Geschützrohre entsprechend anpassen – keine einfache Aufgabe bei voller Fahrt und ständigem Auf und Ab des Schiffes. Die deutsche Zieloptik galt gemeinhin als ausgereifter als die britische, dafür besaßen die englischen Schiffe eine zentrale Feuerleitstelle, die es gestattete, alle Geschütze gleichzeitig auszurichten und abzufeuern. Aufgrund eines Missverständnisses bei der Feuerverteilung schossen mehrere britische Schiffe zunächst auf ein- und denselben deutschen Schlachtkreuzer; davon profitierte ein anderer, die *Derfflinger* nämlich, die vorerst verschont blieb.

Als die ersten Schüsse fielen, war längst überall der Befehl »Klar Schiff zum Gefecht« gegeben worden. Daraufhin hatte sich ein Szenario abgespielt, das man zuvor schon tausend Mal geprobt hatte. Innerhalb weniger Minuten waren alle notwendigen Vorbereitungen zum Gefecht getroffen, waren Gasmasken und Schwimmwesten ausgegeben, Böden gewässert, Schotts geschlossen und Operationsplätze vorbereitet worden. Wer noch Zeit hatte, zog saubere Unterwäsche an, um der Infektionsgefahr im Fall einer Verwundung vorzubeugen. Jetzt waren die Decks menschenleer, Offiziere, Matrosen und Heizer hatten ihre Gefechtsstationen in den Geschütztürmen, Kasematten, Munitions- und Kohlebunkern und in den Kesselräumen besetzt. Nur die Admirale und Kommandanten in den gepanzerten Befehlsständen auf der Brücke, die Richtkanoniere und die Ausguckposten konnten durch Sehschlitze oder Periskope verfolgen, was außerhalb des Schiffes passierte; alle anderen waren auf das angewiesen, was an Informationen »von oben« durchsickerte.

Während manche darunter litten, sich nicht mit eigenen Augen ein Bild vom Geschehen draußen machen zu können, fand der Matrose Richard Stumpf es gut, »wenn man hinter dem dicken Panzer steht und nicht alles sieht und hört, was draußen vorgeht. Für den, der starke Nerven [hat], mag es ja angehen, aber da gehört schon was dazu.«[2]

Die Aussicht, dass es vermutlich schon bald Tote und Verwundete geben würde, konnte die Vorfreude auf das Gefecht nicht schmälern. Vor allem die Offiziere und Mannschaften der Linienschiffe, die an den Seeschlachten bei Helgoland und auf der Doggerbank nicht beteiligt gewesen waren, konnten es kaum erwarten, endlich auch ihre »Feuertaufe« zu erleben. »Der Tag ist gekommen! Der Feind ist in Sicht! Und wir sind dabei! ... Nur ganz wenige waren weiß im Gesicht, sprachen viel oder gar nicht und hatten Angst vor dem Tode. Weitaus die meisten waren heiter und guter Dinge ...«, schrieb Korvettenkapitän Bogislav von Selchow, mittlerweile Erster Offizier des Linienschiffs *Hannover*.[3] Ähnliches berichtete von der *Helgoland* Kapitänleutnant Walter Zaeschmar: »Es herrschte bei uns an Bord aufrichtige Freude, als die ersten feindlichen Mastzeichen über der Kimm auftauchten.«[4] Richard Stumpf bestätigte den Eindruck seines Artillerieoffiziers: »Endlich Endlich Endlich ist das große Ereignis eingetreten, welches seit 22 Monaten unser ganzes Sehnen, Fühlen und Denken in Anspruch nahm, welches leidenschaftlich herbeigewünscht [wurde], das Ereigniß, für welches wir seit langen Jahren arbeiten und exerzieren.«[5] Angst, so Stumpf, habe er keine gefühlt. »Ich müßte lügen, wenn ich sagen würde, daß ich Angst gehabt habe. Nein, es war ein undefinierbares Gemisch von Freude, Angst, Neugierde, Gleichgültigkeit und noch etwas, das mit dem Worte Tatendrang vielleicht nicht ganz richtig ausgedrückt ist.«[6]

Was die Seeleute während der nächsten Minuten und Stunden wirklich empfanden, lässt sich nur erahnen. Während die einen von Ruhm und Ehre träumten, dachten andere vielleicht in erster Linie an ihre Frauen, ihre Familien oder schlicht an sich selbst und das eigene Überleben. Einige sahen in dem bevorstehenden Gefecht auch eine Art Spiel oder sportlichen Wettkampf. Der Kommandant der *Helgoland* etwa glaubte, dass ein Seegefecht »mehr eine Art Sportfest« sei und die Schiffe »so gut gebaut, da kann gar nichts passieren«.[7] Deutlich näher an der Realität lag die Vorstellung, die

Hermann von Schweinitz lange vor der Skagerrak-Schlacht so formuliert hatte: »Zur See fällt die Entscheidung über Sieg oder Niederlage in ein paar Stunden. Erst ein wochen- oder monatelanges Warten, dann plötzlich eine ungeheure Anspannung – und alles ist vorbei, ausgekämpft, wie ein Duell. Sieg oder Untergang, da bleibt nicht viel übrig.«[8]

Wie recht er hatte, zeigte sich an diesem Nachmittag zum ersten Mal um kurz nach 16 Uhr. In einem glühenden Feuerball explodierte der britische Schlachtkreuzer *Indefatigable*, nachdem die deutsche *Von der Tann* zuvor Salve um Salve in das letzte Schiff der britischen Linie gejagt hatte. Ein englischer Seemann schrieb später: »Es war, als ob ein Wirbelwind einen Wald niederschmetterte.«[9] Von mehr als 1000 Seeleuten überlebten nur zwei, die von einem deutschen Torpedoboot aus dem Wasser gefischt wurden.

Hatten Hippers Schiffe es in der Anfangsphase des Gefechts nur mit Beattys sechs Schlachtkreuzern zu tun gehabt, erhöhte sich die britische Feuerkraft beträchtlich, als das Dreadnought-Geschwader von Konteradmiral Evan-Thomas seinen Rückstand aufgeholt hatte und auf Schussweite herangekommen war. Das bekamen vor allem die beiden hintersten Schiffe der deutschen Linie, *Moltke* und *Von der Tann*, zu spüren. Beide wurden heftig getroffen und versuchten, durch Zick-Zack-Manöver dem Hagel der schweren englischen Granaten auszuweichen. Der britischen Überlegenheit zum Trotz waren es dann aber wiederum die Deutschen, denen der nächste tödliche Schlag gelang: Um 16 Uhr 26 flog die von den Schlachtkreuzern *Derfflinger* und *Seydlitz* attackierte *Queen Mary* in die Luft.

Von seinem Kommandostand aus beobachtete Georg von Hase, der Artillerieoffizier der *Derfflinger*, die letzten Augenblicke des britischen Schiffes.

»Zuerst zuckte im Vorschiff eine grelle rote Flamme auf. Danach erfolgte im Vorschiff eine Explosion, der eine viel gewaltigere Explosion im Mittelschiff folgte, schwarze Bestandteile des Schiffes flogen in die Luft, und gleich darauf wurde das ganze Schiff von einer ungeheuren Explosion erfasst. Eine riesige Rauchwolke entwickelte sich. Die Masten stürzten nach der Mitte zusammen, die Rauchwolke verdeckte alles und stieg immer höher. Schließlich stand nur noch eine dicke schwarze Rauchwolke da, wo vorhin das Schiff gestanden hatte. Unten hatte sie nur geringe Breite, aber nach oben wurde sie immer breiter, sie sah etwa aus wie eine ungeheure schwarze Pinie.«[10]

Nur neun von 1274 britischen Besatzungsmitgliedern kamen mit dem Leben davon.

Beatty war schockiert. Als ihn dann auch noch die (falsche) Meldung erreichte, der Schlachtkreuzer *Princess Royal* sei ebenfalls explodiert, entfuhr ihm jener berühmte Satz, der seither immer wieder zitiert worden ist: »Irgendwas scheint heute mit unseren verdammten Schiffen nicht zu stimmen!«[11] Eine der Ursachen, warum die britischen Schiffe in die Luft flogen, während die ebenso schwer getroffenen deutschen weiterschwammen, lag, wie später festgestellt wurde, in der Angewohnheit englischer Seeleute, die Brandschutztüren zwischen den Geschütztürmen und den Munitionskammern weiter unten im Schiff offenstehen zu lassen, um schneller nachladen zu können. Auch besaßen die deutschen Granaten offensichtlich eine höhere Durchschlagskraft als die britischen.

Wenige Minuten nach dem Untergang der *Queen Mary* meldete Kommodore William Goodenough an Bord des Leichten Kreuzers *Southampton* dem konsternierten Beatty, dass er soeben die deutsche Schlachtflotte gesichtet habe. Beatty und Jellicoe, der die Meldung ebenfalls erhielt, waren bis zu diesem Moment davon ausgegangen, Scheer sei überhaupt nicht ausgelaufen. Geistesgegenwärtig beschloss Beatty, den Spieß umzudrehen und die Deutschen nun Jellicoe in die Arme zu führen, von dessen Anwesenheit fünfzig Seemeilen hinter dem Horizont Hipper und Scheer nichts ahnten. Beatty machte kehrt und »flüchtete« nach Norden. Auf den *Run to the South* folgte nun der *Run to the North*.

Eine halbe Stunde später stand Admiral John Jellicoe vor der vielleicht schwersten Entscheidung seines Lebens. Er wusste nun zwar, dass er gleich der gesamten deutschen Flotte gegenüberstehen würde. Doch er hatte keine Ahnung, wann und wo genau es zu dem Zusammentreffen kommen würde. Die Meldungen über Position und Kurs der Deutschen, die auf seinem Flaggschiff einliefen, waren unvollständig und widersprüchlich. Der britische Historiker Correlli Barnett hat Jellicoe und Scheer deshalb mit zwei Blinden verglichen, »die einen Wagen nach den Weisungen anderer fahren, Blinden aber, die jeden Augenblick die Sehkraft zurückgewinnen konnten, dann die Entscheidung über die günstigste Gefechtsformation für 20 und mehr Schlachtschiffe zu fällen hatten und entsprechend klare Befehle erteilen mußten – und all das mit der Schnelligkeit, mit der ein Autofahrer einem Hund ausweicht.«[12]

Um seine Überlegenheit voll ausspielen zu können, musste Jellicoe seine Schiffe, die in sechs Vierer-Kolonnen nebeneinander dampften, zu einer langen Gefechtskiellinie umformieren. Diese Linie konnte er entweder nach rechts oder nach links, nach Steuerbord oder nach Backbord hin aufbauen. Entschied er sich falsch, verkürzte er ungewollt den Abstand zum Gegner und riskierte den Zusammenstoß, solange seine Flotte noch im Begriff war, das schwierige Manöver auszuführen. Um 18 Uhr 15 Uhr ließ Jellicoe seine 24 Dreadnoughts synchron nach Backbord schwenken – und bewies damit eine glückliche Hand. »Auf östlichen Kursen fuhr die *Grand Fleet* jetzt quer vor die Spitze der von Südwesten sich nähernden Hochseeflotte und befand sich damit erstmalig in der vorteilhaften taktischen Position des ›Crossing the T‹, aus der heraus sie den Gegner unter schwerstes Feuer nahm.«[13]

Mit diesem »Crossing the T« war Jellicoe etwas gelungen, wovon jeder Admiral träumte, der eine solche Armada schwimmender Festungen ins Gefecht führen musste: Er hatte die Fahrtrichtung der herandampfenden gegnerischen Flotte im rechten Winkel gekreuzt – sprich: den Querstrich über das »T« gezogen – und sich damit einen entscheidenden taktischen Vorteil verschafft. Seine Schiffe waren nun in der Lage, buchstäblich aus allen Rohren zu feuern, während in der langen deutschen Kiellinie nur die vordersten Schiffe ihre Geschütze einsetzen konnten.

Noch während Jellicoes Dreadnoughts ihre neuen Positionen einnahmen (das gesamte Manöver dauerte knapp zwanzig Minuten), gelangen den Deutschen, die schon zwei britische Schlachtkreuzer versenkt hatten, zwei weitere spektakuläre Erfolge. Gegen 18 Uhr 20 explodierte nach schwerem Beschuss durch Hippers Schlachtkreuzer und Scheers Linienschiffe der ältere britische Panzerkreuzer *Defence*. »Das Schiff zerstob in Atome, jedes Lebewesen wurde schon bei der Explosion getötet. … Mir wird gerade dieser Vorgang in seiner ganzen Grausigkeit unvergeßlich bleiben«, schrieb Georg von Hase, wiederum Zeuge des schrecklichen Schauspiels.[14] Nur zehn Minuten später ereilte den Schlachtkreuzer *Invincible* das gleiche Schicksal. Dazu nochmals Georg von Hase:

»Ähnlich wie bei den anderen Schiffen erfolgten schnell hintereinander mehrere gewaltige Explosionen, Masten stürzten um, Schiffsteile wirbelten durch die Luft, eine gewaltige schwarze Rauchwolke stieg gen Himmel, aus den sich lösenden Schiffsverbänden spritzte Kohlenstaub nach allen Richtungen. Flammen zuckten über das Schiff, neue Explosionen erfolgten, und dann verschwand unser Gegner in einer schwarzen Wand unseren Blicken. Ich rief in das Telephon: ›Unser Gegner ist in die Luft geflogen!‹ und mitten im Gebrüll der Schlacht schallte donnerähnlich ein Hurra durchs Schiff, das aus allen Artillerietelephonen des Artilleriestandes wieder herausschallte, sich von Gefechtsstation zu Gefechtsstation fortpflanzte.«[15]

Die *Invincible* platzte förmlich auseinander, mit ihr wurden mehr als tausend Mann Besatzung in Stücke gerissen. Wegen der geringen Wassertiefe an der Stelle des Untergangs ragten Bug und Heck des Wracks noch lange aus der Nordsee. Nur sechs britische Seeleute überlebten die Katastrophe, unter ihnen auch der Artillerieoffizier Hubert Dannreuther, Sohn des deutschstämmigen Pianisten Edward Dannreuther und Patenkind des Komponisten Richard Wagner. Dannreuther lebte nach seiner Rettung noch mehr als sechzig Jahre; als er 1977 in Hastings starb, war er fast einhundert Jahre alt.

Mit seinem Schiff untergegangen ist dagegen Konteradmiral Horace Hood, Spross einer alten britischen Seeoffiziers-Dynastie. Dessen Familiengeschichte beeindruckte offensichtlich auch Georg von Hase. »Der mit der ›Invincible‹ untergegangene Befehlshaber des dritten Schlachtkreuzer-Geschwaders, Admiral Hood, ist ein Nachkomme des berühmten englischen Admirals Hood gewesen, der sich im nordamerikanischen Freiheitskrieg unter Graves und Rodney und dann als Oberbefehlshaber in der Schlacht bei St. Christopher (1782) in strategischer und taktischer Hinsicht rühmlichst ausgezeichnet hat. Während des von 1793 bis 1802 dauernden englisch-französischen Krieges befehligte er 1793/94 die Mittelmeerflotte und besetzte 1793 Toulon.«[16] Hase konnte wohl selbst kaum fassen, dass es ihm und seinen Kameraden tatsächlich gelungen war, einen solchen Mann, gewissermaßen den Inbegriff britischer Seemacht, einfach auszulöschen. War das nicht, so mochte er gedacht haben, der beste Beweis dafür, dass der einstige Schüler seinem Meister längst ebenbürtig war?

Die Deutschen hatten jedenfalls noch kein Schiff verloren. Allerdings war Hippers Flaggschiff *Lützow* mittlerweile so schwer beschädigt, dass der Admiral gezwungen war, auf den Schlachtkreuzer *Moltke* umzusteigen. Auch der Kleine Kreuzer *Wiesbaden* war durch einen Volltreffer in den Maschinenraum manövrierunfähig geworden und trieb nun hilflos zwischen den Linien, immer wieder beschossen von britischen Granaten. Die deutsche Flotte, so glimpflich sie bisher davongekommen sein mochte, befand sich jetzt in einer sehr gefährlichen Lage. Jellicoe hatte es geschafft, den Querstrich über das »T« zu ziehen, und Scheer wusste, dass er schnell handeln musste, andernfalls waren seine Schiffe im Begriff, vernichtet zu werden.

Er entschloss sich zu einem Manöver, das noch nie zuvor in einer Seeschlacht zur Ausführung gekommen war, weil es die Gefahr eines heillosen Durcheinanders barg: die sogenannte Gefechtskehrtwendung. Um 18 Uhr 37 gab Scheer den entsprechenden Befehl, und innerhalb von wenigen Minuten vollführte die komplette deutsche Hochseeflotte eine 180-Grad-Drehung über Steuerbord auf einen genau entgegengesetzten Kurs, weg von den feuerspeienden britischen Dreadnoughts. Das letzte Schiff in der Linie, SMS *Westfalen*, wendete zuerst, alle anderen folgten, als hingen sie an unsichtbaren Fäden, sobald der jeweilige Hintermann seine Drehung begann. Völlig perplexe Briten sahen zu, wie die eben noch sicher in ihrer Hand geglaubte deutsche Flotte einfach davondampfte und in einer Nebelbank verschwand.

Obwohl er seine Schiffe eben erst aus einer scheinbar aussichtslosen Lage befreit hatte, nutzte Scheer seine wiedergewonnene Handlungsfreiheit jedoch nicht etwa dazu, sich in Sicherheit zu bringen. Vielmehr traf er eine Entscheidung, die den meisten Fachleuten bis zum heutigen Tag rätselhaft erscheint. Zwanzig Minuten, nachdem er der tödlichen Umklammerung der *Grand Fleet* entkommen war, ordnete Scheer abermals eine Kehrtwende an. Er selbst gab später an, er habe der manövrierunfähigen *Wiesbaden* zu Hilfe kommen und nicht riskieren wollen, dass ihm die Briten den Rückweg nach Wilhelmshaven abschnitten. Was auch immer seine Motive gewesen sein mochten: Mit diesem Entschluss brachte Scheer seine Schiffe geradewegs zurück in die Reichweite der britischen Kanonen. Und Jellicoe nahm dieses Geschenk nur zu gerne an.

Von den deutschen Decks aus betrachtet, verwandelte sich nach der neuerlichen Drehung um 180 Grad der Horizont in ein Inferno: Inmitten dichter Schwaden von Rauch und Pulverdampf zuckte unaufhörlich und an hundert verschiedenen Stellen zugleich das grünrote Mündungsfeuer der britischen Geschütze aus der hereinbrechenden Dunkelheit, der Lärm der abgefeuerten Kanonen hallte wie Donnergrollen über das Wasser. Eine britische Breitseite nach der anderen krachte in die deutschen Schiffe, die sich scharf gegen die untergehende Sonne abzeichneten. Georg von Hase sah die gegnerischen Geschosse durch die Luft auf sich zukommen. »Wie längliche schwarze Punkte sahen sie aus. Sie wurden allmählich etwas größer und plötzlich – rums, waren sie da. Sie explodierten beim Aufschlagen aufs Wasser oder im Schiff mit einem ungeheuren Knall. Ich sah es schließlich den Geschossen ziemlich genau an, ob sie vor uns oder hinter uns einschlagen würden, oder ob sie uns persönlich die Ehre geben würden.«[17] Immer wieder stiegen rings um die Schiffe riesige, bis zu hundert Meter hohe Wassersäulen empor, von der Pikrinsäure in den englischen Granaten grüngelb gefärbt; manche standen zehn Sekunden lang in der Luft, bis sie in sich zusammenfielen. »Wir befanden uns tatsächlich im absoluten ›Wurstkessel‹!«, stellte Hase fest.[18]

Nach zehn Minuten sah Scheer ein, dass er sich verschätzt hatte, und brach das Gefecht ab. Für ihn ging es jetzt um das nackte Überleben und darum, so viele seiner kostbaren Schiffe wie möglich zu retten. Zu diesem Zweck ordnete er um 19 Uhr 18 die dritte Kehrtwende an – aber nur für die Linienschiffe. Die Schlachtkreuzer und Torpedoboote erhielten stattdessen den geradezu selbstmörderischen Befehl »Gefechtswendung rein in den Feind! Ran!«.[19] Sie sollten den Rückzug ihrer Kameraden decken und das gegnerische Feuer auf sich ziehen. Obwohl Hippers Kreuzer allesamt bereits schwer beschädigt waren, leckten und zahlreiche Tote und Verwundete an Bord hatten, griffen sie an – und wurden von den 38-cm-Granaten der Briten schrecklich zugerichtet.

»Und nun ging besonders auf ›*Derfflinger*‹ als Spitzenschiff ein Höllenfeuer los. Mehrere Schiffe schossen gleichzeitig auf uns. ... Salve auf Salve schlug in unserer unmittelbaren Nähe ein, und Treffer auf Treffer traf unser Schiff. Es waren aufregendste Minuten«, berichtete Georg von Hase.[20] Dann bohrte sich eins der schweren britischen Geschosse durch die dicken Panzerplatten an einem der vier Doppelgeschütztürme des Schlachtkreuzers und verwandelte das Innere in eine weißglühende Hölle:

»Dem tapferen Turmkommandeur, Oberleutnant zur See v. Boltenstern, wurden beide Beine abgerissen, und mit ihm wurden fast sämtliche Geschütz-Bedienungsmannschaften getötet. Durch Sprengstücke wurde im Turm eine Haupt- und eine Nebenkartusche entzündet. … Die Kartuschen brannten mit großen Stichflammen ab, die haushoch aus dem Turm in die Höhe schlugen – aber sie brannten nur, sie explodierten nicht, wie es die Kartuschen bei unserem Gegner getan hatten! Das war die Rettung für unser Schiff! Aber trotzdem war die Wirkung des Abbrennens der Kartuschen katastrophal! Die ungeheuren Stichflammen töteten alles, was in ihren Bereich kam. Von den 78 Mann der Turmbesatzung gelang es nur fünf Mann, sich durch das für das Auswerfen von Kartuschhülsen vorgesehene Loch zu retten, zum Teil schwer verwundet. Die übrigen 73 Mann starben gleichzeitig, mitten in fieberhafter Kampfestätigkeit, den Heldentod, in treuester Pflichterfüllung die Befehle ihres Turmkommandeurs ausführend.«[21]

Wenige Augenblicke nach dieser ersten Katastrophe folgte eine zweite:

»Ein 38-cm-Geschoß schlug auf die Turmdecke des Turmes ›Dora‹, durchschlug die Turmdecke und explodierte auch hier im Innern des Turmes. Und wieder geschah das Entsetzliche: bis auf einen einzigen Mann, der bei der Explosion durch den Luftdruck durch ein Einsteigeloch aus dem Turm geschleudert wurde, fand die gesamte Turmmannschaft einschließlich aller Munitionskammerleute in Stärke von 80 Mann den gleichzeitigen Tod. … Nun schlugen aus beiden achteren Türmen haushohe Flammen gen Himmel mit gelben Rauchmassen vermischt, zwei schauerliche Grabfackeln.«[22]

Obwohl Hases Artilleriestand ebenfalls mehrfach getroffen und »wie von Riesenfäusten gepackt in die Höhe geworfen« wurde, »ließ ich von den beiden vorderen Türmen Salve auf Salve feuern. Ich fühlte, wie unser Schießen die Nerven unserer Besatzung beruhigte. Hätten wir jetzt nicht geschossen, der ganzen Besatzung des Schiffes hätte sich in diesen Momenten eine große Hoffnungslosigkeit bemächtigt, denn jedermann merkte: nur noch wenige Minuten so weiter, dann sind wir verloren. Solange wir aber noch schossen, konnte es noch nicht ganz schlecht mit uns stehen.«[23]

Noch schlimmer waren die Zustände an Bord des Schlachtkreuzers *Lützow*. Insgesamt 24 schwere Treffer hatten das Schiff in ein Schlachthaus verwandelt. Der Geschützführer Johannes Karl Groth suchte nach Überlebenden, nachdem auch sein Geschützturm durch einen Volltreffer zerstört worden war. Zunächst fand er nur Leichen, die meisten mit grauenhaften Verletzungen und Verstümmelungen. Dann hörte er jemanden rufen. »Der Matrose Werner von der Reservebedienung lag unter dem Trümmerhaufen begraben. Da er scheinbar meine Stimme vernahm, bat er mich, ich möchte ihm helfen, er könnte alleine nicht herauskommen, fehlen täte ihm nichts. Nach längerem Bemühen gelang es mir, den Trümmerhaufen so weit abzuräumen und den Mann herauszuholen. Aber ein trauriges Bild. Beide Beine waren in Höhe des Kniegelenks abgerissen, ebenfalls der linke Arm in Höhe des Ellenbogens.«[24]

Andere Männer, die dieses alptraumhafte Ereignis überlebt hatten, waren zwar äußerlich weitgehend unverletzt, hatten aber schwere psychische Schäden erlitten. »Bei allen machte sich eine starke Störung des Gedächtnisses und Geistesgestörtheit bemerkbar, die teilweise eine spätere Entlassung nötig machte. … Das Bergen dieser Verwundeten verursachte große Schwierigkeiten, da alle mehr oder weniger tobten und der Zugang zur Haube nur sehr eng war. Bei mehreren mußten Hände und Füße gebunden werden, um überhaupt einen Transport möglich zu machen. Alle schrien unaufhörlich nach Wasser.«[25]

Die *Lützow* war derart schwer beschädigt, dass sie am frühen Morgen des 1. Juni 1916 auf Befehl des Kommandanten von einem Torpedoboot versenkt wurde. Alle zu diesem Zeitpunkt noch lebenden Besatzungsmitglieder konnten gerettet werden, mit Ausnahme von siebzehn Matrosen, die in einem Dynamo-Raum tief unten im Bauch des Schiffes eingeschlossen waren. Sie »mußten wir … zurücklassen, da ja eine Rettung unmöglich war«, berichtete Geschützführer Groth.[26]

Der Einsatz der Schlachtkreuzer und vor allem der Torpedoboote, die mehr als dreißig Torpedos auf die *Grand Fleet* abschossen (von denen keiner traf), zeigte die erwünschte Wirkung: Die britischen Schiffe drehten vorübergehend ab, um den Torpedos auszuweichen, und den Deutschen gelang zum zweiten Mal an diesem Tag die Flucht. Für sein Zurückweichen wurde Jellicoe später heftig angegriffen. Hätte er weitergekämpft, so die Argumentation seiner Kritiker, hätte er zwar möglicherweise ein paar Schiffe durch Torpedotreffer verloren, dafür aber die einmalige Gelegenheit gehabt, die gesamte deutsche Flotte zu vernichten. Das aber war nicht der Auftrag des britischen Flottenchefs, wie Jellicoe ihn verstand. Für ihn war cs wichtiger, seine eigene Flotte zu erhalten, als die der Deutschen zu zerstören. Auf die Gefühle derjenigen, die von einem zweiten Trafalgar träumten, konnte und wollte der Admiral keine Rücksicht nehmen.

Nachdem die Briten ihre Reihen wieder geordnet hatten, nahmen sie die Verfolgung der flüchtenden Deutschen auf. Bevor um zwanzig Minuten nach 20 Uhr die Dunkelheit hereinbrach, kam es noch zu einem kurzen Schlagabtausch zwischen Beattys Schiffen und den schwer beschädigten deutschen Schlachtkreuzern. Dann war es dunkel und die Schlacht zunächst beendet.

Ein Nachtgefecht wollte Jellicoe gerne vermeiden, da seiner Ansicht nach die Deutschen dafür besser ausgerüstet und trainiert waren. Stattdessen gedachte er, Scheer und Hipper bei Tagesanbruch erneut zum Kampf zu stellen. Denn so, wie sich die Kurse und Positionen der beiden Flotten während des Gefechts entwickelt hatten, befand Jellicoe sich mit seinen Schiffen nun zwischen der deutschen Flotte und deren Fluchtweg in die Heimat. Weil so weit im Norden die Dämmerung bereits gegen zwei Uhr früh einsetzte, blieben Jellicoe rund fünf Stunden, um den Punkt zu berechnen und anzusteuern, an dem er die Deutschen abfangen konnte. Vizeadmiral Scheer wiederum beabsichtigte, durch das Fahrwasser zu entkommen, das bei Horns Riff, jener Sandbank vor der Küste Dänemarks, begann und durch die Minenfelder in der Deutschen Bucht bis nach Wilhelmshaven führte.

In den nächsten Stunden dampften beide Flotten kaum mehr als zehn Seemeilen voneinander entfernt durch die Dunkelheit. Die Briten nach Süden, die Deutschen nach Südosten, so dass ihre konvergierenden Kurse den Schenkeln eines langgezogenen »V« ähnelten. »Keiner Seite war klar, was wirklich geschah.«[27]

Im Laufe der Nacht kam es wiederholt zu kleineren Gefechten. Zunächst stießen mehrere Kleine Kreuzer aufeinander und lieferten sich einen heftigen Schlagabtausch, in dessen Verlauf die deutsche *Frauenlob* durch einen Torpedotreffer versenkt wurde. Nur neun von 329 Mann überlebten. Immer wieder auch griffen britische Zerstörer die deutschen Schiffe an. Vier dieser Zerstörer wurden von den Deutschen vernichtet, die allerdings ihrerseits die Kleinen Kreuzer *Rostock* und *Elbing* verloren. Die beiden manövrierunfähigen Schiffe wurden aufgegeben und versenkt. Hermann von Schweinitz, der Navigationsoffizier der *Rostock*, war nur äußerst widerwillig von

Bord gegangen und musste ebenso wie Kapitänleutnant Reinhold Knobloch, der Artillerieoffizier, von einem Torpedoboot aus mit ansehen, wie das Schiff unterging. »Ich bleibe auf der Brücke. Allein auf dem Schiff, in stoischer Stimmung. Sie merken, daß ich fehle, kommen zurück mich holen. Hätte doch wenigstens meine Cigarren mitnehmen sollen. ›V.71‹ und ›V.73‹ schießen Torpedos auf unsere gute ›Rostock‹, auch noch daneben! Endlich getroffen, versinkt sie vor unsern Augen. Schmerzvoller Anblick. War das wirklich nötig?«[28]

Später in der Nacht brachten deutsche Dreadnoughts noch den vom Kurs abgekommenen englischen Panzerkreuzer *Black Prince* zur Explosion (857 Tote), während bei einem letzten Angriff der britischen Zerstörer das ältere deutsche Linienschiff *Pommern* mit 844 Mann an Bord vernichtet wurde. Kurz nach Tagesanbruch sank schließlich auch das Wrack der seit Stunden richtungslos im Wasser treibenden *Wiesbaden*. Mit dem Schiff wurden 589 Mann Besatzung in die Tiefe gezogen, unter ihnen auch der Schriftsteller Johann Kinau alias Gorch Fock. Den einzigen Überlebenden, den Oberheizer Hugo Zenne, fischte ein norwegischer Dampfer erst zwei Tage später aus dem Meer.

Während all dieser Ereignisse steuerte Admiral Jellicoe unbeirrt weiter seinen südlichen Kurs. Da die englischen Schiffe etwas schneller unterwegs waren als die deutschen, erreichten sie als Erste die Spitze des »V«. Die Deutschen folgten nur wenige Minuten später und kreuzten, von Jellicoe unbemerkt, das britische Kielwasser. Damit war aus dem »V« ein »X« geworden. Scheer und Hipper waren gerettet. Ohne weiteres Zusammentreffen mit dem Gegner erreichte die deutsche Flotte gegen halb drei Uhr morgens das Feuerschiff bei Horns Riff und dampfte durch die Minenfelder Richtung Wilhelmshaven.

War für die unverletzten Offiziere und Mannschaften die Schlacht damit endgültig beendet, kämpften viele andere innerhalb und außerhalb der Schiffe noch verzweifelt um ihr Leben. In den zum Teil hoffnungslos überfüllten Operationsräumen an Bord spielten sich schreckliche Szenen ab, viele Verwundete konnten nur unzulänglich, manche zunächst überhaupt nicht versorgt werden. Der britische Schiffspfarrer Thomas Bradley schilderte seine Eindrücke auf dem Schlachtkreuzer *Tiger*:

»Die Schreie der verwundeten und verbrannten Männer waren

schrecklich mit anzuhören. Manchmal wurden sie mit halb abgetrennten Füßen oder Händen hereingebracht. Bald war das Deck der Verteilungsstation überfüllt mit verletzten und sterbenden Männern, und wenn neue Fälle hereingetragen wurden, war es kaum zu vermeiden, dabei nicht auf die anderen zu treten. Obwohl während der Kampfhandlungen ein Operationstisch bereitstand, wurde abgesehen von den dringendsten Fällen kaum operiert. Die Ärzte nutzten die Zeit vor allem für Erste-Hilfe-Maßnahmen. Viele Verwundete erhielten Morphium. Nach und nach wurden sie ruhiger und wir konnten etwas Ordnung in die Situation bringen, indem wir die leicht Verwundeten in eine Ecke und die schwereren Fälle in die andere legten. Eine Anzahl von Männern hatte Gas abbekommen, und es war ein schrecklicher Anblick, sie sterben zu sehen. Anfangs husteten sie ununterbrochen und verendeten schließlich in einem Stupor. Weit mehr Verletzungen waren jedoch auf Verbrennungen zurückzuführen – bei einigen Männern waren Köpfe, Hände und Arme vollständig verbrannt, aber nur wenige hatten Brandverletzungen am restlichen Körper erlitten. Diejenigen, die starben, wurden hinausgetragen und auf das Mannschaftsdeck backbords gegenüber der Verteilungsstation gelegt. Als es in der Verteilungsstation keinen Platz mehr für alle Verwundeten gab, legte man sie auf das entsprechende Mannschaftsdeck auf der Steuerbordseite.«[29]

Die Toten wurden, wie es in der Royal Navy Tradition war, auf See bestattet, eingenäht in ihre Hängematten, beschwert mit einer Übungsgranate.

Noch weitaus mehr Männer als in den Bordlazaretten gingen im eiskalten Wasser der Nordsee zugrunde. Für die meisten der vielen Hundert nach der Schlacht im Wasser Treibenden gab es keine Rettung. Schiffen, die am Tag nach der Schlacht das Gefechtsfeld nach Überlebenden absuchten, bot sich ein Bild der Verwüstung: »Das Meer war übersät mit Trümmerteilen, und eine halbe Stunde lang dampften wir durch unzählige tote Körper, meist Deutsche, die auf einem Teppich aus Blut, Öl, toten Fischen, Möwen, Patronenhülsen etc. trieben.«[30] Wenige hatten das Glück, zu diesem Zeitpunkt noch am Leben zu sein und inmitten der Wrackteile entdeckt zu werden, so wie Korvettenkapitän Arthur Marsden, dessen Zerstörer HMS *Ardent* während des Nachtgefechts gesunken war.

»Nachdem der Rauch und Dampf sich verzogen hatten, konnte ich viele Köpfe im Wasser erkennen – etwa 40 bis 50, denke ich. Es gab keine Hilfe, außer Rettungsgürteln, Rettungsbojen und Schwimmwesten, und so fürchtete ich, dass nur wenige von uns überleben würden, insbesondere als ich verstand, dass alle Zerstörer weitergezogen waren und kein großes Schiff es wagen würde anzuhalten, selbst wenn sie uns im Wasser sahen. Ich sprach mit vielen Männern und sah die meisten von ihnen sterben, einen nach dem anderen. … Ein oder zwei Male wurde ich in der ersten Stunde fast von Männern zur Strecke gebracht, die sich in den letzten Phasen der Erschöpfung an mich klammerten, wodurch ich von meiner Rettungsboje getrennt und ins Wasser gezogen wurde; ich schaffte es jedoch, mich zu lösen und wieder zur Boje zu gelangen. Keiner der Männer schien gelitten zu haben; es wirkte, als lehnten sie sich einfach zurück, um einzuschlafen. … Ich fühlte mich schließlich schläfrig und nickte mehrmals ein, wurde aber von Wellen, die mir ins Gesicht schlugen, immer wieder aus diesem Schlaf geweckt. … Schließlich wachte ich, nach einer Zeit, die mir sehr lang erschien, erneut auf, vernahm einen Ruf und sah Schiffe, die noch weit entfernt waren. In mir tauchte ein eher unbeteiligtes Interesse auf und ich antwortete, indem ich jemandem in der Nähe, den ich nicht sehen konnte, zurief: ›Haltet durch, Männer der Ardent!‹ Ohne größere Anteilnahme beobachtete ich, wie die Schiffe wieder verschwanden, und döste erneut ein. Ich wachte ein weiteres Mal auf und bemerkte einen Flottillenführer – die [HMS] *Marksman* – in meiner unmittelbaren Nähe. Ich rief um Hilfe, und mir antwortete eine einladende, zuversichtliche Stimme: ›Alles in Ordnung, Sir! Wir kommen!‹, woraufhin ich erneut das Bewusstsein verlor.«[31]

Als die deutsche Flotte am Nachmittag des 1. Juni 1916 wieder in Wilhelmshaven einlief, knallten auf den Kommandobrücken die Sektkorken.[32] Man war der Ansicht, einen großen Sieg errungen zu haben. Manche waren noch ganz benommen von den Ereignissen der vergangenen 24 Stunden. Adolf von Trotha, der das Gefecht auf Scheers unbeschädigt gebliebenem Flaggschiff *Friedrich der Große* miterlebt hatte, empfand vor allem eines: Dankbarkeit, dabei gewesen zu sein. »Es war doch ein welthistorischer Tag und unser Herrgott hat seine Hand wunderbar gnädig über uns gehalten. Man hat Eindrücke bekommen, die einen nie verlassen werden. In der Nacht ging nach einer Salve des *Friedrich d. Großen* der *Black Prince* … 800 m neben uns mit einer einzigen großen Explosion in die Luft; die Flammenwand wohl 100 m hoch. Wie tief dankbar ich bin, wirst du empfinden. Man kann das nicht in Worte fassen«, schrieb er seiner Frau.[33] Auch Hermann von Schweinitz schwärmte, nachdem er den ersten Schmerz über den Verlust der *Rostock* überwunden hatte: »Ein gewaltiges Schlachtenpanorama, man wird ganz über sich selbst hinausgehoben, fühle mich von mir selbst detachiert.«[34] Und mit ungebrochener Begeisterung noch Wochen später: »Es war ein gewaltiges Schauspiel, das Erlebnis klingt noch nach in mir.«[35]

Man muss sich bei der Lektüre dieser Sätze stets vor Augen halten, was für ein außergewöhnliches Ereignis dieses »gewaltige Schlachtenpanorama« für die Seeleute darstellte. Bei allem Schrecklichen, was viele von ihnen in den zurückliegenden Stunden hatten mitansehen müssen, blieb der Seekrieg doch nach wie vor der Krieg, »in dem die Schlacht und der Tod die Ausnahme waren, und nicht das Überleben«.[36] Auch deshalb vermochte das Erlebnis von Kampf, Tod und Verwundung innerhalb der Marine nicht die gleiche Prägekraft zu entwickeln, wie das etwa bei den Soldaten in den Schützengräben der »Todeszone« (Ernst Jünger) der Fall war. Nur dort konnten Gedanken entstehen, schreibt der Historiker Michael Salewski, »wie sie Remarque mit seinem Buch ›Im Westen nichts Neues‹ unvergänglich ausgedrückt hat«; der Seekrieg und auch die Skagerrakschlacht haben etwas Vergleichbares nicht hervorgebracht.[37]

Das heißt aber andererseits nicht, dass es nicht auch genug Überlebende gab, die die Schlacht als traumatische Erfahrung ansahen. Wer, wie der Geschützführer Groth von der *Lützow*, miterleben musste, wie um ihn herum Männer buchstäblich in Stücke gerissen wurden, hatte vermutlich gewisse Schwierigkeiten, darin wie Konteradmiral Wilhelm Souchon einen »beneidenswerte(n) Heldentod« zu erblicken.[38] Auch der britische Funker J.J.R. Croad, dessen Zerstörer *Broke* im Nachtgefecht von dem deutschen Schlachtschiff *Westfalen* zusammengeschossen worden war, verspürte keinen Neid, als er sich am nächsten Morgen an Deck umblickte.

»Als wir wieder etwas sehen konnten und ich Zeit zum Nachdenken hatte, wurde mir bewusst, welch schreckliche Szene sich abgespielt hatte. Wir dachten an die ›Ehre‹ und den ›Ruhm‹, die nach Ansicht so vieler ahnungsloser Leute angeblich mit dem Seekrieg verbunden sind. Sie hätten die Decks von HMS Broke morgens um 4 Uhr am 1. Juni 1916 sehen sollen. Da hätten sie sehen können, wie diese ›Ehre‹ und dieser ›Ruhm‹ in Wirklichkeit aussahen. 48 von unserer Mannschaft lagen da tot und meist bis zur Unkenntlichkeit zerschmettert, weitere 40 waren sehr schwer verwundet. Es hat ungefähr fünf Stunden gedauert, bis wir alle unsere toten Kameraden gefunden hatten, wir haben sie aus den zerstörten Aufenthaltsräumen gezogen und ihre Leichen über Bord geworfen, um sie im tiefen Ozean zu begraben. Das waren unsere ›Ehre‹ und unser ›Ruhm‹. Es kommt einem vor wie ein einziges gigantisches Morden. Man fragt sich, wie die Menschen sich dazu erdreisten können, denn wenn wir einmal kurz innehielten, um uns klar zu machen, was wir da eigentlich im Begriff sind zu tun, würden wir nie wieder kämpfen.«[39]

Das Ergebnis der Skagerrakschlacht in Zahlen: Die Royal Navy hatte 14 Schiffe verloren (drei Schlachtkreuzer, drei ältere Panzerkreuzer und acht Zerstörer), die Kaiserliche Marine elf (einen Schlachtkreuzer, eine Prä-Dreadnought, vier Kleine Kreuzer und fünf Torpedoboote). 6768 britische Seeleute waren tot oder verwundet, dagegen »nur« 3058 deutsche. Auch wenn manche angesichts dieser Zahlen von einem taktischen Sieg der Kaiserlichen Marine sprechen, kann doch kein Zweifel daran bestehen, dass der Ausgang der Schlacht weder an dem Stärkeverhältnis der beiden Flotten noch an der strategischen Gesamtlage auch nur das Geringste geändert hatte. Eine New Yorker Zeitung brachte es auf den Punkt, als sie wenige Tage nach der Schlacht schrieb: »Die deutsche Flotte hat ihren Kerkermeister angegriffen, sitzt jedoch weiterhin im Gefängnis.«[40]

Für die Briten freilich war das dennoch kein Grund zum Jubeln. Jeder, die Seeleute selbst ebenso wie die britische Öffentlichkeit, hatte erwartet, dass, wenn es zum Aufeinandertreffen der Flotten käme, die Royal Navy einen grandiosen Sieg davontragen würde. Das hatte sie nicht geschafft. Als ob das nicht schon niederschmetternd genug gewesen wäre, wurde unmittelbar nach der Schlacht alles noch dadurch verschlimmert, dass es den Deutschen gelang, ihre Version der Ereignisse zuerst an die Presse zu geben. Noch am Abend des 1. Juni 1916 veröffentlichte der Admiralstab in Berlin ein Kommuniqué, in dem von einem großen deutschen Sieg und von der teilweisen Vernichtung der britischen Flotte die Rede war. Die eigenen Verluste wurden dagegen bewusst heruntergespielt. Noch bevor die *Grand Fleet* am 2. Juni wieder in Scapa Flow eintraf, hatten bereits überall auf der Welt die Zeitungen die Nachricht vom vermeintlichen deutschen Erfolg verkündet.

In England schlugen diese Meldungen ein wie eine Bombe. In aller Eile gaben die Verantwortlichen in London eine eigene Stellungnahme heraus, in der jedoch lediglich die Fakten aufgezählt wurden, die Admiral Jellicoe in einem ersten Bericht an die Admiralität übermittelt hatte. In ihrem sachlich-nüchternen Ton und vor allem mit der ungeschönten Aufzählung aller britischen Verluste wirkten diese dürren Zeilen deshalb fast wie eine Bestätigung der deutschen Sensationsmeldungen und trugen nicht dazu bei, die Wogen zu glätten.

Wenngleich viele britische Offiziere selbst unzufrieden mit dem Resultat der Schlacht waren, reagierten sie mit Bestürzung und Empörung auf die in ihren Augen völlig unangemessene Herabwürdigung ihrer Leistung durch die Presse. »Es war ein großer Sieg; der Feind wurde in den Hafen zurückgetrieben, mit beträchtlicheren Verlusten an Männern und Material als unsere«, schrieb Leutnant Charles Daniel von HMS *Orion*, noch in Unkenntnis der korrekten Zahlen. »Das hielt die Presse jedoch nicht davon ab, den Kopf zu verlieren und eine unbegründete Panik auszulösen. Ohne die Resultate abzuwarten, wurden Anklagen und Blödsinn verbreitet ... Widerwärtigere Behauptungen sind kaum vorstellbar. ... Nur ein Blatt (die ›Morning Post‹) titelte: ›Admiral Jellicoes Sieg‹. Die Kriegsflotte erhielt natürlich kaum ein Zeichen der Anerkennung von einer Öffentlichkeit, die Ergebnisse schlicht nach dem Kriterium beurteilt, wie schnell jemand versenkt wird. Natürlich hätte man es besser wissen müssen, als Dank von einer Öffentlichkeit zu erwarten, die so stumpfsinnig und geistlos wie die breite Masse Britanniens ist.«[41]

Als im Lauf der nächsten Tage immer mehr Einzelheiten der Schlacht bekannt wurden, revidierte die Presse ihr anfängliches Urteil, doch ein bitterer Nachgeschmack blieb wohl bei den meisten zurück. Wie man es auch drehen und wenden mochte: »Dennoch blieb die unangenehme Wahrheit, dass britische Schiffe und 6000 Leben billig für eine Schlacht eingetauscht wurden, und dass die Royal Navy darin versagt hatte, ein Resultat zu erzielen, das ihrem Erbe würdig war – immun gegenüber den Lügenkonstrukten der Journalisten.«[42] Als Vizeadmiral David Beatty ein Jahr nach der Battle of Jutland, wie die Skagerrakschlacht in England heißt, von seinen Offizieren gefragt wurde, ob er das Jubiläum in irgendeiner Form zu feiern beabsichtige, lehnte er dieses Ansinnen entrüstet ab. »Meine Antwort lautet, dass das einer der traurigsten Tage meines

Lebens war, an dem ich viele alte und geschätzte Freunde verlor sowie vertraute Kameraden, und an dem die Navy eine der größten Chancen verpasste, den größten und glorreichsten Sieg zu erringen, und der deshalb in keiner Weise als ein Tag für Feierlichkeiten betrachtet werden kann.«[43]

Noch viele Jahre lang wurde in Großbritannien erbittert darüber gestritten, wer denn die Verantwortung für diese verpasste Chance trage, David Beatty oder John Jellicoe. Auch die beiden Flottenführer selbst verstrickten sich tief in diese als Jutland-Controversy bekannt gewordene Auseinandersetzung. Vor allem Beatty ließ dabei nichts unversucht, Kritik an seinen Handlungen und Entscheidungen zu unterdrücken und stattdessen Jellicoe zu belasten. Seiner Karriere geschadet hat er damit jedenfalls nicht: Einige Monate nach der Schlacht wurde Beatty zum Oberbefehlshaber der *Grand Fleet* ernannt, Jellicoe wechselte in das Amt des Ersten Seelords. Auch in diese Stellung folgte ihm Beatty nach dem Krieg. 1919 wurden sowohl Jellicoe als auch Beatty zu Großadmiralen (Admirals of the Fleet) ernannt, dem höchsten Rang, den die Royal Navy zu vergeben hatte.

Ein völlig anderes Bild bot sich dem Betrachter nach der Schlacht auf der anderen Seite der Nordsee. In Deutschland herrschte grenzenloser Jubel, überall im Reich wehten Flaggen, die Kinder hatten schulfrei. Schon auf dem Nachhauseweg vom Hafen bekamen die *Rostock*-Offiziere Knobloch und Schweinitz eine Ahnung davon, wie sich Helden fühlen mussten: »Überall standen sie, die Frauen und Mädchen zum Teil weinend, und erwarteten angstvoll die Heimkehr der Ihrigen. Über unseren seltsamen Aufzug [die Uniformen hatten während des Gefechtes stark gelitten] hat niemand gelacht, vielmehr machte uns alles scheu und ehrerbietig Platz.«[44] Konteradmiral Hipper, der drei von Beattys Schlachtkreuzern versenkt hatte, war mit einem Mal der Liebling der Nation. »Von allen Seiten erhalte ich Briefe, Telegramme, Karten; es ist kaum zu bewältigen, obwohl noch 2 Offiziere meines Stabes daran arbeiten.«[45] Kaiser Wilhelm II. verlieh ihm zusammen mit Scheer den höchsten preußischen Orden *Pour le Mérite*. Schließlich erhob ihn der König von Bayern sogar als Ritter von Hipper in den Adelsstand. Auch Scheer bekam ein »von« angeboten, lehnte aber ab. Er wurde zum Admiral, Hipper zum Vizeadmiral befördert.

Der Kaiser kam persönlich nach Wilhelmshaven, um »seiner«

Marine zu ihrem großen Erfolg zu gratulieren. In seiner Ansprache hob Wilhelm II. den »Heldengeist« der Flotte hervor, der, da sie bisher keine Gelegenheit gehabt habe, ihn unter Beweis zu stellen, dazu geführt habe, »daß eine immer stärkere Mißstimmung und Abspannung der Flotte sich bemächtigte«. Nun aber, da der Gegner sich endlich zum Kampf gestellt habe, sei dieser Bann gebrochen, »der Nimbus der englischen Weltherrschaft herabgerissen, die Tradition von Trafalgar in Fetzen gerissen«. Der Kaiser sah gar »ein neues Kapitel der Weltgeschichte« aufgeschlagen und versäumte es nicht, sich bei den Mannschaften für die treue Pflichterfüllung zu bedanken und darauf hinzuweisen, dass die vollbrachte »herrliche, große Tat« den Leistungen der Armee absolut gleichwertig sei: »Ich aber stehe heute hier als Euer Oberster Kriegsherr, um tiefbewegten Herzens Euch Meinen Dank auszusprechen. Ich stehe hier als Vertreter des Vaterlandes, im Auftrage und Namen Meines Heeres, um Euch Dank und Gruß der Schwesterwaffe zu überbringen, da Ihr Euch ebenbürtig neben sie gestellt habt. Menschlich betrachtet, hat jeder von Euch seine Pflicht getan, am Geschütz, am Kessel, in der Funkbude.« Schließlich sprach Wilhelm auch noch dem Offizierskorps »vollste Anerkennung und Dank« aus.[46]

Das war Balsam für die Seelen der Offiziere, die in den Monaten vor der Schlacht allmählich selbst den Glauben an den Nutzen ihrer Schiffe verloren hatten. Hermann von Schweinitz, der sich lange Zeit wie ein »Drückeberger« vorgekommen war (»man wird menschenscheu, mag sich auf der Straße zwischen den Soldaten mit Eisernem Kreuz und den Verwundeten nicht mehr sehen lassen«)[47], hatte nun erst einmal nicht länger das Gefühl, sich verstecken zu müssen. »Gehe nun wieder mehr unter die Menschen«, notierte er in seinem Tagebuch.[48] Kapitän z. S. Walter von Keyserlingk, der sich »immer glühend gewünscht [hatte], die Durchbrechung der ängstlich gehüteten Trafalgarlegende, des Trafalgarzaubers, zu erleben«, war maßlos stolz darauf, »daran haben mitwirken zu können«. In einem Brief an seinen Onkel schrieb er: »Die aus ganz Deutschland gemeldete ungeschminkte Freude über diesen Erfolg der Flotte erfüllt uns alle mit tiefgefühlter Dankbarkeit.«[49] Aus dem fernen Varna, wo er seit Oktober 1915 als Verbindungsoffizier im Stab des bulgarischen Flottenchefs eingesetzt war, bejubelte auch Kapitänleutnant Rudolph Firle den »glänzende[n] Erfolg« in der Nordsee und den damit verbundenen »riesige[n] Gewinn« an Prestige für die deutsche Flotte. »Welch eine Begeisterung wird in Deutschland sein über unsere Marine. Wir wußten ja, daß unsere treue Arbeit in der Stunde der Entscheidung sich bewähren würde, aber nun hat ein gütiges Geschick uns und unserm blauen Tuch solch weltgeschichtliches Examen gewährt. Nun stehen wir neben und in unserer glorreichen Armee.«[50]

Andere, zu ihnen gehörte auch Admiral Scheer, waren dagegen nüchtern genug, sich nicht von der Freude des Augenblicks den Blick auf die unveränderte Gesamtlage vernebeln zu lassen. Die britische Seeherrschaft war ungebrochen, und sie würde, das war die Lehre, die der deutsche Flottenchef aus der Skagerrakschlacht zog, auch durch einen nochmaligen Einsatz der Hochseeflotte nicht zu brechen sein. Zumal die Royal Navy nach einem weiteren Beinahe-Zusammenstoß der *Grand Fleet* mit Scheers Schiffen am 19. August 1916 beschloss, künftig keine Großkampfschiffe mehr zu Vorstößen in die von U-Booten und Minen »verseuchte« südliche Nordsee zu schicken. Damit war der Traum von der deutschen Seemacht zu Ende. Für die Kaiserliche Marine hieß das: Sie musste einen anderen Weg finden, ihren Sinn und Nutzen unter Beweis zu stellen. Die Lösung, für die sich Scheer und seine Mitstreiter schließlich entschieden, schien zunächst auch tatsächlich noch einmal große Chancen für die Flotte zu bergen. Doch in Wahrheit besiegelte sie lediglich ihren Untergang.

Kapitel VII
»Und ob die Welt voll Teufel wär'«
Der U-Boot-Krieg

Vier Wochen nach der Skagerrakschlacht, als alle Toten gezählt, sämtliche Schäden erfasst und der Gefechtsverlauf in zahlreichen Skizzen und Karten festgehalten war, schickte Admiral Reinhard Scheer einen ausführlichen Bericht über das Geschehen an Kaiser Wilhelm II. Auf 62 Schreibmaschinenseiten legte der deutsche Flottenchef dar, welche taktischen Vorüberlegungen es gegeben hatte, wie er mit der Flotte ausgelaufen war, wann und wo er auf die Schiffe des Gegners gestoßen war und welchen Verlauf die Schlacht in ihren einzelnen Phasen genommen hatte.

Die brisantesten Passagen des Berichts finden sich jedoch an dessen Ende, in einem Abschnitt, den Scheer mit der Überschrift »Die weitere Seekriegführung« versehen hatte. Darin stellte der Admiral Überlegungen an, wie es weitergehen solle mit dem Seekrieg, nachdem man am Skagerrak trotz unbestreitbarer deutscher Erfolge die Erfahrung habe machen müssen, »daß selbst der glücklichste Ausgang einer Hochseeschlacht England in diesem Kriege nicht zum Frieden zwingen wird«.[1] An dieser Stelle schrieb der Kaiser ein »richtig« an den Rand der Seite. Die Nachteile der militärgeographischen Lage Deutschlands gegenüber der Großbritanniens und die große materielle Übermacht des Feindes würden, so Scheer, durch die Flotte nicht in dem Maße ausgeglichen werden können, »daß wir der gegen uns gerichteten Blockade oder des Inselreichs selber Herr werden, auch nicht, wenn die Unterseeboote für militärische Zwecke voll verfügbar sind«.

Der Admiral empfahl deshalb eine andere Vorgehensweise: »Ein sieghaftes Ende des Krieges in absehbarer Zeit kann nur durch Niederringen des englischen Wirtschaftslebens erreicht werden, also Ansetzen des Unterseebootes gegen den englischen Handel. Hierzu irgend eine abgeschwächte Form zu wählen muß ich nach pflichtgemäßer Überzeugung nach wie vor Euerer Majestät dringend abraten, nicht nur weil es dem Wesen der Waffe widerspricht und der Einsatz der Boote nicht im Verhältnis zu dem zu erwartenden Gewinn steht, sondern weil es trotz größter Gewissenhaftigkeit der Kommandanten nicht möglich ist, in Englands Gewässern, in denen die amerikanischen Interessen lebendig sind, Zwischenfälle zu vermeiden, die uns zu demütigendem Nachgeben zwingen, wenn wir nicht bis zur vollen Schärfe durchhalten können.«[2]

Was Scheer da in wohlgesetzten Worten formulierte, war in zweierlei Hinsicht bemerkenswert. Zum einen gab der Flottenchef zum ersten Mal und praktisch in aller Offenheit zu, dass die mit so großen Hoffnungen gebauten Großkampfschiffe militärisch mehr oder weniger nutzlos waren, da sie an der Seeherrschaft der Royal Navy allenfalls kratzen konnten. Zum anderen setzte Scheer jetzt alle Hoffnungen auf die U-Boote und verlangte vom Kaiser – das war das Entscheidende – ihren Einsatz »bis zur vollen Schärfe«, bloß keine »abgeschwächte Form«, bloß kein »demütigendes Nachgeben«, mit anderen Worten: den uneingeschränkten U-Boot-Krieg. Dem Admiral war völlig klar, dass das vermutlich das operative Aus für die Hochseeflotte bedeutete, die ohne die Unterstützung der U-Boote nicht auslaufen konnte und die fortan nicht viel mehr zu tun haben würde, als für Notfälle im Hintergrund bereitzustehen.

Scheers Forderung war radikal, ganz neu war sie nicht. Schon seit fast zwei Jahren stritten Militärs und Politiker darüber, wie die U-Boote am effektivsten verwendet werden konnten. Zu Beginn des Krieges hatte man dieser neuen und im Schatten der Dreadnoughts lange eher wenig beachteten Waffe keine allzu großen Leistungen zugetraut. Vielen Seeleuten galten die U-Boote zudem als unfair und feige, weil sie sich dem Gegner nicht offen zum Kampf stellten, sondern aus dem Hinterhalt angriffen. Auch zahlenmäßig waren sie zunächst schwach: Gerade einmal 28 U-Boote besaß Deutschland 1914, die Royal Navy mehr als doppelt so viele. Technisch waren die deutschen Boote allerdings ausgereifter als die der Konkurrenz. Konstruiert nach dem Zweihüllen-Prinzip des französischen Ingenieurs Maxime Laubeuf, bei dem die Brennstoff- und Tauchtanks in einer separaten äußeren Hülle angebracht waren, während sich Mannschaft, Antriebs- und Waffensysteme im röhrenförmigen inneren Druckkörper befanden, ließen sich die Boote auch auf hoher See sicher steuern. Zwei MAN-Dieselmotoren dienten als Antrieb und verliehen den Booten eine durchaus beachtliche Reichweite von knapp 8000 Seemeilen, für die Tauchfahrt standen zwei Elektromotoren zur Verfügung. Jeweils zwei Torpedorohre am Bug und am Heck konnten insgesamt sechs Torpedos verschießen, die Tauchtiefe betrug etwa 50 Meter.

Die anfänglichen Vorbehalte verflogen schnell, vor allem nachdem Kapitänleutnant Otto Weddigen demonstriert hatte, wozu die vermeintlich schwachen Tauchboote in der Lage waren. Neun britische Kriegsschiffe vernichteten deutsche U-Boote allein in den ersten fünf Kriegsmonaten – die Überwasserflotte in der Nordsee kein einziges. Schon bald gab es deshalb in der Marine erste Überlegungen, die U-Boote nicht nur gegen Kriegsschiffe, sondern auch gegen die vielen Hundert Handelsdampfer einzusetzen, die unter feindlicher oder neutraler Flagge fahrend Tag für Tag die englischen Häfen anliefen und die Insel mit Lebensmitteln, Waffen, Munition und anderen kriegswichtigen Gütern versorgten.

Dabei gab es nur ein Problem: Wenn die »Teufelswaffen« (Kapitänleutnant Rudolph Firle) gegen Handelsschiffe so eingesetzt werden sollten wie gegen Kriegsschiffe, dann verstieß diese Vorgehensweise gegen das Seekriegsrecht. Nach diesem war eine Versenkung neutraler und unbewaffneter feindlicher Handelsdampfer ohne Warnung nicht zulässig. Vielmehr mussten alle Kriegsschiffe, also auch die U-Boote, sich an das Prisenverfahren halten, das die Seemächte auf den Haager Friedenskonferenzen von 1899 und 1907 sowie in der Londoner Erklärung von 1909 festgelegt hatten. Verdächtige Dampfer mussten zunächst zum Anhalten gezwungen, dann ihre Papiere und Ladung kontrolliert werden. Erst wenn zweifelsfrei festgestellt war, dass es sich um ein feindliches oder ein Konterbande führendes neutrales Schiff handelte, durfte es zerstört werden. Schiffe unter neutraler Flagge sollten sogar unversehrt in einen Hafen überführt werden. Vor einer Versenkung musste außerdem die Besatzung in Sicherheit gebracht werden. Etwas anderes war es lediglich, wenn das Handelsschiff selbst bewaffnet war. Dann sprach nichts gegen eine warnungslose Versenkung.

Aus Sicht der deutschen Marineführung war das Prisenverfahren für die leicht verletzlichen U-Boote völlig ungeeignet. Sie waren ja gerade dafür konstruiert worden, überraschend aus dem Verborgenen zuzuschlagen. Seit Ende 1914 sprachen sich deshalb viele führende deutsche Seeoffiziere für einen möglichst uneingeschränkten U-Boot-Krieg aus, bei dem alle Handelsschiffe – feindliche ebenso wie neutrale, die deutsche Kriegsgegner belieferten – ohne vorherige Warnung und Kontrolle versenkt werden durften.

Die politische Reichsleitung um Kanzler Theobald von Bethmann Hollweg sah das anders. Dem Kanzler erschien der politische Schaden, der durch eine solche U-Boot-Kriegführung entstehen konnte, weitaus größer als deren militärischer Nutzen. Für Bethmann Hollweg stand außer Zweifel, dass die warnungslose Versenkung von Handelsschiffen neutraler Staaten, bei der es zwangsläufig auch Tote und Verwundete geben musste, Deutschlands Beziehungen zu diesen Staaten schwer belasten würde. Vor allem aber fürchtete er einen Kriegseintritt der Vereinigten Staaten von Amerika auf Seiten der Entente-Mächte. So begann schon Ende 1914 ein Ringen zwischen Politik und Militär um die »richtige« Form der U-Boot-Kriegführung, in dem mal die eine, mal die andere Seite die Oberhand behielt und das im Laufe der Zeit immer bitterere Züge annahm.

Ein ebenso populäres wie schwer zu widerlegendes Argument der Anhänger des U-Boot-Kriegs lautete, dieser stelle lediglich eine Vergeltungsmaßnahme für die völkerrechtswidrige britische Seeblockade dar, deren erklärtes Ziel die »wirtschaftliche Erdrosselung« (Winston Churchill) Deutschlands war. In der Tat widersprach die bei Kriegsbeginn eingerichtete Blockade der Nordsee durch die Royal Navy dem Seekriegsrecht, genauer gesagt den bis heute gültigen Vereinbarungen der Pariser Seerechtsdeklaration von 1856. Die Briten gingen aber sogar noch einen Schritt weiter. Am 2. November 1914 erklärten sie kurzerhand die gesamte Nordsee zum Sperrgebiet.

Ohne Rücksicht auf die Sicherheit des neutralen Schiffsverkehrs zu nehmen, kontrollierte Großbritannien von nun an sämtliche Handelsfahrzeuge aller Nationen, die die Nordsee befahren wollten, und beschlagnahmte alle Waren und Güter, die auch nur im Entferntesten der deutschen Kriegführung zugutekommen könnten. Die britische Regierung berief sich darauf, dass die Londoner Erklärung von 1909, in der festgelegt worden war, welche Waren auch im Krieg noch legal gehandelt werden durften, von Großbritannien nie ratifiziert worden sei. So wurden schließlich auch Lebensmittel, Kleidung und wichtige Rohstoffe, die eigentlich auf der »freien Liste« standen und nicht hätten angetastet werden dürfen, von den Briten zur Konterbande erklärt und konfisziert. »Da Großbritannien zusätzlich die Regelungen, nach denen eine Feindbestimmung der auf neutralen Schiffen geladenen Waren zu vermuten war, nach Belieben erweiterte, kam der Handel der neutralen Staaten mit den

Mittelmächten schließlich zum Erliegen.«[3] Nur über die Ostsee aus Skandinavien konnten die Deutschen noch Waren und Rohstoffe importieren. Besonders in der zweiten Kriegshälfte machten sich die Folgen der britischen Blockade im Reich drastisch bemerkbar.

Diese Vorlage der Briten ließen sich die Hardliner in der deutschen Militärführung nicht entgehen: Am 4. Februar 1915 erklärte Deutschland seinerseits die Gewässer um England und Irland zu Kriegsgebiet, in dem alle feindlichen Handelsschiffe ohne Warnung versenkt werden würden. Damit begann die erste Phase des U-Boot-Krieges gegen Großbritannien. Die Befürchtung des Reichskanzlers, dass neutrale Schiffe ebenfalls in Mitleidenschaft gezogen werden könnten, wischte der Chef des kaiserlichen Admiralstabs und spätere Flottenchef, Admiral Hugo von Pohl, mit der falschen Behauptung vom Tisch, die U-Boot-Kommandanten könnten auch ohne die Schiffe anzuhalten zwischen feindlichen und neutralen Dampfern unterscheiden.

Gleichwohl wurde auf Wunsch des Kanzlers in die Erklärung vom 4. Februar der Hinweis aufgenommen, dass der Schutz der neutralen Schifffahrt nicht garantiert werden könne, »da es angesichts des von der Britischen Regierung … angeordneten Mißbrauchs neutraler Flaggen und der Zufälligkeiten des Seekrieges nicht immer vermieden werden kann, dass die auf feindliche Schiffe berechneten Angriffe auch neutrale Schiffe treffen«.[4] Daraufhin hagelte es Protestnoten neutraler Staaten, voran der Vereinigten Staaten, die mit diplomatischen Konsequenzen drohten, falls die deutsche Ankündigung Wirklichkeit werden sollte. Die U-Boot-Führer wurden nun angewiesen, Schiffe mit neutraler Flagge grundsätzlich zu schonen. Das erschwerte allerdings auch die Angriffe auf feindliche Schiffe beträchtlich, denn diese wendeten alle erdenklichen Tricks an, um ihre wahre Identität zu verschleiern.

Die deutschen U-Boot-Führer gaben sich dennoch alle Mühe, den Vorgaben des Admiralstabs gerecht zu werden. Manche richteten sich sogar auch beim Aufbringen feindlicher Transportschiffe freiwillig nach der Prisenordnung – nicht zuletzt deshalb, weil die Deckgeschütze der U-Boote, die ja nur in aufgetauchtem Zustand eingesetzt werden konnten, oft wirksamer waren als die technisch noch unausgereiften Torpedos. »Sie verfuhren hierbei normalerweise so, daß sie das Handelsschiff durch Flaggensignal oder Abgabe eines Warnschusses auf angemessene Entfernung anhielten, sich die Schiffspapiere an Bord bringen ließen und vor dem Versenken des Schiffes der Besatzung Zeit gaben, in die eigenen Boote zu gehen, die gelegentlich auch vom U-Boot ein Stück des Weges in Richtung auf die Küste mitgeschleppt wurden. Da das U-Boot selbst wegen der beschränkten Raumverhältnisse fremdes Personal nur in ganz geringer Zahl an Bord nehmen konnte, war dies die einzige Möglichkeit, den Besatzungen versenkter Schiffe wenigstens ein gewisses Maß von Sicherheit zuteil werden zu lassen.«[5]

Ernsthaft in Bedrängnis brachte diese Form der Kriegführung die Briten allerdings zu keinem Zeitpunkt. Dazu war die Zahl der britischen Häfen und der dort täglich ein- und auslaufenden Frachter viel zu groß, die Zahl der zur Verfügung stehenden deutschen U-Boote dagegen viel zu gering. Trotzdem war der U-Boot-Krieg schon in dieser ersten Phase ungemein populär in Deutschland, linderte er doch ein wenig das Gefühl der Ohnmacht gegenüber Großbritannien. »Unsere guten Deutschen«, schrieb der inzwischen zum Flottenchef ernannte Admiral Pohl seiner Frau, »wollen jeden Morgen beim Zeitungslesen sehen, daß wieder soundsoviel Schiffe versenkt worden sind.«[6]

Am Ende war es ein Schiff zu viel: Am 7. Mai 1915 versenkte, wie schon erwähnt, *U 20* unter Kapitänleutnant Walther Schwieger südlich von Irland ohne Warnung den britischen Passagierdampfer *Lusitania*. Das Schiff war auf dem Weg von New York nach Liverpool und hatte, wie sich später herausstellte, in seinen Frachträumen Munition für die britische Armee geladen. Unter den rund 1200 Todesopfern befanden sich auch 79 Kinder und 127 amerikanische Staatsbürger. Bis heute ist umstritten, ob Schwieger bei der Versenkung des Schiffes im Einklang mit seinen Befehlen handelte, was für ihn selbst außer Zweifel stand, oder ob er sich eines Kriegsverbrechens schuldig gemacht hatte, wie die Alliierten behaupteten.

Durch das Periskop von *U 20* konnte der Kommandant beobachten, wie die *Lusitania* unterging: »Das Schiff sank mit unglaublicher Schnelligkeit. Auf seinen Decks herrschte eine grenzenlose Panik. Überfüllte Rettungsboote flogen, von unsachlichen Händen bedient, sinnlos von der Höhe des Bootsdecks ins Wasser hinab und zerschellten. Verzweifelte Menschen rannten hilflos die Decks auf und ab. Frauen und Männer sprangen ins Wasser und versuchten, die kieloben treibenden Boote durch Schwimmen zu erreichen. Es war der schrecklichste Anblick, den ich je in meinem Leben gesehen hatte. Hilfe zu bringen war mir unmöglich; ich hätte doch nur eine Handvoll retten können. ... Ich verließ den Ort des Schauderns, dessen Anblick ich nicht länger ertragen konnte ...«[7]

Schwiegers Tat löste eine weltweite Welle der Empörung aus. Am heftigsten fiel die Reaktion der Vereinigten Staaten aus. Der amerikanische Präsident Woodrow Wilson verurteilte den deutschen U-Boot-Krieg aufs Schärfste und verlangte unmissverständlich die Einhaltung der Prisenordnung. Vor diesem Hintergrund gelang es Reichskanzler Bethmann Hollweg, vom Kaiser die vorläufige Zusicherung zu erwirken, dass zumindest große feindliche Passagierdampfer bis auf weiteres geschont werden sollten. Unerwartete Unterstützung erhielt der Kanzler zu diesem Zeitpunkt von der Obersten Heeresleitung unter General Erich von Falkenhayn. Dem General ging es allerdings weniger darum, das Leben unbeteiligter Zivilisten zu schonen, als um die strategische Gesamtlage. Für den von der OHL geplanten Feldzug gegen Serbien sollte das neutrale Bulgarien als Bundesgenosse gewonnen werden. Träte jedoch zuvor Amerika auf Seiten der Entente in den Krieg ein, würde, so Falkenhayns Befürchtung, die Bereitschaft Bulgariens, gemeinsame Sache mit Deutschland zu machen, gegen Null sinken.

Die Marineführung jedoch hielt die geforderte Rücksichtnahme für höchst gefährlich und leistete erbitterten Widerstand gegen das Ansinnen des Kanzlers. Es folgte ein monatelanges Tauziehen hinter den Kulissen, das erst durch die Torpedierung des Frachters *Arabic* durch *U 24* am 19. August 1915 beendet wurde, bei der abermals drei Amerikaner ums Leben gekommen waren. Jetzt konnte Bethmann Hollweg, noch immer unterstützt von Falkenhayn, erreichen, dass künftig alle, nicht nur große Passagierdampfer unbehelligt bleiben sollten. Mitte September ordnete der neue Chef des Admiralstabs, Admiral Henning von Holtzendorff, dann sogar an, die Angriffe westlich der britischen Inseln vorerst ganz einzustellen. »Glauben Sie mir, meine Herren, mit Ihrem Ubootskrieg ritzen Sie dem Walfisch nicht die Haut«, sagte Holtzendorff zu den Offizieren seines Stabes.[8]

Er hatte Recht: Insgesamt versenkten die 69 eingesetzten deutschen U-Boote 1915 lediglich 640 feindliche und neutrale Handelsschiffe, rund ein Sechstel davon ohne Warnung. Der Schaden entsprach etwa fünf Prozent des britischen Frachtraumvolumens und war für die Inselmacht vergleichsweise leicht zu verkraften.

In der Flotte kam das vorläufige Ende des U-Boot-Krieges gar nicht gut an. Die Offiziere argwöhnten, dass der Kaiser, der in diesen Dingen üblicherweise das letzte Wort hatte, von unfähigen Beratern zu einer schlechten Entscheidung gedrängt worden sei. Konteradmiral Hipper war zu Ohren gekommen, dass es einen ganzen »Ring von Flaumachern« um Wilhelm II. gebe, die versuchten, den Monarchen für ihre Zwecke zu instrumentalisieren.[9] Dazu zählte neben dem Reichskanzler, Falkenhayn und Holtzendorff vor allem der in der Marine ebenso einflussreiche wie unbeliebte Chef des kaiserlichen Marinekabinetts, Admiral Georg Alexander von Müller. Tatsächlich war Müller zumindest in den ersten Kriegsjahren ein entschiedener Gegner des U-Boot-Krieges. Hipper warf ihm vor, den Kaiser »in der ungünstigsten Weise« zu beeinflussen und die Entlassung aller Befürworter des uneingeschränkten U-Boot-Krieges zu betreiben.[10] Kapitänleutnant Ernst von Weizsäcker schäumte: »Er bringt uns um Ehre und Reputation, das Reich um Erfolge zur See.«[11]

Allzu lange indes währte die deutsche Zurückhaltung nicht. Das lag vor allem an Falkenhayn. Nachdem seine Rechnung aufgegangen und Serbien mit Hilfe Bulgariens von den Mittelmächten besiegt worden war, wechselte der General die Seiten und setzte sich nun mit aller Kraft für den U-Boot-Krieg ein, von dem er sich eine Entlastung für die geplante Offensive gegen Verdun erhoffte. Mit Falkenhayns Unterstützung gelang es der Marine, sich gegen die Bedenken der Regierung durchzusetzen und im Februar 1916 zum zweiten Mal den U-Boot-Krieg zu eröffnen. Allerdings erhielten die U-Boot-Kommandanten auch dieses Mal nicht die von der Marine geforderte uneingeschränkte Handlungsvollmacht, sondern lediglich die Erlaubnis zur warnungslosen Versenkung feindlicher Handelsschiffe in britischen Gewässern. »Aus Rücksichtnahme auf die Interessen der neutralen Staaten, besonders der USA, waren nicht nur neutrale Schiffe, sondern auch feindliche Passagierschiffe, selbst bewaffnete, ausdrücklich von der Regelung der warnungslosen Versenkung ausgenommen«, schreibt der Historiker Joachim Schröder.[12]

Doch nur wenige Wochen später gab es einen abermaligen Kurswechsel. Am 24. März 1916 torpedierte *UB 29* die französische Kanalfähre *Sussex*, die es irrtümlich für einen Truppentransporter gehalten hatte. Bei dem Angriff, der mindestens 50 Passagiere das Leben kostete, wurden erneut mehrere amerikanische Staatsbürger verletzt. Wieder protestierten die Vereinigten Staaten, drohten diesmal sogar ultimativ mit dem Abbruch der diplomatischen Beziehungen, wenn die Deutschen nicht unverzüglich zur Prisenordnung zurückkehrten. Zum Entsetzen der Admirale ging die Regierung Bethmann Hollweg auf die amerikanischen Forderungen ein. Vizeadmiral Scheer, gerade zum Flottenchef befördert, zog daraufhin eigenmächtig alle deutschen U-Boote aus dem Seegebiet um England ab, da nach seinem Dafürhalten eine Kriegführung nach Prisenordnung schlechterdings nicht möglich war. Der Schwerpunkt des U-Boot-Krieges lag fortan im Mittelmeer, wo die deutschen Boote einige aufsehenerregende Erfolge erzielten. Allein Kapitänleutnant Lothar von Arnauld de la Perière versenkte mit *U 35* und *U 139* bis Kriegsende 194 Handelsdampfer und zwei Kriegsschiffe und gilt damit als erfolgreichster U-Boot-Kommandant aller Zeiten.

Der Reichskanzler, der angeblich vor den Amerikanern eingeknickt war, avancierte nun endgültig zur Hassfigur der Marine. Hipper warf Bethmann Hollweg eine »Hintergehung des Deutschen Volkes« vor, da der Kanzler durch seine ständigen Interventionen die deutschen Siegesaussichten schmälere. »Wir werden auf diese Weise den Krieg noch verlieren, wenn nicht dieser Reichskanzler bald beseitigt wird«, prophezeite der Admiral.[13] Kapitänleutnant Rudolph Firle flehte gar zum Himmel: »Herrgott, gib uns einen Bismarck, der auf alles pfeift und jedes Handelsschiff innerhalb der Kriegszone umlegt.«[14]

Am liebsten hätten es die Offiziere gesehen, wenn Großadmiral Alfred von Tirpitz, der Schöpfer der deutschen Flotte, Reichskanzler geworden wäre. Doch der war, nachdem er seit Beginn des Krieges immer mehr seines früheren Einflusses und schließlich auch das Vertrauen Wilhelms II. verloren hatte, im März 1916 vom Kaiser entlassen worden. Vor allem Konteradmiral Albert Hopman haderte noch lange mit der seiner Ansicht nach vertanen Gelegenheit, mit Tirpitz' Hilfe alles zum Besseren zu wenden. »Es ist mehr als ein Unglück, daß S(eine) M(ajestät) diesen gewaltigen Mann nicht dahin gestellt hat, wo er der einzig richtige war, auf den Reichskanzlerposten, oder ihm zum mindesten in diesem Kriege alle Vollmacht gegeben hätte. Dann wäre alles anders gekommen.«[15]

Als »Mastermind« des deutschen Flottenbaus war der Chef des Reichsmarineamtes am Ende allerdings auch derjenige, dem die Marine es zu verdanken hatte, dass sie nun ihre ganzen Hoffnungen auf die U-Boote setzen musste – während die Großkampfschiffe, wie von Tirpitz gefordert, zwar ihre »höchste Kriegsleistung zwischen Helgoland und der Themse entfalten« konnten, gegen die Fernblockade der Briten aber praktisch machtlos waren. Das war bitter, und viele Offiziere litten noch lange, manche bis an ihr Lebensende, unter dieser schmachvollen Erfahrung.

Andere dachten pragmatischer. Admiral Scheer war es sicher nicht leichtgefallen, in seinem Bericht an den Kaiser über die Skagerrakschlacht die Untauglichkeit der stolzen Dreadnoughts einzugestehen. Doch war ihm wohl auch bewusst, dass es Wichtigeres gab als solche Befindlichkeiten. Etwa, dass der Krieg mit einem deutschen Sieg endete. Dessen war man sich im August 1916 längst nicht mehr so sicher wie im August 1914. Auf den Schlachtfeldern im Westen, wie bei Verdun oder an der Somme, metzelten sich die feindlichen Armeen für ein paar Meter Geländegewinn nieder, ohne dass jemals einer Seite dadurch entscheidende Vorteile entstanden.

Im Falle einer Niederlage würde, da gab es in der Marine wenig Zweifel, Deutschland unweigerlich in die zweite Reihe der Großmächte zurückfallen, während England seine Vormachtstellung weiter ausbauen könnte. Zumindest aus Sicht der Offiziere durfte das auf keinen Fall passieren. Nur ein »Siegfrieden«, ein Frieden also, in dem das Kaiserreich seinen Gegnern die Bedingungen diktierte, konnte, wie der Historiker Holger Herwig schreibt, »den spezifischen preußisch-deutschen Obrigkeitsstaat und seine konstituierenden Elemente erhalten«. Allein in diesem wilhelminischen Klassenstaat, so Herwig weiter, »durften die Seeoffiziere darauf hoffen, ihre bevorrechtete Stellung als ›erster Stand im Staat‹ zu bewahren; denn nur ein siegreiches Deutschland würde in großem Stil Weltpolitik betreiben können, wozu es einer riesigen Schlachtflotte bedurfte«.[16] Deshalb galt es für die Offiziere, den Krieg mit allen Mitteln und so lange fortzuführen, bis ein für die Marine zufriedenstellender Abschluss möglich sein würde. Diese Haltung brachte sie, ebenso wie die anderen konservativen bürgerlichen Kräfte in Deutschland, die auf einen militärischen Triumph und üppige Gebietsgewinne hofften, in einen immer stärkeren Gegensatz zu all jenen, die einem ausgleichenden Verhandlungsfrieden den Vorzug gaben.

»Ein Frieden in Ehren, wert der ungeheuren Opfer«, das war es, was man sich in der Marine wünschte.[17] In zwei Denkschriften des Admiralstabs vom November und Dezember 1916 ist festgehalten, was das konkret bedeutete. Darin wurde ein weltumspannendes

1
Kaiser Wilhelm II. in der Uniform eines Großadmirals

2
Großadmiral Alfred von Tirpitz

3
Mobilmachung der Kaiserlichen Marine Anfang August 1914

4
Admiral Sir John Fisher

5
Vizeadmiral Maximilian Reichsgraf von Spee

6
Das deutsche Schlachtschiff Goeben

7
Deutsche U-Boote mit Begleitschiffen im Hafen von Kiel, 1914

8
Hermann Graf von Schweinitz
Aufnahme aus der Zeit
nach dem Zweiten Weltkrieg

10
Kapitänleutnant
Otto Weddigen

11
Konteradmiral
Sir Christopher Cradock,
Befehlshaber des britischen
Geschwaders in der
Schlacht von Coronel

9
Das kaiserliche Ostasiengeschwader
bei der Fahrt um Kap Hoorn

12
Überlebende des gesunkenen Schlachtkreuzers Gneisenau nach der Schlacht bei den Falkland-Inseln, im Hintergrund HMS Inflexible

13
HMS Good Hope, das Flaggschiff von Konteradmiral Cradock, das in der Schlacht von Coronel unterging

14
Admiral Sir John Jellicoe

15
Admiral Sir David Beatty

16
Kommodore Roger Keyes, Admiral John de Robeck, General Ian Hamilton (v.l.n.r.)

17
Vizeadmiral Wilhelm Souchon (4.v.l.), Befehlshaber der türkischen Flotte, und Enver Bei, Kriegsminister des Osmanischen Reiches (3.v.l.), am 15. Januar 1915

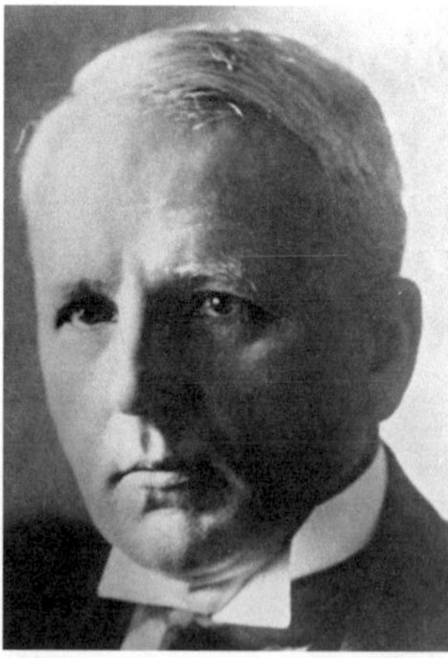

18
Ernst Frhr. von Weizsäcker, 1938

19
Konteradmiral Albert Hopman

20

Das Kentern von SMS Blücher in der Seeschlacht auf der Doggerbank am 24. Januar 1915

21

HMS Invincible, das Flaggschiff des Vizeadmirals Sir Frederick Doveton Sturdee bei den Falkland-Inseln, das bei der Schlacht vor dem Skagerrak am 31. Mai 1916 versenkt wurde

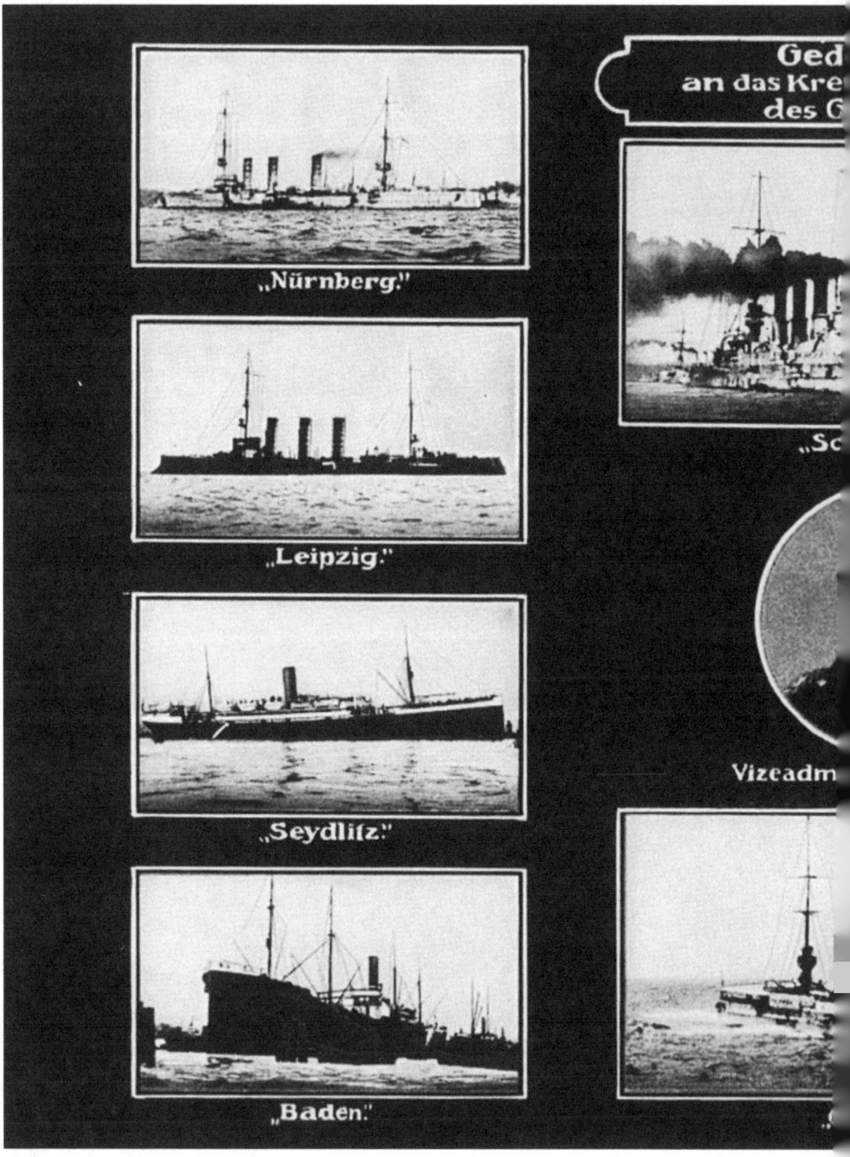
Ged
an das Kre
des G
„Nürnberg."
„Leipzig."
„Seydlitz."
„Baden."
„Sc
Vizeadm

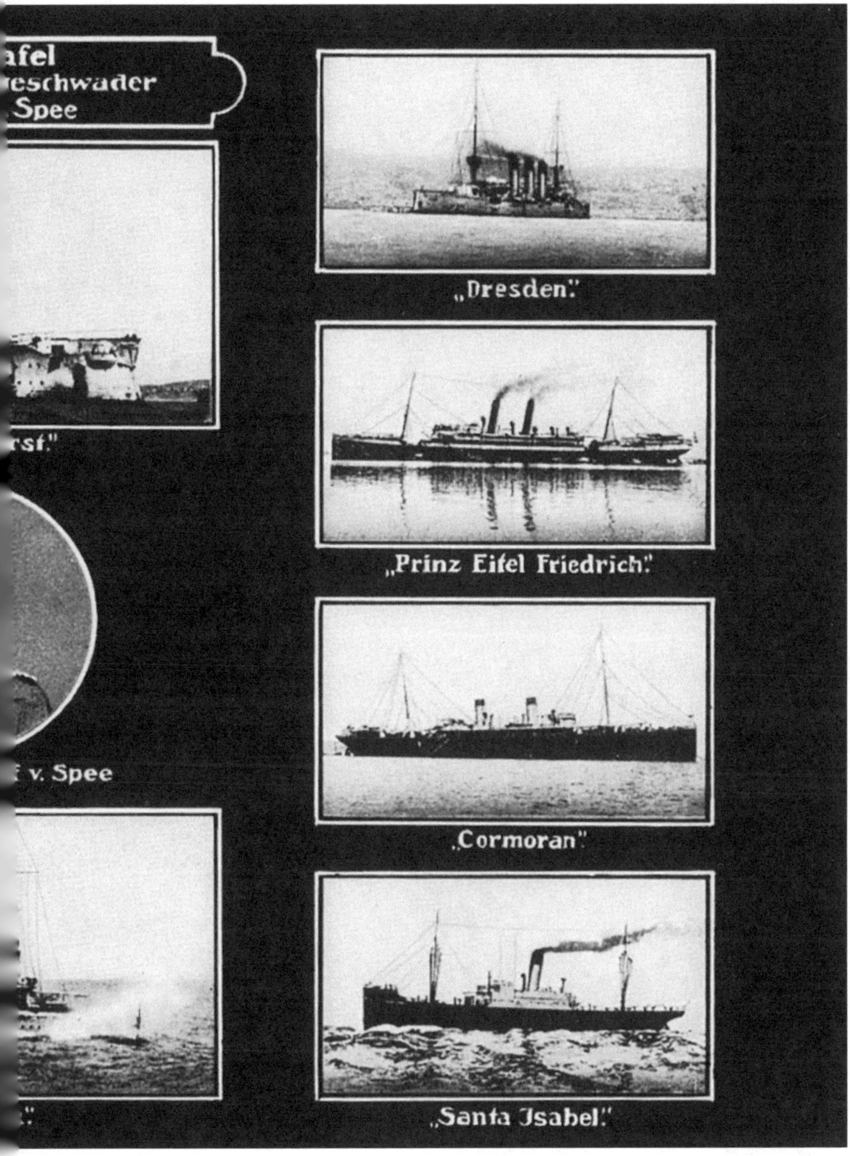

22

Durch den Untergang »mit wehender Flagge« wurde das Geschwader des Grafen von Spee endgültig zur Legende

23
Luftaufnahme der kaiserlichen Hochseeflotte

24
Vizeadmiral
Adolf von Trotha

25
Admiral Reinhard Scheer

26
Vizeadmiral Franz (Ritter von) Hipper, 1916 in den erblichen Adelsstand erhoben

27
Das Achterdeck des Schlachtkreuzers Derfflinger bei hoher Fahrt

28
Deutsches Linienschiff im Feuer

29
Wassersäulen von schweren Aufschlägen

30
Gefechtsschäden auf dem Schlachtkreuzer Derfflinger

31
Postkartenmotiv zur Erinnerung an die Skagerrakschlacht

32
Gefechtsschäden auf dem Schlachtschiff König

33
Mannschaften eines deutschen Kriegsschiffes beim Oberdeckreinschiff, August 1916

34
Ring mit dem Datum der Skagerrakschlacht

35
Sport an Deck, 1916

36
Die Kommandozentrale eines deutschen Kriegsschiffes, Frühjahr 1916

37
Innenansicht eines deutschen U-Bootes, 1917

38
Das vereiste Deck eines deutschen Kriegsschiffes im Hafen, Januar 1917

39
An Deck eines internierten deutschen Torpedobootes in Scapa Flow. Der Kommandant, der spätere Vizeadmiral Friedrich Ruge, spielt Gitarre.

40
Der in Scapa Flow auf Grund gesetzte Kleine Kreuzer Frankfurt

41
Ein an der Boje sinkendes und kenterndes deutsches Torpedoboot

42
Munitionsabgabe der deutschen Linienschiffe vor der Internierung

43
Britische Soldaten bewachen ein auf Grund gelaufenes deutsches Schiff

Netz maritimer Stützpunkte als Ausgangsbasis für einen künftigen Krieg gegen Großbritannien gefordert; die Azoren, Tahiti und Dakar sollten zu deutschen Vorposten werden, die pazifischen Besitzungen des Reiches selbstverständlich deutsch bleiben. Um die Position der Marine in Europa zu verbessern, erachtete man die Annexion der flandrischen Küste, Kurlands, der Färöer und der albanischen Hafenstadt Valona (Vlorë) für notwendig.[18]

Die Vorstellungen einzelner Offiziere reichten sogar noch weiter. So wünschte sich Kapitän z. S. Walter von Keyserlingk für das Reich ganz pauschal »die übermächtige Führung in Europa unter Ausschluß von Rußland und England«,[19] Vizeadmiral Wilhelm Souchon hatte vor, »unsere Nachbarn auf unseren Vorteil hin militärisch zu schwächen«, insbesondere »Frankreich als Großmacht durch diesen Krieg zu Grunde [zu] richten«;[20] Kapitänleutnant Reinhold Knobloch wollte die Entente-Mächte zu Reparationszahlungen von 120 Milliarden Mark verpflichten und Ägypten zur türkischen Provinz machen,[21] Rudolph Firle Russland unterwerfen und »als unsere Zukunftskolonie betrachten«.[22] Die Expansion im Osten gehörte zu den wichtigsten Kriegszielen der nationalen Rechten und der OHL. Für die Marine dagegen spielten Überlegungen dieser Art eine eher untergeordnete Rolle. Ihr Hauptgegner war und blieb England, und wenn etwas für sie Priorität hatte, dann waren es die »Einverleibung« Flanderns und der freie Zugang zur Kanalküste.

Während der Royal Navy an einem Friedensschluss gelegen sein musste, durch den der internationale Status quo, der Fortbestand des British Empire und damit zugleich auch die Existenz der Royal Navy gesichert würden, ging es für die Kaiserliche Marine darum, Deutschland überhaupt erst eine der englischen vergleichbare Weltmachtstellung zu verschaffen. Ursprünglich war ja genau das die der Flotte zugedachte Aufgabe gewesen. Doch war es ihr weder *vor* dem Krieg gelungen, durch ihre vermeintlich furchteinflößende Wirkung die Briten zu »weltpolitischen« Konzessionen zu bewegen, noch hatte sie bislang *im* Krieg einen nennenswerten Beitrag leisten können. Infolgedessen sahen nun viele Offiziere den uneingeschränkten U-Boot-Krieg als »das letzte, stärkste Mittel ..., das uns alle an's Hungertuch führen, das aber auch den reellen Erfolg bringen kann. Der Kampf geht jetzt bis auf's Messer. Auge um Auge, Zahn um Zahn! Und ob die Welt voll Teufel wär! Wir müssen durch.«[23]

Wichtig war nur, dass die Heimatfront so lange durchhielt, bis die U-Boote es »geschafft« hatten. Voller Sorge beobachteten die Offiziere, wie sich die Folgen der britischen Seeblockade immer deutlicher bemerkbar machten. Vor dem Krieg hatte Deutschland rund ein Viertel seines Lebensmittelbedarfs ebenso wie wichtige Düngemittel aus dem Ausland eingeführt. Da diese Importe nach Kriegsbeginn weitgehend ausblieben, hatte man im Frühjahr 1915 damit begonnen, viele Nahrungsmittel zu rationieren, schließlich bis auf einen Bruchteil des Durchschnittsverbrauchs der Vorkriegszeit. Lange Schlangen vor den Geschäften prägten das Bild in den Städten. Nicht selten kam es zu Ausschreitungen und Plünderungen. Die Einrichtung einer staatlichen Kontroll- und Regulierungsbehörde, des Kriegsernährungsamtes, im Mai 1916 verbesserte die Situation nur unwesentlich; Hunger wurde, wie Thomas Nipperdey schreibt, »die zentrale besondere Erfahrung der Heimat«.[24] Reinhold Knobloch kommentierte das im November 1916 so: »Etwas unterernährt ist jetzt eigentlich das ganze deutsche Volk. Die Fettbäuche verschwinden mehr und mehr, und das ist kein Schade.«[25] Seine Beobachtung war grundsätzlich richtig: Die deutsche Bevölkerung verlor während des Krieges im Durchschnitt etwa 20 Prozent an Körpergewicht. Seine zynische Schlussfolgerung traf jedoch nicht zu: Die Folgen waren durchaus gesundheitsgefährdend, vor allem für Frauen.[26]

Parallel zur Verschlechterung der Nahrungsmittelversorgung sanken die Reallöhne weit unter das Niveau der Vorkriegsjahre, wurden Arbeitszeiten verlängert und Schutzbestimmungen aufgehoben. All das hatte zur Folge, dass sich der Lebensstandard für einen Großteil der Bevölkerung, egal ob Arbeiter, Angestellte oder Beamte, deutlich verschlechterte. 1916 kam es deshalb vielerorts zu ersten »wilden« Streiks. Mit zunehmender Kriegsdauer verbanden sich dann die »Missstimmung über die materielle Not und Kriegsmüdigkeit mit Ressentiments gegen die Privilegierten und Herrschenden, mit sozialer Kritik und politischem Protest«.[27] Auch die Marine blieb, wie wir sehen werden, von dieser Entwicklung nicht ausgenommen.

Umso wichtiger schien es deshalb zu sein, alle Kräfte zu mobilisieren, um am Ende doch noch zu siegen. Das sah auch die neue, dritte OHL unter dem »Sieger von Tannenberg«, Generalfeldmarschall Paul von Hindenburg, und dessen Stellvertreter, General

Erich Ludendorff, so. Kaum hatten sie Ende August 1916 General Falkenhayn abgelöst, der nach dem Scheitern der Verdun-Offensive seinen Posten räumen musste, verkündeten sie die totale Mobilisierung der deutschen Wirtschaft für den Krieg. Im Zuge des sogenannten Hindenburg-Programms sollte die deutsche Rüstungsproduktion mehr als verdoppelt werden – ein letztlich utopisches Ziel, dem aber bis zum Ende des Krieges alle anderen ökonomischen Belange untergeordnet blieben. Unter dem Einfluss der OHL erließ die Regierung Anfang Dezember 1916 das »Gesetz über den vaterländischen Hilfsdienst«, das alle männlichen Deutschen zwischen 17 und 60 Jahren zum Arbeitsdienst verpflichtete.

Die Marine befürwortete diese Maßnahmen. »Gewaltige Lasten werden dem Volke zugemutet«, stellte Kapitänleutnant Knobloch fest. »Aber es muß sein.«[28] Korvettenkapitän Bogislav von Selchow erwartete, dass »jeder deutsche Mensch, auch der Künstler und der Gelehrte, auch der Krüppel und die Schreibmamsell sich auf nichts anderes einstellen als auf Glauben an den Sieg«. Für ihn stand fest: »Kriege gewinnt nur der, der auf das Wesentliche sieht und auf nichts anderes. ... So kann auch ein Volk nur siegen, wenn es jeden Muskel und jeden Gedanken einspannt in die eine große Sache. ... Im Kriege steht Kraft gegen Kraft. Diese Kraft so groß wie möglich zu machen, das ist die einzige Aufgabe eines im Kriege befindlichen Volkes und seiner Führer.«[29]

Der wichtigste Beitrag der Marine zu dieser kollektiven Kraftanstrengung bestand darin, mit allen Mitteln für den uneingeschränkten U-Boot-Krieg zu kämpfen. Um den Widerstand der nach wie vor zögerlichen politischen Reichsleitung unter Kanzler Bethmann Hollweg zu brechen – »der Mann und seine ganze Clique gehört in das Irrenhaus oder an den Galgen«, forderte Konteradmiral Albert Hopman[30] –, schreckten einige hohe Offiziere, darunter der geschasste Tirpitz, auch vor politischer Agitation nicht zurück. Ein Ziel dieser Einflussnahme war Ernst von Weizsäcker, der seinen Vater, den württembergischen Ministerpräsidenten, dazu bringen sollte, sich als Vertreter Württembergs im Ausschuss für Auswärtige Angelegenheiten des Bundesrates für den uneingeschränkten U-Boot-Krieg auszusprechen. Weizsäcker, der keine Lust hatte, sich instrumentalisieren zu lassen, notierte schließlich nicht ohne eine gewisse Verachtung in seinem Tagebuch, was er von den Bemühungen seiner Kollegen hielt: »Das Seeoffizierskorps sitzt herum, ißt, trinkt, politisiert, intrigiert, und kommt sich dabei noch patriotisch vor, indem es auf unlauterem Wege den U-Bootskrieg durchzusetzen sucht. Der U-Bootskrieg soll die Dummheiten im Flottenausbau und in der Flottenverwendung im Kriege verdecken. Aus der unerlaubten Propaganda für ihn spricht das schlechte Gewissen.« [31]

Die Aktivitäten der Marine zeigten dennoch Erfolg: Im Oktober 1916 wurde zunächst der Handelskrieg nach Prisenordnung wieder aufgenommen, den Admiral Scheer im Frühjahr noch so vehement abgelehnt hatte. Da sich inzwischen die Zahl der einsatzbereiten Boote beträchtlich erhöht hatte, versenkten die deutschen U-Boote jetzt mehr als 300 000 Tonnen feindlichen Schiffsraum pro Monat. Obwohl die Ergebnisse so gut waren wie nie zuvor, beharrte die Marineführung aber weiterhin hartnäckig darauf, dass unbedingt die Prisenordnung außer Kraft gesetzt werden müsse. Zur Untermauerung dieser Forderung legte der Admiralstab im Dezember 1916 ein sorgfältig ausgearbeitetes Gutachten vor, dem zufolge England binnen fünf Monaten ausgehungert werden könne, wenn es gelinge, durchschnittlich 600 000 Tonnen Handelsschiffsraum pro Monat zu versenken, also etwa doppelt so viel wie bisher.

Woher die Überzeugung kam, dass genau diese Zahl ausreichend sei, England den Todesstoß zu versetzen, ist heute nicht mehr nachvollziehbar. Doch war, wie der Politikwissenschaftler Peter Graf Kielmansegg schreibt, »diese fast gespenstisch anmutende Sicherheit« die Erklärung dafür, »daß einem erfolgreichen, wenn auch nicht kriegsentscheidenden U-Boot-Krieg nach der Prisenordnung, der die Gefahr des Konfliktes mit den USA vermied, der uneingeschränkte U-Boot-Krieg, der zum Konflikt mit den USA führen mußte, vorgezogen wurde«.[32]

Den von Kanzler Bethmann Hollweg immer wieder vorgebrachten Einwand, Amerika dürfe auf keinen Fall in den Krieg hineingezogen werden, wischten die Militärs mit der Bemerkung vom Tisch, die Vereinigten Staaten seien kein ernstzunehmender Gegner für Deutschland und seine Verbündeten. Die Marine garantierte sogar, dass niemals ein amerikanischer Truppentransporter die französische Küste erreichen werde, und Admiral Eduard von Capelle, Tirpitz' Nachfolger als Staatssekretär des Reichsmarineamtes, erklärte im Reichstag: »In militärischer Hinsicht erachte ich die Stärkung durch den Eintritt der USA in den Krieg auf Seiten unserer Gegner für Null.« [33]

Aus heutiger Sicht war das eine geradezu groteske Fehleinschätzung der tatsächlichen Situation. Doch damals nahm kaum jemand Anstoß an den allzu optimistischen Prophezeiungen der Militärs. Einer der wenigen, die daran zweifelten, war Ernst von Weizsäcker. In seinem Tagebuch notierte er, Fachleute hätten ihm versichert, es werde an die zwei Jahre dauern, bis der U-Boot-Krieg Wirkung zeige. Die seines Erachtens wider besseres Wissen aufgestellten Behauptungen des Admiralstabs hielt Weizsäcker für »die größte Dummheit und das größte Verbrechen der Marine in diesem Krieg«, für den »unbegreifliche[n] Optimismus«, der im Flottenstab herrsche, fehlte ihm jegliches Verständnis.[34]

Mit dieser Ansicht stand Weizsäcker nicht nur innerhalb der Marine weitgehend alleine da. Viele Menschen in Deutschland glaubten, durch jahrelange Propaganda beeinflusst, dass der U-Boot-Krieg das dringend benötigte Wundermittel sei, mit dem England in kurzer Zeit »erledigt« und der Krieg siegreich beendet werden könne. Warum also sollte man noch länger zögern, dieses Mittel endlich einzusetzen? Auch frühere Gegner oder Skeptiker wie etwa die Admirale Müller und Holtzendorff änderten jetzt ihre Meinung und sprachen sich für den uneingeschränkten U-Boot-Krieg aus. Die neue OHL unter Hindenburg und Ludendorff befürwortete ihn ohnehin. Als dann auch noch die Entente-Mächte in ungewöhnlich scharfer Form ein Friedensangebot der deutschen Regierung ablehnten, das der verzweifelt nach einem Ausweg suchende Bethmann Hollweg Mitte Dezember 1916 im Reichstag verkündet hatte, gab es kein Halten mehr. Am 9. Januar 1917 wurde im kaiserlichen Hauptquartier zu Pless der Beginn des uneingeschränkten U-Boot-Krieges auf den 1. Februar 1917 festgesetzt.

In der deutschen Öffentlichkeit wurde diese Entscheidung mit großer Begeisterung aufgenommen. Die ›Münchner Neuesten Nachrichten‹ fassten die Stimmungslage so zusammen: »Zu Lande wissen wir unsere Sache in guten Händen; der Feldmarschall von Hindenburg wird als der getreue Eckart, der er uns ist, unsere Heere weiterhin zu Kampf und Sieg führen. Nun erheben wir auch zur See die entscheidende Waffe … Mit stolzem, entschlossenem Vertrauen begleiten wir nun unsere braven U-Boote in den großen Kampf; sie werden uns Sieg und Frieden erstreiten.«[35]

Auch die Marine jubelte. »Endlich ist der so heißersehnte Erlaß zur rücksichtslosen U-Boot[krieg]sführung gekommen«, frohlockte

Hipper. »Hurrah.«[36] Der Admiral besaß »das felsenfeste Vertrauen, daß wir siegen werden«, und hatte bereits ein halbes Jahr zuvor anlässlich eines Treffens mit dem Grafen Zeppelin in seinem Tagebuch notiert: »Eine alte Draufgängernatur. Ist selbstverständlich für rücksichtslosen U-Bootskrieg. Nach seiner Ansicht können wir nur dadurch den Krieg gewinnen. Auch meine Ansicht.«[37] Mit gespannter Aufmerksamkeit verfolgte Hipper in den nächsten Monaten den Verlauf des U-Boot-Krieges, akribisch verzeichnete er, wer mit welchem Boot wie viel Frachtraum versenkte. Auch Kapitänleutnant Reinhold Knobloch sammelte alles an Informationen, was ihm in die Hände fiel, las Berichte und Memoranden des Admiralstabs, wertete Zeitungen aus, befragte heimkehrende U-Boot-Fahrer nach ihren Erlebnissen und führte eigene Statistiken über Erfolge und Verluste der einzelnen Boote. »Das ganze Volk schaut mit Vertrauen und wilder Hoffnung auf sie. Wir erwarten durch sie die Entscheidung im Endkampf.«[38]

Besondere Befriedigung empfanden die U-Boot-Fahrer selbst. Kapitänleutnant Heinrich Stenzler, der den Krieg als Oberleutnant auf Hippers Flaggschiff *Seydlitz* begonnen hatte und Ende 1915 auf eigenen Wunsch zur U-Boot-Waffe versetzt worden war, schrieb seiner Mutter am 2. Februar 1917: »Die Freude bei uns ist natürlich groß. Diesen Kampf an erster Stelle mitentscheiden zu helfen ist ein Gedanke, der einen stolz und still macht. Hoffentlich kann ich nun auch endlich einmal etwas leisten. Es wird Zeit.«[39] Ende März lief Stenzler mit seinem Boot *UC 30* zu seiner ersten Feindfahrt an die Westküste Englands aus. »Für die nächsten vier Wochen warte nicht auf Nachricht von mir. Du hast keinen Grund zur Unruhe«, versicherte er der Mutter.[40] Doch auf dem Rückweg nach Deutschland lief *UC 30* am 21. April 1917 nördlich von Helgoland auf eine Mine und sank. Heinrich Stenzlers Leiche wurde zwei Monate später an der dänischen Küste angeschwemmt, nach Deutschland überführt und in seiner Heimatstadt Stralsund beigesetzt. Kaiser Wilhelm II. verlieh ihm posthum das Eiserne Kreuz I. Klasse.

Beispiele wie das Stenzlers trugen dazu bei, dass die U-Boot-Fahrer von der deutschen Öffentlichkeit mehr denn je als Helden verehrt wurden. Und sie regten, wie wir bereits wissen, viele andere an, es ihnen gleichzutun; nun noch mehr als früher. Im März 1917 stellte Reinhold Knobloch fest, dass »alle Offiziere, die man trifft«, gerne ein U-Boot-Kommando hätten.[41] Auch er selbst, der nach dem Verlust der *Rostock* in der Skagerrakschlacht zusammen mit Hermann von Schweinitz auf die alte *Danzig* kommandiert worden war, bewarb sich, allerdings ohne Erfolg. Enttäuscht schrieb er: »Was soll das? Warum will man uns hier auf D[an]z[ig] gänzlich versauern lassen? Ich werde versuchen, mir darüber Klarheit zu verschaffen. Wenn man uns hier nicht gebrauchen kann, dann soll man uns in den Schützengraben stecken. Aber unser Leben zu dieser Zeit ist unerträglich.«[42] Im Mai 1918 wurde Knobloch schließlich doch noch zur U-Boot-Schule nach Glücksburg versetzt. Zu einem Einsatz ist es allerdings für ihn bis Kriegsende nicht mehr gekommen.

Das war die marineinterne Kehrseite des U-Boot-Krieges, von der die Öffentlichkeit nichts mitbekam: So sehr man ihn herbeigewünscht hatte, so schwer war er für alle die zu ertragen, die nicht »mitmachen« durften. Deutlicher als je zuvor offenbarte sich nun die von vielen empfundene Sinnlosigkeit des Kriegsdienstes an Bord der großen Schiffe, die seit der Skagerrakschlacht still im Hafen lagen. Vom 1. Februar 1917 an bestand die Hauptaufgabe der Flotte darin, die Ein- und Auslaufwege der U-Boote zu sichern und Angriffe auf deren Stützpunkte zu verhindern. Eigentlich sollte es genau umgekehrt sein: Die U-Boote sollten der Flotte unsichtbaren Geleitschutz bei ihren Vorstößen in die offene See geben. Nun waren die Rollen vertauscht. Das machte zwar einen Teil der Seeleute glücklich, jene nämlich, die einen der begehrten Plätze »unter Wasser« ergattern konnten. Zugleich ließ es aber einen weitaus größeren Teil nun erst recht unbefriedigt und frustriert an Bord der Großkampfschiffe zurück. Besonders eindringlich beschreibt Korvettenkapitän Bogislav von Selchow die Stimmungslage an Bord des Linienschiffs *Hannover*:

»Und wir! Hier auf der Hannover. Liegen im Hafen, fahren ein wenig zur See zur Ausbildung der U-Boote oder der eigenen Besatzung, machen viel Dienst, viel mehr vielleicht als jene draußen getan auf all den Kreuzern und Hilfskreuzern und kommen uns doch vor, alle, wie Menschen, die ein mißgünstiges Geschick an eine Felswand schmiedete, während draußen ein Gott die Erde verteilte. Die Leutnants, die Maate, die Matrosen, die Heizer, alles prächtige Menschen, und alle wollen sie fort. Herunter von diesem Linienschiff, hinein in die Welt, in das Leben, in den Ruhm. Auf meinem Schreibtisch türmen sich die Gesuche. Und ich, der ich es hier nicht mehr aushalten kann auf diesem Schiff der Etappe, ich muß täglich alle beruhigen, ihnen immer wieder sagen, es müssen doch auch hier Menschen bleiben, es können doch nicht alle auf die U-Boote oder die *Möwe* [einen berühmten Hilfskreuzer], dieser Stamm tüchtiger Menschen darf nicht auseinandergerissen werden. Das ist alles schön und gut und sogar richtig, es glaubt mir nur niemand, und vor allem, ich glaube es selber nicht. … Die Besatzung der *Hannover* ist erstklassig, das muß ich selbst sagen, ist aufeinander eingefahren und eingeschworen, daß es eine wahre Freude ist. Nur: jetzt ist Krieg! Und da will man Kampf und Schlacht und vor allem Verantwortung. … Das Deutsche Reich kämpft um seine Zukunft und ich kämpfe nicht mit. Ich arbeite Rollen aus und Befehle und gehe jeden Abend zu Bett. Und neide dem letzten Soldaten draußen im Feld seinen Unterstand und dem letzten Heizer auf dem U-Boot am Feind seine Hängematte.«[43]

Auch Selchow war überzeugt, dass mit dem U-Boot-Krieg das ersehnte Ziel, die Niederringung Englands, zu erreichen war. Tatsächlich begann dessen vierte und letzte Phase durchaus vielversprechend. Die anfangs etwas mehr als einhundert einsatzbereiten Boote, deren Zahl in den kommenden Monaten bis auf 129 anstieg, erhielten die Anweisung, in den zum Sperrgebiet erklärten Gewässern rings um die britischen Inseln, im größten Teil des Mittelmeers und im nördlichen Eismeer »jedem Seeverkehr ohne weiteres mit allen Waffen« entgegenzutreten.[44] Eine Unterscheidung zwischen feindlichen und neutralen, bewaffneten und unbewaffneten Handelsschiffen sowie zwischen Fracht- und Passagierdampfern sollte es fortan nicht mehr geben. Joachim Schröder hat allerdings nachgewiesen, dass auch in dieser letzten Phase des U-Boot-Krieges für die neutrale Schifffahrt eine ganze Reihe von Ausnahmeregelungen bestand, so dass von einem völlig uneingeschränkten U-Boot-Krieg auch jetzt eigentlich nicht die Rede sein konnte.

Trotzdem schnellten die Versenkungsquoten der U-Boote zunächst deutlich in die Höhe, bedingt vor allem durch den schonungslosen Einsatz von Mensch und Material. Doch obgleich auf diese Weise binnen weniger Monate die vom Admiralstab geforderte kritische Menge von fünf Mal 600 000 Tonnen Schiffsraum vernichtet wurde, und noch viel mehr bis zum Ende des Jahres 1917, lenkte London nicht wie vorhergesagt ein. Denn allen Anstrengungen zum Trotz gelang es den Deutschen auch unter diesen Umständen nicht, die Einfuhr lebenswichtiger Güter und Rohstoffe nach Großbritannien wirksam und dauerhaft zu unterbinden. Dazu waren die Warenströme, die tagtäglich aus aller Welt in den britischen Häfen eintrafen, zu umfangreich. Überdies gaben die Engländer sich alle Mühe, ihre Eigenproduktion zu erhöhen, nutzten Gärten, Parks und sogar Schulhöfe, um Kartoffeln und Gemüse anzubauen, und verwendeten, wie in Deutschland schon länger üblich, minderwertige Ersatzstoffe. Das Ernährungsministerium in London trug zudem durch umfangreiche Maßnahmen dafür Sorge, dass die Nahrungsmittelpreise während des gesamten Krieges weitgehend konstant blieben und in allen Regionen des Landes ein ausreichendes Warenangebot zur Verfügung stand.

So musste im Gegensatz zur deutschen Bevölkerung in Großbritannien niemand Hunger leiden. Im Gegenteil: Alles in allem verbesserten sich durch die staatlichen Eingriffe und die steigenden Löhne der »kriegswichtigen« Industriearbeiter die Lebensbedingungen der unteren sozialen Schichten sogar – für den amerikanischen Historiker Jay Winter ein »paradox of the Great War«.[45] Ebenso paradox ist es freilich, dass die Deutschen durch den rücksichtslosen Einsatz ihrer U-Boote zumindest indirekt zu dieser Verbesserung beitrugen, indem sie die Briten dazu zwangen, ihr hergebrachtes Versorgungssystem einer umfassenden Prüfung zu unterziehen und wo nötig zu modifizieren. Ein wesentliches Indiz für die Wirksamkeit dieser Veränderungen war unter anderem die Sterblichkeitsrate der weiblichen Bevölkerung. In Großbritannien blieb sie vom militärischen Geschehen weitgehend unbeeinflusst. Im Deutschen Reich dagegen lag sie 1917 um ein Drittel höher als vor dem Krieg.[46]

Nicht nur der angeblich kurz bevorstehende britische Zusammenbruch, auch das leichtfertige Abtun der amerikanischen Gefahr entpuppte sich als grobe Fehleinschätzung der deutschen Militärs. Das widerwillig gemachte Zugeständnis der Marine, amerikanische Passagierdampfer wenn möglich zu schonen, verfehlte jede Wirkung. Schon am 3. Februar 1917, zwei Tage nach Beginn des uneingeschränkten U-Boot-Kriegs, brachen die Vereinigten Staaten die diplomatischen Beziehungen zu Deutschland ab. Am 6. April 1917 erklärten sie, wie von Kanzler Bethmann Hollweg vorausgesagt, dem Deutschen Reich den Krieg. »Jetzt auch noch Krieg mit Amerika! Das haben wir nun davon! Unsere Parole: Viel Feind, viel Ehr!«, lautete Kapitänleutnant Hermann von Schweinitz' sarkastischer Kommentar dazu.[47]

Die Vereinigten Staaten stellten von nun an nicht nur ihre gesamte Handelsflotte in den Dienst der bedrängten Briten, sie lieferten den Entente-Mächten auch Schiffe, Waffen, Munition und Soldaten. Im Dezember 1917 stellten sie der Royal Navy sogar eine Reihe moderner Dreadnoughts zur Verfügung, die als 6. Schlachtschiffgeschwader in die *Grand Fleet* integriert wurden – sehr zum Leidwesen einiger britischer Offiziere, die der Ansicht waren, derlei Unterstützung aus Übersee sei nicht nur überflüssig, sondern geradezu lästig.

Mit der amerikanischen Kriegserklärung verdunkelte sich für die Deutschen der Horizont ganz erheblich. Doch je trüber die Aussichten wurden, desto hartnäckiger weigerte sich die Marine, dieser Tatsache ins Auge zusehen. Viele Offiziere empfanden es geradezu als Akt der Sabotage, als der Reichstag in Berlin am 19. Juli 1917 eine Resolution verabschiedete, in der für einen Frieden der Verständigung und Versöhnung ohne »erzwungene Gebietserwerbungen und politische, wirtschaftliche oder finanzielle Vergewaltigungen«[48] geworben wurde. Zuvor hatte in Gestalt des Zentrumsabgeordneten Matthias Erzberger erstmals ein führender bürgerlicher Politiker die militärische und politische Lage Deutschlands in den düstersten Farben gemalt und eine sofortige Friedensinitiative der Regierung gefordert.

So etwas hatte Deutschland nicht nötig, zumindest nicht in den Augen der Marine. Adolf von Trotha sah sich durch Erzbergers Vorstoß, der auch das Ende des U-Boot-Krieges bedeutet hätte, in seiner Überzeugung bestätigt: »Der Mann scheint nicht nur Landesverräter, sondern auch verrückt zu sein.«[49] Kapitänleutnant Walter Zaeschmar war ebenfalls schier außer sich: »Deutschland, d.h. das daheimgebliebene, hat sich selber aufgegeben und flennt, ich weiß nicht zum wievielten Male, um Frieden. Diesmal durch eine sogenannte Friedensresolution. Was die Massen der Gegner nicht fertiggebracht haben, die innere Uneinigkeit hat es erreicht. Wir verzichten auf den Sieg.«[50] Allerdings hatte die Marine auch Anlass zur Freude. Fast gleichzeitig nämlich erfolgte der Abgang des Reichskanzlers, den man so lange herbeigesehnt (und mitbetrieben) hatte. Bethmann Hollweg hatte, von der OHL gewissermaßen aus dem Amt gedrängt, am 13. Juli 1917 seinen Rücktritt erklärt. »Hurrah. Wenn es nur nicht schon zu spät ist«, kommentierte Vizeadmiral Hipper das Ereignis.[51]

Unter dem neuen Reichskanzler Georg Michaelis, der seinerseits nach kaum vier Monaten im Amt dem Zentrumspolitiker Georg von Hertling weichen musste, wurden die Friedenspläne des Reichstags nicht weiterverfolgt. Stattdessen wurde der U-Boot-Krieg fortgesetzt. Schließlich war es ja immer noch möglich, dass sich doch noch der Erfolg einstellte. Doch im Herbst und Winter 1917 gingen die anfangs überraschend guten Versenkungsergebnisse deutlich zurück. Dafür war nicht nur die zunehmende Erschöpfung der deutschen U-Boot-Mannschaften verantwortlich. Auch die britischen Abwehrmaßnahmen begannen Wirkung zu zeigen. Horchgeräte (Hydrophone) und Wasserbomben zur U-Boot-Jagd befanden sich mittlerweile auf einem deutlich höheren technischen Niveau als noch bei Kriegsbeginn. Viele Wasserwege im Ärmelkanal und in der Deutschen Bucht waren durch aufwändige Netz- und Minensperren für die U-Boote praktisch unpassierbar geworden.

Am wichtigsten aber war der Übergang der Briten zum Geleitzugsystem. Von der Royal Navy anfangs nur äußerst widerwillig eingesetzt, weil man fürchtete, den U-Booten dadurch noch bessere Ziele zu bieten, erwiesen sich die Geleitzüge, bei denen die Handelsschiffe nicht mehr einzeln, sondern in großen, von Kriegsschiffen geschützten Gruppen fuhren, schon bald als das erfolgreichste Mittel zur U-Boot-Abwehr. Die Konvois verringerten zum einen die Aussichten der U-Boote, überhaupt ein Handelsschiff zu sichten. Denn nun waren die Dampfer nicht mehr an verschiedenen Tagen und auf unterschiedlichen Routen unterwegs, sondern nahmen alle denselben Weg zur selben Zeit. Wer mit seinem U-Boot nicht zur richtigen Zeit am richtigen Ort war, ging leer aus. Zum anderen konnte selbst ein erfolgreiches U-Boot bestenfalls ein oder zwei Schiffe eines Konvois angreifen, ehe es entdeckt und von den mit Wasserbomben bewaffneten Begleitschiffen gejagt wurde. Das Konvoisystem ermöglichte schließlich auch die Verschiffung von mehr als einer Million amerikanischer Soldaten an die Fronten in Europa – was der deutsche Admiralstab stets kategorisch ausgeschlossen hatte.

Der U-Boot-Kommandant Ernst Hashagen beschreibt, wie schwierig es durch die Konvois für die deutschen U-Boote geworden war, »Beute zu machen«. Im Oktober 1917 war Hashagen mit seinem Boot *U 62* unter einen Geleitzug getaucht und verfolgte durch das Periskop die Bewegungen der feindlichen Schiffe. Jeden Augenblick konnte sein Boot gerammt oder von einem der begleitenden Zerstörer entdeckt werden.

»Ich weiß nicht, ob ich zu schildern verstehe, die wahnsinnige Nervenbelastung, die so ein Angriff auferlegte. Mein Boot war bei 6 Meter Breite 70 Meter lang! Also ein ziemlich großer oder sagen wir besser überlebensgroßer Walfisch. Dabei unter Wasser schwerfällig wie eine Schildkröte auf dem Lande. Und dabei mußten wir uns nicht nur hindurchschlängeln durch die ganze Sicherung, sondern uns auch im richtigen Moment, an der richtigen Stelle in der einzig richtigen Lage befinden, welche uns erlaubte, den Schuß abzugeben. Da wir jetzt mitten im Geleitzug waren, mußte dauernd ringsumher – 360 Grad – beobachtet werden. Man konnte schließlich von jeder Seite überrannt werden. Das Sehrohr hat aber nur 30 Grad Gesichtsfeld. Kann man sich vorstellen, was das heißt? Ich weiß nur so viel, daß mir sehr oft in solchen Momenten der Schweiß in Strömen herunterlief, schon allein vor körperlicher Anstrengung.«[52]

Sobald er den richtigen Moment gekommen glaubte, schoss Hashagen einen Torpedo ab und ließ sein Boot auf 50 Meter Tiefe sinken. Gut dreißig Sekunden später verkündete eine dumpfe Detonation den Erfolg der lebensgefährlichen Aktion, und der Kommandant nahm die Glückwünsche seiner Besatzung entgegen.

Nach außen hielt die Kaiserliche Marine auch im letzten Kriegsjahr scheinbar unbeirrt am U-Boot-Krieg fest. Doch hinter den Kulissen begann die Suche nach den Ursachen für den sich immer deutlicher abzeichnenden Misserfolg. Die Flottenführung beschuldigte den Admiralstab, die U-Boote falsch eingesetzt zu haben, und dem Reichsmarineamt warf sie vor, nicht für ausreichend Neubauten gesorgt zu haben. Tatsächlich gab es fast während des gesamten Krieges keinen kontinuierlichen, langfristigen Bauplan für die U-Boote, ein Umstand, der umso mehr verwundert, wenn man bedenkt, welche Bedeutung die Marine dieser Waffe seit Anfang 1915 beimaß. Ein Grund für dieses Versäumnis lag einmal mehr in der zersplitterten Kommandostruktur der Marine, die ein effizientes Zusammenarbeiten der verschiedenen Behörden erschwerte.

Um dieses Problem endlich aus der Welt zu schaffen, wurde im Sommer 1918 nach dem Vorbild der Obersten Heeresleitung erstmals ein einheitliches Oberkommando für die Marine geschaffen, die sogenannte Seekriegsleitung (SKL). Chef der SKL und zugleich Chef des Admiralstabs wurde Admiral Reinhard Scheer, an seine

Stelle als Flottenchef trat Vizeadmiral Franz von Hipper, der inzwischen zum Konteradmiral beförderte Adolf von Trotha blieb Chef des Stabes der Hochseestreitkräfte. Die SKL unternahm umgehend den Versuch, dem stagnierenden U-Boot-Krieg neues Leben einzuhauchen, indem sie ein ebenso großzügiges wie unrealistisches Konzept (in Anlehnung an das Hindenburg-Programm kurz Scheer-Programm genannt) entwickelte, das den Neubau von bis zu 36 U-Booten pro Monat vorsah. Doch es war zu spät. Im Westen zeichnete sich bereits die Niederlage des deutschen Heeres ab, und Ende September 1918 erklärte die OHL den Krieg für verloren. Danach war es nur mehr eine Sache von Wochen, bis die Aufnahme der Waffenstillstandsverhandlungen die SKL zwang, den U-Boot-Krieg am 20. Oktober 1918 endgültig einzustellen.

Während der U-Boot-Krieg bis in die letzten Tage des Krieges hinein mit geradezu verzweifelter Hoffnung fortgeführt wurde, spielte die Hochseeflotte in den operativen Planungen der Marineführung nur noch eine untergeordnete Rolle. Vorstöße der Flotte oder einzelner Verbände fanden kaum noch statt. Das Fehlen der zum Handelskrieg eingesetzten U-Boote schwächte die Einsatzbereitschaft der Großkampfschiffe ebenso wie der ständige Personalwechsel.

Militärisch trat die Flotte während der beiden letzten Kriegsjahre im Grunde nur noch drei Mal in Erscheinung: Zwischen dem 11. und 19. Oktober 1917 besetzte ein mehr als 20000 Mann starkes Landungskommando unter dem Schutz eines starken Flottenverbandes die baltischen Inseln Ösel, Moon und Dagö. Insgesamt wurden dabei elf Großkampfschiffe, neun Kleine Kreuzer und sechs U-Boote, dazu Dutzende Torpedoboote und Minensucher eingesetzt. Es war die erste gemeinsame Operation von Armee und Marine. Ziel der Aktion war die Vertreibung der russischen Flotte aus der Bucht von Riga und die Sicherung der Nordflanke des deutschen Ostheeres. Es ging aber auch darum, »frischen Wind in die Flotte« zu bringen, wie Vizeadmiral Albert Hopman, zu dieser Zeit Befehlshaber der Aufklärungsstreitkräfte in der östlichen Ostsee, ganz unverblümt an Alfred von Tirpitz schrieb.[53] Kurze Zeit darauf, am 17. November 1917, kam es zu einem kleineren Seegefecht, als ein britischer Kreuzerverband bei Helgoland die deutschen Sicherungskräfte angriff. Das schnelle Erscheinen zweier deutscher Linienschiffe zwang die Briten jedoch zum Rückzug und verhinderte ernsthafte Verluste. Im April 1918 lief die Hochseeflotte dann noch einmal aus, um den Seeverkehr zwischen Norwegen und Schottland zu stören; es war ihr bis dahin weitester Vorstoß und zugleich ihr letzter in diesem Krieg.

Kapitel VIII
»Die Kerls müßten glatt an die Wand gestellt werden« Die Flottenunruhen 1917

Es ist, alles in allem, kein schlechtes Leben, das die Seeleute des »Sonderkommandos Kaiserliche Marine Türkei« am Bosporus führen. Der Zusammenhalt ist gut, das Wetter warm, die Arbeit meist erträglich. »Wir leben hier in C[onstantino]pel ganz wie in normalen Zeiten, die Preise sind etwas gestiegen, es herrscht aber an nichts Mangel«, schreibt Vizeadmiral Wilhelm Souchon im März 1915 seiner Frau.[1] Die Offiziere kaufen türkische Teppiche auf dem Basar, besichtigen die Hagia Sophia und andere Sehenswürdigkeiten, abends gehen sie ins Kino oder in eins der Lokale, »in denen sich die hiesigen deutschen Elemente wie daheim am Biertisch zusammenfinden«.[2] Hin und wieder lädt Souchon die in der Stadt ansässigen Honoratioren zum Mondscheindinner auf das Achterdeck seines Flaggschiffs *Goeben* ein, es gibt Erdbeerbowle »bis spät in die sternenklare Nacht«, zu besonderen Anlässen auch Sekt und Kaviar.[3] Von den gelegentlichen Strandausflügen mit »Reiterkämpfen« und »Pyramiden« ist schon die Rede gewesen.

Im Sommer 1917 ist es damit vorbei. Nach drei Jahren als Chef der türkischen Flotte wird Souchon zurück in die Heimat beordert. In Wilhelmshaven soll er das Kommando über das IV. Linienschiffgeschwader übernehmen. Die Aussicht, einen Teil der Hochseeflotte in der Nordsee zu kommandieren und endlich wieder »eine reine Flagge über mir wehen zu haben«, erfüllt den Admiral, der aus seiner Geringschätzung für die türkischen Seeleute nie einen Hehl gemacht hat, mit großer Freude.[4] Doch als er im September 1917 zum ersten Mal sein neues Flaggschiff *Prinzregent Luitpold* betritt, ist er schockiert über die Zustände an Bord. Die Mannschaftsräume sind vollkommen kahl und unwohnlich, selbst die Farbe ist von den Wänden gekratzt. Auch seine eigenen Räume sind »kellerartig dunkel und kalt«.[5] Souchon erlaubt daraufhin der Mannschaft, »Bilder aus illustr[ierten] Zeitschriften, Kalender, Ansichtskarten und dergl. dem Feuer wenig Nahrung bietendes Zeug an die Wände zu kleben«. Denn, so schreibt er seiner Frau: »Das Hausen nun schon

Jahre lang in diesen eisernen Löchern, wer weiß wie weit vom Tageslicht entfernt, muß unfehlbar auf die Stimmung drücken.«[6]

Das war nur allzu wahr. Keine sechs Wochen vor Souchons Ankunft in Wilhelmshaven waren es die Heizer eben jener *Prinzregent Luitpold* gewesen, die durch ihr unerlaubtes Verlassen des Schiffes die erste Meuterei in der Geschichte der deutschen Marine ausgelöst hatten. Der Anlass war für sich genommen kaum der Rede wert: Nachdem es zuvor auch auf anderen Schiffen der Flotte schon zu kleineren Protestaktionen gekommen war, mit denen die Matrosen und Heizer ihren Unmut über das schlechte Essen oder gekürzten Urlaub zum Ausdruck brachten, kursierte am 31. Juli 1917 an Bord der *Prinzregent Luitpold* das Gerücht, eine für den nächsten Tag geplante Kinovorstellung sei abgesagt und stattdessen Infanteriedienst anberaumt worden. Am folgenden Morgen, als das Gerücht sich bestätigte, verließen rund 50 Heizer ohne Erlaubnis das Schiff, um sich der lästigen Pflichtübung zu entziehen. Als sie einige Stunden später wieder an Bord zurückkehrten, verhängte der Kommandant, Kapitän z. S. Karl von Hornhardt, gegen elf von ihnen Arreststrafen.

Daraufhin entschloss sich die restliche Besatzung zu einer größeren Protestaktion. Unter der Führung des Heizers Albin Köbis gingen am frühen Morgen des 2. August 1917 rund 600 Seeleute ohne Einverständnis ihrer Vorgesetzten an Land und marschierten über den Deich in das kleine Dorf Rüstersiel. Diesmal ging die Sache nicht so glimpflich aus. Wegen der hohen Zahl der Beteiligten und weil die Unruhen auch auf andere Schiffe des IV. Geschwaders übergriffen, ordnete die Flottenleitung disziplinarische Maßnahmen und in der Folge auch eine kriegsgerichtliche Untersuchung an. Diese endete mit der Verhängung zahlreicher Zuchthausstrafen und der Verkündung von fünf Todesurteilen »wegen vollendeter kriegsverräterischer Aufstandserregungen«. Vor der Vollstreckung mussten die juristisch umstrittenen Urteile vom Flottenchef gegengezeichnet werden, der das Recht hatte, sie gegebenenfalls in Haftstrafen umzuwandeln. In drei der fünf Fälle tat Admiral Scheer das auch; die Urteile gegen den Heizer Albin Köbis und den Matrosen Max Reichpietsch von SMS *Friedrich der Große* dagegen bestätigte er. Am 5. September 1917 wurden die beiden Männer auf dem Schießplatz Wahn bei Köln erschossen.

Für den Matrosen Richard Stumpf war das Urteil gegen Köbis und Reichpietsch ein Verbrechen, »dessen Ungeheuerlichkeit alle

Begriffe übersteigt. … Ich hätte jeden für einen Narren erklärt, der behauptet hätte, daß in meinem Vaterlande ein Mensch zu Zuchthaus und zum Tode verurteilt werden kann, ohne daß er etwas Unrechtes getan hat. Allmählich geht mir eine ganze Bogenlampe auf, warum manche Menschen das Militär und sein System mit solcher Leidenschaft bekämpfen.«[7] Vizeadmiral Souchon hingegen schrieb ungeachtet seiner mitfühlenden Äußerungen beim ersten Betreten der *Prinzregent Luitpold* Ende September an Admiral Scheer, er sei davon überzeugt, »dass das Urteil des Kriegsgerichts seine Wirkung getan und die Flotte wieder zu voller Kriegsbereitschaft gebracht habe. Zwar wären viele Matrosen von den Rädelsführern verführt worden, doch gehorchten die Besatzungen jetzt wieder ohne Widerspruch den Befehlen ihrer Offiziere.«[8]

Was sich im August 1917 in Wilhelmshaven abspielte, war sowohl ein Zeichen der Zeit als auch Ausdruck der inneren Zerrissenheit der Kaiserlichen Marine. Die Zeitläufte spiegelten die Unruhen in der Flotte insofern, als die allgemeine Kriegsmüdigkeit und die Unzufriedenheit mit den bestehenden politischen und sozialen Verhältnissen jetzt auch die Matrosen und Heizer der Hochseeflotte erreicht hatten. In weiten Teilen der deutschen Bevölkerung und besonders in der Arbeiterschaft war das Einigkeitsgefühl der ersten Kriegsmonate längst der bitteren Erkenntnis gewichen, dass der Krieg keineswegs das großartige, alle Klassenunterschiede überwindende und vor allem kurze Abenteuer war, für das ihn zunächst viele gehalten hatten. Stattdessen brachte er in einem zuvor unvorstellbaren Ausmaß Tod, Leid und Hunger nach Deutschland, und ein Ende war nicht absehbar.

Vor dem Hintergrund der russischen Februarrevolution und des Kriegseintritts der Vereinigten Staaten infolge des uneingeschränkten U-Boot-Krieges kam es im April 1917 zur ersten großen politischen Streikwelle im Kaiserreich. Hunderttausende beteiligten sich an den Arbeitsniederlegungen und Kundgebungen und forderten eine bessere Versorgung mit Nahrungsmitteln, einen baldigen Frieden ohne Annexionen und demokratische Reformen. Treibende politische Kraft hinter den Aktionen war die Unabhängige Sozialdemokratische Partei Deutschlands (USPD), die sich nach längeren innerparteilichen Richtungskämpfen gerade erst offiziell von der Mehrheits-SPD abgespalten hatte. In ihr sammelten sich »all jene Kräfte, die gegen eine Weiterführung des Krieges waren und eine Zusammenarbeit mit der Regierung strikt ablehnten. Für die hungernden, kriegsmüden Massen wurde die neue Partei zum Hoffnungsanker.«[9] Zur USPD gehörte auch die linksradikale »Spartakusgruppe« um Karl Liebknecht und Rosa Luxemburg, die sich im November 1918 als »Spartakusbund« selbständig machte, ehe sie wenig später in der neu gegründeten Kommunistischen Partei Deutschlands (KPD) aufging. Wie schnell die USPD an Einfluss gewann, zeigte sich unter anderem im Januar 1918, als mehr als eine Million Arbeiter in ganz Deutschland gegen eine Fortsetzung des Krieges und für innere Reformen streikten.

Die Besatzungen der still im Hafen vor sich hindümpelnden Kriegsschiffe nahmen regen Anteil an diesen Geschehnissen. Langeweile und der Mangel an sinnvollen Aufgaben ließen den Matrosen und Heizern viel Zeit zum Diskutieren, Zeitunglesen und zum Austausch mit den Werftarbeitern, von denen viele der USPD nahestanden. Auf diese Weise begannen die Seeleute politische Vorstellungen zu entwickeln, die den Ansichten der meisten Offiziere diametral entgegenstanden. Vor allem die Forderung, den Krieg möglichst schnell zu beenden, und der immer lauter werdende Ruf nach einer Demokratisierung der autoritären Strukturen des Kaiserreichs erschienen dem konservativen, zur Fortsetzung des Krieges bis zum »Siegfrieden« fest entschlossenen Offizierkorps höchst suspekt.

Um zu verhindern, dass sich die »Bewegung« weiter ausbreitete, wurde den Unteroffizieren und Mannschaften untersagt, an politischen Versammlungen teilzunehmen, einer politischen Organisation beizutreten oder sozialistische Zeitungen zu lesen. Die Gedanken an Frieden und Reformen ließen sich so allerdings nicht dauerhaft unterdrücken. Die »innere Revolutionierung« der wilhelminischen Gesellschaft hatte längst begonnen, und sie machte auch vor der Marine nicht Halt. »Unter unseren Leuten merkt man auch schon den unklaren, dunklen Geist der Auflehnung und des Widerstandes. Überall gärt es und drängt es zur fürchterlichen Entscheidung«, notierte Kapitänleutnant Reinhold Knobloch in seinem Tagebuch.[10] In seinen Augen waren es jedoch vor allem »Nörgler, Kleinmütige und Hetzer«, die das Volk beunruhigten und »in wahnsinnig törichtem Handeln« die Arbeiter zu Streiks aufwiegelten, ohne Rücksicht auf »die heiße Not und den blutigen Ernst« der Zeit.[11]

Deutlich differenzierter betrachtete Konteradmiral Albert Hopman das Geschehen. »Augenblicklich geht aber ein besonderer

Hauch durch die Welt«, schrieb er in einem Brief an seine Frau, »er schreit nach Frieden, nach Sicherung gegen die Wiederholung von Zuständen, wie wir sie in den letzten Jahren erlebt, nach neuen Weltordnungen, in denen an Stelle ehrgeiziger Monarchen oder imperialistischer Staatsmänner die Völker in Eintracht und gegenseitigem Verständnis ihre Geschicke selber leiten usw. Mir scheint es, man darf diese Bewegung, die als Reaktion gegen die jetzige Katastrophe kommen mußte und wachsen muß, nicht unterschätzen. Es ist besser, sie rechtzeitig in die Hand zu nehmen und in vernünftige Bahnen zu leiten, anstatt verächtlich darüber hinwegzusehen.«[12] Hopman war realistisch genug, um zu erkennen, dass es Menschen wie er waren, Angehörige des konservativen Establishments, die von diesen »neuen Weltordnungen« möglicherweise am wenigsten profitierten. »Schöner wird die Welt dadurch nicht, wenigstens nicht für uns! Vor 1914 war's schöner!«[13]

Als Kaiser Wilhelm II., von Reichskanzler Bethmann Hollweg dazu gedrängt, in seiner sogenannten Osterbotschaft vom 7. April 1917 eine Reform des antiquierten preußischen Dreiklassenwahlrechts in Aussicht stellte, das die Reichen und Gebildeten begünstigte und die Armen benachteiligte, versuchte er genau das zu tun, was Hopman vorgeschlagen hatte, nämlich »die Bewegung in die Hand zu nehmen und in vernünftige Bahnen zu leiten«. Angesichts dieses konkreten Vorschlags, so widerwillig der Kaiser ihn gemacht haben mochte, gab sich der Admiral dann aber plötzlich deutlich zurückhaltender: »Maßnahme bedeutet finis des alten Borussiae. Eine weniger plötzliche Evolution wäre günstiger gewesen.«[14] Doch so schnell, wie Hopman befürchtete, war das alte Preußen noch nicht am Ende: Die konservative Mehrheit im preußischen Landtag stemmte sich so lange gegen die Reformvorlage, bis Kriegsende und Revolution sie schließlich obsolet machten.

Auch der in dieser Hinsicht möglicherweise weiter als andere denkende Albert Hopman hatte offensichtlich Schwierigkeiten zu erkennen, was von heute aus betrachtet fast selbstverständlich erscheint: Dass nämlich, wie der Historiker Sven Müller schreibt, »die Identifikation mit der bestehenden politischen und gesellschaftlichen Ordnung nicht staatlich verordnet werden [konnte]«, sondern in entscheidendem Maße von dem Glauben abhängig war, »mit dem kämpfenden Nationalstaat eine verteidigenswerte Gesellschaftsform … zu schützen«.[15] Die Offiziere glaubten das ohne jeden

Zweifel. Wie aber sollte das antidemokratische und autokratische System des wilhelminischen Klassenstaates ausgerechnet denjenigen verteidigenswert erscheinen, denen die politische Gleichberechtigung verweigert wurde und die wie in Preußen nach dem Gesetz lediglich Untertanen zweiter und dritter Klasse abgaben?

Diese Frage stellte sich auch der Matrose Richard Stumpf. Er betrachtete das Problem aus zwei unterschiedlichen Blickwinkeln, einem überindividuellen nationalen und einem persönlichen. Die erste Perspektive atmete noch immer den »Geist von 1914«: »Daß wir den Krieg gewinnen mögen, und zwar vollständig gewinnen, wünsche ich ebenso als guter Deutscher wie als Katholik. Von diesem Standpunkte aus ist es für mich ein ganz unerträglicher Gedanke, daß etwa die verweichlichten Franzosen, die brutalen Engländer oder gar die stumpfsinnigen Russen unsere tapferen Soldaten besiegen könnten. Soviel Nationalstolz habe ich weiß Gott noch immer, daß ich die Deutschen für das erste, anständigste und ehrlichste Volk der Erde halte.«[16] Die zweite Sichtweise dagegen war die eines nach drei Kriegsjahren desillusionierten »christlichen Arbeiters«: »Anders, ganz anders sieht die Kehrseite der Medaille aus. Hier stehe ich nicht als Deutscher, sondern als Proletarier. Als solcher wünsche ich eine schwere, aber nicht vernichtende Niederlage. Warum das? Weil erfahrungsgemäß das untere Volk durch einen unglücklichen Krieg gewinnt, während die Reichen verlieren.« Umgekehrt, so Stumpfs Befürchtung, würden im Fall eines »Siegfriedens« den Arbeitern selbst die bisher gewährten »sozialen Rechte und Wohltaten« wohl wieder streitig gemacht. »Gar nicht zu denken wäre an eine Gesinnung von oben her, wie sie etwa aus dem Ostererlaß des Kaisers spricht.«

Wenige Offiziere scheinen willens oder fähig gewesen zu sein, einmal so wie Stumpf die Perspektiven zu wechseln und sich in die Lage anderer zu versetzen. Vielmehr hielten sie während des gesamten Krieges hartnäckig am Mythos von der Einheit der Nation fest. Alles, was geeignet schien, diese Einheit zu gefährden, wurde aufs Schärfste verurteilt und bekämpft: die »Nörgler und Hetzer«, die mit Streiks und der Forderung nach einem schnellen, »schwachen« Frieden für Unruhe sorgten, ebenso wie die »verweichlichte« politische Führung, die weder dem Treiben von Sozialdemokratie und Gewerkschaften Einhalt zu gebieten vermochte, noch in der Lage war, »militärisch« zu denken und die Vorteile einer möglichst rücksichtslosen Kriegführung zu erkennen. Dabei war die zunehmende Spaltung der »Klassengesellschaft im Krieg« (Jürgen Kocka) gar nicht zu übersehen. Und an kaum einem anderen Ort ließ sie sich besser studieren als in der Kaiserlichen Marine.

Schon lange bevor im Sommer 1917 die innere Zerrissenheit der Marine in brutaler Deutlichkeit offensichtlich wurde, hätte jeder, der es sehen wollte, erkennen können, was alles im Argen lag in des Kaisers »schimmernder Wehr«. Schon im Herbst 1916 war es auf verschiedenen Schiffen der Hochseeflotte zu ersten Nahrungsmitteldiebstählen und Gehorsamsverweigerungen gekommen. Am 5. September 1916 hatte Kapitänleutnant Reinhold Knobloch in seinem Tagebuch notiert: »Es häufen sich jetzt die Fälle, wo von der Postprüfungsstelle Briefe von Leuten der Besatzung an das Kommando geschickt werden, in denen über mangelhaftes Essen, zuviel Dienst, schlechte Behandlung usw. geklagt wird. Dabei kommt meistens eine höchst mangelhafte Gesinnung zu Tage.« Es sei einfach unglaublich, schrieb Knobloch, wie die Leute, denen es doch »wahrhaft gut« gehe, so unberechtigt klagen könnten. »Sie müßten alle an die Somme geschickt werden, wo seit Tagen in unveränderter Stärke die furchtbarste Schlacht des Weltkrieges wütet.«[17]

In diesen wenigen Zeilen ist alles enthalten, was man wissen muss, um zu verstehen, wie es zu den späteren Unruhen kommen konnte. Zum einen war da die fast völlige Ignoranz der Offiziere gegenüber den Sorgen und Nöten ihrer Untergebenen. Die Empörung, mit der Knobloch auf die in den abgefangenen Briefen erhobenen Vorwürfe reagierte, zeigt, dass er über die Situation der Mannschaften offensichtlich nicht besonders viel wusste. Sonst hätte er nicht annehmen können, den Leuten gehe es »wahrhaft gut«. Zu einer solchen Sichtweise trug erheblich die traditionelle Abschottung der Offiziere gegenüber der restlichen Besatzung bei. Die Befehlsübermittlung lief in der Regel über die Deck- und Unteroffiziere sowie die Ingenieure, eine direkte Kommunikation mit der Mannschaft gab es allenfalls auf der Ebene der jüngeren Divisionsoffiziere. Alles andere hätte dem elitären Selbstverständnis der Offiziere zutiefst widersprochen. »Die Mehrzahl der Offiziere waren so von ihrem Kastengeist beherrscht, dass sie unfähig waren, sich in die Lage ihrer Männer hineinzuversetzen. Sie zeigten deshalb wenig Verständnis für die Bedürfnisse und Probleme ihrer Männer. Seit ihrem ersten Tag in der Marine waren sie dazu erzogen worden, sich ihren Männern gegenüber als haushoch überlegen zu betrachten.«[18]

Zum anderen benennt Knoblochs Tagebucheintragung eine Reihe von Missständen, die es so oder in ähnlicher Form auch in der deutschen Armee gab: mangelhaftes Essen, zu viel Dienst, schlechte Behandlung durch Vorgesetzte. Diese Vorwürfe wurden so zahlreich und massiv erhoben, dass sie nach dem Krieg auch einen parlamentarischen Untersuchungsausschuss beschäftigten, der die »Ursachen des Deutschen Zusammenbruchs« analysieren sollte. Dessen Verhandlungsprotokolle, Gutachten und Beschlüsse sind in zwölf voluminösen Bänden publiziert worden, von denen zwei sich ausschließlich mit der Marine beschäftigten. Zu den vom Ausschuss bestellten Gutachtern gehörte auf Seiten der Offiziere Konteradmiral Adolf von Trotha, für die Mannschaften sprach der Matrose Richard Stumpf; daneben wurden zahlreiche weitere Zeugen, vor allem aus dem Mannschaftsstand, befragt.

Am harmlosesten dürfte noch die Klage über eine zu hohe Arbeitsbelastung gewesen sein. Wir haben gesehen, dass beispielsweise die immer wieder durchexerzierten Klarschiffs- und sonstigen Übungen den Matrosen als reine Schikane erschienen. Wenn Admiral Reinhard Scheer nach dem Krieg behauptete, der Dienst an Bord habe an die Offiziere »mindestens die gleichen, meist aber erheblich größere Anforderungen als an den größten Teil der übrigen Besatzung« gestellt, dann war das bestenfalls die halbe Wahrheit.[19] Denn zum Ausgleich für ihre Mühen erhielten die Offiziere nicht nur mehr Freizeit und Urlaub als die Matrosen und Heizer, sondern verfügten auch über umfangreichere Mittel und Möglichkeiten, diese freie Zeit möglichst angenehm zu gestalten. Möglicherweise erregte diese Privilegierung der Offiziere den Unmut der Mannschaften weitaus stärker als die Arbeitsbelastung an sich. Was denn ein Kapitänleutnant für seine 650 Mark Gehalt leiste, fragte Richard Stumpf und lieferte die Antwort gleich mit: »Er putzt und poliert seine Fingernägel, hält seinen Scheitel in Ordnung und geht nur auf See Wache. … Kanns denn was besseres geben als wie die Laufbahn bei der K[aiserlichen] M[arine].«[20] Ein andermal schrieb er: »Wir schuften und plagen uns wieder, und die ›Menschen‹ sind an Land in ihrer Wohnung. Heute waren sie aber alle da, weil der Gehalt ausgezahlt wurde.«[21]

Weitaus schwerer als die dienstlichen Verpflichtungen wogen jedoch die beiden anderen in Knoblochs Tagebuch genannten Punkte: das mangelhafte Essen und die schlechte Behandlung. Natürlich begünstigte, um mit Letztgenanntem zu beginnen, wie zu allen Zeiten auch in der Kaiserlichen Marine des Ersten Weltkriegs die militärische Hierarchie den, der oben stand, und benachteiligte den, der unten stand. Und natürlich war es für das Funktionieren des militärischen Apparats unerlässlich, dass die Vorgesetzten auf die Einhaltung der Disziplin und des Prinzips von Befehl und Gehorsam achteten. Doch die Art und Weise, wie manche Offiziere ihre Untergebenen behandelten, ging weit über das erforderliche Maß an militärischer Strenge hinaus, zuweilen grenzte sie an Menschenverachtung.

Im Tagebuch des Matrosen Stumpf findet sich eine ganze Reihe von Beispielen für die schikanöse Behandlung der Mannschaften durch ihre Offiziere an Bord der *Helgoland*. So bemängelte Stumpfs Divisionsoffizier bei der Musterung »jedes Fältchen und Fleckchen im Zeug«, obwohl es wegen des allgemeinen Mangels an Stoffen und Wolle schon lange keinen Ersatz mehr gegeben hatte. »Ein solches Verfahren verekelt, weiß Gott, die ganze Freude am Dienst. Ich bin gegen alles höchst gleichgültig, und das nicht nur ich allein.« Immerhin fügte Stumpf hinzu: »Ein Glück, daß nicht alle Offiziere so sind.«[22] Als er im Sommer 1915 erfuhr, dass der Erste Offizier des Schlachtkreuzers *Derfflinger* von der Mannschaft verprügelt worden sei, bemerkte er: »Ein Wunder ist dies wahrhaftig nicht! Wenn man sieht, wie verächtlich die Leute oft behandelt werden, kocht einem das Blut.«[23] Die ohnmächtige Wut Stumpfs und seiner Kameraden gipfelte schließlich in dem Wunsch, »die Helgoland möchte auf eine Mine laufen und das ganze Offiz[ier] Wohndeck in Fetzen reißen. Es ist erstaunlich, wie sich alle Mann jetzt um die Politik kümmern. Alles ist sich darüber einig, daß nach dem Kriege die Bevorzugung der Off[iziers] Kaste aufhören muß. Es ist auch wahr, diese haben viel zu viel Recht. Da verfügt jeder über Leben und Freiheit des Untergebenen.«[24]

Das war durchaus wörtlich zu verstehen. Die Seeoffiziere, in Deutschland ebenso wie in Großbritannien, waren nicht nur die militärischen und dienstlichen Vorgesetzten aller anderen Offiziere, Unteroffiziere und Mannschaften, sondern übten auch die Gerichtsbarkeit über diese aus, bis hin zur Verhängung der Todesstrafe. Diese nahezu vollkommene Machtbefugnis erforderte einen sorgsamen Gebrauch, den jedoch insbesondere die deutschen Offiziere während des Krieges häufig vermissen ließen. Obwohl es meist kleinere Delikte wie Trunkenheit, Ungehorsam, Diebstahl oder die verspätete Rückkehr aus dem Urlaub waren, die vor den Bordgerichten verhandelt wurden, fielen die Strafen oft sehr hart aus. Reinhold Knobloch etwa erwähnt einen Fall, in dem vier Heizer sich heimlich nachts von Bord geschlichen hatten und dafür mit mehreren Wochen Arrest bestraft wurden.[25] Ein Matrose, dem wiederholte Gehorsamsverweigerung vorgeworfen wurde, bekam dafür nicht weniger als 15 Monate Gefängnis.[26] Einspruch gegen die Urteilssprüche der Bordgerichte einzulegen war nicht möglich, nach Bestätigung durch den Kommandanten erlangten sie Rechtskraft.

Wurde gegen die Mannschaften oft rigoros durchgegriffen, ließen die ausschließlich aus Offizieren zusammengesetzten Gerichte gegen ihresgleichen gern Milde walten. Der Historiker Daniel Horn hat dafür einige Beispiele zusammengetragen, so etwa den Fall des Kapitänleutnants Fünfstück, der sich mit Damen von zweifelhaftem Ruf in Wilhelmshaven vergnügte, oder den des Kapitänleutnants Kossack von SMS *Derfflinger*, dem mehrfach sexuelle Belästigung von Untergebenen nachgewiesen worden war, dem aber auf persönlichen Befehl des Kaisers statt eines unehrenhaften Abschieds ebenso wie Fünfstück lediglich ein Verweis erteilt wurde.[27]

Die Ermahnung des zeitgenössischen »Ratgebers für die Standes- und Berufspflichten des deutschen Offiziers«, nie einen Untergebenen anzurühren oder gar zu misshandeln, blieb offenbar ebenso unbeachtet wie die im gleichen Atemzug geäußerte Hoffnung, »daß er [der Offizier], der gebildete, vornehme Mann, sich zu zügeln wisse und daß er unablässig an sich arbeite, um über etwaige Leidenschaften und Affekte Herr zu werden. Wer andere beherrschen will, darf die Herrschaft über sich selbst nicht verlieren.«[28] So bekam an Bord des Linienschiffs *Rheinland* ein Matrose, der eine in seinen Augen ungerechtfertigt hohe Strafe wegen einer Disziplinlosigkeit zu verbüßen hatte und sich darüber beschwerte, vom Kommandanten zu hören: »Ob Sie verrecken oder nicht, das ist uns egal, die Hauptsache ist die Gefechtsbereitschaft des Schiffes. Leute sind Nebensache, denn die können wir kriegen, soviel wir haben wollen.«[29] Der Kommandant des Kleinen Kreuzers *Nürnberg* teilte seiner Mannschaft, die nach besserer Verpflegung verlangte, mit, es gebe nicht mehr zu essen. »Sollte einer von Ihnen dabei eingehen, so bin ich gern bereit, ihn mit allen Kriegsehren beerdigen zu lassen.«[30]

Vor dem parlamentarischen Untersuchungsausschuss kam nach dem Krieg auch der Brief eines ehemaligen *Helgoland*-Matrosen zur

Sprache, in dem schwere Vorwürfe gegen Kapitänleutnant Walter Zaeschmar erhoben wurden: »Wir sahen mit zu, wie die Kadetten an Bord kamen, wir sahen, wie sie Fähnrich wurden, dann wurden sie Leutnant und standen vor der Front und sagten zu altgedienten, zum Teil verheirateten Leuten: Ihr Dämelsäcke, ihr Affengesichter! Oder jener Kapitänleutnant Zaeschmar, der nie anders zu den Leuten sagte als: Geh weg, du Schwein, du Biest, du stinkst!«[31]

Erschwert wurde die Situation außerdem durch den häufigen Personalwechsel infolge des uneingeschränkten U-Boot-Krieges. Gerade die jüngeren Offiziere, die als Divisionsoffiziere noch den engsten Kontakt zu Unteroffizieren und Mannschaften besessen hatten, zog es von den großen Schiffen hinunter und zu den U-Booten. Ersetzt wurden sie in der Regel durch junge, unerfahrene Leutnants, denen im Umgang mit ihren neuen Untergebenen oft das nötige Fingerspitzengefühl fehlte. Das musste auch der Matrose Stumpf erfahren. »Wie beschämend ist es, einen Leutnant von 20 Jahren fragen zu müssen, ob man austreten darf. Und wenn man dann hören muß, ob es dringend sei oder nur ein Vorwand zum Drücken, da juckt es mir in den Fingern. … Es ist eine tiefe Schande, daß so einem Schnösel, den man noch als Kadett gekannt hat, eine solche Machtbefugnis in die Hand [gegeben wird]. Er quakt jeden pampig an, und sagt dann einer ein Wort zuviel, stellt er ihn auf den Turm, schickt ihn in den Mast oder meldet ihn zum Rapport. Ich muß aber sagen, daß er noch lange nicht der Gemeinste in dieser Hinsicht ist.«[32] Selbst Kapitänleutnant Hermann von Schweinitz konnte nicht umhin festzustellen: »Diesen Kriegsoffizieren fehlt die strenge Friedenserziehung, die gute Kinderstube überhaupt.«[33]

Besser war die Situation an Bord der kleineren Schiffe, der Minensucher, Zerstörer und U-Boote. Dort bestand aufgrund der sehr viel geringeren Besatzungsstärke und der ausgeglicheneren Lebensverhältnisse naturgemäß eine engere Beziehung zwischen Vorgesetzten und Untergebenen als auf den riesigen Dreadnoughts mit mehr als tausend Mann Besatzung. Der U-Boot-Kommandant Ernst Hashagen schrieb nach dem Krieg über das Verhältnis von Offizieren und Mannschaften an Bord der U-Boote: »Wir vertrauten felsenfest aufeinander. Was waren wir Kommandanten ohne unsere Leute? Gewiß, wir machten die Pläne, führten und griffen an. Aber das ganze stolze Gebäude fiel in nichts zusammen schon bei einem kleinsten Versager der Besatzung. Ein falsch bedientes Ventil, unangebrachte Nervosität oder irgendein kleiner Mangel an Aufmerksamkeit, an ›Zusammendenken‹ mit dem Führer oben im Turm konnte den Erfolg in einen Untergang verwandeln.«[34]

Wie behandelten britische Vorgesetzte ihre Untergebenen? Zunächst einmal lebten auch in der Royal Navy Offiziere und Mannschaften in verschiedenen Welten, strikt getrennt durch soziale Herkunft und militärischen Rang. Am Prinzip von Befehl und Gehorsam bestand auch hier nicht der leiseste Zweifel. »Es gab nie eine Kameradschaft zwischen uns oder etwas Ähnliches. Er war da, und man tat, was einem gesagt wurde«, so beschrieb ein Matrose das Verhältnis zu seinem Divisionsoffizier.[35] Doch hatten verschiedene Reformen in den Jahren vor dem Ausbruch des Krieges die Situation der Mannschaften deutlich verbessert. So war etwa das Strafsystem weniger rigide als noch zu Beginn des Jahrhunderts, und auch die Militärgerichte zeichneten sich nicht durch jene vorhersehbare Einseitigkeit aus, die für die deutsche Seite typisch gewesen zu sein scheint.

Als es im Sommer 1915 auf dem in Scapa Flow stationierten Leichten Kreuzer *Warrior* mehrfach zu Befehlsverweigerungen der Matrosen und Heizer kam, entsandte die Flottenleitung eine aus neutralen Offizieren bestehende Untersuchungskommission an Bord des Schiffes, um herauszufinden, was die Ursache der Disziplinlosigkeiten war. Dabei stellte sich heraus, dass Sir Robert Arbuthnot, der kommandierende Admiral der *1st Cruiser Squadron*, zu der die *Warrior* gehörte, der Mannschaft mehrfach ohne ersichtlichen Grund freie Tage gestrichen und während eines Werftaufenthaltes der *Warrior* in Liverpool sogar ein Urlaubsverbot für Matrosen und Heizer verhängt hatte. Daraufhin passierte etwas, das in der deutschen Marine in dieser Form kaum vorstellbar gewesen wäre: Die Kommission unterstützte nicht etwa die Vorgehensweise des Admirals, sondern gab der Mannschaft recht. Admiral Jellicoe persönlich informierte die Matrosen und Heizer kurze Zeit später darüber, dass alles getan werde, um Ungerechtigkeiten wie diese künftig zu vermeiden. »Der Oberbefehlshaber betonte, wie skandalös eine solche Geschichte in Kriegszeiten sei und gab seiner Hoffnung Ausdruck, dass es zu keinen weiteren Schwierigkeiten kommen werde. Seitdem scheint alles an Bord viel vorteilhafter zu laufen.«[36]

Es ist nicht bekannt, dass ein deutscher Oberbefehlshaber sich in ähnlicher Weise zum Anwalt der ihm unterstellten Besatzungen gemacht hätte. Konteradmiral Paul Heinrich, der ehemalige Kommandant des Schlachtkreuzers *Derfflinger*, setzte sich nach dem Krieg kritisch mit der Führungskultur in der deutschen Marine auseinander und kam zu dem Schluss: »Es wurde nicht eigentlich geführt, sondern vielmehr regiert, schlecht regiert. ... Um Hipper erhob sich eine unsichtbare, aber fast undurchdringliche Wand, die den Admiral von seinen Kommandanten trennte.«[37] Und von den Mannschaften, möchte man hinzufügen, natürlich erst recht. Er selbst, schrieb Heinrich, habe Hipper über Monate hinweg kaum zu Gesicht bekommen, alle Versuche der Offiziere, ein engeres Verhältnis zu ihrem Vorgesetzten herzustellen, seien gescheitert. »Dieses Außerachtlassen der Beziehungen mit den Besatzungen und mit den Offizieren war fehlerhaft. Aber das war auch bei anderen Admiralen der Flotte zu beobachten. ... Solange ich den *Derfflinger* kommandierte, hat kein Admiral das Schiff betreten. Mit sehr wenigen Ausnahmen ging es allen Schiffen ebenso.«[38]

Die britischen Flottenführer John Jellicoe und David Beatty pflegten offenkundig einen anderen Führungsstil als ihre deutschen Kollegen. Daneben trugen, wie wir gesehen haben, auch gemeinsame Freizeitbeschäftigungen wie *concert parties* oder Sportveranstaltungen dazu bei, Offiziere und Mannschaften einander näherzubringen und die strenge Militärhierarchie wenigstens in der dienstfreien Zeit ein Stück weit aufzulockern. Last but not least stellten allem Anschein nach die britischen Offiziere die Privilegien, die sie gegenüber der Mannschaft genossen, nicht in einer Weise zur Schau, die den Neid und die Missgunst ihrer Untergebenen förmlich provozierte.

Die kaiserlichen Offiziere taten genau das. In besonders eklatanter Weise wurde dies bei der Versorgung mit Lebensmitteln deutlich, dem vielleicht wichtigsten Grund für die zunehmende Entfremdung zwischen Offizieren und Mannschaften und dem dritten der in Kapitänleutnant Knoblochs Tagebuch genannten Punkte. Selbst in Zeiten der größten Hungersnot lebten viele Offiziere weiterhin in Saus und Braus. Knobloch selbst war, wie wir wissen, nach dem Untergang der *Rostock* in der Skagerrakschlacht auf den Kleinen Kreuzer *Danzig* gekommen. Dort war von Mangel nichts zu spüren. »Wir an Bord essen immer noch hervorragend«, stellte er im Januar 1917 fest, mitten im katastrophalen »Steckrübenwinter«, als sich die Folgen der britischen Seeblockade besonders drastisch bemerkbar machten. »Wir haben Kartoffeln vollauf, Erbsen, Bohnen und anderes Gemüse, Fleisch, Butter, Brot.«[39]

Ein Offizier, der das Schiff aus gesundheitlichen Gründen verlassen hatte, berichtete Knobloch von den Zuständen an Land und von den Schwierigkeiten, die eigene Familie zu ernähren. »Sie essen nur Steckrüben, er sehnt sich nach den Fleischtöpfen der Danzig zurück.«[40] Man braucht sich bloß den Speiseplan der Offiziermesse der *Danzig* an Weihnachten 1916 anzusehen, um zu begreifen, wie groß diese Sehnsucht gewesen sein muss: »Es gab Bouillon mit Mark, dazu eine feine Schwedenplatte mit Kaviarschnitten usw. Dann Karpfen mit Buttersauce und Meerrettich in erstaunlichen Mengen. Nachher selbstgebackene Torten, Weihnachtsgebäck, Nüsse usw. Erst Wein, dann Punsch. Wir haben uns alles gegönnt.«[41]

Jede Offiziermesse hatte ihren eigenen Koch, serviert wurde das Essen von Stewards. Speisen und Getränke mussten aus eigener Tasche bezahlt werden und wurden der besseren Qualität wegen oftmals zu horrenden Summen auf dem Schwarzmarkt beschafft, »wo für den entsprechenden Preis praktisch jede Ware zu haben war«.[42] Das war kein allzu großes Problem, denn die Offiziere, die noch dazu nicht selten aus gutsituierten Familien stammten, waren vergleichsweise gut bezahlt. So stand einem Konteradmiral wie Adolf von Trotha ein Grundgehalt von rund 900 Mark im Monat zu, dazu mehrere hundert Mark Kriegszulage. Das war nicht ganz so viel, wie der Chef der Hochseeflotte verdiente, nämlich 3200 Mark monatlich, aber es ermöglichte Trotha immerhin, seiner Frau jeden Monat 700 Mark zur Deckung der laufenden Kosten zu überweisen.[43] Auch die jüngeren Offiziere mussten nicht darben. Ein Kapitänleutnant bekam rund 600 Mark Gehalt im Monat, das sich aus einem Grundgehalt von 283 Mark und einer täglichen Kriegszulage in Höhe von 10 Mark zusammensetzte. Oberleutnants und Leutnants erhielten ein Grundgehalt von monatlich 125 Mark plus 5,15 Mark Kriegszulage pro Tag.[44] Ein einfacher Matrose dagegen verdiente 21,90 Mark im Monat.[45]

Ähnlich groß wie bei der Besoldung waren die Unterschiede in der Verpflegung an Bord. Das Essen der Mannschaften besaß bei weitem nicht die Qualität der Mahlzeiten in den Offiziermessen. Es war ein Massenprodukt, minderwertig und nährstoffarm, zubereitet in Großküchen für tausend Mann gleichzeitig. Auf dem Linienschiff *Posen* bekam die Besatzung mehrmals wöchentlich ein undefinierbares Gemisch aus vertrockneten Steckrüben, Winterkohl und einigen Fasern Büchsenfleisch vorgesetzt, den berüchtigten »Drahtverhau«.[46] Noch dazu wurden die Rationen der Matrosen und Heizer angesichts der schlechten allgemeinen Versorgungslage immer weiter gekürzt, bis sie im Dezember 1916 selbst nach Auffassung des Marine-Verbindungsoffiziers beim Kriegsernährungsamt einen bedenklichen Tiefstand erreicht hatten.[47]

Eine besondere Tradition in der Marine erlaubte es den Mannschaften, einmal im Jahr, zu Weihnachten, den Offizieren offen und ungestraft die Meinung zu sagen. Für gewöhnlich nutzten die Matrosen und Heizer diese seltene Gelegenheit, um auf selbstgemalten Plakaten und Transparenten kleinere Missstände und allzu strenge Vorgesetzte anzuprangern. Im »Steckrübenwinter« 1916/17 allerdings dürfte SMS *Helgoland* nicht das einzige Schiff gewesen sein, das nicht einen Offizier, sondern den Proviantmeister zur Zielscheibe der Kritik erkor. »Fast immer war es die von ihm mit Möhrenzusatz hergestellte Marmelade, welche herhalten mußte. In allen möglichen Stellungen war er bei der Zubereitung derselben abgebildet. Riesige Kohlrüben, altes Tauwerk und der Feuerlöschschlauch bildeten die Zutaten. ... Ein Bild stellte den Pr[oviantmeister] fürchterlich ›kotzend‹ dar, nachdem er versehentlich von seiner Marmelade gekostet hatte.«[48]

Die Tatsache, dass die Offiziere sich derweil weiterhin »alles gönnten«, wie Knobloch angab, sorgte für großen Unmut bei den Mannschaften. Auf der *Helgoland* hatte der Matrose Richard Stumpf schon im Sommer 1915 geschrieben: »Ich kann sagen, daß während meiner Dienstzeit noch niemals die Kluft zwischen der Messe und der Back, dem Offizier und dem Mann so klaffend tief gewesen ist wie gerade jetzt während der Kriegszeit. Nicht wenig hat zu diesem unerfreulichen Verhältnis die Tatsache beigetragen, daß sich die Offiziere zu keinerlei Einschränkung bequemen. Währenddem wir uns mit halber Brotration begnügen müssen, finden in der Messe Ess- und Trinkgelage statt, bei welchen 6–7 Gänge aufgetischt werden. Im Frieden sagte man dazu nichts, paßt das aber für die jetzige tiefernste Zeit?«[49]

Einmal mehr entsprachen die Verhältnisse innerhalb der Marine damit der allgemeinen Situation. Denn auch in der Bevölkerung wirkte nach Ansicht des Historikers Jürgen Kocka »die ungleiche Verteilung der knappen Güter ... auffallender und aufreizender ... als die Knappheit der Güter selbst«.[50] Das Stellvertretende Generalkommando in Münster stellte im Winter 1916/17 fest: »Es ist eine eigentümliche Erscheinung, daß das Volk sich schließlich in jede Entbehrung findet, daß es aber niemand vertragen kann, wenn der andere ein bißchen mehr hat als er selbst. Würde es gelingen, Gewißheit zu verbreiten, daß die Nahrungsmittelunbequemlichkeiten gleichmäßig verteilt wären, dann würde die Unzufriedenheit sofort verschwinden.«[51]

Ein Blick auf die kleinen Einheiten der Flotte bestätigt diese Vermutung. An Bord der U-Boote, Torpedoboote und Minensucher gab es nur eine Küche für alle, aßen Offiziere und Mannschaften das gleiche Essen, und gab es eben deshalb auch keine Klagen. Auf den großen Schiffen dagegen scheuten die Offiziere sich nicht, »die ungleiche Verteilung der knappen Güter« demonstrativ zur Schau zu stellen:

»Die Offiziere veranstalteten in der Messe ein großes Sauf- und Freßgelage, das seinen Höhepunkt um Mitternacht erreichte. ... Die Messe glich einem Irrenhaus. Schändlich aber war es, auf welch hündische Weise diese Saufkerle von den Matrosen um Bier, Zigaretten und Schnaps angebettelt wurden. Man hätte weinen mögen über solche Selbsterniedrigung. Einige vergaßen sich soweit zu versichern, daß sie gute Soldaten und gute Preußen seien. Sie erhielten ein extra Glas Bier. Schließlich wurden gar noch Hurras auf einzelne besonders freigebige Spender ausgebracht. Der Skandal dauerte bis 4 Uhr morgens. Dann schlief ich ein.«[52]

Auf einigen Schiffen gaben die Offiziere Lebensmittel, die die Bevölkerung den »blauen Jungs« gespendet hatte, nicht an die Besatzung weiter, sondern versorgten damit ihre Privathaushalte. Im Juli 1917 schrieb der Staatssekretär des Reichsmarineamtes, Admiral Capelle, deshalb einen besorgten Brief an Admiral Scheer, in dem er dem Flottenchef mitteilte, sogar im Reichstag seien Gerüchte zu hören, die Offiziere zweigten große Mengen Proviant für ihre Familien ab und ließen die Mannschaften für »Liebesgaben« der Bevölkerung bezahlen. Scheer forderte daraufhin die Offiziere auf, sich zu mäßigen. Andernfalls sei er gezwungen, die Mitnahme von Essen von Bord generell zu untersagen.[53] Wie schwach das Unrechtsbewusstsein der Offiziere in dieser Hinsicht ausgeprägt war, zeigte sich auch, als Capelle die Einführung von »Menagekommissionen« in der Marine ankündigte. Diese Kommissionen sollten aus Vertretern der Mannschaften bestehen und, wie bei der Armee schon seit längerem üblich, Qualität und Verteilung der Verpflegung an Bord kontrollieren. Die Offiziere protestierten aufs Schärfste. Sie sahen in den Kommissionen ein zu weit gehendes Zugeständnis an die Matrosen und Heizer und eine Beschneidung ihrer Befehlsgewalt. Verhindern konnten sie die Kommissionen nicht.

Zu einem weiteren großen Problem entwickelte sich der übermäßige Alkoholkonsum der Offiziere. Während für die Mannschaften Alkohol an Bord verboten war, flossen in den Offiziermessen Bier, Wein und Schnaps in Strömen. Wie Georg von Hase berichtet, gab es an Bord des Schlachtkreuzers *Derfflinger* »keinen einzigen Verächter von Wein, Weib und Gesang« unter den Offizieren; allein bei Vorstößen der Flotte in die Nordsee sei die Messe »trocken« geblieben.[54] Ähnliches galt für den Kleinen Kreuzer *Danzig*, wo es unter den Offizieren zum guten Ton gehörte, sich sonnntags nach dem Gottesdienst zu einem Cocktail-Umtrunk in der Messe zu treffen. »Auf der Danzig wurde aber auch ein wenig reichlich getrunken«, gab Kapitänleutnant Knobloch zu, »vor allem Schnaps, das geliebte Blauwässerchen.«[55] Als er später auf die *Karlsruhe* versetzt wurde, sah es dort nicht viel besser aus. »Hier wieder große Besauftheit der Leutnants. Das scheint an der W'havener Luft zu liegen. Es wird hier mächtig gesoffen, gesungen oder vielmehr gegröhlt. Die ganze Nacht war Radau und Krach.«[56]

Knobloch, obwohl selbst kein Abstinenzler, waren die Saufgelage an Bord verhasst. Weder schienen sie ihm zur allgemeinen Untätigkeit der Marine zu passen, noch entsprachen sie in ihren Begleitumständen seinem persönlichen Geschmack. »Mittags wurde etwas allzu reichlich und überschwenglich der Oberassistenzarzt d. R. Dr. Barfurth abgefeiert. Nachher wurden Kommerslieder gesungen oder vielmehr gegröhlt. Das ist mir widerlich. Ich drückte mich und ging mit Schweinitz drei Stunden lang spazieren.«[57] Während Hermann von Schweinitz in diesem Fall offenbar genauso empfand wie sein Schiffskamerad Knobloch, wusste dieser ein anderes Mal über jenen zu berichten: »Schweinitz ganz behaglich, trinkt weiter sein Schnäpschen, diesmal aus größeren Formaten. Zum Essen hat es ein Glas Schaum.«[58]

Das Alkoholproblem innerhalb des kaiserlichen Seeoffizierskorps war seit langem bekannt. Schon 1910 hatte Wilhelm II. die Marine zur Abstinenz ermahnt und gesagt: »Ich weiß sehr wohl, daß die Lust zum Trinken ein altes Erbstück der Germanen ist … Der nächste Krieg und die nächste Seeschlacht fordern gesunde

Nerven von Ihnen. Durch Nerven wird er entschieden. Diese werden durch Alkohol untergraben ... und diejenige Nation, die das geringste Quantum von Alkohol zu sich nimmt, die gewinnt. Und das sollen Sie sein, meine Herren!«[59] Dieser Appell des Obersten Kriegsherrn verhallte jedoch offenbar ungehört. Auch allen anderen Versuchen, die Seeoffiziere zu größerer Enthaltsamkeit zu bewegen, die insbesondere der Chef des kaiserlichen Marinekabinetts, Admiral Müller, immer wieder unternahm, blieb letztlich der Erfolg versagt. Der 1903 von einigen Seeoffizieren in Kiel gegründete »Marine-Alkoholgegnerbund« musste ebenfalls schon bald wieder aufgelöst werden – wegen Mitgliedermangels.

Der unvorhergesehene und aus Sicht der Offiziere unbefriedigende Verlauf des Krieges war dann erst recht nicht dazu geeignet, eine Wende zum Positiven zu bewirken. Ganz im Gegenteil. »In der Marine haben, wie man sich daheim erzählt, in diesem Kriege die überzeugten Alkoholgegner Fiasko gemacht«, berichtete Vizeadmiral Wilhelm Souchon seiner Frau.[60] Dabei wäre schon allein um eines besseren Verhältnisses zu den Mannschaften willen ein maßvollerer Alkoholkonsum durchaus angebracht gewesen. Nicht umsonst erhielten nämlich die Offiziere nach den Unruhen in der Hochseeflotte Anfang August 1917 die Anweisung: »Gelage sind gänzlich zu vermeiden. Die Messen 11 Uhr dicht.«[61] Schon wenige Wochen später war aber anscheinend der alte Zustand wiederhergestellt. »Auf der *Königsberg* wird unter starkem Alkoholkonsum feste gefeiert. Das liegt mir nicht. Wir sollten auch mit solchen Geschichten unseren gegenwärtig sehr zur Kritik neigenden Leuten gegenüber vorsichtiger sein.«[62]

Oft ist die Frage gestellt worden, ob die Ereignisse im Sommer 1917 möglicherweise einen anderen Verlauf genommen hätten, wenn es wenigstens ein geschickteres »Krisenmanagement« seitens der Vorgesetzten auf den betroffenen Schiffen und der Flottenleitung gegeben hätte. Doch bestand das Problem ja gerade darin, dass viele Offiziere sich erst jetzt und vielleicht zum ersten Mal in ihrer Laufbahn dazu gezwungen sahen, sich näher mit den Einstellungen und Problemen der ihnen anvertrauten Mannschaften zu befassen. Sie waren häufig nicht in der Lage und hatten das während ihrer Ausbildung auch nie gelernt, Matrosen und Heizer anders denn als Untergebene und Befehlsempfänger wahrzunehmen, an deren Pflicht zu unbedingtem Gehorsam nicht der geringste Zweifel bestand. »Ich kann mich nicht erinnern, während meiner ganzen Ausbildungs- und Leutnantszeit etwas Zusammenhängendes über ›Führen‹, Vorgesetzter sein und Mannschaftsbehandlung gehört zu haben«, berichtete einige Jahre nach dem Krieg Friedrich Ruge, der unter anderem Wachoffizier auf einem Torpedoboot gewesen war.[63]

Wie sehr den Offizieren das Verständnis für die Sorgen und Nöte der einfachen Seeleute fehlte, machte auch ihre Reaktion auf die Unruhen deutlich. Den meisten von ihnen lag es nämlich fern, eine Mitschuld an den Ereignissen bei sich selbst zu suchen. Vielmehr machten sie dafür, sicher auch nicht ganz zu Unrecht, einerseits die Untätigkeit der Flotte und den unbefriedigenden Verlauf des Seekrieges verantwortlich. »Das Unglück der Marine ist ihre Tatenlosigkeit«, konstatierte etwa Kapitänleutnant Ernst von Weizsäcker. »Auf diesem Boden allein können derartige Verhältnisse entstehen, da der revolutionäre Dunst vorläufig sonst doch noch sehr milde über Deutschland gebreitet ist. Die Nähe der Werft ist hier noch vom Übel.«[64] Kapitänleutnant Schweinitz sah das ähnlich und meinte: »Das sind die Folgen von der Wühlerei und dem Herumliegen im Hafen, das dafür anfällig macht, auch davon, daß so viele tüchtige Offiziere zu den U-Booten abgegangen sind, was auf Kosten der Disciplin in der Flotte geht. Da wird nicht mehr durchgegriffen. Wir von den ›Leichten‹ sind doch wenigstens ab und zu mal draußen auf See, die dicken Schiffe aber liegen nun schon seit Monaten im Hafen, und da werden die Leute im Dienst und Sport nicht mehr richtig rangenommen.«[65]

Zum anderen aber – und das ist noch viel bezeichnender für das Weltbild der kaiserlichen Seeoffiziere – glaubten sie, dass ausgerechnet jene zwei Kräfte, durch die sie ihre Existenz am stärksten bedroht sahen, diese Schwäche der Flotte erkannt und rücksichtslos ausgenutzt hätten: Großbritannien und die deutsche Sozialdemokratie. In der Marine ging man tatsächlich davon aus, dass es sich bei der Meuterei um das Ergebnis einer von England finanzierten und von der USPD organisierten Verschwörung handele. Ziel des Ganzen sei, die deutsche Führung dazu zu zwingen, den Krieg rasch und ohne die erhofften Gebietsgewinne zu beenden. Etliche Offiziere forderten deshalb sofortige gerichtliche Schritte gegen die Reichstagsabgeordneten der USPD und die Schließung der Parteizentrale in Berlin. Für den Matrosen Richard Stumpf war diese Interpretation ein allzu durchschaubarer Versuch, die Verantwortung für eigene Fehler anderen zuzuschieben. »Also die Engländer sind wieder die Schuldigen. Einfach lächerlich, diese Auffassung! Diese Herren [Offiziere] haben keine Ahnung, wie riesengroß das Schuldkonto ist, welches sie gehäuft haben. Die Feinde sinds!! Ich muß sagen, eine sehr bequeme Ausrede.«[66]

Nach dem Krieg versuchte der bereits erwähnte parlamentarische Untersuchungsausschuss dann auch diese Frage zu klären, konnte aber keine Anhaltspunkte für eine Urheberschaft der USPD an der Meuterei finden. Der Heizer Köbis und einige andere hatten zwar im Sommer 1917 Kontakt zu Abgeordneten der USPD aufgenommen, von diesen aber keine nennenswerte Unterstützung erfahren.

Offiziere wie Kapitänleutnant Reinhold Knobloch brauchten keine Beweise. Sie wussten, dass sie Recht hatten, und plädierten für ein hartes Durchgreifen gegenüber den linken Parlamentariern, Vaterlandsverräter in ihren Augen: »Die Kerls müßten glatt an die Wand gestellt und erschossen werden.«[67] Vizeadmiral Hipper, nach dessen Auffassung die meisten der meuternden Matrosen und Heizer bloße Mitläufer waren, befürwortete ebenfalls ein gnadenloses Vorgehen gegen die Anführer der Meuterei: »Ich glaube, daß wir der ganzen Bewegung noch Herr werden können, wenn wir eine Anzahl rücksichtslos an die Wand stellen. Tun wir das nicht, dann geht es schief.«[68] Selbst der gemäßigte Ernst von Weizsäcker sah in der Meuterei einen »Anlaß zur Ausbeutung gegen die Partei [die USPD]« und hoffte, dass von den Rädelsführern »2–3 exemplarisch gefaßt werden können. Ich glaube nicht, daß wir schon so weit sind, uns das nicht mehr leisten zu können.«[69] Als dann einige Wochen später, nach einer »sehr geschickt geleitete[n] Untersuchung«, die Todesurteile verkündet wurden, hoffte Hipper »sehr« darauf, dass sie auch vollstreckt würden – »im Interesse der Disziplin«.[70]

Doch auch nachdem das geschehen war – zumindest in zwei von fünf Fällen –, und man außerdem eine ganze Anzahl »politisch unzuverlässiger Elemente« von den Schiffen heruntergeholt und in Dienststellen an Land oder zur Marineinfanterie nach Flandern versetzt hatte, kehrte keine Ruhe in der Flotte ein. Ende September wurden abermals rund 80 Mann des I. Geschwaders verhaftet. Nach Ansicht von Kapitänleutnant Walter Zaeschmar handelte es sich dabei um »die minderwertigsten Besatzungen, deren schlechte Disziplin allgemein bekannt war«.[71] Anfang Oktober wurden dann auch auf der *Rheinland* »einige Aufrührer festgelocht. Hoffentlich geht man ganz energisch gegen diese Bande vor. Es ist scheußlich, wenn man fühlt, wie der Boden unter den Füßen durch Verhetzung und Mißverständnis, Neid und Torheit unterhöhlt wird.«[72]

Ungeachtet dieser Vorgänge war Admiral Reinhard Scheer davon überzeugt, dass die Exekution des Heizers Köbis und des Matrosen Reichpietsch eine heilsame Wirkung gezeigt habe und die Besatzungen nun wieder »fest in der Hand ihrer Vorgesetzten« seien.[73] Jedenfalls schrieb er das in seinen abschließenden Bericht über die Unruhen an den Kaiser. Darin räumte Scheer immerhin auch eine Reihe von Missständen ein, etwa den Mangel an erfahrenen Offizieren, die unzureichende Verpflegung und den eintönigen Dienst. Und in einem Flottenbefehl vom 7. Oktober 1917 forderte der Admiral seine Offiziere auf, Ungerechtigkeiten bei der Vergabe von Urlaub oder bei der Erledigung von Gesuchen und Beschwerden künftig zu vermeiden; außerdem sollten sie sich etwas maßvoller verpflegen.[74]

Die erhoffte Wirkung indes blieb aus. Scheers Maßnahmen, urteilt der Historiker Holger Herwig, hätten zwar dazu beigetragen, das äußere Bild von Ruhe und normalen Verhältnissen auf der Flotte wiederherzustellen. »Doch kamen die Mannschaften beim Landgang weiterhin in Kontakt mit sozialistisch eingestellten Arbeitern und radikalen politischen Ideen; sie gewannen dabei auch engere Kontakte zu Kreisen der Arbeiterklasse. Den Offizieren andererseits gelang es nicht, nach der Meuterei ein besseres Verhältnis zu den Unteroffizieren und Mannschaften zu finden; keine neuen Bande des Vertrauens und gegenseitiger Treue wurden geschmiedet.«[75]

Kurzfristig mochte sich das Klima in der Flotte etwas verbessert haben, wozu sicher auch die erfolgreiche Eroberung der baltischen Inseln durch Marine und Armee im Oktober 1917 beitrug. Darauf wies Admiralstabschef Henning von Holtzendorff in einem Vortrag bei Kaiser Wilhelm II. am 27. Oktober 1917 hin. »Ganz unzweifelhaft haben die bei der Unternehmung gegen Ösel, Moon und Dagö den Schiffen gestellten Kriegsaufgaben sehr günstig auf die Dienstfreudigkeit eingewirkt und damit die Manneszucht gestärkt und gehoben. Aus diesem Grunde ist Euer Majestät Befehl, die Inseln vor dem Rigabusen zu nehmen, mit doppelter Freude … begrüßt worden.«[76] Das konnte Vizeadmiral Wilhelm Souchon nur bestätigen, der mit der *Prinzregent Luitpold* und dem IV. Geschwader an der Aktion teilgenommen hatte. »Ich freue mich für meine Besatzungen, daß sie mal eine Kampftätigkeit ausüben konnten. Man merkte es den Leuten sehr an, mit welcher Freude sie dabei waren.«[77] Einziger Wermutstropfen für den Admiral war die allzu rasche Erledigung des Auftrags: »Mit gemischten Gefühlen sehe ich die ganze Unternehmung nun schnell enden. Es war für uns so schön.«[78]

Doch spätestens mit Beginn des Jahres 1918 rückten die alten Probleme wieder in den Vordergrund. Langeweile und Eintönigkeit des Dienstes bestimmten den Alltag, auch die Unterschiede zwischen Offizieren und Mannschaften traten nun wieder deutlicher zutage. Größer denn je aber war inzwischen die politische Kluft zwischen diesen beiden Gruppen. Das Jahr 1917 hatte in dieser Hinsicht fast wie eine Art Katalysator gewirkt und die Marine in einer Art und Weise politisiert, wie das vor dem Krieg für undenkbar gehalten worden war. Stets hatte es zu den ehernen Grundsätzen nicht nur des preußischen Militärs gehört, die Politik aus den Streitkräften herauszuhalten. Die Idee des »Staatsbürgers in Uniform« lag damals noch in weiter Ferne. Nun aber, da das sozialistische »Gift« einmal in die Flotte eingesickert war, musste es schnellstmöglich wieder hinausbefördert werden.

Um die Seeleute auf den rechten Weg zurückzuführen und ihnen die Notwendigkeit unbedingter Pflichterfüllung deutlich zu machen, folgte die Marine dem Beispiel der Armee und begann damit, den Matrosen und Heizern »Vaterländischen Unterricht« zu erteilen. Ausgewählte Offiziere hielten Vorträge zu Themen wie »Die Ursachen des Krieges« oder »Deutschlands Stellung in der Welt« und versorgten die Mannschaften mit »nationalen« Zeitungen und Schriften. Sonderlich erfolgreich waren sie damit nicht, wie Bogislav von Selchow »tief traurig« feststellen musste.[79] Der ehemalige Erste Offizier der *Hannover* hatte den Job gewechselt und war inzwischen als Referent im Admiralstab unmittelbar mit der Konzeption und Durchführung dieser patriotischen Lehrstunden befasst, die in der Flotte spöttisch »von 4 bis 5 Uhr Vaterlandsliebe« genannt wurden. Die meisten Offiziere hätten überhaupt nicht verstanden, was »Vaterländischer Unterricht« eigentlich heißen solle, klagte Selchow. Es zeige sich nun, dass die Marine zu wenig Offiziere habe, die »fähig sind mitzufühlen mit ihren Leuten, die imstande sind einzugehen auf ihren kleinen und großen Kummer, die ihnen die Lasten tragen helfen, die, unsäglich schwer, auf Tausenden von unseren Volksgenossen lasten«. Daran war viel Wahres, wenngleich man sich unwillkürlich fragt, ob es überhaupt noch eines »Vaterländischen Unterrichts« bedurft hätte, wenn es mehr Vorgesetzte dieser Art in der Kaiserlichen Marine gegeben hätte.

In der Royal Navy waren sie allem Anschein nach nicht gar so selten, und man könnte vermuten, dass die Briten eine gewisse Schadenfreude empfanden angesichts der Schwierigkeiten, mit denen sich ihr Hauptwidersacher herumschlagen musste. Doch das Gegenteil war der Fall. Tief besorgt beobachtete Admiral David Beatty, inzwischen als Nachfolger Jellicoes Oberbefehlshaber der *Grand Fleet*, was sich auf der anderen Seite der Nordsee abspielte. In einem Brief an seine Frau schrieb Beatty, es sei keineswegs ausgeschlossen, dass etwas Ähnliches auch in der britischen Flotte geschehen könne: »Ja, die Meuterei in der feindlichen Flotte ist ein Zeichen der Zeit. ... Ich bete auch dafür, dass uns das nicht betreffen wird, aber ... man kann niemals wirklich sicher sein, was passiert.«[80] Denn selbst wenn die Royal Navy bisher von ernsthafteren Disziplinlosigkeiten weitgehend verschont geblieben war, vermengten sich im Herbst 1917 auch dort die Strapazen von mittlerweile drei Kriegsjahren, die im Vergleich zu den stetig steigenden Löhnen der Industriearbeiter miserable Bezahlung der Seeleute und nicht zuletzt die Verheißungen der russischen Revolution zu einem gefährlichen Gebräu. Vor allem der Ruf nach einer Reform des als nicht mehr zeitgemäß empfundenen Besoldungssystems wurde immer lauter.

Zur friedlichen Lösung dieses Konflikts trug in erster Linie das System der *lower deck societies* bei: Einrichtungen, die man als eine Art Betriebsrat mit deutlich eingeschränkten Kompetenzen bezeichnen könnte und die es – zum Missvergnügen vieler Offiziere – seit einigen Jahren auf allen größeren Schiffen der britischen Flotte gab. Sie verschafften den Matrosen und Heizern die Möglichkeit, ihrer wachsenden Unzufriedenheit Ausdruck zu verleihen und Verbesserungsvorschläge zu machen, ohne unmittelbare disziplinarische oder gar kriegsgerichtliche Folgen befürchten zu müssen. In diesem Fall mit Erfolg: Die Admiralität in London zeigte Verständnis für die Forderungen der Seeleute und gewährte ihnen eine moderate Erhöhung ihrer Besoldung.

Besser als die deutschen waren die britischen Autoritäten offenbar in der Lage, die Zeichen der Zeit zu deuten und dem sich sammelnden Druck rechtzeitig ein Ventil zu öffnen. Daran ändert auch die Tatsache nichts, dass die Besoldungsfrage in den kommenden

Jahren noch mehrfach für Spannungen sorgte und schließlich 1931 zu einer mehrtägigen Meuterei führte.

Für die britischen Flottenführer des Ersten Weltkriegs erwies es sich zudem als Segen, dass unter der Ägide von John Fisher und Winston Churchill noch kurz vor Kriegsausbruch einiges getan worden war, um die Lebensbedingungen auf dem *lower deck* zu verbessern. Neben dem Strafsystem hatte auch die Verpflegung der Mannschaften einige deutliche qualitative Verbesserungen erfahren. Während des Krieges legte die Admiralität großen Wert darauf, dass die Versorgung der *Grand Fleet* in Scapa Flow trotz der abgeschiedenen Lage dieses Stützpunktes so gut wie möglich gewährleistet war, nicht zuletzt dank des Proviantschiffes *Borodino*. »Freihändig« auf dem Schwarzmarkt zu kaufen wie in Wilhelmshaven oder Kiel gab es in der schottischen Einöde ohnehin nicht viel, auch nicht für gutbezahlte Offiziere.

Die Gehälter der englischen Seeoffiziere befanden sich bei Kriegsbeginn noch auf dem Stand von 1870; trotzdem überstiegen sie wie in Deutschland den Sold der einfachen Matrosen um ein Vielfaches. Ein Admiral bezog ein Grundgehalt von 1825 £ jährlich, ein Kapitän z. S. je nach Dienstalter zwischen 400 und 600 £ (und weitere 328 £, wenn er ein Schlachtschiff kommandierte), ein Leutnant etwa 200 £ pro Jahr. Spezialisten wie Artillerie- oder Navigationsoffiziere, die entsprechende Qualifikationen nachweisen konnten, bekamen einen jährlichen Bonus von bis zu 73 £. Der Sold eines einfachen Matrosen dagegen betrug nur rund 20 £ im Jahr, während ein Heizer immerhin auf 38 £ kam.[81] Für ihre Versorgung mit Lebensmitteln musste eine durchschnittliche englische Arbeiterfamilie Ende 1917 knapp zwei £ pro Woche aufwenden, etwa 60 Prozent mehr als vor dem Krieg. Die zum Teil stark gestiegenen Löhne der Industriearbeiter und staatliche Unterhaltszahlungen an die Familien der zum Wehrdienst eingezogenen Männer machten es jedoch den meisten möglich, diese höheren Kosten einigermaßen auszugleichen.[82]

Nicht nur in Scapa Flow, auch dort, wo die höhere Kaufkraft der Offiziere voll zur Geltung kam, wie in Rosyth und Edinburgh, machten sich die Unterschiede in der Verpflegung allem Anschein nach nicht so gravierend bemerkbar wie in der deutschen Marine. Dazu trug sicher bei, dass ein Mangel an Rohstoffen und Konsumgütern in Großbritannien erst relativ spät deutlicher fühlbar wurde, jedoch zu keinem Zeitpunkt ein so bedrohliches Ausmaß erreichte wie in Deutschland. Und als das britische Ernährungsministerium im Frühjahr 1917 die Bevölkerung zu freiwilligen Sparmaßnahmen aufforderte, waren auch die Offiziere der Flotte zu Einschränkungen bereit. Admiral Beatty ging selbst mit gutem Beispiel voran. »Ich denke, es besteht die dringende Notwendigkeit, uns einzuschränken ...«, schrieb er seiner Frau. »Wir schränken uns schon sehr in der Messe ein. Flags ist mein Proviant-Diktator und er ist sehr willkürlich.«[83]

Doch auch der Empathie der britischen Offiziere waren Grenzen gesetzt. So sahen sie mit unverhohlener Verachtung und Wut auf all jene, die sich offensichtlich weigerten, ihrer patriotischen Pflicht nachzukommen, sei es als Soldaten oder als Arbeiter in den Fabriken und Werften. Da in Großbritannien die Wehrpflicht erst Anfang 1916 eingeführt wurde, lag es in den ersten 18 Monaten des Krieges im freien Ermessen jedes kriegstauglichen Mannes, ob er sich zu den Fahnen meldete oder nicht. Wer nicht zu den annähernd zweieinhalb Millionen zählte, die sich bis Anfang 1916 freiwillig verpflichtet hatten, der gehörte für Kapitänleutnant John McLeod zu den »Ratten, die (aus ihren Löchern) hervorkommen könnten, es aber nicht tun«.[84]

Mindestens so suspekt wie ein gesunder Mann, der nicht kämpfte, war den Offizieren ein Arbeiter, der nicht arbeitete. Streiks gab es während des Krieges auch in Großbritannien. Etwa den der für höhere Löhne kämpfenden walisischen Bergarbeiter im Frühsommer 1915, der unmittelbar die Interessen der Royal Navy berührte, weil die britischen Kriegsschiffe größtenteils Kohle aus Wales verfeuerten. »Der Oberbefehlshaber ordnete an, nicht mit hoher Geschwindigkeit zu fahren, da die Flotte angewiesen ist, aufgrund der Streiks in der Heimat mit der Kohle zu haushalten«, schrieb Leutnant Francis Pridham von HMS *Weymouth*. »Und das nach einem Kriegsjahr!!! Es scheint mir das Skandalöseste zu sein, was bisher geschehen ist, und das sagt schon eine ganze Menge.«[85]

Oder den Streik der Metallfacharbeiter im Mai 1917, aus deren Reihen künftig mehr Männer zum Wehrdienst eingezogen werden sollten. Mit mehr als 200 000 Beteiligten weitete sich dieser Streik zur größten Protestbewegung in Großbritannien während des gesamten Krieges aus. Admiral Beatty plädierte dafür, die für ihre Freistellung vom Kriegsdienst Streikenden erst recht an die Front zu schicken – ein in der Marine offensichtlich wohlfeiles Argument, wenn wir uns daran erinnern, dass auch Kapitänleutnant Knobloch die unzufriedenen Matrosen der Hochseeflotte am liebsten an der Somme gesehen hätte. »Und wenn wir uns der anderen Seite zuwenden und sehen, dass die Ingenieure streiken, kommt das eigene Blut ganz schön in Wallung, aber nichts geschieht ihnen. Wieso schickt man sie nicht einfach in die Schützengräben?«[86]

Sympathie, Verständnis gar für die Forderungen der Arbeiter sucht man in den Aufzeichnungen der britischen Offiziere ebenso vergeblich wie bei ihren kaiserlichen Kontrahenten. Stattdessen findet man allenthalben Forderungen nach einer »harten Hand« und, wo die Regierung diese nicht zeigen wollte oder konnte, Beschwerden über die »schwächlichen Politiker«, die alles mit sich machen ließen – »alte Weiber sind es, die uns regieren«, meinte verächtlich Leutnant Oswald Frewen.[87] Wer nicht jegliches Eigeninteresse zurückstellte, geriet auch hier schnell in den Verdacht, aus der Front der nationalen Einheit auszuscheren und damit den Erfolg aller militärischen Anstrengungen zu gefährden.

Zwar reichten die Risse, die die vom Krieg erzwungene Gemeinschaft durchzogen, in Großbritannien nicht ganz so tief wie im schließlich revolutionären Deutschland. Dennoch wuchsen mit zunehmender Kriegsdauer auch dort die Spannungen zwischen den sozialen Schichten, gewannen pazifistische Parteien und Gruppierungen an Popularität. Die Regierung in London reagierte auf diese Entwicklung allerdings völlig anders als die politische Reichsleitung in Berlin: Anfang 1918 führte Großbritannien das allgemeine und gleiche Wahlrecht für Männer ein, bislang geltende Einschränkungen wurden abgeschafft. Frauen, die älter als 30 Jahre waren, erhielten ebenfalls das Wahlrecht.

Zu einer solchen Politik der »Inklusion« konnte sich das konservative Establishment in Deutschland und Preußen bis zum Ende des Krieges nicht durchringen. Stattdessen hielt man dort an einer vermeintlich systemstabilisierenden Politik der »Exklusion« fest, so dass auch weiterhin »ein mit dem Eisernen Kreuz I. Klasse geschmückter armer Arbeiter neben einem bemittelten Drückeberger desselben Dorfes mit ungleichem Stimmrecht zur Wahl zu gehen (hatte)«.[88] Das Offizierkorps der Kaiserlichen Marine, das nach einem Wort Holger Herwigs »wie in einem Mikrokosmos die wilhelminische Gesellschaft wider(spiegelte)«, war ein fester Bestandteil dieses Establishments. Es trat deshalb ebenfalls unverändert »für die Erhaltung des hohenzollernschen Obrigkeitsstaates und seiner Privilegien« ein und lehnte die von Liberalen und Sozialdemokraten geforderten inneren Reformen ab.[89] Den Untergang des Kaiserreichs und seiner Marine zu verhindern vermochte es dadurch nicht.

Kapitel IX

»Dann lieber in Ehren untergehen!« Der Plan der letzten Fahrt

Wer sich zu Beginn des Jahres 1918 Rechenschaft über die bisherige Kriegsleistung der deutschen Hochseeflotte ablegte, dem stand ein düsteres Bild vor Augen. Zwar hatte die Flotte die Unruhen des Vorjahres einigermaßen glimpflich überstanden und im Herbst 1917 mit der Eroberung der baltischen Inseln einen ihrer wenigen echten Erfolge erzielt. Ansonsten jedoch waren die »dicken« Schiffe seit der Skagerrakschlacht weitgehend beschäftigungslos geblieben. Den Krieg zur See bestimmten die kleinen Einheiten, allen voran die U-Boote. Kaltgestellt durch die britische Strategie der weiten Blockade, wirkten die mächtigen Dreadnoughts lediglich als sogenannte *Fleet-in-being*, als eine »Flotte im Bestehen« also, deren bloße Existenz den Gegner zwang, starke Kräfte gegen sie vorzuhalten, die ihm womöglich an anderer Stelle fehlten. Das mochte sich später, in Vorträgen zur Theorie des Seekriegs an der Marineakademie, sinnvoll und wichtig anhören. Doch in den Augen fast aller am Krieg Beteiligter war es eindeutig zu wenig für die gigantischen, mit modernster Technik vollgestopften Stahlkolosse. Und keinesfalls ließ sich damit kaschieren, was doch offensichtlich war: Die Royal Navy besaß noch immer, wie schon seit hundert Jahren, die Seeherrschaft, und die deutsche Flotte war dagegen ebenso machtlos, wie wenn sie auf dem Grund des Meeres gelegen hätte.

Dennoch handelte kein Matrose und kein Offizier, der seine langen Tage im Hafen lesend, Briefe schreibend, mit Spaziergängen oder im Kasino verbrachte, weniger ehrenhaft als der, der auf einem U-Boot kämpfte. Beide erfüllten ihre Pflicht. Beide handelten im Einklang mit dem Treueid, den auf deutscher Seite alle Marineangehörigen dem Kaiser geschworen hatten. Es war schließlich nicht die Schuld der Seeleute, dass es keine großen Schlachten zu schlagen gab. »Jeder muß da sein Bestes tun, wo er hingestellt ist«, meinte Vizeadmiral Wilhelm Souchon.[1] Trotzdem sehnten sich vor allem die Offiziere der Großkampfschiffe danach, ihren Mut, ihr Können und ihre Opferbereitschaft im Kampf gegen einen ebenbürtigen Gegner unter Beweis zu stellen. Sie waren eben nicht, wie es der britische Leutnant Stephen King-Hall treffend ausdrückte, leicht zufriedenzustellen mit einer »eintönigen Diät aus Dienst nach Vorschrift und Übungen«, solange die Tatsache, im Krieg zu sein, ihren »Appetit ungemein anregte«.[2] Vielleicht mehr als alle anderen, die in diesem Krieg kämpften, sahen die Offiziere, auch die englischen, darin eine womöglich nie wiederkehrende Gelegenheit »zur elementaren Bewährung, zum ehrenvollen Tod für das Vaterland«.[3]

Daher auch die Bereitschaft zum Untergang mit wehender Flagge: Zu siegen oder unterzugehen, das waren im Verständnis der Marineoffiziere zwei Seiten derselben Medaille. Wo das eine nicht möglich war, musste das andere in Kauf genommen werden. Diese Ehrauffassung begeisterte später sogar Hitler. Es ist sicher kein Zufall, dass der »Führer« im April 1945 ausgerechnet einen Seeoffizier – Großadmiral Karl Dönitz – zu seinem Nachfolger erkor. In seinem »Testament« schrieb Hitler dazu: »Möge es dereinst zum Ehrbegriff des deutschen Offiziers gehören – so wie dies in unserer Marine schon der Fall ist –, daß die Übergabe einer Landschaft oder einer Stadt unmöglich ist und daß vor allem die Führer hier mit leuchtendem Beispiel voranzugehen haben in treuester Pflichterfüllung bis in den Tod.«[4]

Ein zum Kriegsdienst auf der Flotte eingezogener Nordseefischer mochte in puncto Ehre durchaus eine andere Ansicht gehabt haben. Spätestens nachdem der »Geist von 1914« sich immer mehr in Luft aufgelöst hatte, dürfte ihm eher Shakespeares trauriger Ritter Falstaff aus der Seele gesprochen haben. Der entlarvt im Drama *Heinrich IV.* Ehre schonungslos als das, was sie seiner Meinung nach in Wirklichkeit war: eine leere Phrase: »Gut, es mag sein: Ehre beseelt mich vorzudringen. Wenn aber Ehre mich beim Vordringen entseelt? Wie dann? Kann Ehre ein Bein ansetzen? Nein. Oder einen Arm? Nein. Oder den Schmerz einer Wunde stillen? Nein. Ehre versteht sich also nicht auf die Chirurgie? Nein. Was ist Ehre? Ein Wort. Was steckt in dem Wort Ehre? Was ist diese Ehre? Luft. Eine feine Rechnung! – Wer hat sie? Er, der vergangenen Mittwoch starb: fühlt er sie? Nein. Hört er sie? Nein. Ist sie also nicht fühlbar? Für die Toten nicht. Aber lebt sie nicht etwa mit den Lebenden? Nein. Warum nicht? Die Verleumdung gibt es nicht zu. Ich mag sie also nicht. – Ehre ist nichts als ein gemalter Schild beim Leichenzuge, und so endigt mein Katechismus.«[5]

Je länger der Krieg dauerte, ohne dass etwas Nennenswertes passierte, und je größer die Opfer wurden, die andere auf den Schlachtfeldern brachten, desto lauter wurde das Murren im deutschen Seeoffizierkorps. Um der wachsenden Unzufriedenheit und Enttäuschung entgegenzutreten und den aus Sicht der Marineführung nicht ungefährlichen Selbstzweifeln der Offiziere die Spitze zu nehmen, gab es nur ein Mittel: Der Kaiser höchstpersönlich musste die Zurückhaltung der Flotte für sinnvoll erklären und das tatenlose Herumsitzen der Soldaten unmissverständlich als Erfüllung der Treuepflicht ihm gegenüber gutheißen. Und genau das tat Wilhelm II. Im Oktober 1914 versicherte er den Offizieren und Mannschaften in einer uns bereits bekannten »Allerhöchsten Willensmeinung« zum ersten Mal, dass er von ihrer bisherigen Leistung »in hohem Maße befriedigt« sei.[6]

Ungefähr zur gleichen Zeit schickte er seinem Sohn Prinz Adalbert, der im Range eines Korvettenkapitäns auf dem Linienschiff *Kaiser* diente, ein zur Bekanntgabe an alle Besatzungen bestimmtes Telegramm. Darin hob er die »unschätzbare[n] Dienste« hervor, die die Marine »meiner Armee und dem Lande dadurch, daß sie zurückgehalten wird, bis ich ihren Einsatz befehle«, geleistet habe.[7] Und als ob das immer noch nicht genug war, erhielten die kommandierenden Admirale der Flotte kurz darauf ein geheimes Schreiben aus dem Großen Hauptquartier, »worin S[eine] Majestät erneut ausführt, daß die Flotte bis auf Weiteres zurückzuhalten ist und daß sich S[eine] Maj[estät] den Zeitpunkt des Einsatzes vorbehalte«. Lediglich kleinere Vorstöße mit den Schlachtkreuzern dürften unternommen werden. »Im Übrigen finde die bisherige Tätigkeit der Flotte seine vollste Anerkennung und Zufriedenheit. Allein die Anwesenheit und Schlagbereitschaft der Flotte nutze der Armee ungeheuer und entlaste sie dadurch, daß keine Streitkräfte zum Küstenschutz notwendig wären, was sich mit dem Moment der Vernichtung unserer Flotte nicht mehr vermeiden lassen würde.«[8]

Wir wissen nicht genau, ob das Lob des Kaisers Wirkung zeigte und wie lange diese anhielt. Ein Jahr später sah Wilhelm sich dann allerdings veranlasst, seinen unzufriedenen Seeoffizieren anstelle einer Belobigung einen »sehr ernsten, rügenden Erlaß« zu erteilen. In einer Allerhöchsten Kabinettsordre wies er zwar nochmals darauf hin, wie sehr ihm die »vortrefflichen Leistungen Meiner Marine« zur Freude gereichten, bestand zugleich aber bei allem Verständnis für die allgemeine Enttäuschung darauf, dass der »Geist freudiger Pflichterfüllung« auch dann hochgehalten werden müsse, falls die Flotte »gar nicht mehr zum Schlagen« komme.[9] »Schimpfereien müßten aufhören, wir müßten den Geist hochhalten, auch wenn dieses Sichbescheidenmüssen sehr schwer sei. Anderes würde verbrecherisch sein. Das Vertrauen zur Führung und zu ihm, dem Obersten Kriegsherrn, müßte auf jeden Fall bleiben, noch dazu wohl jeder von uns wüßte, wie er unter den gegenwärtigen Umständen und früher mit uns lebte und litte«,[10] notierte Knobloch zum kaiserlichen Erlass. Der schloss mit den Worten: »Ich verlange damit in letzter Linie die pflichtmäßige Unterordnung unter Meinen Willen als Oberster Kriegsherr, der Ich die schwere Verantwortung für die Zukunft des Reiches trage und von dem gerade die Marine überzeugt sein sollte, daß er glücklich sein würde, sie hemmungslos dem Feinde entgegenwerfen zu können.«[11]

Das waren harte Worte. Aber sie waren offensichtlich notwendig. In den folgenden Jahren wies der Kaiser seine Seeleute noch viele Male in mehr oder weniger freundlichem Ton darauf hin, dass die Flotte durchaus in seinem Sinne handle, wenn sie statt zu kämpfen im Hafen liegen blieb. Er schrieb es in Erlasse, ließ es über Prinz Adalbert ausrichten und verkündete es persönlich jedes Mal, wenn er einen der deutschen Marinestützpunkte besuchte. Etwa im Februar 1916 in Wilhelmshaven, wo Wilhelm II. eine Ansprache vor den Befehlshabern der Linienschiffsgeschwader und Aufklärungsgruppen hielt. Darin führte er aus, die Aufgabe, die er der Flotte gestellt habe, sei die schwerste, »weil undankbarste von allen, die ein Deutscher Kaiser Seinen Offizieren zu stellen gezwungen war«. Doch die Erkenntnis, dass der Feind durch eine Schlacht unter für ihn günstigen Bedingungen ein wesentliches Kriegsziel erreichen würde, mache es ihm zur Pflicht, »Ihnen die kühne Offensive, auf die Sie brennen, zu verwehren«. Eine Schlacht dürfe die Flotte nur riskieren, wenn der Gegner sich bis vor die deutsche Küste wage. »Die Aufgabe Meiner Flotte ist daher vorläufig Abwehr und Bereitschaft. Das bedeutet Entsagung und Selbstverleugnung, umso mehr als es bei der Haltung des Gegners in der Verteidigung – ungleich der Armee – nicht vergönnt ist, dem Feind an der Klinge zu bleiben. Welche Anforderungen Ich damit an Führer und Besatzungen stelle, was Ich an Spannkraft und Willenskraft damit von Ihnen fordere, deß bin Ich Mir, seien Sie versichert, vollauf bewußt.«[12]

Auch wenn Wilhelm II. während des Krieges militärisch und politisch keine entscheidende Rolle spielte, war er für viele Offiziere nach wie vor eine wichtige Identifikationsfigur. Gerade die Marine hatte ihm vieles zu verdanken. Aus diesem Grund war die Billigung des passiven Verhaltens der Flotte durch den Kaiser so wichtig. Die an der Sinnhaftigkeit ihres Tuns Zweifelnden erhielten auf diese Weise die Bestätigung, dass sie das Richtige taten, auch wenn sie es nicht gern taten. Die Ehre blieb gewahrt.

Zwar gab es auch kritische Geister wie Kapitänleutnant Ernst von Weizsäcker, der Wilhelm II. schon lange für einen eher mittelmäßigen Monarchen hielt, ausgestattet mit großer Macht, aber wenig Sachverstand. Doch verfügte bei weitem nicht jeder über den scharfen Blick dieses hochgebildeten Offiziers, der im Zuge seiner Tätigkeiten im Flottenstab und im Marinekabinett schon vor dem Krieg reichlich Gelegenheit gehabt hatte, hinter die royalen Kulissen zu blicken. Das intensive Studium der amtlichen Akten, die der Kaiser mit seinen berüchtigten schnoddrigen Randbemerkungen vollzukritzeln pflegte, und zahlreiche persönliche Begegnungen mit Wilhelm II. ließen Weizsäcker schließlich zu seinem harten Urteil kommen. Von der Art und Weise, wie der Kaiser im geselligen Beisammensein »mit phänomenalem Gedächtnis für Namen und Details« Geschichten aus seiner Jugend zum Besten gab, zeigte sich Weizsäcker indes »sehr bestrickt«.[13]

Alle anderen dagegen, die keinen Zugang zum engsten Zirkel der Macht hatten, ließen sich vermutlich viel stärker von der glänzenden monarchischen Fassade beeindrucken. So wie Kapitänleutnant Reinhold Knobloch, der in seinem Tagebuch festhielt, wie er die Ansprache des Kaisers an die Flotte wenige Tage nach der Skagerrakschlacht in Wilhelmshaven erlebte:

»Er sah blaß, aber frisch und elastisch aus. Seine Augen leuchteten heute besonders hell und freudig. Er ging dann über eine besonders gebaute Treppe auf das Flottenflaggschiff, ließ die Offiziere und Mannschaften dicht heranschließen und hielt dann in lauten, schneidigen Worten, die ihm von Herzen kamen, eine machtvolle Ansprache. Es war erhebend, ihn nach all der Mühsal der verflossenen Jahre und besonders nach den heißen Schlachttagen vor uns zu sehen, ihn, an den unsere Mannestreue gebunden war, der uns als Führer und Leiter und väterlicher Gönner immer zu Neuem und Großem aufgerufen. Trotz Regen und Wind stand er dort oben markig und schneidig und dabei im Unterton eine Herzlichkeit und Freude und Väterlichkeit in Stimme und Bewegung, eine fühlbare Dankbarkeit für seine Marine, wie wir sie vordem noch nie von ihm gewahr geworden waren. Es erhob uns alle, selbst die Gleichgültigsten und Blasiertesten, das kettete uns wieder an unseren Kaiser, den uns keiner nachahmt und um dessen machtvolle Persönlichkeit uns alle Feinde beneiden. Mit drei kräftigen Hurrahs auf unser liebes, schönes deutsches Vaterland schloß der Kaiser. Der Flottenchef erwiderte und sprach dem Kaiser unseren Dank aus für das Mitempfinden und die Fürsorge für die Marine, die doch schließlich als ureigene Schöpfung des Kaisers in kürzester Zeit in die Lage gekommen war, dem seegewaltigen Albion schwere Schläge zu versetzen. Er sprach aus, was uns alle bewegte, daß wir, solang ein Tropfen Blut noch lebt, es freudig dahingeben würden für unser Vaterland und unseren Kaiser. Kaum haben brausendere und begeistertere Hurrahrufe auf den Kaiser erklungen als jetzt.«[14]

Von einem solchen Empfang konnte Wilhelms sechs Jahre jüngerer Cousin George Frederick Ernest Albert von Sachsen-Coburg und Gotha, der seit 1910 als George V. auf dem englischen Thron saß, nur träumen. Für die Royal Navy stellte er bei weitem keine so wichtige Leitfigur dar wie Wilhelm II. für die deutsche Marine (allerdings beanspruchte auch kein britischer Monarch eine so unmittelbare Beziehung zum Militär wie der deutsche Kaiser). George V. gab zwar, wie sein Biograph Kenneth Rose über ihn schreibt, stets sein Bestes, »doch er war kein geborener Führer. Die Hochrufe außerhalb des Palastes galten mehr dem Amt, das er verkörperte, als ihm persönlich«.[15] Einmal im Jahr stattete George V. der *Grand Fleet* einen offiziellen Besuch ab, und Admiral David Beatty graute es jedes Mal vor den Unannehmlichkeiten, die diese königlichen Stippvisiten mit sich brachten. »Der Monarch trifft am Donnerstag ein; er ist wirklich eine Belästigung, trägt nur zu den Kraftverschwendungen bei und wird bis Montag bleiben«, schrieb er im Juni 1917 seiner Frau. »Er wird von Männern der Presse und Kameraleuten begleitet. Es scheint, als sei er bemüht, der Welt zu versichern, dass er etwas tut. Das hilft jedoch dem Krieg nicht.«[16]

Der englische Flottenchef hatte denn auch keine Skrupel, den königlichen Besuch zu einer kleinen Demonstration der wahren Machtverhältnisse in der *Grand Fleet* zu benutzen: Nachdem George V. an Bord von Beattys Flaggschiff *Queen Elizabeth* eine ganze Reihe von Orden und Auszeichnungen verteilt hatte, wollte er zum Abschluss der feierlichen Zeremonie Konteradmiral Hugh Evan-Thomas, der in der Skagerrakschlacht das 5. Schlachtschiffgeschwader kommandiert hatte, zum Ritter schlagen. Noch bevor der König dazu seinen Degen ziehen konnte, reichte Beatty ihm schon huldvoll seinen eigenen. George V. blieb nun unter den Augen zahlreicher Seeleute und Journalisten nichts anderes übrig, als dem vor ihm knienden Evan-Thomas mit Beattys Klinge auf die Schulter zu tippen und ihn so in den Adelsstand zu erheben.[17]

David Beatty war auch derjenige, der wie Wilhelm II. auf deutscher Seite die undankbare Aufgabe des Trösters und Mahners übernahm. Immer wieder versicherte er den auf eine große Seeschlacht à la Trafalgar wartenden britischen Seeleuten, dass sie durchaus sinnvoll und ehrenhaft handelten, wenn sie die deutsche Flotte stattdessen aus der Ferne bekämpften. Dabei fiel es gerade Beatty alles andere als leicht, seinen Untergebenen Hoffnung und Selbstvertrauen einzuflößen, da er doch selbst insgeheim mit am meisten unter dieser unbefriedigenden Situation litt. »... zu meinen Pflichten, und es ist eine verdammt harte, gehört es, ständig eine gute Miene zu machen«, schrieb er an Eugenie Godfrey-Faussett, die Frau des persönlichen Adjutanten von König George V., mit der Beatty seit Ende 1916 eine leidenschaftliche Affäre verband.[18] Ein andermal klagte er ihr: »Ich muss sie (die Seeleute) bei Laune halten, sie auf der Welle der Hoffnung, des Optimismus und der Zuversicht etc. mitreißen und kann mich nicht der Mutlosigkeit und dem Gemurre hingeben, die dem Herz jedes Briten so nahestehen.«[19]

Das Problem der Briten war nicht, dass sie nicht erfolgreich waren. Die Royal Navy erfüllte alle ihr zugedachten Aufgaben und sicherte die britische Seeherrschaft. Doch sie tat es ohne Glanz. Wie auf deutscher Seite gab es deshalb auch hier viele Seeleute, vor allem Offiziere, die mit Blick auf die Heldentaten ihrer legendären Vorfahren und die Leistungen der britischen Armee auf den Schlachtfeldern des Kontinents gar nicht anders konnten, als sich selbst nutzlos und zweitklassig zu fühlen. Oswald Frewen etwa. Anfang 1917 wurde der gerade dreißig Jahre alt gewordene Leutnant auf den Kreuzer HMS *Bacchante* versetzt und zum Patrouillendienst an die Westküste Afrikas abkommandiert. Dort vertrieb er sich die Zeit damit, Schmetterlinge zu fangen und in seiner Kammer exotische Pflanzen zu züchten. Statt sich an diesem vergleichsweise unbeschwerten Dasein zu erfreuen, wurde er schon bald von ganz anderen Gefühlen heimgesucht. »Die Gewissensbisse nehmen zu, & ich fühle, ich sollte in meinem Alter meinen Teil zum Krieg beitragen, & ich spüre das jeden Tag mehr.«[20]

Dieses schlechte Gewissen, von dem nicht nur Frewen, sondern auch viele andere Offiziere auf beiden Seiten der Nordsee geplagt wurden, hätte ohne weiteres ein zwar bedauerliches, aber letztlich marineinternes Problem bleiben können, das keine großen Konsequenzen nach sich zog. Der Krieg wäre zu Ende gegangen und hätte ein paar Tausend unzufriedene Männer mehr hinterlassen, die sich vielleicht als Versager betrachten mochten, abgesehen davon aber keine ernsthaften Verletzungen an Körper und Geist davongetragen hatten. Doch es kam anders.

Schuld daran war, man ahnt es schon, die Ehre. Denn Ehre ist eben keine Privatsache, sondern entsteht, wie der Historiker Wilfried Speitkamp festgestellt hat, »in der Kommunikation, sie wird durch Sprache, Gesten, Symbole und Dinge vorgeführt und ausgehandelt. Sie ist insofern nur vor einer Öffentlichkeit denkbar, und sie hängt mit dem Standort des einzelnen in der Gesellschaft zusammen.«[21] Wenn wir von Ehre sprechen, geht es deshalb immer um zweierlei, »um innere Ehre und äußere Ehre, um Selbstbild und Fremdbild, um Stolz und Anerkennung oder Prestige, um Selbstachtung und Achtung durch andere«.[22]

Genau das war das Problem: Jeder Einzelne hatte sich nichts vorzuwerfen, solange er gewissenhaft seine Befehle ausführte. Auf diese Weise nahm die »innere« oder persönliche Ehre der Offiziere durch den Kriegsverlauf keinen Schaden. Das galt aber noch lange nicht für die »äußere« Ehre. Der Ruf der Marine und ihres Offizierkorps, ihr Image, ihre Anerkennung durch die Gesellschaft, standen nach Auffassung vieler Offiziere sehr wohl auf dem Spiel. Daran vermochten auch die verschiedenen Untergänge mit wehender Flagge nichts zu ändern, bei denen die Motive der inneren und äußeren Ehre sich miteinander vermischten.

Die Kaiserliche Marine war in dieser Hinsicht besonders gefährdet. Denn genauso leicht, wie sich die Deutschen vor dem Krieg davon hatten überzeugen lassen, dass sie unbedingt eine große Flotte brauchten, um »weltpolitisch« erfolgreich zu sein, konnten sie ihre Meinung auch wieder ändern, wenn sie sahen, dass diese Flotte offensichtlich nicht in der Lage war, die in sie gesetzten Erwartungen zu erfüllen. Mit jeder ereignislosen Woche, die verging, erschien es immer zweifelhafter, ob Deutschlands Zukunft wirklich noch auf dem Wasser lag, wie Wilhelm II. einst vollmundig behauptet hatte. Das sahen die Seeleute selbst nicht anders. »Die heutige Hochseeflotte kommt in die Rumpelkammer«, schrieb Ernst von Weizsäcker seiner Mutter,[23] und auch Kapitänleutnant Rudolph Firle ging davon aus, dass »nach dem Krieg die guten Zeiten für die Marine vorbei sein« würden.[24]

Konteradmiral Albert Hopman sah ebenfalls gewaltige Probleme auf die Marine zukommen. »Was wir im Herbst 1914 [als die englische Übermacht noch nicht so groß und die Chancen für einen Erfolg in der Schlacht vermeintlich günstig waren] versäumt und verbrochen haben, rächt sich von Tag zu Tag schwerer«, notierte er im November 1915, »und das Offizierkorps fängt, soweit es überhaupt tiefer denkt, immer mehr an zu verstehen, daß die Flotte so versagt hat, daß das, was außerhalb von ihr von Kreuzern, U-Booten usw. geleistet ist, kein Gegengewicht ist, das ihre Zukunft sichert.«[25] Ein halbes Jahr später äußerte Konteradmiral Hipper sich in ganz ähnlicher Weise: »Ich fürchte nur, es wird beim Friedensschluß alles auf der Marine sitzen bleiben und kein Mensch wird an ihr mehr ein gutes Haar lassen und das wird um so schlimmer werden, wenn die Flotte, die Großkampfschiffe, nicht zur Aktion gekommen sein sollten.«[26]

Allein deshalb schon, so Hipper weiter, wünsche er sich, »daß wir recht bald zum Schlagen kommen«. Vier Tage später lief die Flotte zu jenem Vorstoß in die Nordsee aus, der mit der Seeschlacht vor dem Skagerrak endete, und die dunklen Gedanken an die Zukunft waren fürs Erste vergessen. Trotz der geringen strategischen Auswirkungen der Schlacht sorgten die höheren englischen Verluste dafür, dass der Ruf der deutschen Dreadnoughts sich vorübergehend deutlich verbesserte. »Allen Deutschen ist der Wert einer Hochseeflotte vor Augen geführt worden«, meinte Kapitänleutnant Walter Zaeschmar stolz. Jene, die glaubten, man könne auf die großen Schiffe verzichten und solle stattdessen lieber U-Boote bauen, seien nun »in ihren Bestrebungen doch etwas gelähmt worden«.[27]

Die Begeisterung hielt jedoch nicht allzu lange an. Bald schon begriff auch die Bevölkerung, dass zwar einige britische Schlachtschiffe versenkt worden waren, dass sich aber an der grundsätzlichen Machtverteilung auf dem Meer nicht das Geringste geändert hatte. Spätestens mit dem Beginn des U-Boot-Krieges im Februar

1917 rückte dann endgültig diese Waffe in den Mittelpunkt nicht nur der operativen Planung, sondern auch des öffentlichen Interesses. Hipper empfand es als besonders bitter, dass nun Leute wie der Abgeordnete Wilhelm Struve, der für die liberale Fortschrittliche Volkspartei im Reichstag saß, den Wert der Überwasserschiffe völlig in Frage stellen konnten, obwohl doch gerade die Flotte sich »mit allen ihr zu Gebote stehenden Mitteln« und sogar, wie Hipper zugab, »weit über das erlaubte Ziel hinaus« für den unbeschränkten U-Boot-Krieg stark gemacht habe.[28] Doch es half nichts: Die zu Hilfskräften der U-Boote degradierten Schlachtschiffe verschwanden gewissermaßen im Schatten der hochgejubelten Versenkungszahlen. »Lieb Vaterland magst ruhig sein, die Flotte schläft im Hafen ein«, lautete ein weitverbreiteter Spottvers aus jenen Tagen.[29]

In dem Maße, wie die Flotte nicht nur militärisch, sondern auch in der öffentlichen Wahrnehmung zur Nebensächlichkeit wurde, erhielten jene Fragen neues Gewicht, die Hopman, Hipper und vermutlich viele andere mit ihnen sich schon lange gestellt hatten: Was würde nach Kriegsende, erst recht nach einer Niederlage Deutschlands, mit einer Flotte geschehen, der es nicht gelungen war, ihre Existenz durch Leistung zu rechtfertigen? Wie sähe es aus, wenn die riesigen Linienschiffe und Schlachtkreuzer, von ein paar Schrammen abgesehen, noch so unversehrt im Hafen lägen wie vor dem Krieg? Und mit welchen Augen würden die Menschen in Deutschland die Männer in den strahlend blauen Uniformen betrachten, die von sich selbst voller Stolz zu sagen pflegten, ihr Handwerk sei der Krieg, die aber von den knapp drei Jahren, die dieser mörderische Völkerkampf nun schon dauerte, gerade einmal ein paar Stunden im Gefecht mit dem Gegner verbracht hatten?

Noch musste man keine konkreten Antworten auf diese Fragen geben. Noch bestand Hoffnung, dass man den Krieg gewinnen und die Marine keine Rechtfertigung nötig haben würde. Ende 1917 schienen die Aussichten auf einen »Siegfrieden« gar so gut wie noch nie. Russland war infolge der Oktoberrevolution aus dem Krieg ausgeschieden und verhandelte seit Dezember 1917 über einen Separatfrieden mit den Mittelmächten. Das Ergebnis dieser Verhandlungen war im März 1918 der Vertrag von Brest-Litowsk, der Polen, Finnland, das Baltikum und die Ukraine mehr oder weniger direkt in den deutschen Herrschaftsbereich brachte. Dann aber wendete sich das Blatt.

Das siegreiche Ende des Krieges im Osten eröffnete der OHL die Möglichkeit, die geballte militärische Macht Deutschlands im Westen einzusetzen. Mit einer gigantischen Offensive sollten Franzosen und Briten vernichtend geschlagen werden, bevor die amerikanischen Truppen, die auf dem Weg nach Europa waren, voll einsatzbereit wären. Das Unternehmen »Michael« begann am 21. März 1918 mit einem fünfstündigen Trommelfeuer der rund 6600 deutschen Geschütze, die an einem 70 Kilometer langen Frontabschnitt entlang der Somme zwischen Cambrai und St. Quentin aufgestellt worden waren, der Nahtstelle zwischen den französischen und britischen Einheiten. Anschließend überrannten drei deutsche Armeen, insgesamt 800 000 Mann, die feindlichen Stellungen und drangen bis zu 80 Kilometer weit hinter die gegnerischen Linien vor.

Obwohl sie erfolgreich begann, hatte die Aktion jedoch ebenso wenig den von der OHL erhofften Zusammenbruch der alliierten Streitkräfte zur Folge wie drei weitere Offensivstöße in den folgenden Monaten. Die Verteidigungslinie der Alliierten, die über größere Reserven verfügten als die Deutschen, erwies sich letztlich als undurchdringlich. Mitte Juli kamen die Angriffe der erschöpften deutschen Truppen endgültig zum Stehen. Immer mehr Soldaten weigerten sich, noch länger ihr Leben für eine offenkundig verlorene Sache aufs Spiel zu setzen. Man schätzt, dass allein in den letzten Monaten des Krieges bis zu einer Million Mann freiwillig in Kriegsgefangenschaft gingen oder desertierten – als einen »verdeckten Militärstreik« hat der Historiker Wilhelm Deist dieses Phänomen beschrieben. Auch wenn die OHL ihr Scheitern nicht offen eingestand und Regierung und Öffentlichkeit noch immer über die wahren Verhältnisse an der Front hinwegtäuschte, war die militärische Niederlage des Kaiserreichs jetzt nur noch eine Frage der Zeit.

Unter Führung des französischen Marschalls Ferdinand Foch gingen die Alliierten ihrerseits zur Offensive über. Am 8. August 1918, dem »schwarzen Tag des deutschen Heeres«, durchbrachen sie bei Amiens die deutsche Front. Keine zwei Monate später erklärte General Ludendorff nach dem Zusammenbruch Bulgariens am 29. September 1918 den Krieg schließlich für verloren. Zugleich leugnete er jede Mitverantwortung und behauptete, die »schwächlichen« Politiker und Diplomaten hätten dem Reich diese »Suppe eingebrockt« – und sollten sie nun gefälligst auch auslöffeln.[30] Das war die Vorwegnahme der »Dolchstoßlegende«, der späteren Behauptung, die Revolution sei dem unbesiegten Heer in den Rücken gefallen.

Kaiser Wilhelm II. schloss sich der Argumentation seines Generals an und gab widerwillig seine Zustimmung zur Bildung einer parlamentarischen Regierung, der ersten – und letzten – des Kaiserreichs. Mit dieser »Revolution von oben« hoffte man, das Chaos einer »Revolution von unten« wie in Russland zu verhindern. An der Spitze der neuen Regierung, zu der auch die Sozialdemokraten gehörten, stand der als liberal geltende Prinz Max von Baden. Ihre vordringlichste Aufgabe war die Aufnahme von Waffenstillstandsverhandlungen mit den Entente-Mächten, eine Pflicht, derer die OHL sich nur allzu gerne entledigte.

»Somit wären wir am Ende; ich kann's nicht glauben, daß die Dinge so schlecht stehen«, schrieb Admiral Hipper am 3. Oktober 1918 in sein Tagebuch. Am nächsten Tag erfuhr er, dass Ludendorff im Großen Hauptquartier geäußert habe, die Flotte müsse möglicherweise an England ausgeliefert werden, wie »überhaupt die Marine wohl in der Hauptsache die Zeche bezahlen müßte. Recht erfreuliche Aussichten.«[31] Mit Entsetzen verfolgten Hipper und die kurz zuvor gebildete Seekriegsleitung, wie die neuen Männer in Berlin in den nächsten Wochen versuchten, den Krieg zu beenden und dafür offensichtlich bereit waren, den Gegnern geradezu ungeheuerliche Zugeständnisse zu machen. Dass im Hintergrund Ludendorff und die OHL massiven Druck auf die Politiker ausübten, blieb ihnen verborgen.

Kaum im Amt, sandte die Regierung des Prinzen Max in der Nacht vom 3. auf den 4. Oktober 1918 eine Note an den amerikanischen Präsidenten Woodrow Wilson, in der dieser um die Herstellung eines Friedens auf Basis seiner berühmten »Vierzehn Punkte« und die Herbeiführung eines sofortigen Waffenstillstands gebeten wurde.[32] Die »Vierzehn Punkte« waren ein Friedensprogramm, das Wilson erstmals im Januar 1918 im amerikanischen Kongress vorgestellt hatte – und das »die deutsche Seite so lange völlig ignoriert hatte, wie sie glaubte, den Krieg gewinnen zu können«.[33] Es war im Ton moderat, mehr idealistisch als revanchistisch gehalten und nährte so die deutschen Hoffnungen auf einen milden, »gerechten« Frieden, in dem es weder Sieger noch Besiegte gab. Neben grundsätzlichen Forderungen wie der Freiheit der Meere oder allgemeiner Abrüstung enthielten die »Vierzehn Punkte« aber auch schon konkrete territoriale Bestimmungen, die später in den Versailler Vertrag übernommen wurden, etwa die Räumung des besetzten russischen Territoriums, die Rückgabe Elsaß-Lothringens an Frankreich und die Wiederherstellung Belgiens. Das legt den Verdacht nahe, dass man in Deutschland den Text, auf den man sich jetzt berief, nicht besonders genau studiert hatte.

In der deutschen Öffentlichkeit schlug die Nachricht vom Friedensangebot der Regierung ein wie eine Bombe. Kapitänleutnant Hermann von Schweinitz, der wie die meisten anderen auch von den wahren Zuständen an der Front nichts gewusst hatte, reagierte mit Erschütterung und Fassungslosigkeit. »Waffenstillstandsangebot der deutschen Regierung!! Kapitulation? Demütigungsfriede? War alles umsonst??« Er und seine Kameraden empfanden das deutsche Angebot als »Schmach« und befürchteten jetzt, in Umkehrung der Tatsachen, »zusammen mit dieser überstürzten Parlamentarisierung« den Zusammenbruch von Front und Monarchie.[34] Noch drastischer formulierte Korvettenkapitän Bogislav von Selchow, was seiner Ansicht nach nun mit dem Kaiserreich geschehen werde: »Sieht denn kein Mensch, daß diese Note das Ende bedeutet, die Revolution, den Sturz der Monarchie, den völligen Zusammenbruch? Was wird von Deutschland bleiben? Sie werden uns nicht nur die Kolonien nehmen, nicht nur uns überall Glieder aus dem Leibe reißen, im Süden und Norden, im Osten und Westen, sie werden uns zu Sklaven machen, sie werden uns so in Ketten schlagen, daß wir uns nicht rühren können, noch ganz anders als nach dem Tilsiter Frieden.«[35]

In seiner Antwortnote, die am 9. Oktober in Berlin eintraf, erkundigte Wilson sich zunächst lediglich danach, ob die deutsche Regierung bereit sei, die »Vierzehn Punkte« vorbehaltlos zu akzeptieren. Zugleich erklärte er den Abzug der deutschen Truppen aus den besetzten Gebieten im Westen zur Grundbedingung aller weiteren Verhandlungen. Für Schweinitz war das schon zu viel. »Eine Zumutung, was uns da alles vorgeschrieben wird! Aber auch darauf wird man eingehen. Und da gibt es immer noch Optimisten, die unserer Regierung den Mut und Stolz zum Widerstand zutrauen. Wir werden den Weg der Schande gehen, vielleicht, daß das Schicksal es so will.«[36] Obgleich der Kapitänleutnant damit gerechnet hatte, dass die deutsche Regierung auf Wilsons Bedingungen eingehen würde, war er dennoch wie vor den Kopf geschlagen, als sie es am 12. Oktober tatsächlich tat. »Unsere Regierung hat Wilson geantwortet, ganz so, wie es vorauszusehen war: alle Forderungen angenommen. Herrgott, so ein Volk, und sich ergeben in Schande! Man wird sich später schämen, ein Deutscher zu sein.«[37]

Und es sollte noch viel schlimmer kommen. Denn in seiner nächsten Note vom 14. Oktober verschärfte der amerikanische Präsident den Ton deutlich. Unmittelbar zuvor hatte ein deutsches U-Boot den britischen Passagierdampfer *Leinster* versenkt und dabei 450 Menschen getötet. Nicht zuletzt deshalb verurteilte Wilson jetzt die »ungesetzlichen und unmenschlichen Praktiken« deutscher Kriegführung, die sofort beendet werden müssten, ebenso das System der »Willkürherrschaft«, das in Deutschland regiere. »Ihr Ton ist in höchstem Maße beleidigend und demütigend«, notierte Vizeadmiral Albert Hopman empört, als er die zweite Wilson-Note las. »… Jedem Deutschen muß die Schamröte ins Gesicht steigen.« Doch habe Deutschland keine andere Wahl, als das hinzunehmen. »Die Massen können und wollen nicht mehr, unsere jämmerliche Wilhelms-II.-Regierung hat ihnen zu viel aufgebürdet. Die Truppen sind vielleicht bis auf einige Hunderttausend kriegsmüdig und durch Friedensangebot auf Beendigung des Kampfes gesetzt. Materiell nähern wir uns auch dem sicheren Ende. … Also es geht nicht mehr, daher wird unsere Nation wohl in den bitteren Apfel beißen müssen, und zwar sofort. Es ist zu furchtbar, um mehr darüber zu schreiben.«[38]

In ihrer Antwort an Wilson vom 20. Oktober protestierte die deutsche Regierung gegen die heftigen Anschuldigungen der Amerikaner. Zugleich zeigte sie sich kompromissbereit und kündigte an, dass künftige Regierungen dem Reichstag verantwortlich sein würden. Die entsprechende Verfassungsänderung, mit der die ministerielle Verantwortlichkeit, die parlamentarische Kontrolle über die Außen- und Militärpolitik und das demokratische Wahlrecht in Preußen eingeführt wurden, trat am 28. Oktober 1918 in Kraft. Damit verwandelte sich das Kaiserreich in die von so vielen seit langem geforderte parlamentarisch-demokratische Monarchie. Ein weiteres Zugeständnis an Wilson war die Einstellung des uneingeschränkten U-Boot-Krieges. Die war zuvor mit der Marineleitung abgestimmt worden, die dazu auch überraschend schnell ihre Zustimmung gegeben hatte – sie hatte längst eine andere Verwendung für die U-Boote im Sinn.

Adolf von Trotha, den es »maßlos traurig« stimmte zu sehen, »wie wir uns nun selbst umbringen«, wandte sich voller Verzweiflung an seine Frau: »Im Allgemeinen bin ich ja furchtbar niedergeschlagen! Die Note an Wilson ist doch das Würdeloseste, was ich kenne. Dabei verleugnet und beschimpft sie unsere eigene stolze Vergangenheit, schiebt uns in Allem selbst die Schuld zu und gibt unsere Zukunft als selbstständiges Volk auf. – Wir machen uns neben allem Anderen ja so ungeheuer lächerlich.« Er ertappe sich, schrieb Trotha, zuweilen bei dem Gefühl, dass ihn das alles schon gar nichts mehr angehe, so fremd stehe er allem gegenüber. »So ist n[ach] m[einer] A[nsicht] auch die Zukunft der Marine gebrochen und ich tue meine Pflicht hier nur noch, weil ich muß. Alles, wofür man gelebt, gedacht und gearbeitet hat, bricht zusammen! Da können wir uns auf keine sonnige Zukunft zurecht machen, mein armer Hase!«[39]

Schließlich verlangte Wilson in einer dritten Note vom 23. Oktober de facto die bedingungslose Kapitulation und Demokratisierung Deutschlands. Dazu nochmals Hermann von Schweinitz: »Wilson fordert jetzt die Kapitulation, unsere Unterwerfung. Der Fehler war unser Waffenstillstandsangebot. Damit hat man die Büchse der Pandora aufgemacht. Das Volk ist hingekriegt. Jeder fragt sich, warum man so einen Frieden nicht schon vor zwei Jahren geschlossen hat.«[40] Damals waren allerdings sowohl die OHL als auch die Marineführung im Bewusstsein der scheinbar ungebrochenen militärischen Stärke Deutschlands nicht dazu bereit gewesen, auch nur die kleinsten Zugeständnisse zu machen, um zu einem schnelleren Ende des Krieges zu kommen. Und auch jetzt versuchte die OHL ein letztes Mal, der Politik die Zügel zu entreißen und den Abbruch der Verhandlungen durchzusetzen. Doch Prinz Max sorgte dafür, dass Wilhelm II. General Erich Ludendorff am 26. Oktober entließ und durch General Wilhelm Groener, den früheren Leiter des Kriegsamtes, ersetzte. Feldmarschall Paul von Hindenburg dagegen entschied sich im Amt zu bleiben – und zog sich dadurch den unauslöschlichen Hass seines geschassten Partners zu.

In diesen düsteren Oktoberwochen, in denen die Politiker in Berlin mit den Gegnern Deutschlands über den Preis für den Frieden verhandelten und dabei, wie es schien, leichtfertig das Erbe Bismarcks und die Zukunft der Nation verspielten, fasste die Führung der Kaiserlichen Marine den eigenmächtigen Entschluss, diesen »Weg der Schande« nicht mitzugehen. Das Volk mochte »hingekriegt« sein, die Marine aber, davon war die Seekriegsleitung um Hipper, Scheer und Trotha überzeugt, hatte keinen Waffenstillstand nötig. »Dann schon lieber in Ehren untergehen«, schrieb Hipper in sein Tagebuch.[41]

Genau das war das Ziel, das die SKL nun verfolgte. Dabei vermischten sich das übersteigerte Ehrgefühl der Offiziere und die nackte Existenzangst einer vielleicht schon bald überflüssigen Institution zu einem äußerst gefährlichen Gebräu. Der entscheidende Anstoß kam wohl von Konteradmiral Trotha. Bereits im März 1915 hatte er sich Tirpitz gegenüber unmissverständlich dazu geäußert, wie er über einen möglichen Untergang der Flotte dachte. »Ich persönlich habe den unbedingten Glauben, daß eine Flotte, die kämpfend den Frieden miterstritten hat, selbst nach den schwersten Verlusten wiederersteht. Sie ist durch einen solchen Kampf erst wirklich mit Deutschland verwachsen. An eine Flotte, die durch den Krieg heil hindurchgebracht ist, glaube ich nicht.«[42] Anfang Oktober 1918 präsentierte er der SKL eine Denkschrift mit dem Titel ›Überlegungen in ernster Stunde‹. Darin argumentierte Trotha, dass es besser sei, »auch auf das Risiko des vollen Einsatzes hin« zu kämpfen, als die Flotte einem »schmachvollen Ende« entgegengehen zu lassen. Keinesfalls sollte die Flotte den Krieg beenden müssen, »ohne daß die in ihr steckenden nationalen Kräfte voll zur schlagenden Wirkung gekommen sind«. Denn nur »aus einem ehrenvollen Kampf der Flotte, auch wenn er ein Todeskampf wird in diesem Krieg, wird, wenn unser Volk nicht überhaupt national versagt, eine neue deutsche Zukunftsflotte erwachsen; einer durch schmachvollen Frieden gefesselten Flotte ist die Zukunft gebrochen«.[43]

Der berüchtigte »Operationsplan Nr. 19«, der aus diesen »Überlegungen« resultierte, war Anfang April 1918 schon einmal kurz diskutiert, vom damaligen Admiralstabschef Holtzendorff aber als »abenteuerlich« verworfen worden: Die Hochseeflotte sollte, um dem Stigma der jahrelangen Untätigkeit und der nun drohenden Schmach der Auslieferung zu entgehen, zu einer letzten Fahrt auslaufen und die Royal Navy zu der so lange ersehnten Entscheidungsschlacht zwingen.[44] Allen Beteiligten muss klar gewesen sein, dass das Risiko, dabei eine vernichtende Niederlage zu erleiden, in Anbetracht der überwältigenden britisch-amerikanischen Übermacht immens war. Einige Historiker haben gleichwohl die Ansicht vertreten, dass das Unternehmen wegen des Überraschungseffekts und anderer unberechenbarer Faktoren wie etwa dem Wetter möglicherweise nicht völlig chancenlos gewesen wäre.[45]

Doch wie auch immer man die militärischen Erfolgsaussichten beurteilt, entscheidend ist etwas anderes. Nämlich die Tatsache, dass es eben darum gar nicht ging. Für die an den Planungen beteiligten Offiziere war die Frage nach Sieg oder Niederlage eine rein akademische. Selbst unerschütterliche Optimisten in der Marine konnten nicht ernsthaft darauf hoffen, die vereinigten britisch-amerikanischen Seestreitkräfte empfindlich zu schwächen, geschweige denn zu vernichten. Einen Erfolg in dieser Größenordnung hätte die Marine aber mindestens erreichen müssen, wenn es ihr darum gegangen wäre, die drohende Niederlage Deutschlands abzuwenden. Dass das nicht die Motivation der Seekriegsleitung war, hielt sie sogar schriftlich fest. Man erwarte nicht, heißt es im Kriegstagebuch der SKL, dass durch den Vorstoß der Flotte »der Lauf der Dinge eine entscheidende Wendung erfährt«. Die geplante Aktion sei vielmehr in allererster Linie eine »Ehren- und Existenzfrage der Marine«.[46]

Die wenigen überlieferten Äußerungen der führenden Köpfe weisen ebenfalls in diese Richtung. Hipper, der als Flottenchef das Unternehmen leiten sollte, musste bestimmen, wohin er seine Schiffe führen wollte. Er entschied sich für einen Vorstoß in die Hoofden, da, wie er seinem Tagebuch anvertraute, »dies militärisch noch am ehesten zu rechtfertigen ist«.[47] Eine aus strategischer Sicht eher schwache Begründung für einen Einsatz, in dem es um alles oder nichts ging. Admiralstabschef Reinhard Scheer war in den entscheidenden Stunden nicht in Wilhelmshaven, sondern im Großen Hauptquartier im belgischen Spa. Von dort schrieb er seiner Frau einen Brief, aus dem hervorgeht, dass er vor allem einen symbolischen Gewinn erwartete: »Wenn unser Plan gelingt, der an Deinem Geburtstag seinen Anfang nimmt und hoffentlich keinen störenden Aufschub mehr erfährt, so wäre das ein verheißungsvolles Zeichen. Mit großer Spannung verfolge ich das Gelingen.«[48] Und auch Trotha, den ein »Schrecken der Scham« erfasste bei dem Gedanken, die Flotte könne, »ohne zum Schlagen gekommen zu sein, der inneren Vernichtung überliefert werden«, sah den möglichen militärischen Erfolg eher als Nebeneffekt. An Scheers Stabschef Magnus von Levetzow schrieb er: »Der Einsatz, um mit Ehren unterzugehen, lohnt doch auch noch, denn eine schwere Wunde würden wir England schon noch beibringen.«[49]

Zum zweifelhaften militärischen Nutzen des Unternehmens, das unter strengster Geheimhaltung vorbereitet wurde (weder der Kaiser noch der Reichskanzler waren in die Planung eingeweiht worden, nur Ludendorff wusste davon), kam noch hinzu, dass es die Bemühungen der Regierung um einen schnellen Waffenstillstand massiv gefährdete. Das alles nahm die SKL jedoch billigend in Kauf. Sie konnte darauf vertrauen, dass die Offiziere auf den Schiffen nicht zögern würden, sich an dieser selbstmörderischen Sinnkonstruktion zu beteiligen. Für sie stand schließlich einiges auf dem Spiel: neben der Ehre und dem Fortbestand der Marine auch ihre eigene berufliche Zukunft und gesellschaftliche Stellung. Außerdem fühlten sie sich nach wie vor dazu verpflichtet, kein Schiff unbesiegt in die Hände des Feindes fallen zu lassen. Nur so ist die Gelassenheit zu erklären, mit der ein Offizier wie Kapitän z. S. Wilhelm Tägert, der Kommandant des Schlachtkreuzers *Seydlitz*, einem Einsatz entgegensah, der den fast sicheren Tod bedeutete. Seiner Familie beschrieb Tägert seine Gefühle am Vorabend des für den 30. Oktober 1918 geplanten Auslaufens: »Ein wirklich großer, restlos schöner Augenblick war der Abend des 29. Da hab ich in andrer Erwartung u[nd] in vollster Ruhe von Euch Abschied genommen u[nd] dann bin ich fest eingeschlafen …«[50]

Doch die Offiziere hatten die Rechnung ohne die Mannschaften gemacht. Den kriegsmüden Matrosen und Heizern war trotz höchster Geheimhaltung nicht verborgen geblieben, dass etwas »Großes« im Schwange war – darauf deutete allein schon die ganz und gar nicht alltägliche Versammlung der gesamten Hochseeflotte vor Wilhelmshaven hin. Sobald die letzten Zweifel ausgeräumt waren, was die Offiziere beabsichtigten, verweigerten auf einer Reihe von Schiffen die Besatzungen die Befehle zum In-See-Gehen. Sie verspürten nicht die geringste Lust, den Waffenstillstand vor Augen noch ihr Leben zu riskieren für eine Sache, die nicht mehr die ihre war. »Unter dem Eindruck des militärischen Zusammenbruchs und nach den zermürbenden Jahren des Krieges war die Masse der Mannschaften für einen Heroismus der letzten Stunde nicht zu gewinnen«, konstatiert der Militärhistoriker Wilhelm Deist, »besonders nicht in der Form eines einfachen Befehls, wie es versucht wurde.«[51]

Admiral Hipper, der wie Tägert schon mit dem Leben abgeschlossen hatte, blieb keine andere Wahl, als den Einsatz abzubrechen. Hier ist sein Bericht:

»Welch fürchterliche Tage habe ich hinter mir. Ich hatte wirklich nicht geglaubt, daß ich wieder zurückkehren würde, und unter welchen Umständen tue ich es. Unsere Leute haben gestreikt. Ich hätte das Unternehmen, selbst wenn es durch die Witterungsumstände möglich gewesen wäre, nicht durchführen können. Schon während des Auslaufens am 29. wurde mir gemeldet, daß von *v. d. Tann* 58, von *Derfflinger* ca. 100 Mann fehlten. Es wurde alles aufgeboten, um die Leute an Bord zu bekommen. Zur bestimmten Zeit waren auch die Schiffe auf Schillig Reede und die Leute an Bord. Es gab mir aber doch zu denken. ... Im Laufe der Nacht fanden dann auf verschiedenen Schiffen, besonders auf denen des 3. G[eschwaders] *Kronprinz*, *Markgraf*, auch *König* Demonstrationen statt, wobei die Leute auf Befragen erklärten, sie wüßten, daß die Flotte eingesetzt und versenkt werden solle, bloß damit sie nachher bei den Waffenstillstandsverhandlungen nicht übergeben werden brauche und das machten sie nicht mit. Die Maschinen würden stehen bleiben etc. Auch auf einzelnen Schiffen des 1. Geschwaders kamen derartige Äußerungen zum Vorschein. Es war kein Zweifel, die Besatzungen waren trotz größter Geheimhaltung über ein im Gang befindliches Unternehmen unterrichtet und wollten in dem Glauben, daß sie nutzlos geopfert werden sollten, offenbar im entscheidenden Moment, d.h. schon beim Auslaufen westlich Helgoland, den Gehorsam verweigern. Da bisher zur Verschleierung des Unternehmens für den 30. ein Gefechtsbild mit Evolutionieren vorgesehen war, hielt ich es unter diesen Umständen, wenn ich die Flotte nicht vor die vollendete Tatsache des Streikes stellen wollte, nach Rücksprache mit meinen Herren des Stabes für richtig, auf die Aufgabe zu verzichten und am Evolutionieren festzuhalten.«[52]

Das war das Todesurteil für den »Operationsplan Nr. 19«. Wie Hipper weiter berichtet, versuchte die SKL in ihrer Not, wenn schon nicht die gesamte Flotte, dann doch wenigstens die einsatzbereiten U-Boote und die Großkampfschiffe mit mutmaßlich »zuverlässigen« Mannschaften an Bord Richtung England zu schicken. Doch auch dieses Vorhaben scheiterte, da jetzt auch die bisher ruhig gebliebenen Besatzungen der Linienschiffe *Thüringen* und *Helgoland* sich weigerten, die entsprechenden Befehle auszuführen. Daraufhin wurde die Verhaftung der Meuterer angeordnet – und ein Blutbad nur um Haaresbreite vermieden.

»Die Leute auf *Thüringen* hatten sich vorne im Mannschaftsraum eingeschlossen und waren mit keiner Himmelsgewalt herauszubekommen. Das Luk oben mußte aufgebrochen werden, war von innen auch noch zugebunden. Leute mit geladenem Gewehr standen oben davor. Nun wurden die Leute aufgefordert herauszukommen. Niemand erschien – unten war alles Licht aus. Die Kerle wurden darauf aufmerksam gemacht, daß das Schiff torpediert werden würde, wenn sie nicht herauskämen. Ein schußklares Torpedoboot lag querab. Schon war der Befehl zum Schießen gegeben, da kamen die Leute endlich zum Vorschein und wurden dann ohne weiteren Widerstand abgeführt. Ein Glück, die Folgen wären sonst nicht auszudenken gewesen. Der 1. Schuß, der auf die Revoltierenden gelöst wird, hat unberechenbare Wirkungen und namentlich ein Torpedoschuß. In gleicher Weise wurde dann auf *Helgoland* verfahren, wo sich auch Leute eingeschlossen hatten. Auf diesem Schiff hatten sie sogar ein Geschütz auf das Torpedoboot gerichtet. Von *Thüringen* wurden ca. 300, von *Helgoland* 100 Mann heruntergeholt. Davon werden natürlich eine Menge wieder entlassen werden müssen, eine Anzahl sog. Mitläufer mit geringen Strafen davon kommen. Die Hauptsache wäre, daß wir die Rädelsführer herausbekommen.«[53]

Hipper scheint in diesem Moment noch geglaubt zu haben, die Situation lasse sich durch energisches Durchgreifen wieder unter Kontrolle bringen, ähnlich wie im Jahr zuvor. Auch Admiral Scheer, der das Geschehen von seinem fernen Beobachtungsposten in Spa aus verfolgte, war der Ansicht, indem die Flottenleitung auf allzu drastische Maßnahmen verzichtet habe, habe sie das Schlimmste verhindert. »Sehr energisch scheint das Flottenkommando auch nicht eingeschritten zu sein und auch keine rechte Unterstützung bei den Kommandanten gefunden zu haben. Sie haben es vorgezogen, die Sache nicht auf die Spitze zu treiben, und das Inseegehen aufgegeben. Es wäre ja in Frage gekommen, ein oder das andere Schiff, das nicht mitmachen wollte, durch T[or]p[edo]boote in den Grund zu bohren. Aber ebenso gut hätte das den Anlaß zu einer Riesenrevolte geben können, die vielleicht unermeßliches Unheil angerichtet hätte.«[54]

Die von Scheer befürchtete »Riesenrevolte« mochte fürs Erste ausgeblieben sein, doch sobald die Schiffe wieder in den Hafen eingelaufen waren, herrschten, wie der Historiker Holger Herwig schreibt, »Unschlüssigkeit, Unsicherheit und Ziellosigkeit, Abwarten kennzeichnete die Lage«.[55] Eine wichtige Entscheidung allerdings traf die Flottenleitung, und die hatte fatale Folgen: Um ein Überspringen der Unruhen auf andere Einheiten zu verhindern, wurden die Schiffe des besonders renitenten III. Geschwaders vom Rest der Flotte separiert und nach Kiel verlegt, wo viele tausend radikalisierte Werftarbeiter auf die Seeleute warteten. Noch während der Fahrt durch den Kaiser-Wilhelm-Kanal wurden außerdem 47 Matrosen und Heizer des Linienschiffs *Markgraf* verhaftet, die als Haupträdelsführer galten, drei Tage später weitere 57.

In Kiel angekommen, verließen die aufgebrachten Besatzungen, insgesamt rund 5000 Mann, ihre Schiffe und hielten mehrere Versammlungen in der Stadt ab. Am 3. November trafen sie sich zu einer Großkundgebung auf dem Kieler Exerzierplatz. Anschließend zogen sie zur Marine-Arrestanstalt, um ihre dort in Haft sitzenden Kameraden zu befreien. Unterwegs kam es in der Kieler Innenstadt zu einer Schießerei mit einer Militärpatrouille, bei der neun Personen getötet und 29 verletzt wurden. Dieser Zwischenfall gab das Signal zum Aufstand. Unterstützt von Werft- und Industriearbeitern sowie von den in Kiel stationierten Landmarineeinheiten besetzten Matrosen und Marinesoldaten am folgenden Tag die wichtigsten militärischen und zivilen Dienststellen in der Stadt. Am 5. November traten die Kieler Arbeiter in einen Generalstreik. Mitglieder der beiden sozialdemokratischen Parteien und Delegierte der Großbetriebe bildeten einen Arbeiterrat, die revoltierenden Marine-Mannschaften einen Soldatenrat, den ersten in Deutschland. Gemeinsam stellten sie eine lange Liste von Forderungen auf (die 14 »Kieler Punkte«), die im wesentlichen marineinterne Angelegenheiten betrafen und eher ein »Sammelsurium als Ausdruck eines politischen Programms« waren: Aufhebung des Belagerungszustands, Entlassung der Inhaftierten und der politischen Gefangenen, Straffreiheit für die Matrosen und Heizer, kein Einsatz der Flotte, Mitspracherecht des Soldatenrates bei allen Entscheidungen, »sachgemäße Behandlung der Mannschaften durch Vorgesetzte«, persönliche Freiheit des Mannes und kein Vorgesetztenverhältnis mehr außerhalb der Dienstzeit.[56]

Mit gemischten Gefühlen beobachtete der Matrose Richard Stumpf diese Vorgänge. »Traurig, tieftraurig« war er einerseits darüber, »daß es soweit kommen konnte.« Andererseits konnte er jedoch auch »eine gewisse Schadenfreude ... beim besten Willen nicht unterdrücken. Wo ist die Allmacht der stolzen Kapitäne und Stabsingenieure geblieben? Die jahrelang als Hunde erniedrigten Heizer und Matrosen wissen endlich, daß ohne sie nichts, rein nichts geschehen kann. Ist das zu glauben? Wer so lange, lange unter dem Bewußtsein der eisernen Disziplin, des blinden Kadavergehorsams gedient hat wie ich, muß so etwas für unmöglich halten. ... Jedes Unrecht rächt sich auf Erden, dieses alte Wort gewinnt heute wieder greifbare Gestalt.«[57]

Die meisten Offiziere standen den sich überschlagenden Ereignissen hilflos gegenüber und verließen freiwillig ihre Schiffe, da ihren Befehlen ohnehin niemand mehr Folge leistete. Einige wenige, die sich den meuternden Matrosen in den Weg stellten oder, wie der Kommandant des Linienschiffs *König*, versuchten, das Aufziehen der roten Flaggen zu verhindern, die bald auf allen Schiffen wehten, wurden getötet oder verwundet.

Um eine weitere Eskalation zu vermeiden, erklärte sich Admiral Wilhelm Souchon, der zum Gouverneur von Kiel ernannt worden war, zu weitgehenden Zugeständnissen an die Aufrührer und zur Freilassung der inhaftierten Seeleute bereit. In den Augen von Kapitänleutnant Hermann von Schweinitz war das ein großer Fehler. »Wir sind alle tief bestürzt über die schmachvolle Meuterei in der Flotte«, schrieb er. »Wir machen uns zur Selbstverteidigung bereit. Die Leitung macht schlapp, wagt nicht mehr durchzugreifen. Souchon soll sich in Verhandlungen mit den renitenten Matrosen eingelassen und ihnen nachgegeben haben.«[58]

Schweinitz hatte seine gerade erst begonnene Ausbildung zum U-Boot-Kommandanten in Glücksburg abbrechen müssen und war zusammen mit anderen Offizieren nach Kiel beordert worden, um zu retten, was möglicherweise noch zu retten war. Er kam ausgerechnet auf die *Markgraf*, wo bereits das Chaos regierte. Trotzdem versuchten er und seine Kameraden Haltung zu bewahren. »Wir bleiben eisern ruhig, sind auf alles gefaßt. Ruhe ist die erste Bordpflicht«, notierte er in seinem Tagebuch.[59] Nach zwei Tagen vergeblichen Wartens auf Unterstützung gab er dann das Schiff auf: »Mannschaft kippt. Einwirkung auf Leute jetzt völlig zwecklos. Man ist machtlos, alles Tun vergebens, zu spät. Soldatenrat übernimmt alles, von der Wache bis zur Waffenkammer.«[60] Schließlich verließ er zusammen mit anderen Offizieren bei Nacht und Nebel die *Markgraf*. »An Land – gestrandet. Quo vadis?«[61]

Halbwegs geordnete Zustände ließen sich in Kiel erst wieder herstellen, nachdem Souchon am 7. November seinen Rücktritt erklärt und der von der Reichsregierung entsandte SPD-Abgeordnete

Gustav Noske zusammen mit dem Soldatenrat die Befehls- und Regierungsgewalt übernommen hatte. Auch Noske konnte jedoch nicht verhindern, dass zahlreiche Seeleute aus Angst, von heranrückenden Truppen eingeschlossen zu werden, die Stadt verließen und so die Unruhen immer weitere Kreise zogen. Innerhalb weniger Tage lösten diese Matrosengruppen in den militärischen Einrichtungen der norddeutschen Hafenstädte und weiterer Städte des Binnenlandes eine revolutionäre Welle aus, die sich unaufhaltsam in alle Himmelsrichtungen ausbreitete.

Die Welle erfasste auch Wilhelmshaven. Dort hatte Flottenchef Hipper sich ähnlich wie Souchon zu einer kooperativen Haltung entschlossen. Als eine Kommission seines Flaggschiffs *Baden* von ihm die Zusicherung verlangte, dass die Flotte nur im Falle eines englischen Angriffs zur Verteidigung eingesetzt und dass außerdem eine Reihe von unbeliebten Offizieren abgelöst werde, sagte er beides zu. »Da ihre Forderungen verhältnismäßig milde, ein Widerstand doch zwecklos, bloß ungeheures Blutbad angerichtet hätte, ging ich auf die Wünsche ein, auch schon deshalb, um die Revolution in gewissen Grenzen zu halten und um die sog. Scheidemänner, die noch in der Überzahl sind, nicht ganz in das Lager der U. S. P.[D.] zu treiben. Ein sog. Soldatenrat ließ sich dabei nicht vermeiden.«[62]

Für Wilhelm Tägert, den Kommandanten der *Seydlitz*, waren die ersten Novembertage 1918 »wohl die schlimmsten unseres Lebens«. Sein einziger Trost war, dass der Großteil der Besatzung loyal zu ihm stand. »Die Leute hängen an mir u. zeigen es mir in rührender Weise u. ich glaube bestimmt, daß ich sie in Ehren hindurchreiße«, schrieb er seiner Frau. »Aber ich sitze auch nicht still. Ich kämpfe mit offenem Visier ohne Heimlichkeiten u. baue nur auf Vertrauen. Brechen sie mir das, dann werde ich ihnen sagen, sie sollen mich nur gleich totschlagen, denn ohne Ehre mag ich das Schiff nicht verlassen.«[63] Seine größte Sorge war, dass die Matrosen eine rote Flagge auf der *Seydlitz* hissen könnten. Bei dieser Vorstellung habe er, wie er zugab, »fast meine Fassung u. Selbstbeherrschung einen Augenblick verloren«. Tägert war fest entschlossen, eine solche Entehrung seines Schiffes notfalls unter Einsatz seines Lebens zu verhindern. »In all diesen Tagen habe ich über diesen Moment oft nachgedacht u. erst beschlossen, unter d. Flagge mich totschlagen zu lassen. Das hätten aber meine Leute nicht getan, es wäre dann schließlich zu einem Kampf einer Minderheit gegen eine Mehrheit gekommen.«[64]

Kapitänleutnant Reinhold Knobloch, der wie sein ehemaliger Schiffskamerad Schweinitz die U-Boot-Ausbildung in Glücksburg begonnen hatte, war inzwischen ebenfalls nach Wilhelmshaven zurückgekehrt. An Bord der *Kronprinz Wilhelm* von der IV. Aufklärungsgruppe musste er mit ansehen, wie die Mannschaft die Munitionskammern des Schiffes besetzte und Vertrauensleute wählte. Die sprachen zu Knoblochs Überraschung dem Kommandanten das Vertrauen aus und gelobten die Einhaltung von Ordnung und Gehorsam. Nach dieser versöhnlichen Geste glaubte Knobloch für einen kurzen Moment: »Nun wird wohl alles gut werden, hoffentlich wird auch Kiel bald wieder verständig.«[65]

Bereits am nächsten Tag wurde er jedoch eines Besseren belehrt, als auch in Wilhelmshaven ein Arbeiter- und Soldatenrat, der sogenannte 21er-Rat, die vollziehende Gewalt übernahm. Zum Vorsitzenden des Rates wurde der in der USPD aktive Oberheizer Bernhard Kuhnt ernannt. Am 10. November 1918 erklärte Kuhnt Wilhelmshaven, die umliegenden Inseln sowie das ganze Oldenburger Land zur sozialistischen »Republik Oldenburg/Ostfriesland«. Die IV. Aufklärungsgruppe war in der Zwischenzeit in die Ostsee beordert worden. Offiziere, die sich weigerten mitzufahren, wurden an Land gebracht und interniert. »Man kommt sich vor wie in einem Tollhaus oder als bewachter Verbrecher«, schrieb Knobloch. »Irgendwelche Machtbefugnisse haben wir überhaupt nicht mehr. Unhaltbare Zustände. Man muß verrückt werden bei diesem Betrieb.«[66] Wieder einen Tag später stellte er fest: »Flegel und Lümmel haben das Regiment.«[67] Schließlich, nachdem Knobloch und die anderen Offiziere eine Erklärung unterzeichnet hatten, nichts gegen die »Bewegung« zu unternehmen, wurden sie bis auf wenige Ausnahmen vom bordeigenen Soldatenrat entlassen und an Land geschickt.

»So weit ist es mit unserer schönen Flotte gekommen, der ich nun bald 35 Jahre meines Lebens gewidmet habe. Es ist zum Heulen, aber was kann man jetzt noch dabei tun«, fragte sich ein völlig verzweifelter Albert Hopman.[68] Statt in einer letzten großen Seeschlacht die Ehre der Marine zu bewahren und der Nation zu zeigen, dass die militärisch weitgehend nutzlosen Schiffe wenigstens mit Anstand unterzugehen vermochten, hatte das Scheitern der geplanten »Todesfahrt« den Anlass zum Ausbruch der Revolution in Deutschland geliefert. So war es in der Tat eine verheerende Bilanz, die der selbstkritische Korvettenkapitän Ernst von Weizsäcker angesichts dieses Desasters nur ziehen konnte: »Diese Marine! Entsprungen dem Weltmachtsdünkel, verdirbt unsere Ausw[ärtige] Politik 20 Jahre lang, hält ihre Versprechungen im Kriege nicht und entfacht nun den Umsturz!«[69] Weizsäcker war sich völlig im Klaren darüber, dass unter diesen Umständen an eine Fortsetzung der bisherigen deutschen Flottenpolitik nicht zu denken war. Wie hoch jedoch der Preis tatsächlich war, den die Marine für ihr Versagen zu bezahlen hatte, hat dann auch ihn überrascht und zutiefst schockiert.

Kapitel X
»Wir sind für alle Zeiten vernichtet« Waffenstillstand und Internierung

Das Schicksal des Deutschen Kaiserreiches wurde in zwei Eisenbahnwaggons besiegelt. Den einen, einen ausrangierten Speisewagen, hatte der alliierte Oberkommandierende, der französische Marschall Ferdinand Foch, in den Wald von Compiègne bringen lassen. Dort, rund achtzig Kilometer nördlich von Paris, musste eine von dem Zentrumspolitiker Matthias Erzberger geführte deutsche Delegation am 11. November 1918 die unerwartet harten Waffenstillstandsbedingungen der Entente-Mächte unterzeichnen. Der andere Waggon gehörte zum prachtvoll weiß-golden lackierten Hofzug des Kaisers und hatte am frühen Morgen des 10. November das Hauptquartier der deutschen Armee im belgischen Spa verlassen. Ziel der Fahrt war die holländische Grenze. Während der Reichstagsabgeordnete Erzberger mit seiner Unterschrift einen Krieg beendete, der fast fünfzehn Millionen Menschen das Leben gekostet hatte, suchte der Monarch, der die Nation in diese »Urkatastrophe« des 20. Jahrhunderts geführt hatte, sein Heil in der Flucht.

Die Frage, ob Wilhelm II. abdanken müsse, war seit September 1918 in allen politischen Kreisen Deutschlands mehr oder weniger offen diskutiert worden. Besondere Brisanz erhielt diese Frage durch die Noten des amerikanischen Präsidenten Woodrow Wilson, in denen, etwas verklausuliert zwar, der Eindruck erhoben wurde, solange der Kaiser an der Spitze des Staates stehe, werde es für Deutschland keine erträglichen Waffenstillstandsbedingungen geben. In Wilhelms Augen war das »eine absolut frivole Unverschämtheit«.[1] Eine Parlamentsregierung schön und gut, aber auf den Thron zu verzichten – das kam für ihn unter keinen Umständen in Frage. »Ich gehe nicht; tue ich es, dann zerfällt das Reich, also ist es meine Pflicht zu bleiben, wo ich stehe und, wenn es so sein muß, mit dem Volk unterzugehen«, äußerte er am 25. Oktober 1918 im Kreise seiner Vertrauten.[2] Vier Tage später verließ er auf Anraten seiner Umgebung die deutsche Hauptstadt und reiste nach Spa zu seinen Generalen – für viele sah das nach einer Flucht vor der Verantwortung aus.

Auch Admiral Hipper fühlte sich von seinem Obersten Kriegsherrn im Stich gelassen. »Sehr schlimm ist, dass der Kaiser aus Berlin weg ist und sich ins Hauptquartier verkrochen hat. Wenn er wenigstens noch an die Front ginge, wo die Kugeln pfeifen, aber so macht es einen ganz schlechten Eindruck und schadet bloß ungemein«, schrieb der Admiral am 2. November in sein Tagebuch.[3] Manche Offiziere hätten es am liebsten gesehen, wenn Wilhelm an Bord des deutschen Flaggschiffs mitausgelaufen wäre zur geplanten letzten großen Schlacht gegen die Royal Navy, oder wenn er an der Spitze eines Regimentes die deutschen Truppen im Westen noch einmal zur Offensive geführt hätte. Doch der heroische Tod in der Schlacht war nichts für Wilhelm II.

Für einige Tage konnte der Kaiser sich in Spa der vagen Hoffnung hingeben, vielleicht doch noch irgendwie davonzukommen, dann überrollten die Ereignisse den uneinsichtigen Monarchen. Vom bewaffneten Aufstand der Matrosen in Kiel sprang der revolutionäre Funke in Windeseile ins Landesinnere über. Am 7. November 1918 rief der bayerische USPD-Führer Kurt Eisner in München die Republik aus, am 9. November erreichte die Revolution Berlin. In Massen strömten die Arbeiter aus den Betrieben auf die Straßen, um sich dem Generalstreik anzuschließen, zu dem die linksradikale »Spartakusgruppe« aufgerufen hatte. Die Truppen der Berliner Garnison schlossen sich ihnen an und wählten Soldatenräte.

Um Blutvergießen zu vermeiden, sah Reichskanzler Prinz Max von Baden schließlich keinen anderen Ausweg mehr, als eigenmächtig den Thronverzicht Wilhelms II. zu erklären und das Amt des Reichskanzlers dem Vorsitzenden der Mehrheits-Sozialdemokraten, Friedrich Ebert, zu übergeben. Seine Hoffnung, durch diesen Schritt wenigstens die Monarchie als Staatsform zu retten, erfüllte sich nicht: Wenige Stunden später riefen erst der MSPD-Politiker Philipp Scheidemann und kurz nach ihm der Spartakist Karl Liebknecht die Republik aus.

Als neue vorläufige Spitze des Reichs konstituierte sich am Tag darauf der »Rat der Volksbeauftragten«, dem je drei Mitglieder von MSPD und USPD angehörten. Nach den Wahlen zur Verfassunggebenden Nationalversammlung am 19. Januar 1919, bei denen erstmals reichsweit ein allgemeines, gleiches, geheimes und direktes Wahlrecht für Männer und Frauen ab 20 Jahren zum Tragen kam, bildeten die Mehrheits-Sozialdemokraten zusammen mit der linksliberalen Deutschen Demokratischen Partei (DDP) und dem katholischen Zentrum die erste Weimarer Koalitionsregierung unter Philipp Scheidemann. Friedrich Ebert wurde zum ersten Reichspräsidenten der neuen Republik gewählt.

Wilhelm II., der bis zur letzten Minute überlegt hatte, ob er zwar als Kaiser abdanken, aber dafür König von Preußen bleiben solle – was verfassungsrechtlich unmöglich war –, trafen die Nachrichten aus Berlin wie ein Schlag. Im Hauptquartier setzten sofort hektische Überlegungen ein, was nun werden solle. Nur zu gut hatte man in der Umgebung des Kaisers das Schicksal des russischen Zaren Nikolaus II. vor Augen. Der war erst wenige Monate zuvor mit seiner Familie in Jekaterinburg von Revolutionären ermordet worden. Um Wilhelm II. ein ähnliches Schicksal zu ersparen, sollte er sich schnellstmöglich ins Ausland absetzen. General Wilhelm Groener, Ludendorffs Nachfolger in der OHL, erlebte mit, wie apathisch der Kaiser auf diesen Vorschlag reagierte: »Er sagte nichts, schaute nur – schaute von dem einen zum anderen mit einem Blick zuerst der Verwunderung, dann der mitleiderregenden Anflehung, schließlich nur der merkwürdigen vagen Bestürzung. Er sagte nichts, und wir führten ihn, ganz als wäre er ein kleines Kind – und schickten ihn nach Holland.«[4]

In den Morgenstunden des 10. November 1918 trafen der Kaiser und seine Begleiter am belgisch-holländischen Grenzübergang Eijsden ein. Von dort ging es weiter nach Amerongen in der Provinz Utrecht, wo Wilhelm die nächsten 18 Monate im Schloss des Grafen Bentinck verbrachte. Der Kaiser hatte nun zwar keinen Thron mehr, arm war er deshalb aber trotzdem nicht. Nachdem Wilhelm sich mit der deutschen Regierung über eine Entschädigung für den beschlagnahmten kaiserlichen Besitz geeinigt hatte, flossen in den nächsten drei Jahren insgesamt fast 80 Millionen Mark aus der Staatskasse auf die Hohenzollern'schen Konten. Aus Berlin rollte außerdem ein Sonderzug mit 59 Waggons voller Möbel, Bilder, Teppiche, Geschirr, Kunstgegenstände und anderem »Umzugsgut« aus den kaiserlichen Schlössern nach Holland. Derart liquide, konnte Wilhelm es sich leisten, das ganz in der Nähe von Amerongen gelegene Haus Doorn zu erwerben, ein kleines Schloss, das einer Großtante der Schauspielerin Audrey Hepburn gehört hatte. Dorthin übersiedelte er mit seiner Frau im Mai 1920. Bis zu seinem Tod am 4. Juni 1941 sollte er Doorn nicht mehr verlassen.

Als Admiral Hipper am 9. November 1918 davon erfuhr, dass der Kaiser aus Berlin geflohen und Friedrich Ebert zum Reichskanzler ernannt worden war, übermannte ihn die Verzweiflung: »Tiefer hinab geht's kaum noch.«[5] Die Welt der Offiziere lag nun vollends in Trümmern. Korvettenkapitän Bogislav von Selchow meinte: »Das war zuviel. Man kann es nicht mehr fassen. Manchmal kommen plötzlich die Tränen und man kann sie nicht halten, bis sie von selber wieder aufhören.«[6] Nach dem gescheiterten letzten Auslaufen der Flotte, nach den Matrosenrevolten in Wilhelmshaven und Kiel, der Schmach der roten Flaggen an den Masten ihrer stolzen Schiffe, nach dem Beginn der Revolution nun auch noch die Flucht des Kaisers und die Ausrufung der Republik. »Es sind Tage der schmerzlichsten und herbsten Erlebnisse, die mein ganzes Inneres vernichten«, schrieb ein am Boden zerstörter Adolf von Trotha seiner Frau. »Gebe Gott uns endlich lichtere Tage und bewahre er unser armes Vaterland vor der gänzlichen Auflösung. Wann werden wir uns wiedersehen?« Er fügte hinzu: »Es muß doch mal wieder Frühling werden!«[7]

Die aller Illusionen beraubten Offiziere mussten sich nun entscheiden, wem sie die Treue halten sollten – dem Kaiser oder genauer gesagt: der Monarchie, die als Staatsform theoretisch ja auch ohne Wilhelm II. weiterbestehen konnte, oder dem Vaterland, das am Ende seiner Kräfte war und das es vor dem inneren Zerfall und der Bolschewisierung zu bewahren galt. Der nachmalige Großadmiral Karl Dönitz beschrieb den Zwiespalt, in dem sich viele Offiziere in jenen Tagen befanden, später so: »Wir waren seit Generationen nach Herkommen und Erziehung Monarchisten. Sollten wir, nachdem im Oktober 1918 die deutschen Fürsten hatten abdanken müssen, nunmehr mit fliegenden Fahnen in das Lager der Gegner übergehen? So gab es viele, die aus innerer Überzeugung glaubten, nicht mehr dienen zu können. Auf der anderen Seite hatte jedoch die Überlegung Gewicht, daß man den deutschen Staat, welche Form er sich auch gegeben hatte, als Soldat nicht verlassen durfte. Dies hätte dem deutsch-preußischen Prinzip des selbstlosen Dienens der Sache wegen widersprochen.«[8]

Nach Einschätzung Ernst von Weizsäckers waren zumindest einige hohe Marineoffiziere wie etwa Admiral Scheer »königstreu bis in die Knochen«.[9] Tatsächlich schrieb Scheer noch am 7. November an seine Frau: »Ich bin entschlossen, beim Kaiser auszuharren, solange er den Befehl über die Truppen führt und ich das Gefühl habe, er brauche mich als Chef des Admiralstabs.«[10] Als zwei Tage später die Republik ausgerufen wurde, bat er Wilhelm II. dann aber doch um seinen Abschied. »Aufgeblasen und albern« fand Weizsäcker das, und es erfüllte ihn mit einer gewissen Genugtuung, dass das Abschiedsgesuch nicht bewilligt wurde.[11] »Herr Admiral, die Marine hat mich fein im Stich gelassen«, war alles, was Scheer vom Kaiser zu hören bekam.[12] Es war das letzte Mal, dass diese beiden sich begegneten.

Weizsäcker selbst fühlte sich durch die Flucht des Kaisers nicht mehr an seinen Treueid gebunden, und so wie er dürften die meisten empfunden haben. Neben den idealistischen Motiven der Ehre und Treue spielten bei einer Entscheidung von solcher Tragweite sicher auch ganz pragmatische Überlegungen eine Rolle. Schließlich war die Zukunft mehr als ungewiss, und wer wollte es sich da schon leisten, einen gutbezahlten Job einfach so an den Nagel zu hängen und dadurch seine gesamte Existenz aufs Spiel zu setzen. Letzte Zweifel räumte dann die offizielle Abdankungsurkunde des Kaisers aus, die Wilhelm II. am 28. November 1918 unterzeichnete. Darin entband er alle Militärangehörigen von ihrem Eid und sprach die Erwartung aus, »daß sie bis zur Neuordnung des Deutschen Reiches den Inhabern der tatsächlichen Gewalt in Deutschland helfen, das Deutsche Volk gegen die drohenden Gefahren der Anarchie, der Hungersnot und der Fremdherrschaft zu schützen«.[13]

Die dringlichste Aufgabe, um die von Wilhelm angesprochenen Gefahren abzuwehren, war die Erfüllung der alliierten Waffenstillstandsbedingungen, die Matthias Erzberger in jenem anderen Eisenbahnabteil im Wald von Compiègne entgegennahm. Sie waren nach Weizsäckers Ansicht »so niederziehend, daß mein erster Gedanke ist: Hieraus entsteht ein neuer Krieg. Unsere Kinder werden ihn ausfechten müssen.«[14] Die deutsche Delegation war am 8. November in Compiègne eingetroffen und von Marschall Ferdinand Foch mit den Worten begrüßt worden: »Was führt die Herren hierher? Was wünschen Sie von mir?« Als Erzberger erwiderte, er erwarte Vorschläge für einen Waffenstillstand zu erfahren, entgegnete Foch: »Ich habe keine Vorschläge zu machen.« Stattdessen ließ er seinen Generalstabschef Maxime Weygand die Bedingungen verlesen, auf die die Alliierten sich einige Tage zuvor in Paris geeinigt hatten. Während Weygand sprach, saß Foch nach Erzbergers Schilderung »mit steinerner Ruhe am Tisch, manchmal zupfte er energisch seinen Schnurrbart. Während der ganzen Verlesung wurden keinerlei Bemerkungen gemacht«.[15]

Was der französische General verkündete, ließ den deutschen Unterhändlern das Blut in den Adern gefrieren. Die deutschen Truppen mussten sich aus sämtlichen besetzten Gebieten Belgiens, Frankreichs, Luxemburgs sowie aus dem Reichsland Elsaß-Lothringen binnen vierzehn Tagen zurückziehen. Im Gegenzug würden französische Soldaten die linksrheinischen deutschen Gebiete sowie Brückenköpfe rechts des Rheins um Mainz, Koblenz und Köln besetzen. Auf der rechten Rheinseite musste eine neutrale Zone von 30 bis 40 Kilometern Breite eingerichtet werden. Die Friedensverträge von Brest-Litowsk und Bukarest wurden annulliert, die deutschen Truppen im Osten mussten Rumänien, Polen, das Baltikum und die Ukraine räumen und sich hinter die Grenze vom 1. August 1914 zurückziehen. Die deutsche Armee musste 5000 Geschütze, 30 000 Maschinengewehre, 3000 Minenwerfer und 2000 Flugzeuge an die Entente übergeben, hinzu kamen 5000 Lokomotiven, 150 000 Eisenbahnwaggons und 10 000 Lastwagen. Am härtesten aber traf es die Marine: Nach heftigen Auseinandersetzungen unter den westlichen Verbündeten, auf die wir gleich noch näher zu sprechen kommen, hatten die Briten sich mit ihren Forderungen weitgehend durchgesetzt, und Deutschland musste einen Großteil der Hochseeflotte an die Alliierten übergeben, wenn auch vorerst nur zur Internierung. Um sicherzustellen, dass die Deutschen ihren Verpflichtungen nachkamen, hielten die Alliierten die Seeblockade weiterhin aufrecht (bis April 1919) und drohten damit, bei einem Verstoß gegen die Bestimmungen Helgoland sowie die Nordsee-Flussmündungen zu besetzen.

Das war ganz und gar nicht der »milde« Frieden, den sich die Deutschen erhofft hatten. Es waren vielmehr Bedingungen, die so hart erschienen, dass selbst der britische Außenminister Arthur James Balfour die Ansicht vertrat, »daß Leute, die noch aufrechtstehen könnten, sich nicht so demütigen werden, ein Dokument wie den Waffenstillstand zu unterzeichnen«.[16] Doch alle Versuche der deutschen Delegation, über einzelne Punkte zu verhandeln, wurden von Marschall Foch schroff zurückgewiesen; nur zu wenigen kleinen Konzessionen erklärte er sich bereit. So wurde etwa die Zahl der abzuliefernden Maschinengewehre auf 25 000 reduziert, die der Flugzeuge auf 1700, die der Lastwagen auf 5000, zum Teil wurden

Räumungs- und Ablieferungsfristen geringfügig verlängert. Am Ende blieb Erzberger keine Wahl. Nachdem er sich über Funk das Einverständnis Eberts und Hindenburgs geholt hatte, unterzeichnete er am Montag, dem 11. November 1918, morgens um 5 Uhr die Waffenstillstandsurkunde. Sechs Stunden später schwiegen nach 1586 Tagen Krieg die Waffen. Der Waffenstillstand galt zunächst für die Dauer von 36 Tagen und wurde mehrfach verlängert, zuletzt am 16. Februar 1919 auf unbestimmte Zeit.

Während überall in Europa die Menschen das Ende des blutigen Ringens feierten, begann für die ehemalige Kaiserliche Marine, die angeblich keinen Waffenstillstand nötig gehabt hatte, die vielleicht bitterste Zeit des ganzen Krieges. Man kann sich heute kaum mehr vorstellen, wie viel Überwindung es vor allem die Offiziere gekostet haben muss, unter diesen Umständen weiterhin ihren Dienst zu versehen und praktisch dabei mitzuhelfen, den eigenen Untergang zu organisieren. Denn ob die jetzt in die Internierung gehenden Schiffe jemals wieder nach Deutschland zurückkehren würden, war mehr als ungewiss.

Manch einer mochte in diesen Tagen daran gedacht haben, seinem Leben lieber ein Ende zu setzen, als sich derart zu demütigen. So wie Wilhelm Tägert, der dann aber doch wieder Abstand von diesem Gedanken nahm, da er ihm als »zu bequeme Lösung« erschien. Was ließ den Familienvater seine Meinung ändern? »Ihr alle u[nd] dann auch: man kann doch vielleicht noch helfen, unser Volk und Land wieder mit aufzubauen. Aber als ich meine Pistole morgens lud, hatte ich einen Augenblick doch d[as] Gefühl eines wilden Triumphs, vielleicht nehme ich sie doch, weil ich dann nicht anders kann u[nd] sie ist mir sicher. Lieber Schatz, das ist alles in solchen Momenten so unmittelbar u[nd] garnicht theatralisch. Nachher kommt vielleicht d[er] Zynismus, aber als man alles erlebte, da war es anders.«[17]

Es gab mehrere Gründe, weshalb die Offiziere an Bord ihrer Schiffe zurückkehrten, die sie bis auf wenige Ausnahmen beim Hissen der roten Flaggen verlassen hatten. Im Vordergrund stand bei vielen sicher wie bei Tägert das Gefühl, als Soldaten dazu verpflichtet zu sein, das Vaterland in der Not nicht im Stich zu lassen. Unterstützt wurde diese Sichtweise durch einen Appell Admiral Hippers an die Offiziere und Mannschaften vom 13. November 1918, in dem es unter anderem hieß: »Den Kummer und die Schmach der Internierung unserer Flotte trägt das ganze deutsche Volk. Niemand entehrt sich, der jetzt seine Pflicht tut, dem Vaterlande die Schiffe zu erhalten. Im Gegenteil, einst wird das Vaterland den Männern danken, die ihm auch in dieser schweren Prüfung die Treue hielten und auf ihrem Posten blieben.«[18] Schon eine Woche zuvor hatte Hipper in einem geheimen Flottenbefehl die Offiziere zur »Treue gegen Regierung und Vaterland« aufgerufen und ihnen versichert: »Es besteht kein Gegensatz zwischen dem Offizierkorps der Flotte und der Regierung.«[19]

Hinzu kam, dass die Forderungen der Alliierten ohne die Sach- und Führungskompetenz der Offiziere gar nicht zu erfüllen waren. Auch der Oberste Soldatenrat »war sehr schnell zu der Einsicht gelangt, daß er ohne Offiziere die Aufgaben der sich abzeichnenden Demobilmachung nicht bewerkstelligen konnte«.[20] Noch dazu hatte die neue sozialdemokratische Regierung, der »Rat der Volksbeauftragten«, sich zu einer weitgehenden (und äußerst umstrittenen) Zusammenarbeit mit den alten Eliten aus Militär, Bürokratie und Wirtschaft entschlossen, um Ruhe und Ordnung aufrechtzuerhalten. Auf Bitten der OHL forderte die Regierung die Soldaten auf, den Befehlen ihrer Vorgesetzten bis zu ihrer Entlassung »unbedingt zu gehorchen«, die Soldatenräte sollten die Offiziere bei der Erfüllung ihrer wichtigen Aufgaben »rückhaltlos« unterstützen.[21] Auf diese Weise gelang es den Marineoffizieren, im Lauf der nächsten Wochen und Monate ihre erschütterte Machtposition allmählich wiederherzustellen, auch wenn diese jetzt nicht mehr so deutlich in Erscheinung trat wie früher und sie auf einige Privilegien verzichten mussten.

Am dringlichsten war zunächst die Vorbereitung der Internierung. Inmitten chaotischer Zustände mussten die zur Übergabe bestimmten Schiffe entwaffnet, mit Proviant und Treibstoff für die Überfahrt ausgerüstet und mit einer Besatzung versehen werden, die zumindest groß genug war, um die Schiffe vernünftig manövrieren zu können. Vor allem der letzte Punkt bereitete einige Schwierigkeiten. Die überwiegende Mehrheit der Matrosen und Heizer verspürte nämlich nicht die geringste Lust, diese Fahrt ins Ungewisse mitzumachen, und wollte lieber nach Hause gehen. Erst eine »Überführungsprämie« von mehreren hundert Mark bewirkte einen Gesinnungswandel.[22]

Auch die Offiziere rissen sich nicht gerade darum, ihre vermeintlich unbesiegten Schiffe den Feinden sozusagen auf dem Silbertablett zu präsentieren. Während Kapitänleutnant Reinhold

Knobloch ebenso wie Walter Zaeschmar darauf hoffte, nicht wieder an Bord geholt zu werden (»Mir wäre das sehr schmerzlich«), einer entsprechenden Aufforderung aber wohl Folge geleistet hätte,[23] lehnte ausgerechnet Ernst von Weizsäcker eine Beteiligung an der Überführung der Flotte »aus verschiedensten Gründen« ab.[24] Der U-Boot-Kommandant und spätere Theologe und Pazifist Martin Niemöller verweigerte gar einen dienstlichen Befehl zur Überführung zweier U-Boote nach England, da dies seinem »Gefühl für Ehre und Wahrhaftigkeit« widersprochen hätte.[25]

Es scheint fast so, als hätten diese Offiziere geahnt, was sie auf der anderen Seite der Nordsee erwartete. Denn auch die Royal Navy machte sich große Sorgen um ihre »äußere« Ehre, ihr Ansehen und ihr Prestige als Erbin Nelsons. Die *Grand Fleet* hatte einen Sieg errungen, der in seiner Wirkung dem von Trafalgar zwar in nichts nachstand, der aber viel weniger offensichtlich war, weil er ohne Schlacht und Vernichtung des Gegners errungen worden war. Als der Krieg zu Ende ging, graute es deshalb vielen britischen Offizieren davor, mit leeren Händen heimkehren zu müssen – »sich nach Hause zu schleichen, ohne etwas vorweisen zu können für unsere 4 ¼ Jahre des Wartens«, wie Leutnant Geoffrey Harper es formulierte.[26] In nahezu absoluter Übereinstimmung mit ihren deutschen Kontrahenten hätten sie es vorgezogen weiterzukämpfen und eine letzte große, strategisch völlig sinnlose Schlacht zu schlagen. Freilich nicht um in Ehren unterzugehen, wie es den Deutschen vorschwebte, sondern um glorreich im Stile Nelsons zu siegen.

Bis zuletzt gab Admiral David Beatty sich der Hoffnung hin, der Waffenstillstand, um den die Deutschen gebeten hatten, werde nur für die Truppen an Land gelten. Als absehbar war, dass das nicht der Fall sein würde, drängten Beatty und andere hohe britische Offiziere auf so harte Bedingungen für die Kaiserliche Marine, dass die Deutschen eher weiterkämpfen würden als zu unterzeichnen. Denn für Großbritannien, so Beatty, »wäre es eine schlechte Sache, wenn unsere Große Flotte niemals die Gelegenheit bekäme, ihre Macht in einer überzeugenderen Weise zu demonstrieren als bisher. Die Öffentlichkeit ist äußerst kurzsichtig und würde die Notwendigkeit bemäkeln, große Summen für die Unterhaltung der Seemacht aufzubringen, wenn ihr kein augenfälliger Beweis ihrer Macht, die Meere zu beherrschen, gegeben wird.«[27]

In der Tat wurden nach dem Krieg die Rüstungsausgaben in

Großbritannien stark zurückgefahren; im Fall der Marine sanken sie sogar beträchtlich unter den Stand der Vorkriegsjahre. Für die Royal Navy begannen damit nach einem Wort des britischen Historikers Paul Kennedy nach dem Ersten Weltkrieg regelrechte »Jahre des Verfalls«. Der enorme Anteil an den öffentlichen Ausgaben, den die Streitkräfte im Allgemeinen und die Marine im Besonderen unter den Bedingungen des Krieges beansprucht hatten, war im Frieden nicht länger zu rechtfertigen, zumal die deutsche Bedrohung nicht mehr existierte. England war, namentlich durch seine amerikanischen Kriegskredite, hochverschuldet. Hinzu kam die dringende Notwendigkeit sozialer und wirtschaftlicher Reformen. So stieg in den Jahren 1921/22 der britische Sozialhaushalt, der 1913/14 noch bei 41,5 Mio. £ gelegen hatte, auf 234 Mio. £ an.[28]

Von den unabdingbaren Einsparungen an anderer Stelle war zwangsläufig auch die Royal Navy betroffen, im Vergleich zwar nicht so stark wie die Armee, aber zum Leidwesen ihrer Offiziere deutlich genug. Der Marineetat sank von 356 Mio. £ im Jahre 1918/19 rapide auf nur noch 52 Mio. £ im Jahr 1923. Hatte die Marine in Großbritannien 1914 noch 25 Prozent des gesamten Staatsbudgets für sich beanspruchen dürfen, waren es zur Zeit der Wirtschaftskrise gerade noch sechs Prozent: »Das war ein Maßstab für ihr vermindertes Ansehen bei den Politikern.«[29] Obwohl man sich mit den verbliebenen Seemachtkonkurrenten Amerika und Japan auf der Washingtoner Konferenz von 1922 auf ein Stärkeverhältnis von 5:5:3 geeinigt hatte (mit Japan in der Rolle des Juniorpartners), war England nun nicht länger die stärkste Seemacht der Welt, sondern fiel langsam, aber unaufhaltsam hinter die Vereinigten Staaten zurück.

Insofern waren Beattys Befürchtungen also nicht unbegründet. Und doch irrte er sich wohl, wenn er glaubte, dass eine Machtdemonstration der Royal Navy in Form einer großen Seeschlacht daran etwas geändert hätte. Denn einer der Gründe, den Marineetat zu kürzen, war ja gerade die Tatsache, dass es nach Kriegsende eine Bedrohung der britischen Seemacht durch die deutsche Flotte nicht mehr gab – und eine Seeschlacht, die mit der Vernichtung der deutschen Flotte geendet hätte, hätte zu genau dem gleichen Ergebnis geführt.

Ungeachtet aller späteren Entwicklungen setzte Beatty sich im November 1918 mit seiner Ansicht durch, und das Kriegskabinett in London fasste den Beschluss: »Die Waffenstillstandsbedingungen für die Marine sollten in demselben Maß das Eingeständnis der deutschen Niederlage zur See zum Ausdruck bringen wie die militärischen Bedingungen die deutsche Niederlage zu Lande.«[30] Konkret hieß das, dass Großbritannien die Auslieferung des größten Teils der deutschen Hochseeflotte verlangen würde. Die zehn neuesten deutschen Schlachtschiffe, das Flottenflaggschiff *Baden*, alle Schlachtkreuzer, acht moderne Kleine Kreuzer, 50 Torpedoboote sowie 160 (das bedeutete: alle) U-Boote sollten die Beute des Siegers sein.

Über diese Forderung wurde dann zunächst im Alliierten Marinerat (*Allied Naval Council*) diskutiert, einem im Dezember 1917 gegründeten Gremium, das die Zusammenarbeit der verbündeten Seestreitkräfte koordinierte. Der Rat nahm die britischen Forderungen fast unverändert an (allein die Auslieferung des Flaggschiffs wurde als »übertriebene Demütigung Deutschlands« abgelehnt) und empfahl den führenden Politikern und Generalen der Westmächte, die in Paris zusammengekommen waren, um über dic genauen Formulierungen des Waffenstillstandsvertrags zu beraten, sie ebenfalls zu übernehmen.[31]

Jedoch verspürten insbesondere die Franzosen wenig Neigung, der deutschen Marine derart drastische Bedingungen zu stellen, da deren Durchsetzung vor allem dem Prestige der Seemacht Großbritannien zugutekam, im schlimmsten Fall aber – wenn die Deutschen, wie von Beatty erhofft, die Annahme verweigerten – von französischen Soldaten auf dem Schlachtfeld erkämpft werden musste. Auch die Vereinigten Staaten hatten keine Lust, »das Leben von Amerikanern zur Erhaltung der britischen Seeherrschaft zu opfern«.[32] Außerdem befürchteten sie, dass die europäischen Seemächte die ausgelieferten deutschen Schiffe unter sich aufteilen würden und vor allem die Royal Navy dadurch die Gelegenheit erhielte, ihre Überlegenheit gegenüber der amerikanischen Flotte weiter auszubauen.

Am Ende einigte man sich auf eine abgeschwächte Fassung der vom Alliierten Marinerat vorgeschlagenen Konditionen. Zwar sollten weiterhin alle U-Boote der Kaiserlichen Marine ausgeliefert werden. Im Falle der Überwasserschiffe verlangte man jetzt jedoch statt einer Auslieferung lediglich die *Internierung* in neutralen Häfen bis zum Abschluss des Friedensvertrages, dem die Entscheidung über ihr weiteres Schicksal vorbehalten bleiben sollte.[33]

Für Admiral Beatty und für viele andere britische Seeoffiziere war das ein schwerer Schlag. »Die meisten meiner Kapitäne und Admirale waren an diesem Morgen bei mir an Bord ...«, berichtete er am 9. November an Eugenie Godfrey-Faussett. »Alle litten unter einem Gefühl, viel stärker als Enttäuschung; sie waren maßlos deprimiert. Aber sie trugen es tapfer und vergruben ihre Empfindungen in ihrem Pflichtgefühl.«[34] Den Flottenchef erzürnte nicht nur die Tatsache, dass der Navy vorenthalten werde, was ihr aufgrund ihres großen Sieges zustehe (»das ist die Hölle«), sondern auch, wie sich die britische Regierung von ihren Verbündeten, »die stark in den Verhandlungen sind, aber nur ein Hundertstel unseres Anteils beigetragen haben, das heißt die Amerikaner, Franzosen, Italiener, Portugiesen und andere«, über den Tisch habe ziehen lassen. Am Ende bleibe nur ein Weg, um für klare Verhältnisse zwischen Großbritannien und Deutschland zu sorgen: »Das einzig Richtige wäre, in ihr niederträchtiges Land zu dampfen, es dem Erdboden gleichzumachen, uns das zu nehmen, was uns zusteht und sie Gottesfurcht und einen Sinn für Wahrheit und Gerechtigkeit zu lehren, wie der britische Soldat sie vertritt.«

Erst durch die gleichsam in letzter Sekunde in das Vertragswerk eingefügte Möglichkeit, die deutschen Schiffe statt in neutralen auch in alliierten Häfen zu internieren, entspannte sich die Situation etwas. Das erleichterte es den britischen Seeoffizieren, die Kompromissformel zu akzeptieren. Denn allen Beteiligten war klar, dass diese alliierten Häfen höchstwahrscheinlich britische sein würden. Die Wahl fiel dann konsequenterweise auf Scapa Flow als »den passendsten Ort«.[35] Die Royal Navy erhielt überdies unter der Hand die Zusicherung, dass keines der internierten Schiffe je an Deutschland zurückgegeben werden solle. Artikel 184 des Versailler Vertrags machte diese Ankündigung später wahr und bestimmte, dass die internierten Schiffe als endgültig ausgeliefert anzusehen seien.

Nachdem mit der Annahme der Waffenstillstandsbedingungen durch Matthias Erzberger auch für die britischen Offiziere der Traum von einer letzten großen Seeschlacht endgültig ausgeträumt war, gab es für sie nur noch eine Möglichkeit, England und der Welt vorzuführen, wer auf dem Wasser den Ton angab. Sie bestand darin, den Deutschen einen Empfang zu bereiten, der viel demütigender war, als es die Niederlage in einer Schlacht je zu sein vermochte.

Im Waffenstillstandsvertrag war festgelegt, dass alle zur Internierung bezeichneten Schiffe bereit sein mussten, die deutschen Häfen sieben Tage nach Unterzeichnung des Vertrages zu verlassen. Nachdem unter Aufbietung aller zur Verfügung stehenden Kräfte die Vorbereitungen gerade rechtzeitig abgeschlossen worden waren, lief am 19. November 1918 die deutsche Hochseeflotte zum letzten Mal aus Wilhelmshaven aus. »Um ½2 Uhr mittags setzte sich der endlose Trauerzug in Bewegung«, berichtet einer der beteiligten Offiziere.[36] Insgesamt fünf Schlachtkreuzer, *Seydlitz, Moltke, Hindenburg, Derfflinger* und *Von der Tann*, neun Linienschiffe, *Friedrich der Große, König Albert, Kaiser, Kronprinz Wilhelm, Kaiserin, Bayern, Markgraf, Prinzregent Luitpold* und *Großer Kurfürst*, sieben Kleine Kreuzer, *Karlsruhe, Frankfurt, Emden, Nürnberg, Bremse, Brummer* und *Cöln,* sowie 50 Torpedoboote machten sich bei strahlendem Sonnenschein, die kaiserliche Kriegsflagge am Mast, auf den Weg nach England. »So wälzte sich die endlose Schlange von weit über 50 Kilometer Länge langsam nach Norden.«[37] Das zehnte Linienschiff *König* lag ebenso wie der achte Kleine Kreuzer *Dresden* zur Überholung in der Werft, sie folgten einige Wochen später. Der sechste Schlachtkreuzer *Mackensen* befand sich noch im Bau; an seiner Stelle forderten die Briten dann doch noch das Flottenflaggschiff *Baden*. Die deutschen U-Boote erhielten die Anweisung, den Hafen von Harwich anzulaufen, wo sie später entweder zerstört oder unter den Alliierten aufgeteilt wurden.

Der sogenannte Überführungsverband stand unter dem Kommando von Konteradmiral Ludwig von Reuter. Reuter, 1869 in Guben in der Niederlausitz geboren, hatte während des Krieges schon einige wichtige Posten bekleidet. Zunächst als Kommandant des Schlachtkreuzers *Derfflinger*, später als Chef der IV. Aufklärungsgruppe, mit der er auch an der Skagerrakschlacht teilgenommen hatte. Im Sommer 1918, als Hipper zum Flottenchef ernannt wurde, hatte Reuter dessen Stellung als Befehlshaber der Aufklärungsstreitkräfte übernommen. Hipper war es auch, der Reuter am 17. November 1918 darum gebeten hatte, den Befehl über den Überführungsverband zu übernehmen – eine in Hippers Augen »schauerliche Aufgabe«.[38] Nicht nur, weil die Fahrt eine Demütigung zu werden versprach, sondern auch, weil die Offiziere akzeptieren mussten, dass an Bord jedes Schiffes ein Arbeiter- und Soldatenrat gebildet wurde, der ein Mitspracherecht bei allen Angelegenheiten des inneren Dienstes beanspruchte. »Bei den Offizieren wird es auch auf ungeheure Schwierigkeiten stoßen, weil da der Ehrenpunkt eine große

Rolle spielt«, vermutete Hipper völlig zu Recht.[39] Reuter löste das Problem für sich, indem er sich auf den Standpunkt stellte, »daß die Ehre in diesem Falle dem Staatswohl zu dienen habe«. Die Konsequenzen, die die Allierten den Deutschen angedroht hatten, hielt er für so schwerwiegend, »daß gegenüber dieser Schädigung des Deutschen Reiches, wenn ich sie verhindern konnte, meine Person keine Rolle spielen durfte«.[40]

Von Wilhelmshaven aus sollten Reuters Schiffe nach Rosyth an die schottische Ostküste dampfen. Das war einige Tage zuvor mit Admiral Beatty so vereinbart worden, ohne dass klar war, ob das auch das Endziel der Reise sein würde. Erst später erfuhr Reuter, dass Scapa Flow sein wirklicher Bestimmungsort war. Die Führung des Verbandes übernahm Wilhelm Tägert mit der *Seydlitz,* Reuter selbst befand sich an Bord seines Flaggschiffs *Friedrich der Große.* Der Firth of Forth, bislang Stützpunkt der britischen Schlachtkreuzer, hatte im April 1918 Scapa Flow als Hauptkriegshafen der Royal Navy abgelöst und diente jetzt als ideale Kulisse für ein in der Geschichte der Seefahrt einzigartiges Schauspiel.

Als die deutschen Schiffe am frühen Morgen des 21. November an ihrem Bestimmungsort eintreffen, werden sie dort von der vollständig versammelten, 370 Schiffe und 90 000 Mann starken *Grand Fleet* empfangen. Das ist das mit Abstand größte Flottenaufgebot, das es jemals gegeben hat. Wie bei einem Spießrutenlauf müssen die deutschen Schiffe, angeführt von dem schmächtigen Leichten Kreuzer *Cardiff*, zwischen zwei endlos langen Reihen gefechtsbereiter und mit englischen Kriegsflaggen gespickter Schlachtschiffe, Kreuzer und Zerstörer hindurchdampfen. Reuters Hoffnung, Nebel möge die demütigende Prozedur verhüllen, geht nicht in Erfüllung. Die Sonne scheint, nur leichter Dunst liegt in der Luft. Umschwärmt von Ausflugsdampfern, Yachten und Ruderbooten, geht der Überführungsverband unter den Augen zahlreicher Zuschauer und begleitet vom Jubel der englischen Besatzungen schließlich vor Rosyth zu Anker. Auch Admiral Beattys Ehefrau will sich das Spektakel nicht entgehen lassen und kreuzt mit ihrer kleinen Segelyacht zwischen den deutschen Schiffen. Dabei kommt sie einmal der gewaltigen *Seydlitz* gefährlich nah und wird dafür von den deutschen Seeleuten mit höhnischem Gelächter bedacht.

Nun inspizieren englische Prisenkommandos die deutschen Schiffe und stellen sicher, dass keine Waffen und keine Munition mitgeführt werden. Dann gibt Beatty den Befehl, dass bei Sonnenuntergang alle deutschen Kriegsflaggen niedergeholt werden müssen und ohne seine ausdrückliche Erlaubnis nicht mehr gesetzt werden dürfen. Konteradmiral Reuter protestiert energisch, doch vergeblich. Leutnant James Colvill empfindet beinahe Mitleid für den Kommandanten des deutschen Torpedobootes, dem er Beattys Entscheidung mitteilen muss. »Das verdross ihn & er fluchte gehörig aus vollem Halse. Es muss eine äußerst schmachvolle Erfahrung für einen Mann gewesen sein, sein Schiff von einem fremden Marineoffizier durchsuchen zu lassen.«[41] Als um 15.57 Uhr die Sonne hinter dem Horizont versinkt und alle deutschen Schiffe wie befohlen ihre Flaggen streichen, erhebt sich auf den britischen Schiffen ohrenbetäubender Jubel. Alle Mann sind an Deck angetreten, um das einmalige Schauspiel mit anzusehen. An Bord seines Flaggschiffs *Queen Elizabeth* kann David Beatty sich ein zufriedenes Lächeln nicht verkneifen. Zu seinen Männern gewandt bemerkt er trocken: »Ich habe euch immer gesagt, dass sie irgendwann herauskommen müssen.«[42]

Für die Royal Navy war es von größter Bedeutung, die deutschen Schiffe nicht, wie ursprünglich geplant, in einem neutralen Hafen interniert sehen zu müssen, sondern sie, wie von Beatty gefordert, als »augenfälligen Beweis« für die Überlegenheit der englischen Seemacht in eigenen Gewahrsam nehmen zu können. Dabei steckte in dem Bestreben, die Internierung der Schiffe für die deutsche Seite so erniedrigend wie möglich zu inszenieren, der gleiche Versuch einer nachträglichen Sinnkonstruktion wie in dem deutschen Plan der letzten Fahrt. Die britischen Zeitungen nahmen die Vorlage gerne an und hoben hervor, dass es das erste Mal in der Geschichte der Seekriegführung sei, dass eine Flotte sich freiwillig, noch dazu in so entwürdigender Art und Weise, ihrem Gegner ausliefere. »Keine wirklich große Nation würde eine solche Demütigung ihrer Flagge hingenommen haben«, schrieb der ›Naval and Military Record‹. Und der ›Globe‹ meinte: »Die deutsche Marine ist nicht nur geschlagen, sondern auf alle Zeit entehrt, in gleicher Weise durch ihre Niedertracht im Kampfe, wie durch ihre Feigheit am Tage ihres Untergangs.«[43]

Nicht wenige in der britischen Flotte hatten damit gerechnet, ja geradezu darauf gehofft, dass die deutschen Offiziere sich in letzter Sekunde doch noch gegen die schmachvolle Auslieferung ihrer Flotte zur Wehr setzen würden. »Viele von uns«, schrieb James Colvill,

»glauben, dass ein oder zwei Schiffe am Ende kämpfen werden, um ihre Ehre zu retten. Eine solche Flotte zu übergeben, ohne um sie zu kämpfen, scheint mir die allergrößte Demütigung zu sein. Trotz seiner Unvollkommenheiten ist der deutsche Offizier ein tapferer & stolzer Mann, der schwer an einer solchen Demütigung zu tragen haben wird.«[44]

Als jedoch nichts dergleichen passierte, war es wieder einmal an Admiral Beatty, diese an sich enttäuschende Tatsache für seine Flotte so gut es ging im Sinne eines »great silent victory« zu deuten. An Bord des Schlachtschiffes *Revenge* sagte er am 23. November 1918, dass auch ohne eine entscheidende Seeschlacht »die Geschichte der vergangenen 48 Stunden in goldenen Lettern in die Marinegeschichte Englands eingehen wird, und ich gratuliere Ihnen dazu, dabei gewesen zu sein und teilgenommen zu haben«. Die Tatsache, dass die Deutschen sich einfach so in ihr Schicksal ergeben hätten, beweise nämlich, dass es gar keine Schlacht hätte geben dürfen, denn »Streitkräfte, die ihrer eigenen Auflösung nichts entgegensetzen, die sich in andere Hände begeben und wie eine Schafherde abführen lassen, sind das Leben oder auch nur einen Tropfen Blutes eines britischen Matrosen nicht wert«.[45]

Trotzdem oder gerade deshalb vermochte man sich nicht darüber hinwegzutäuschen, dass man nicht das erreicht hatte, was man sich vorgenommen hatte und was allgemein von der *Grand Fleet* erwartet worden war. Allein die Tatsache, dass die deutschen Schiffe noch intakt waren und schwammen, zeigte ja, was die Navy *nicht* geschafft hatte. Für viele blieb es deshalb ein schaler Triumph, der da Ende November 1918 gefeiert wurde. »Es war ein großes Ereignis, an dem wir teilnahmen, doch sicherlich war ich nicht allein in dem Gefühl der Enttäuschung, als wir die deutschen Schiffe sahen, die nicht gekommen waren, um zu kämpfen, sondern um als Gefangene nach dem Firth of Forth eskortiert zu werden. Es fiel schwer, die eigenen Gefühle zu analysieren. Es war das erste konkrete Zeichen des Sieges unserer Nation, über das man sich demnach freuen sollte, damit wurde aber auch zugleich unser Wunsch zunichte, einen veritablen Triumph, den niemand in Frage stellen konnte, an die Stelle der Skagerrakschlacht zu setzen.«[46]

Auch Admiral Beatty selbst, so sehr er nach außen hin darum bemüht war, den Glanz des britischen Sieges hervorzuheben, konnte sich die Bemerkung nicht verkneifen, der Anblick der unversehrten deutschen Schiffe sei grauenhaft gewesen: »Es war ein erbärmlicher Anblick, ja eigentlich sollte ich sogar sagen, ein grauenhafter Anblick, diese großen Schiffe zu erblicken, denen wir so lange freudig entgegengesehen hatten, in der Erwartung, sie würden denselben Mut beweisen, den wir von Männern erwarten, deren Aufgabe auf den Großen Gewässern liegt – wir erwarteten ihren Einsatz für die Ehre ihres Landes –, und ich denke, es war ein erbärmlicher Anblick, sie von einem britischen Leichten Kreuzer angeführt hereinkommen zu sehen, während ihre alten Gegenspieler, die Schlachtkreuzer, sie bestaunten. Ich bin mir sicher, die Seiten dieses stattlichen alten Schiffes [gemeint war der Schlachtkreuzer *Lion*], das in der Vergangenheit viel einstecken musste, schmerzten, wie es mich schmerzte, uns alle schmerzte, ihnen nicht eine weitere Ladung von dem zukommen zu lassen, was wir für sie vorgesehen hatten.«[47]

Der britische Flottenchef war vermutlich nicht der einzige Offizier, der sich, wenn auch mehr rhetorisch, insgeheim den Krieg zurückwünschte und damit die Chance, beim nächsten Mal alles besser zu machen. »Ich fange an, mir zu wünschen, wir wären noch im Krieg; diese Friedensgeschäfte ermüden mich, alle Hoffnungen zerschlagen, alle Vorstellungen von glorreichen Errungenschaften über Bord gegangen, nichts mehr, außer einer immensen Plackerei und eine Unzahl an Problemen, die zu lösen äußerst schwierig erscheint.«[48]

Wenn so die Sieger sprachen, wie mussten sich dann erst die Unterlegenen fühlen?

Kapitänleutnant Walter Zaeschmar nannte den 18. November 1918 den »Tag der Schande für die Marine«, und es gibt wenig Grund zu der Annahme, dass viele andere das nicht genauso sahen. »Heute tritt unsere Flotte den Gang nach England an zur Internierung. Ob man uns die Schiffe wieder herausgeben wird, ist auch gleichgültig. Englische Rachsucht hat uns auch diesen Schimpf nicht erspart. … Wir sind für alle Zeiten vernichtet. … Kindische Gründungen wie: ›Oberster Marinerat der Elbe‹ mit irgendwelchen Matrosen als Führern, ›Republik Oldenburg-Ostfriesland‹ mit einem Oberheizer Kuhnt als Präsident, das ist das Ende der deutschen Marine. Ich will mich in der Einsamkeit begraben.«[49] Eine Chance zur Wiedergutmachung sah Zaeschmar nicht. »Das kann nur mit Blut wieder abgewaschen werden. Und dazu ist das deutsche Volk in allen Zeiten nicht mehr fähig.«[50]

Der Kapitänleutnant machte keinen Hehl aus seiner Enttäuschung über das eigene Volk, dem es offensichtlich gleichgültig war, was aus dem Kaiserreich wurde, und das die Marine durch sein Versagen erst in diese missliche Lage gebracht hatte. »Man hat uns das nationale Rückgrat gebrochen. Die Masse empfindet diese Schande überhaupt nicht«, ereiferte er sich.[51] Zaeschmars Analyse der Ursachen des deutschen Zusammenbruchs ähnelt in geradezu fataler Weise der wahnwitzigen Logik Hitlers im Zweiten Weltkrieg, das deutsche Volk habe den eigenen Untergang verdient, da es sich im Kampf gegen seine Gegner nicht als stark genug erwiesen hatte. »Wenn ich weiter denke, so sage ich mir, daß der Nationalcharakter der Deutschen uns nicht befähigt, eine Weltpolitik zu treiben. Wir sind feige, genußsüchtig und sentimental. Die Weiber, die ihre Männer, anstatt mit Besenstielen aus dem Haus zu treiben, zurückhielten, werden noch einmal mit Schmerzen an diesen Krieg denken. Unsere ganze Kriegsbegeisterung ist weiter nichts als Strohfeuer … Unsere Erbfaktoren, Genußsucht, Egoismus und Eitelkeit, verbieten uns für alle Zukunft jemals wieder eine Rolle in der Geschichte zu spielen. Nationales Empfinden fehlt uns vollkommen.«[52] Deutschland, giftete er, sei ein »verfressenes und versoffenes Land von Verrätern und Feiglingen«.[53]

Einen Monat, nachdem der Überführungsverband Richtung Großbritannien ausgelaufen war, suchte der zu Hause gebliebene Zaeschmar Zerstreuung bei der Jagd. Dabei traf er mit Admiral Hipper zusammen, der ebenfalls wieder einmal seiner alten Leidenschaft frönte. Es war die erste persönliche Begegnung der beiden Offiziere, und Hipper, notierte Zaeschmar hinterher in seinem Tagebuch, »erzählte einiges Interessante: ›Er könne keine Kulis [Matrosen] mehr sehen.‹ ›Er hat kein Vaterland mehr.‹ ›Was er in 37 Dienstjahren geleistet hat, sei umsonst gewesen, man müsse das vergessen.‹ ›Was er in der letzten Zeit durchgemacht habe, sei schlimm gewesen.‹ Stimmt auch.«[54]

Zu jedem früheren Zeitpunkt wäre es völlig undenkbar gewesen, dass ein Admiral sein Herz in dieser Weise einem kleinen Kapitänleutnant ausschüttete, den er zuvor noch nie gesehen hatte. Doch in diesem Fall waren es lediglich ein Rentner und ein ehemaliger kaiserlicher Seeoffizier mit ungewisser Zukunft, die ein paar Kriegserlebnisse austauschten: Nur wenige Tage vor dem Gespräch mit Zaeschmar war Hipper mit Wirkung vom 13. Dezember 1918 aus dem aktiven Dienst der Marine ausgeschieden. Beim Anblick der in die Internierung auslaufenden Schiffe hatte der zutiefst deprimierte Admiral beschlossen, seinen Abschied einzureichen: »Mir zerreißt's das Herz. … Damit hat meine Tätigkeit als Flottenchef ein ruhmloses Ende gefunden. Der Rest ist Demobilisations- und Abrüstungsfragen und Unterhandlungen mit dem Soldatenrat. Das kann der Chef des Stabes allein machen, ich habe nicht mehr die Kraft dazu. Ich bleibe noch eine kurze Spanne pro forma an der Spitze, im übrigen bin ich sterbensmüde.«[55] Kurz darauf übergab Hipper seine Amtsgeschäfte an Konteradmiral Hugo Meurer. »Ich habe mich gestern von den Herren meines Stabes verabschiedet, und damit hat meine Laufbahn ihr Ende gefunden, ein Ende, wie es trauriger nicht gut sein kann.«[56]

1919 ließ Hipper sich in Othmarschen bei Hamburg nieder. Die erste Zeit seines Ruhestands wurde von der Sorge überschattet, dass die Siegermächte, die im Versailler Vertrag die Auslieferung vermeintlicher Kriegsverbrecher von Deutschland verlangten, auch seinen Kopf fordern könnten. Zu einer solchen Auslieferung ist es aber nie gekommen, stattdessen stellte die deutsche Regierung einen kleinen Teil der Beschuldigten selbst vor Gericht. Insgesamt fanden vor dem Reichsgericht in Leipzig, dem damals höchsten nationalen Gericht, 17 Verfahren statt, von denen zehn mit einer Verurteilung, sieben mit einem Freispruch endeten.

Hipper blieb unbehelligt. Als feststand, dass er nichts zu befürchten hatte, bedeutete das für ihn die »Befreiung von einer Zentnerlast, die seit vorigem Juli auf mir gelegen hat. Nun kann ich mich wirklich erst mal wieder des Lebens und meines Heims erfreuen.«[57] Admiral a. D. Franz Ritter von Hipper starb am 25. Mai 1932 im Alter von 69 Jahren. Die Trauerreden bei seiner Beisetzung auf dem Ohlsdorfer Friedhof in Hamburg hielten sein ehemaliger Stabschef Erich Raeder, jetzt Chef der Marineleitung, und Admiral a. D. Wilhelm Souchon, mit dem zusammen Hipper 51 Jahre zuvor seine Laufbahn in der Kaiserlichen Marine begonnen hatte. Später wurde Hippers Urne in seine bayerische Heimatstadt Weilheim überführt.

»Ein Ende, wie es trauriger nicht gut sein kann«, hatte Hipper den Schlusspunkt seiner beruflichen Karriere genannt, und sein lakonischer Kommentar eignete sich im Grunde auch als Überschrift für das letzte Kapitel in der Geschichte der Kaiserlichen Marine. Doch ließe eine solche Betrachtungsweise einen wichtigen Aspekt außer Acht: Die alte Welt der Offiziere lag zwar in Trümmern, ihre Wünsche, Hoffnungen und Träume, mit denen sie 1914 voller Begeisterung in den Krieg gegangen waren, waren zerbrochen. Doch sahen nicht wenige von ihnen darin auch die Chance zu einem Neubeginn, zum Aufbau einer neuen, vielleicht sogar besseren Welt. Der Goethe'sche Gedanke eines »Stirb und Werde« hatte schon dem Plan zur letzten Fahrt gegen England zugrunde gelegen. Und er war noch immer in den Köpfen jener Männer, die während der nun folgenden Monate der Internierung in Scapa Flow darüber nachdachten, wie sie der Tirpitz-Flotte am Ende doch noch einen versöhnlichen, ja: ehrenvollen Abgang von der historischen Bühne verschaffen konnten.

Kapitel XI

»Ein schmerzliches und großartiges Schauspiel« Selbstversenkung in Scapa Flow

Es war kein Zufall, dass die Friedenskonferenz der Siegermächte des Ersten Weltkriegs ausgerechnet am 18. Januar 1919 in Paris eröffnet wurde. 48 Jahre zuvor, am 18. Januar 1871, war im Spiegelsaal des Schlosses von Versailles der preußische König Wilhelm I. zum deutschen Kaiser proklamiert worden. Ein symbolischer Akt, den viele Franzosen seither als nationale Schmach empfanden. Aus Sicht des französischen Ministerpräsidenten Georges Clemenceau war es deshalb nur konsequent, dass die Gespräche, die den Untergang des deutschen Kaiserreichs besiegelten, unter dem gleichen Datum begannen, das einst dessen Geburtsstunde markiert hatte. Und als fünf Monate später der Friedensvertrag unterzeichnet wurde, wählte man als »passendsten« Ort für die zur Demütigung der Besiegten bestimmte Zeremonie eben jenen Spiegelsaal von Versailles. Ein britischer Diplomat berichtete, nachdem die beiden deutschen Bevollmächtigten, Außenminister Hermann Müller von der SPD und Verkehrsminister Johannes Bell von der Zentrumspartei, ihre Unterschriften unter den Vertrag gesetzt hätten, seien sie abgeführt worden »wie Sträflinge von der Anklagebank, die Augen noch immer auf irgendeinen fernen Punkt am Horizont gerichtet«.[1]

In den Wochen und Monaten nach der Eröffnung der Konferenz blickte ganz Deutschland mit gespannter Erwartung nach Paris. Ein Mann verfolgte das Geschehen in Frankreich jedoch mit besonderer Aufmerksamkeit. Für Konteradmiral Ludwig von Reuter hing vom Ausgang dieser Verhandlungen das Schicksal der Schiffe ab, die er zuerst in den Firth of Forth und dann weiter in die Bucht von Scapa Flow geführt hatte. Nicht, dass er sich großen Illusionen hingegeben hätte: Reuter war ein nüchtern denkender preußischer Offizier, der sich leicht ausrechnen konnte, dass die Briten nicht mit immensem Aufwand die Internierung der deutschen Schiffe als erniedrigendes Spektakel inszenierten, um sie wenig später wieder ungeschoren zurück in die Heimat dampfen zu lassen.

Aus seiner und der Sicht der deutschen Marineführung wäre es daher geradezu fahrlässig gewesen, in die Internierung zu gehen, ohne einen Plan für den Fall in der Hinterhand zu haben, dass die Schiffe nicht an Deutschland zurückgegeben werden sollten. Zumal die »Ehren- und Existenzfrage«, die Ende Oktober 1918 beinahe zur selbstmörderischen Schlacht mit der Royal Navy geführt hätte, aus Sicht der Offiziere noch immer ungelöst war. Es spricht deshalb vieles dafür, dass Reuter die Selbstversenkung schon als Möglichkeit vor Augen hatte, als er im November 1918 Wilhelmshaven verließ.

Bald nach der Ankunft der deutschen Schiffe in Scapa Flow wurde ihre Besatzungsstärke von 20 000 auf rund 5000 Mann reduziert. Es durften jeweils nur so viele Männer an Bord bleiben, wie nötig waren, um die Fahrbereitschaft der Schiffe aufrechtzuerhalten. Die überzähligen Seeleute wurden von deutschen Dampfern abgeholt und nach Wilhelmshaven gebracht. Konteradmiral Reuter nutzte die Gelegenheit und kehrte ebenfalls für einige Wochen nach Deutschland zurück. Offiziell begründete er diese ungewöhnliche Dienstreise damit, dass er im Reichsmarineamt einige wichtige Formalitäten zu erledigen habe. Man geht wohl nicht fehl in der Annahme, dass es dabei auch und vor allem um das Schicksal der deutschen Flotte ging.

Mittlerweile war nämlich durch die Verlegung der Schiffe nach Scapa Flow, von der Reuter erst in Rosyth erfahren hatte, eine Rückgabe an Deutschland noch unwahrscheinlicher geworden. Grund genug also, um sich mit den führenden Männern in der Heimat über das weitere Vorgehen zu beraten. Allen voran vermutlich mit Adolf von Trotha. Als im März 1919 das Reichsmarineamt aufgelöst wurde und an seine Stelle die neu geschaffene Admiralität trat, wurde Trotha deren Chef. Damit war der Konteradmiral, der wenige Monate zuvor die »Überlegungen in ernster Stunde« angestellt hatte und einer der glühendsten Befürworter der letzten Fahrt gegen England gewesen war, der mächtigste Mann in der »Vorläufigen Reichsmarine«, wie die ehemalige Kaiserliche Marine nun hieß (das »Vorläufige« entfiel 1921).

Was im Einzelnen in Berlin oder anderswo besprochen wurde, ist nie bekannt geworden. Reuter selbst berichtet jedoch davon, dass er nach seiner Rückkehr nach Scapa Flow Ende Januar 1919 die Frage der Selbstversenkung sogleich mit dem Chef seines Stabes, Fregattenkapitän Iwan Oldekop, erörtert habe.[2] Vielleicht um weiterzugeben, was er in Deutschland erfahren hatte? Wir wissen es nicht.

Vermuten lässt sich auch nur, dass Reuter während der folgenden Monate, in denen die vom »Überführungs-« zum »Internierungsverband« gewordenen deutschen Schiffe bewacht von einem britischen Dreadnought-Geschwader im ehemaligen Kriegshafen der *Grand Fleet* lagen, in regelmäßigem schriftlichen Kontakt mit Trotha stand.

Zwar wurde sämtliche Post aus und nach Deutschland von den Briten kontrolliert. Doch da die komplette Versorgung des Internierungsverbands mit Lebensmitteln von Deutschland aus organisiert werden musste, gab es zahlreiche Möglichkeiten, die britische Zensur zu unterlaufen. Jedes Mal, wenn deutsche Frachter in Scapa Flow eintrafen und ihre Ladung – von der das meiste in der Regel schon verdorben war – an die internierten Schiffe abgaben, wechselten nicht nur Fleisch, Kartoffeln, Brot und Gemüse den Besitzer, sondern höchstwahrscheinlich auch eine Reihe von gut versteckten Briefen.

Ein Schreiben Trothas war Reuter so wichtig, dass er es im Tresor seines Flaggschiffs *Emden* aufbewahrte. Dort ist es später gefunden worden und liegt heute im Londoner Public Record Office. Trotha macht darin unmissverständlich klar, dass das Schicksal des Internierungsverbandes, »wie auch immer es sich unter dem Druck der politischen Lage gestalten möge, nicht ohne unsere Mitwirkung bestimmt und von uns selbst vollzogen wird, und daß eine Auslieferung an den Feind ausgeschlossen bleibt«.[3]

Diese Zeilen waren für Reuter eine Bestätigung dessen, was er vermutlich ohnehin längst wusste: dass die Marineführung eine Selbstversenkung als letztes Mittel gutheißen würde. Zugleich bekräftigte Trotha darin die alte Maxime, dass die Flotte unter keinen Umständen in die Hände des Feindes fallen durfte. Dieser Gedanke war als elementarer Bestandteil des traditionellen Ehrenkodex' der Offiziere so selbstverständlich, dass es keiner weiteren Erklärung, geschweige denn einer förmlichen Anweisung bedurfte. Reuter wusste, was zu tun war, wenn es darauf ankam. Einen Befehl hätte Trotha ihm nur dann erteilen müssen, wenn er ihn davon hätte abhalten wollen, die Schiffe zu versenken.

Zunächst aber hieß es abzuwarten, wieder einmal. Darauf, was die Friedensverhandlungen der Alliierten ergaben, die im Wesentlichen Absprachen zwischen den »Großen Drei« waren: Clemenceau für Frankreich, Premierminister David Lloyd George für Großbritannien und Präsident Woodrow Wilson für die Vereinigten

Staaten. Solange diese Gespräche nicht abgeschlossen waren, blieben weiterhin die Bedingungen des Waffenstillstands in Kraft, nach denen Reuters Schiffe lediglich interniert und somit nach wie vor deutsches Eigentum waren.

Ihr Schicksal und das der ehemaligen Kaiserlichen Marine war Gegenstand von Beratungen, die in Paris zwischen jenen alliierten Marinevertretern stattfanden, die auch schon die Waffenstillstandsbedingungen festgelegt hatten. Deren Vorschläge und Empfehlungen dienten den verantwortlichen Politikern dann als Grundlage für die Formulierung der entsprechenden Artikel des Friedensvertrags.

Über die meisten Punkte ließ sich schnell Einigkeit erzielen. So stand für die Siegermächte schon Anfang März 1919 fest, dass nicht nur die in Scapa Flow internierten Schiffe an sie ausgeliefert werden, sondern der deutschen Marine noch weit schwerere Opfer abverlangt werden sollten. Bis zur Unterzeichnung des Versailler Vertrags ungeklärt blieb dagegen die Frage, was mit den Schiffen geschehen sollte, die man den Deutschen abnehmen wollte: Sollte man sie verschrotten, versenken oder unter den Verbündeten aufteilen?

Von diesen Überlegungen und Entscheidungen bekamen die deutschen Seeleute in Scapa Flow vor allem das mit, was an die britische Presse durchsickerte. Dem Internierungsverband stand eine Reihe von englischen Zeitungen zur Verfügung, die stets mit einigen Tagen Verspätung auf den Schiffen eintrafen. Da in Paris wenig Konkretes nach außen drang, waren es in der Hauptsache Gerüchte und Spekulationen, die durch die Blätter geisterten. Entsprechend unbefriedigend dürfte für die Wartenden die Lektüre gewesen sein.

Überhaupt waren es quälende Wochen und Monate für Konteradmiral Reuter, und das nicht allein wegen der ungewissen Zukunft seines Verbandes. Die Stimmung auf den Schiffen war alles andere als gut. Wegen der schlechten Verpflegung litten viele Männer an Zahnschmerzen und Mangelkrankheiten. Auf Befehl der Briten durfte darüber hinaus während der gesamten Internierungszeit kein deutscher Seemann einen Fuß an Land setzen. Umso eintöniger und langweiliger verliefen die Tage an Bord. Zu tun gab es kaum etwas, außer die Schiffe halbwegs sauber und manövrierfähig zu halten. Die vielen freien Stunden verbrachten Offiziere und Mannschaften so gut es ging mit Sport und Spielen aller Art; manche lasen Bücher und alte Zeitungen, andere lernten Englisch, hielten Vorträge, bastelten, nähten, sangen oder tanzten. Auf dem Schlachtkreuzer *Seyd-*

litz bauten die Matrosen sich sogar ein Karussell und eine Drahtseilbahn.

Wenn viele Seeleute im Laufe der Zeit zu leidenschaftlichen Anglern wurden, war das auch der Tatsache geschuldet, dass sich nur so etwas Abwechslung in den tristen Speiseplan bringen ließ. Die Fische wurden gekocht, geräuchert oder in Torpedoöl gebraten. Großen Einfallsreichtum bewiesen Offiziere und Mannschaften auch beim Aufspüren und Jagen der sich rasant vermehrenden Ratten und Kakerlaken an Bord.

Abgesehen von den Einschränkungen des täglichen Lebens, befanden sich vor allem die Offiziere in einer schwierigen Situation. Ihre Befehlsgewalt war durch die Soldatenräte, die es an Bord jedes Schiffes gab, ebenso in Frage gestellt wie durch die Tatsache, dass alle Mitglieder des Internierungsverbandes de facto Gefangene der Briten waren. Unter diesen Umständen war es kaum möglich, die gewohnte Disziplin aufrechtzuerhalten. Auf vielen Schiffen waren Querelen zwischen Vorgesetzten und Mannschaften an der Tagesordnung, die Machtverhältnisse schwankten »zwischen Meuterei, Rätediktatur und Gehorsam gegenüber den Offizieren«.[4]

Matrosen und Heizer argumentierten, sie seien keine dienstpflichtigen Soldaten mehr, hätten vielmehr die Schiffe aus freien Stücken in die Internierung überführt und seien daher nicht bereit, sich weiterhin den strengen Regeln des Militärbetriebs zu unterwerfen. Stattdessen verlangten sie ein Mitspracherecht bei allen Entscheidungen und bessere Bezahlung. Alle Versuche der Offiziere, die früheren geordneten Zustände von Befehl und Gehorsam wiederherzustellen, scheiterten. »Erst der Versenkung blieb es vorbehalten, einen allgemeinen Umschwung in der Stimmung für Staat, Vaterland und Offizier herbeizuführen«, schrieb Konteradmiral Reuter später.[5]

Auch Reuter selbst war betroffen. Auf seinem ersten Flaggschiff *Friedrich der Große* hatte der Admiral einen so schweren Stand, dass er Ende März 1919 auf die *Emden* umstieg, wo die Mannschaften sich loyal verhielten und die Führungsrolle der Offiziere akzeptierten. Ein Unteroffizier der *Emden* schildert, unter welchen Umständen Reuter seine Entscheidung zum Wechsel des Flaggschiffs traf: »Die Leute auf dem Flaggschiff sind Kommunisten schlimmster Sorte, haben ihren Unrat durch die Fenster in die Offizierskammern geworfen, haben nachts unter beleidigenden Schimpfworten an die Türen der Offiziere getrommelt mit Fäusten und Eisenstangen, wollten den Ersten Admiralstabsoffizier bei seinem Spaziergang an Deck über Bord werfen und gaben nicht eher Ruhe, bis englisches Machtwort sie dazu zwang. Ein englischer Zerstörer lag mit eingerichteten Torpedorohren und Geschützen 200 m daneben und wurde noch mit Radau, Gejohle und herausgestreckter Zunge verhöhnt. Ich habe es nicht für möglich gehalten, daß sich Deutsche unter den Augen ihres Erzfeindes so benehmen können. Nun sind wir, die Emden, das Flaggschiff der deutschen Flotte.«[6]

Selbst Vizeadmiral Sir Sydney Fremantle, der Letzte in einer Reihe von sich abwechselnden Kommandanten des britischen Wachgeschwaders, zeigte angesichts dieser Zustände Mitgefühl für seinen deutschen Standesgenossen. »Man kann nicht umhin, für von Reuter eine gewisse Sympathie zu empfinden, der sich in der sehr unangenehmen Lage befand, nominell Schiffe zu kommandieren, die in der Hand meuternder Mannschaften waren. ... Er war ein vernünftiger Mann, mit dem man gut zurechtkam, ein Mann, der sein Wort gehalten hat und die Waffenstillstandsbedingungen, außer in dem einen bedeutenden Fall, niemals bewußt verletzt hat.«[7]

Es muss eine große Erleichterung für Reuter gewesen sein, als am 7. Mai 1919 endlich die Friedensbedingungen veröffentlicht wurden und damit das Ende der Internierung näher rückte. Zugleich war er jedoch tief bestürzt. Denn die Vorgaben der Alliierten enthielten aus deutscher Sicht so viele niederschmetternde Passagen – neben umfassenden Gebietsabtretungen im Westen und Osten und weitgehender Entwaffnung auch die Verpflichtung zu gewaltigen Reparationsleistungen, alles begründet mit der angeblichen Alleinschuld Deutschlands am Ausbruch des Krieges –, dass sie den sozialdemokratischen deutschen Regierungschef Philipp Scheidemann zu dem berühmten Satz nötigten: »Welche Hand müsste nicht verdorren, die sich und uns in diese Fesseln legt?«[8]

Entscheidend für Reuter war Artikel 184: »Vom Zeitpunkt des Inkrafttretens des gegenwärtigen Vertrages an gehören alle Überwasser-Kriegsschiffe, die sich nicht in deutschen Häfen befinden, nicht mehr Deutschland an, und dieses verzichtet auf alle Rechte auf dieselben. Fahrzeuge, die gemäß dem Waffenstillstandsvertrag vom 11. November 1918 gegenwärtig in Häfen der alliierten und assoziierten Mächte interniert sind, gelten als endgültig übergeben.«[9]

Damit wurde für den Admiral zur Gewissheit, was er schon lange befürchtet hatte: Keines der in Scapa Flow internierten Schiffe würde je nach Deutschland zurückkehren. Falls die deutsche Regierung den Vertrag unterschrieb, gehörten sie offiziell den Alliierten. Verweigerte sie die Unterzeichnung, würde das als feindseliger Akt betrachtet und die Briten wären berechtigt, die Schiffe gewaltsam in Besitz zu nehmen. Vorerst passierte jedoch weder das eine noch das andere. Denn die Friedensdelegation der deutschen Regierung hatte zunächst das Recht, sich schriftlich zu den Bedingungen der Alliierten zu äußern. Von den Verhandlungen in Paris waren die deutschen Vertreter ausgeschlossen gewesen; erst Ende April waren sie nach Versailles gereist, um dort die bereits fertig ausgearbeiteten Dokumente in Empfang zu nehmen.

Die deutschen Delegierten reichten daraufhin eine Liste mit Gegenvorschlägen ein in der Absicht, die harten Bedingungen etwas zu mildern, doch ohne Erfolg. Am 16. Juni 1919 übergaben die Alliierten den Deutschen den jetzt endgültigen Text für den Friedensvertrag. Er enthielt nur einige minimale Änderungen bei den abzutretenden Gebieten, alle anderen deutschen Vorschläge wurden abgelehnt. Weitere Verhandlungen gab es nicht. Der Vertrag sollte binnen fünf Tagen, also bis zum 21. Juni, unterschrieben werden, sonst drohte die Wiederherstellung des Kriegszustands. Auf deutsche Bitten hin verlängerten die Alliierten diese Frist dann noch einmal um zwei Tage bis zum 23. Juni.

»Es gibt«, schreibt der Historiker Eberhard Kolb, »in der deutschen Geschichte kaum eine andere Woche, die es an Dramatik des Geschehens mit den Tagen vom 16. bis zum 23. Juni 1919 aufnehmen kann.«[10] In unzähligen hektisch anberaumten Sitzungen, Konferenzen und Gesprächen suchten Politiker aller Parteien eine Antwort auf die alles entscheidende Frage: Annehmen oder ablehnen? Als sich keine Einigung abzeichnete, trat die Regierung Scheidemann am 20. Juni zurück. Eine in aller Eile gebildete neue Regierung unter Führung des Sozialdemokraten Gustav Bauer sprach sich am 21. Juni für die Unterzeichnung des Friedensvertrags aus. Auf Wunsch der Nationalversammlung in Weimar sollte die Unterzeichnung jedoch unter dem Vorbehalt stehen, dass Deutschland die Alleinschuld am Kriegsausbruch nicht anerkannte. Das lehnten die Siegermächte scharf ab. Nach weiteren heftigen Diskussionen ermächtigte die Nationalversammlung in Weimar die Regierung schließlich am 23. Juni zur bedingungslosen Annahme der alliierten Bedingungen. Rund zwei Stunden vor Ablauf des Ultimatums wurden in Versailles die entsprechenden Papiere überreicht. Am 28. Juni unterzeichneten Hermann Müller und Johannes Bell den Versailler Vertrag. Die Kriegsschiffe aber, die man den Alliierten, wie in Artikel 184 gefordert, nun hätte übergeben müssen, existierten zu diesem Zeitpunkt bereits nicht mehr.

Konteradmiral Reuter behauptete später, er habe von der Fünftagesfrist der Alliierten erst am Morgen des 21. Juni aus der ›Times‹ vom 17. Juni erfahren. Einen Artikel in derselben ›Times‹, der vermeldete, dass die Frist um zwei Tage, also bis zum 23. Juni, verlängert worden war, hat er angeblich übersehen. Da also seiner Ansicht nach keine Zeit mehr blieb weiter abzuwarten, sei er gezwungen gewesen, sofort zu handeln. Die nötigen Vorbereitungen hatte er längst getroffen. Mitte Juni waren auf Reuters Antrag die Besatzungen der Schiffe noch einmal um rund 2700 Seeleute reduziert worden, was ihm die Gelegenheit gab, sich besonders renitenter »roter« Matrosen zu entledigen und nur zuverlässige Männer an Bord zu behalten. Außerdem hatten alle Schiffe geheime Handlungsanweisungen erhalten, wie die Versenkung vorzubereiten sei und wie sie im Falle eines Falles ablaufen sollte. Die Schreiben waren zusammen mit anderen Briefen einem englischen Postdampfer übergeben worden, ganz so, wie es die Internierungsbedingungen verlangten, und so waren es ironischerweise die Briten selbst, die den deutschen Kommandanten ihre Versenkungsbefehle zustellten. Eine Zensur fand in diesem Fall ganz offensichtlich nicht statt.

Es gilt heute als am wahrscheinlichsten, dass Reuter sehr wohl über die Fristverlängerung bis zum 23. Juni im Bilde war. In diesem Fall musste er damit rechnen, dass die Briten entweder genau mit Ablauf des Ultimatums oder vielleicht sogar schon etwas früher versuchen würden, die deutschen Schiffe zu besetzen. Das hieß es aus seiner Sicht unter allen Umständen zu verhindern. Tatsächlich ahnten die Briten schon, dass die Deutschen sich nicht bereitwillig in ihr Schicksal fügen würden; manche Historiker halten es sogar geradezu für unmöglich, dass ihnen die zahlreichen Versenkungs-Vorbereitungen auf den deutschen Schiffen entgangen sein sollen.

Vizeadmiral Fremantle hatte ursprünglich geplant, die internierten Schiffe am 21. Juni um Mitternacht zu stürmen. Als sich herausstellte, dass der deutschen Regierung zwei zusätzliche Tage zugestanden worden waren, erhielt er plötzlich den Befehl, mit seinem

Geschwader aus Scapa Flow auszulaufen und auf offener See eine Reihe von Routineübungen abzuhalten. Nur drei Zerstörer und einige Hilfsschiffe blieben in der Bucht zurück. Bis heute ist unklar, warum das Wachgeschwader ausgerechnet in diesem kritischen Moment abberufen wurde. Schon damals äußerten einige Beobachter die Vermutung, die Briten, die das Folgende kommen sahen, hätten absichtlich beide Augen zugedrückt – in der Hoffnung, dass sich das noch immer ungelöste Problem, was mit den erbeuteten Schiffen geschehen solle, auf diese Weise von selbst erledigte. Das tat es dann ja auch.

Am Vormittag des 21. Juni 1919, einem Samstag, gehen Fremantles Dreadnoughts in See. Kurze Zeit später, etwa gegen elf Uhr, lässt Konteradmiral Reuter auf der *Emden* das zuvor vereinbarte, scheinbar völlig harmlose Flaggensignal setzen: »Paragraph elf. Bestätigen. Chef Internierungs-Verband.« Damit beginnt die Versenkung. Zum ersten Mal, seit sie auf Admiral Beattys Geheiß niedergeholt worden waren, werden auf den deutschen Schiffen wieder die kaiserlichen Kriegsflaggen gesetzt, auf den Torpedobooten erscheint außerdem das Signal zum Angriff, der rotgezackte »Stander Z«. Allenthalben herrscht große Begeisterung. So heißt es etwa im offiziellen Versenkungsbericht der *Emden*: »Zunächst lautlose Stille, dann aber durchbrauste ein Sturm der Begeisterung die Gefühle, und leuchtenden Auges eines solchen ehrenvollen Endes unserer Flotte ging es an die Lösung der Aufgabe.«[11]

Ein Schlachtschiff zu versenken kann ziemlich einfach sein. Wenn man weiß, was man zu tun hat, und wenn man ungehinderten Zugang zu den normalerweise gut geschützten Räumen tief unten im Schiffsbauch, jenseits der Wasserlinie, hat, ist es ohne weiteres möglich, einen stählernen Giganten wie das Linienschiff *Friedrich der Große* binnen einer halben Stunde von der Wasseroberfläche verschwinden zu lassen. Den geringsten Aufwand verursachen einige geschickt am Schiffsboden platzierte Sprengladungen. Die aber stehen den deutschen Seeleuten in Scapa Flow nicht zur Verfügung, da der Internierungsverband keinerlei Waffen und Munition an Bord haben darf. Die Offiziere und Mannschaften wissen sich aber auch so zu helfen. Sie öffnen einfach alles, was an Bord zu öffnen ist: die Flutventile, mit denen man einzelne Räume unter Wasser setzen kann, falls ein Feuer ausbricht, die Deckel der Kondensatoren, die Torpedorohre, die Kammertüren, Bullaugen und Wasserleitungen. Mit schweren Hämmern zertrümmern sie sämtliche Schließvorrichtungen; schon einige Zeit zuvor haben sie Löcher in die Schotten gebohrt, die die einzelnen Abteilungen im Innern des Rumpfes voneinander trennen. Eins nach dem anderen gehen die deutschen Schiffe unter. Nach knapp sechs Stunden ist der Spuk vorbei. Als letztes Schiff des deutschen Internierungsverbandes versinkt bei strahlendem Sonnenschein der erst zwei Jahre zuvor in Dienst gestellte Schlachtkreuzer *Hindenburg* in den eiskalten Fluten. »Es war ein in der Seekriegsgeschichte noch nicht dagewesenes Schauspiel: Annähernd 500 000 t Kriegsschiff-Tonnage mit einem geschätzten Wert von 856 Millionen Mark verschwanden in der See.«[12]

Für den jungen Leutnant Friedrich Ruge, der gerade das von ihm kommandierte Torpedoboot versenkt hat, läuft alles ab wie in einem Traum. Gebannt verfolgt Ruge, der es später, nach dem Zweiten Weltkrieg, zum ersten Inspekteur der Bundesmarine bringen wird, die Einzelheiten des »schmerzlichen und großartigen Schauspiels«, »das Aufbäumen riesiger Schiffsleiber, das Krachen und Bersten beim Kentern, die Wasserwirbel und Ölflecke mit Strudeln und Trümmern darin«.[13]

Die Mannschaften retten sich in die Beiboote oder werden von den Engländern aus dem Wasser gefischt. Die versuchen mit allen Mitteln, die deutschen Matrosen zur Rückkehr an Bord ihrer Schiffe zu zwingen, um die Versenkungsmaßnahmen rückgängig zu machen. Schüsse fallen. Neun deutsche Seeleute werden getötet, sechzehn verwundet. Vizeadmiral Fremantle, der seine Übung abgebrochen hat und zurück in Scapa Flow ist, versucht, die Schiffe zu retten, die noch schwimmen. *Baden*, *Emden* und *Frankfurt* werden in flaches Wasser geschleppt und auf Grund gesetzt, die *Nürnberg* treibt von alleine an den Strand. Auch eine Reihe von Torpedobooten können die Engländer in Sicherheit bringen. Andere Schiffe sinken in so flachem Wasser, dass die Schornsteine und Masten noch jahrelang aus dem Wasser ragen. Sie werden später geborgen und unter den Siegermächten aufgeteilt. Die in tiefem Wasser gesunkenen Schiffe werden an Schrotthändler verkauft und, soweit möglich, bis Ende der 1930er-Jahre ebenfalls gehoben. Sieben Wracks liegen noch heute auf dem Grund der Bucht von Scapa Flow: die Linienschiffe *König*, *Kronprinz Wilhelm* und *Markgraf* sowie die Kleinen Kreuzer *Brummer*, *Dresden*, *Karlsruhe* und *Cöln*.

Die deutschen Besatzungen gehen in Gefangenschaft. Zunächst

werden sie in das Kriegsgefangenenlager von Nigg bei Invergordon gebracht. Von dort geht es weiter an die englische Westküste. Die Mannschaften kommen in das Lager Henlle Park, die Offiziere nach Oswestry. Von Oswestry werden sie später nach Donington Hall verlegt, ein altes Schloss westlich von Nottingham. Dort bleiben sie bis zur Ratifizierung des Versailler Vertrags im Januar 1920. Dann dürfen sie nach Hause.

In Wilhelmshaven werden die Heimkehrer nach 14 Monaten Internierung und Gefangenschaft wie Kriegshelden begrüßt. Vizeadmiral Adolf von Trotha persönlich nimmt die Männer in Empfang, von Reichspräsident Friedrich Ebert erhält Reuter die Beförderung zum Vizeadmiral. Trotzdem scheidet er wenige Monate später aus dem aktiven Dienst aus, mit 51 Jahren. In der kleinen neuen Reichsmarine gibt es für ihn keinen geeigneten Posten. Reuter lässt sich in Potsdam nieder und engagiert sich fortan in der Kommunalpolitik. Er stirbt 1943.

Nachdem die Siegermächte die Selbstversenkung zunächst als Bruch der Waffenstillstandsbedingungen und als Ausdruck »ungeheuer bösen Willens« verurteilt hatten, waren am Ende zumindest die Briten gar nicht so unzufrieden damit.[14] Noch immer war ja keine Lösung für die Frage gefunden worden, was mit den Schiffen nach der Auslieferung hätte geschehen sollen. England, das um den Fortbestand seiner maritimen Machtposition fürchtete, hätte es am liebsten gesehen, wenn die deutschen Schiffe, statt die Flotten anderer Staaten zu verstärken, vernichtet oder abgewrackt worden wären, während insbesondere die Franzosen für eine Aufteilung waren. Die Selbstversenkung machte dieser unerfreulichen Debatte ein Ende, und Admiral Rosslyn Wemyss, der Erste Seelord, konnte erleichtert an Admiral George P. Hope schreiben: »Ich betrachte die Versenkung der deutschen Flotte als einen wahren Segen. Sie enthebt uns ein für allemal der dornigen Frage nach der Verteilung dieser Schiffe und erspart uns gewaltige Probleme.«[15]

Zu verteilen gab es trotzdem noch etwas. Artikel 185 des Versailler Vertrages bestimmte, dass Deutschland zusätzlich zu den in Scapa Flow internierten Schiffen auch die verbliebenen acht Großkampfschiffe *Oldenburg*, *Thüringen*, *Ostfriesland*, *Helgoland*, *Posen*, *Westfalen*, *Rheinland* und *Nassau*, weitere acht Kleine Kreuzer, *Stettin*, *Danzig*, *München*, *Lübeck*, *Stralsund*, *Augsburg*, *Kolberg* und *Stuttgart*, sowie 42 Zerstörer ausliefern musste.

Hinzu kamen dann noch Ersatzforderungen, die dem Wert der versenkten Schiffe entsprachen: Anfang November 1919 verlangten die Alliierten die Auslieferung der fünf letzten noch in deutschem Besitz befindlichen modernen Kleinen Kreuzer sowie die Abgabe von 400000 (später reduziert auf 300000) Tonnen Werftmaterial und drei U-Boot-Maschinen.

Angesichts der äußerst harten Bedingungen des Versailler Vertrages, die einer Übergabe der gesamten ehemaligen kaiserlichen Hochseeflotte an die Siegermächte gleichkamen, erschien dieser zusätzliche Preis, den die Selbstversenkung das Reich kostete, fast gering. Für Ludwig von Reuter jedenfalls war es keine Frage, dass er das einzig Richtige getan hatte. Zwar gab es durchaus Stimmen in Deutschland, die ihm vorwarfen, durch sein eigenmächtiges Handeln mutwillig den Waffenstillstand gefährdet zu haben. Der Admiral blieb jedoch stets seiner Begründung treu, da er nichts von der Verlängerung des Ultimatums bis zum 23. Juni gewusst habe, sei es seine Pflicht gewesen, die »unbesiegten« Schiffe nicht in die Hände des Feindes fallen zu lassen.[16] Ein anderes Motiv für seine Tat hob er in der Öffentlichkeit dagegen weniger hervor: seine Sorge um die »äußere« Ehre der Marine, ihr angeschlagenes Image, das er durch die Versenkung aufzupolieren hoffte. Denn wie Reuter aus Scapa Flow an Adolf von Trotha schrieb, werde das Schicksal der Offiziere und Schiffe »von äußerstem Ernst und Wichtigkeit für den Neuaufbau der Marine« sein.[17]

Nur zu bereitwillig nahm Trotha die Vorlage auf, die Reuter ihm mit der Selbstversenkung geliefert hatte. In einem Erlass an die Marine vom 3. Juli 1919 würdigte der Chef der Admiralität in einer geradezu atemberaubenden Umdeutung der Ereignisse die Vernichtung der deutschen Schiffe, mit denen der Traum von der deutschen See- und Weltmacht endgültig im Atlantik versunken war, als ehrenvollen Untergang mit wehender Flagge. Eben noch eine militärisch weitgehend nutzlose, durch Meuterei, Revolution und Auslieferung stigmatisierte Waffe, war es in den Augen Trothas der Flotte durch ihren rühmlichen Abgang gelungen, all das vergessen zu machen und stattdessen ein großes Erbe zu hinterlassen, an das die Nachfolger nun reinen Gewissens anknüpfen könnten.

»Mit der männlichen Tat unserer Besatzungen in Scapa Flow hat die stolze Vergangenheit unserer unbesiegten Flotte ihr ehrenvolles Ende gefunden. In ehrlichem Kampf hat das überstarke England uns nicht zu stellen gewagt, die französische Flagge haben wir, solange die Geschütze sprachen, nicht zu sehen bekommen, ein anderer Feind hat uns zur See nicht angefaßt – aber von Heldentaten unserer Besatzungen weiß die deutsche Flagge zu reden, soweit die Meere branden. Im Zusammenbruch unter der volksverzehrenden, völkerrechtswidrigen Hungerblockade glaubte der Feind unsere gefürchteten Schiffe kampflos zu gewinnen, um auch hier uns den letzten Rest von nationaler Ehre zu nehmen. Nun sind sie vor den englischen Augen mit wehender deutscher Flagge untergegangen, ihr stolzes Grab, das heilige Meer, läßt uns manch bittere Stunde der letzten Zeit vergessen, es deckt unsere angriffsstarken Schiffe, die mit sich hinuntergenommen haben die Ehre einer großen, unvergeßlichen Zeit. In unsere Hand ist nun dies Vermächtnis gelegt und damit eine Verantwortung edelster Art, die wir vor unserem Volk und vor der Geschichte des Deutschtums durch die Wirrnisse dieser Zeit hindurchtragen wollen in die bessere Zukunft.«[18]

Auch wenn der Zuwachs an Ansehen, den die Selbstversenkung der Marine brachte, schwer messbar ist, spricht einiges dafür, dass Reuter und Trotha ihr Ziel erreicht haben, zumindest auf längere Sicht. Die deutsche Flotte besaß nun, wie Holger Herwig schreibt, »endlich ihr Heldenlied, das sich würdig neben den vielen Mythen des Heeres bis hin zum ›Opfergang von Langemarck‹ sehen lassen konnte, das kleine, ausgewählte Offizierkorps, von Trotha dazu bestimmt, die neue Reichsmarine in eine bessere, mächtigere Zukunft zu führen, hatte seine Märtyrer«.[19]

Wie aber sah die »bessere Zukunft« aus, von der Trotha gesprochen hatte? Zunächst einmal alles andere als rosig. Artikel 181 des Versailler Vertrages legte fest, dass die Gesamtpersonalstärke der neuen Reichsmarine einschließlich Offizieren 15000 Mann nicht übersteigen dürfe. Auch der Schiffsbestand wurde von den Siegermächten drastisch begrenzt: Bis auf sechs alte Schlachtschiffe der Vor-Dreadnought-Zeit, sechs ältere Kleine Kreuzer, zwölf Zerstörer und zwölf Torpedoboote waren alle Kriegsschiffe, soweit sie nicht ohnehin auf dem Grund der Bucht von Scapa Flow lagen oder nachträglich ausgeliefert werden mussten, außer Dienst zu stellen oder abzuwracken. Der Besitz von U-Booten und Flugzeugen war der Reichsmarine vollständig untersagt. Die erlaubten Seestreitkräfte durften nur nach einer festgelegten Altersfrist – für Schlachtschiffe betrug sie 20 Jahre – durch Neubauten mit einer ebenfalls festgelegten Wasserverdrängung – maximal 10 000 Tonnen für Schlachtschiffe – ersetzt werden.

Nicht zuletzt diese harten Bestimmungen, die nicht verhindert zu haben sie den neuen, demokratisch gewählten Politikern anlasteten, bestärkten die Offiziere in ihrer ablehnenden Haltung gegenüber der Republik von Weimar. Um sie zu bekämpfen, schreckten sie nicht einmal vor gewalttätigen Umsturzversuchen wie dem Kapp-Lüttwitz-Putsch im März 1920 zurück. Einer der Protagonisten dieses nach ein paar Tagen ziemlich kläglich gescheiterten Staatsstreichs war neben den Namensgebern, dem preußischen Generallandschaftsdirektor und Mitbegründer der nationalistischen Deutschen Vaterlandspartei Wolfgang Kapp und dem Freiherrn Walther von Lüttwitz, dem kommandierenden General des Reichswehr-Gruppenkommandos I in Berlin, auch Korvettenkapitän Hermann Ehrhardt.

Im Ersten Weltkrieg Chef einer Torpedoboot-Flottille, war Ehrhardt im November 1918 zunächst mit nach Scapa Flow gegangen und hatte, von dort vorzeitig nach Deutschland zurückgekehrt, Anfang 1919 in Wilhelmshaven die Führung der II. Marine-Brigade (»Brigade Ehrhardt«) übernommen. Mit dieser Truppe, einem der vielen neugebildeten Freikorps, war der hochdekorierte Offizier unter anderem an der Niederschlagung der Münchner Räterepublik und an Grenzkämpfen in Oberschlesien beteiligt. Als nach dem Inkrafttreten des Versailler Vertrags Anfang 1920 allen paramilitärischen Verbänden die Auflösung drohte, stellte Ehrhardt seine Männer, die Hakenkreuze an ihren Stahlhelmen trugen, in den Dienst der Putschisten. Auch die Admiralität unter Trotha gab offen ihre Sympathie für Kapp und Lüttwitz zu erkennen. Das führte nach dem Scheitern des Putsches nicht nur zur Entfernung Trothas aus seinem Amt, sondern auch zu einem drastischen Ansehensverlust für die Marine. Nach seiner ehrenhaften Entlassung aus der Reichsmarine gründete Ehrhardt die rechtsextreme »Organisation Consul«. Auf deren Konto gingen zahlreiche politische Morde, darunter die an Matthias Erzberger und Walther Rathenau, zwei führenden Repräsentanten der Weimarer Republik.

Zweifellos ist die Figur Ehrhardt ein extremes Beispiel, das sich nicht verallgemeinern lässt. Das ändert jedoch nichts daran, dass für die meisten ehemaligen kaiserlichen Seeoffiziere das Weimarer System lediglich eine Art Interimslösung darstellte. Wenn man es schon nicht verhindern konnte, galt es wenigstens, es so gut wie möglich für den Wiederaufbau der Marine zu nutzen. Dabei mussten zunächst deutlich kleinere Brötchen gebacken werden als vor 1914. Mit der Verteidigung der Ostsee rückte Anfang der 1920er-Jahre eine Aufgabe in den Mittelpunkt der strategischen Planungen, die bislang eher als minderwertig gegolten hatte. Die Ostsee hatte nicht nur eine wichtige Flankenfunktion für die Landkriegführung gegen die potentiellen Gegner Polen und Russland. Da der Versailler Vertrag Deutschland zu Gebietsabtretungen an Polen verpflichtet hatte, war sie nun auch der einzige frei zugängliche Verbindungsweg nach Ostpreußen, das durch den sogenannten Polnischen Korridor vom Reich getrennt worden war.

Nach außen hin fügte die Marine sich bereitwillig in ihre neue Rolle, aus der sich für die nächsten Jahre ihre Existenzberechtigung ableitete. Insgeheim aber dachten die führenden Offiziere gar nicht daran, sich mit solch bescheidenen Ansprüchen zufriedenzugeben. »Für sie alle war die Ostseemarine nur Durchgangsstufe zu einer Nordsee-, dann erneut weltweit wirkenden deutschen Hochseeflotte.«[20] In diese Richtung wiesen sowohl die illegalen Versuche der Marine, etwa durch die heimliche Entwicklung von U-Booten und Flugzeugen die »Fesseln von Versailles« zu sprengen, als auch ihr offizielles Schiffbaukonzept. Mit den 1928 vom Reichstag genehmigten Plänen für das »Panzerschiff A« entwickelte die Marine nämlich unter dem Motto »schneller als die starken, stärker als die schnellen Schiffe des Gegners« einen völlig neuen Schiffstyp: den Schweren Kreuzer. Die neuen Panzerschiffe waren, auch wenn das niemand offen aussprach, für die Ostsee völlig ungeeignet; sie waren vielmehr prädestiniert für den Einsatz in der Nordsee und im Atlantik – dort also, wo nach herrschender Auffassung der Ausgangspunkt für eine neuerliche maritime Machtposition Deutschlands liegen musste.

Dem Kaiser wurde übrigens während dieser Jahre der Konsolidierung und des Neuaufbaus ein ehrendes Andenken bewahrt, wie wir aus einem Brief Erich Raeders an Magnus von Levetzow vom Januar 1924 erfahren. »Gestern gedachten wir im Skagerrakclub des Obersten Kriegsherrn«, schrieb Raeder, der wusste, dass Levetzow plante, Wilhelm II. in seinem holländischen Exil zu besuchen. »Prinz Waldemar hielt eine sehr nette Rede. Mit Prinz Heinrich bin ich wiederholt zusammengekommen bei den jährlichen Hohenzollern-Abenden u. sonst. Unseren Besuch in Hemmelmark [dem

Wohnsitz des Prinzen Heinrich] werden wir in diesem Frühjahr machen ... [Ich] bitte, dem Allerhöchsten Herren zum Ausdruck zu bringen, wie wir alle hier seiner in treuer Dankbarkeit u. Verehrung gedenken.«[21]

Mit der Erinnerung an den Kaiser verband sich der Gedanke an die »große« Zeit der deutschen Marine, und so ist es nicht verwunderlich, dass die Seeoffiziere, wie der Historiker Michael Salewski schreibt, »unentwegt auf der Suche nach einer Figur [waren], die ihnen ähnlich wohlgesonnen sein sollte, wie es Wilhelm II. gewesen war«.[22] Schließlich fanden sie diese Figur in der Person Adolf Hitlers. Erich Raeder, der von 1928 bis 1943 an der Spitze der Reichs- und Kriegsmarine stand, hielt sich später zugute, es sei ihm gelungen, »im Jahre 1933 die Marine geschlossen und reibungslos dem Führer in das Dritte Reich zuzuführen«. Das sei dadurch »zwanglos gegeben« gewesen, »daß die gesamte Erziehung der Marine in der Systemzeit ... auf eine innere Haltung hinzielte, die von selbst eine wahrhaft nationalsozialistische Einstellung ergab. Aus diesem Grunde hatten wir uns nicht zu verändern, sondern konnten von vornherein aufrichtigen Herzens wahre Anhänger des Führers werden.«[23]

Der »Führer« revanchierte sich mit dem Versprechen, wieder eine starke Marine zu bauen. Nachdem es zunächst so ausgesehen hatte, als ob Hitler sich mit einer Rolle als Juniorpartner der Royal Navy zufriedengeben würde – im Flottenabkommen mit England von 1935 wurde ein »ewiges« Stärkeverhältnis der beiden Flotten von 35:100 festgeschrieben –, erhielt das deutsche Flottenkonzept schließlich doch wieder eine dezidiert antibritische Stoßrichtung. Der (später noch wesentlich erweiterte) »Z-Plan« von 1938 sah den Bau einer gewaltigen Überwasserstreitmacht vor, die in Raeders Worten eine »Endlösung der englischen Frage« ermöglichen sollte.[24] Doch bevor der »Z-Plan« verwirklicht werden konnte, begann schon der nächste Krieg.

Für die Flotte kam er fünf Jahre zu früh, wie Raeder nach der britischen Kriegserklärung am 3. September 1939 resigniert feststellte. Hippers früherer Stabschef war sich vollkommen im Klaren darüber, dass die Marine noch viel zu schwach war, um kriegsentscheidend wirken zu können. Die Überwasserstreitkräfte könnten daher nur zeigen, so lautete Raeders schreckliche Schlussfolgerung aus dieser Erkenntnis, »dass sie mit Anstand zu sterben verstehen und damit die Grundlage für einen späteren Wiederaufbau zu schaffen gewillt sind«.[25] Im Mai 1940 forderte er die Kommandanten der deutschen Kriegsschiffe zu »höchstem Einsatz unter vollem Risiko« auf, für die sich daraus angesichts der feindlichen Übermacht zwangsläufig ergebenden großen Verluste übernehme er selbst »vor dem Führer und Obersten Befehlshaber der Wehrmacht und vor der Geschichte die Verantwortung«. Er erwarte, schrieb Raeder, »daß die oberen Befehlsstellen und die Seebefehlshaber bei allem operativen Vorbedacht sich den obersten Grundsatz des Führers zu eigen machen: ›Ohne großen Einsatz kein großer Erfolg!‹«[26]

Raeders Begründung dieser Weisung ähnelte in fataler Weise den Gedanken, die im Oktober 1918 dem letzten Vorstoß der Flotte zugrunde gelegen hatten: »Eine Kriegsmarine, welche in kühnem Einsatz gegen den Feind geführt wird und hierbei Verluste erleidet, wird nach dem Siege in vergrößertem Umfange wieder erstehen; hat sich dieser Einsatz aber nicht gefunden, so wird ihre Existenz auch nach dem gewonnenen Kriege bedroht sein.«[27] Im Unterschied zu 1914 ging die Marine diesmal also gleich von Anfang an mit dem Bewusstsein in den Krieg, zum Untergang bestimmt zu sein.

Viele der Offiziere, denen wir in diesem Buch begegnet sind, haben den neuerlichen Aufstieg und abermaligen Untergang der deutschen Marine persönlich miterlebt, zum Teil an führender Stelle, wie die Großadmirale Erich Raeder und Karl Dönitz. Einige andere blieben nach dem Ende des Ersten Weltkriegs ebenfalls im aktiven Dienst. Reinhold Knobloch etwa trat in die Schwesterorganisation der »Brigade Ehrhardt«, die III. Marine-Brigade unter Korvettenkapitän Wilfried von Loewenfeld, ein und wurde nach deren Auflösung als Admiralstabsoffizier in die Reichsmarine übernommen. Später brachte er es bis zum Linienschiffskommandanten und wurde 1936 mit dem Charakter eines Konteradmirals verabschiedet. Das bedeutete, dass er vor dem Ausscheiden aus dem Dienst den nächsthöheren Rang verliehen bekam, ohne ihn aktiv innegehabt zu haben. Auch Hermann Graf von Schweinitz wurde in die Reichsmarine übernommen, die er 1931 ebenfalls als charakterisierter Konteradmiral verließ. Schon 1934 kehrte er jedoch in den aktiven Dienst zurück und war im Zweiten Weltkrieg unter anderem »Seekommandant Krim und Ukraine« sowie Leiter der deutschen Transportflotte in Norwegen.

Andere sahen sich nach dem verlorenen Krieg nach neuen Betätigungsfeldern um und fanden sie auf den unterschiedlichsten Gebieten. Bogislav von Selchow zum Beispiel studierte Geschichte in Marburg und Berlin. Daneben betätigte er sich als Schriftsteller und avancierte mit Werken wie ›Unsere geistigen Ahnen‹, ›Wächter der Schwelle‹ und ›Der bürgerliche und der heldische Mensch‹ zu einem der »ideologischen Wegbereiter des Nationalsozialismus« (Michael Epkenhans) und einem nach 1933 in Deutschland hochgelobten Autor. Rudolph Firle wurde 1921 zum Dr. rer. pol. promoviert, arbeitete an der amtlichen Darstellung des Seekrieges mit und stieg schließlich bis zum Vorstandsvorsitzenden des Norddeutschen Lloyd auf. Nach seiner Entlassung als Chef der Admiralität im Gefolge des Kapp-Putsches widmete Adolf von Trotha sich zunächst der Jugendarbeit, unter anderem als Vorsitzender des »Großdeutschen Jugendbundes«, 1933 wurde er in den preußischen Staatsrat berufen, von 1934–1940 leitete er den »Reichsbund Deutscher Seegeltung«, die Nachfolgeorganisation des Deutschen Flottenvereins, daneben war er Ehrenführer der Marine-Hitlerjugend.

Die erstaunlichste Karriere gelang zweifellos Ernst von Weizsäcker. Schon während des Krieges hatte er sich intensiv mit seinem beruflichen Fortkommen beschäftigt. Am ehesten konnte er sich vorstellen, »daß in der Verwaltung, vielleicht auch im Admiralstabe dieser [zukünftigen] Marine für mich noch eine angemessene weitere Beschäftigung sich finden lassen wird. Die Frontlaufbahn muß in höheren Stellen denen zugewiesen werden, die in diesem Krieg sich selbst haben erproben können.«[28] Im Angesicht der drohenden deutschen Niederlage begann er erstmals auch Alternativen zum Dienst in der Marine in Erwägung zu ziehen. »Sonst bleibt mir nur der allgemeine Glaube an unsere Zukunft und der Trieb, sei es als Seeoffizier, sei es in anderem Beruf, an dem Wiederaufbau teilzunehmen. Es wäre merkwürdig, wenn nicht jeder Einzelne in Deutschland hierfür seine Verwendung fände«, schrieb er Anfang Oktober 1918 an Adolf von Trotha.[29]

Seinem Tagebuch vertraute er einen Monat später – die Revolution war bereits ausgebrochen – an: »Geht alles drunter und drüber, so werde ich Handlanger, evtl. Schreiber. In besseren Augenblicken Sekretär und suche mich so hochzuarbeiten.«[30] Bald darauf stand sein Entschluss fest: Keinen Tag länger als nötig wolle er in der Marine bleiben, die doch wohl künftig nur noch Küsten- und Zollschutzfunktionen zu erfüllen haben würde. Im Bankwesen, als

Journalist oder auch bei der Handelsmarine könne er möglicherweise reüssieren, auch wenn er ohne entsprechende Berufsausbildung natürlich klein anfangen müsse. Das sei ihm aber gleich, solange er damit seine Familie ernähren könne. Die bestand mittlerweile aus den Söhnen Carl Friedrich (1912–2007) und Heinrich (1917–1939) sowie der Tochter Adelheid (1916–2004); 1920 kam noch der jüngste Sohn Richard hinzu. Selbst eine Stellung als Dorfschullehrer oder Hotelportier schloss Weizsäcker nicht aus.[31]

Tatsächlich blieb Weizsäcker dann, wohl zu seiner eigenen Überraschung, noch eine ganze Weile im Marinedienst, zunächst beim Personalamt (dem ehemaligen kaiserlichen Marinekabinett) in Berlin, dann als Marine-Attaché im Haag. Im April 1920 trat er schließlich in den diplomatischen Dienst ein. An seiner einmal gefassten Entscheidung, die Marine zu verlassen und seine Karriere als Seeoffizier an den Nagel zu hängen, hatte sich während dieser Zwischenphase nichts geändert, und er war froh, sie nun endlich verwirklichen zu können. »Je mehr ich mir die Zukunft des Reiches vergegenwärtige, um so mehr wäre ich froh, außerhalb der Marine eine angemessene Beschäftigung zu finden. Im Seeoffizierskorps sind immer noch die alten Aspirationen, die nur zu Mißvergnügen führen können. Ich kann mich nicht die nächsten 20 Berufsjahre darüber unterhalten, daß wir s. Zt. doch noch mehr Schiffe hätten bauen und den U. B.-Krieg doch 1916 statt 17 hätten machen sollen.«[32]

Anfang der 1930er-Jahre wurde Weizsäcker deutscher Botschafter in Norwegen, später in der Schweiz, 1938 stieg er zum Staatssekretär des Auswärtigen Amtes auf, ehe er 1943 auf eigenen Wunsch als Gesandter in den Vatikan ging. Nach dem Zweiten Weltkrieg wurde Weizsäcker zusammen mit anderen Spitzenbeamten des Auswärtigen Amtes in den Nürnberger Kriegsverbrecherprozessen wegen seiner umstrittenen Rolle bei der Deportation von Juden angeklagt und zu fünf Jahren Haft verurteilt. Sein Sohn Richard hatte eigens sein Jurastudium in Göttingen unterbrochen, um als Assistent bei der Verteidigung seines Vaters mitzuhelfen. Vorzeitig aus dem Gefängnis entlassen, starb Ernst von Weizsäcker 1951 in Lindau am Bodensee an den Folgen eines Schlaganfalls.

Ungewöhnliche Werdegänge finden sich auch auf der anderen Seite der Nordsee. Der Zerstörerkommandant Lennon Goldsmith etwa brachte es bis zum Admiral und persönlichen Adjutanten des britischen Königs George V. Oswald Frewen versuchte sich in den 1920er-Jahren zunächst als Anwalt, jedoch ohne großen Erfolg, wie es scheint, und wurde im Zweiten Weltkrieg für den Marinedienst reaktiviert, unter anderem als *The King's Harbour Master of Scapa Flow*. Roger Keyes übernahm nach dem Krieg zunächst einige hohe Posten innerhalb der Marine, darunter den des Oberbefehlshabers der Mittelmeerstreitkräfte. Als *Admiral of the Fleet* schied er 1935 aus dem aktiven Dienst aus und saß anschließend fast zehn Jahre lang für die Konservative Partei im Unterhaus. Im Zweiten Weltkrieg kehrte Keyes dann noch einmal zur Royal Navy zurück und wurde als Auszeichnung für seine Verdienste 1943 in den Adelsstand erhoben. Stephen King-Hall, der das lange Warten dazu genutzt hatte, unter dem Pseudonym »Etienne« bereits während des Ersten Weltkrieges einige Bücher zu veröffentlichen, avancierte nach dem Ende seiner Karriere in der Marine 1929 zu einem in Großbritannien populären Journalisten und Autor. Nebenbei saß er als Abgeordneter im Unterhaus, gründete 1944 die *Hansard Society*, eine bis heute bestehende überparteiliche Stiftung zur politischen Bildung, und wechselte schließlich 1954 als Lord King-Hall ins Oberhaus.

David Beatty hatte völlig korrekt vorausgesehen, dass die Royal Navy nach dem Krieg schweren Zeiten entgegengehen würde. Seine eigene Karriere wurde vom schrittweisen Niedergang der britischen Marine allerdings in keiner Weise beeinträchtigt. Als mit 48 Jahren jüngster *Admiral of the Fleet* in der Geschichte der Royal Navy, überhäuft mit Auszeichnungen wie der Ehrenbürgerschaft der Stadt London und akademischen Ehrentiteln diverser Universitäten, wurde er im August 1919 zum Earl Beatty of the North Sea ernannt. Dazu erhielt er vom Parlament eine Erfolgsprämie für den gewonnenen Krieg in Höhe von 100 000 £. Das war ebenso viel, wie Sir Douglas Haig zugesprochen bekam, der Oberbefehlshaber der *British Expeditionary Force*, der zunächst eine Viertelmillion verlangt hatte. John Jellicoe dagegen musste sich mit 50 000 £ und dem niedrigeren Titel eines Viscount Jellicoe of Scapa begnügen.

Im November 1919 löste Beatty Admiral Rosslyn Wemyss als Ersten Seelord ab und hatte dieses Amt für die nächsten acht Jahre inne. Jellicoe ging als britischer Generalgouverneur nach Neuseeland. Nach seiner Rückkehr nach England verlieh ihm König George V. dann 1925 doch noch den Titel eines Earls. Obwohl Jellicoe und Beatty sich im Verlaufe des Streits darüber, wer von beiden die größere Verantwortung für die »verlorene« Skagerrakschlacht trug, tief entzweit hatten, machte es Beatty betroffen, als sein Vorgänger im Amt des *Commander-in-Chief* der *Grand Fleet* am 20. November 1935 im Alter von 75 Jahren in London starb. Selbst schwer krank, nahm Beatty nicht nur an der auch von Hunderten ehemaliger Seeleute besuchten Trauerfeier in der St. Paul's Cathedral teil. Er war auch einer der Leichenträger, als Jellicoes Sarg, bedeckt mit dem Union Jack, seinem Degen und seiner Admiralsmütze, in der Krypta der Kathedrale beigesetzt wurde. Keine vier Monate später, im März 1936, fand dort auch David Beatty seine letzte Ruhestätte, dicht an der Seite Jellicoes.

Einige Schritte entfernt von den Gräbern der beiden Admirale, die so schlicht gehalten sind, dass man sie leicht übersehen kann, thront auf einem Ehrenplatz in der Mitte der Krypta, umgeben von einem mit Mosaiken reich verzierten Marmorboden, eingerahmt von acht romanischen Säulen, ein prächtiger schwarzer Sarkophag. Das ist das Grab Nelsons, des Siegers von Trafalgar.

Anhang

Anmerkungen

Vorwort

1 Salewski, Selbstverständnis, S. 171.
2 Nicolas Wolz, Das lange Warten. Kriegserfahrungen deutscher und britischer Seeoffiziere 1914 bis 1918, Paderborn 2008.

Prolog

1 Massie, Castles, S. 27 (»A droop-jawed, determined little man in an ill-fitting frock coat, looking more like a parson than an admiral«).
2 Souchon an seine Frau, Bundesarchiv-Militärarchiv (im Folgenden: BA-MA), N 156, Nachlass Wilhelm Souchon, Brief vom 2.8.1914.
3 Souchon an seine Frau, 21.12.1914.
4 Souchon an seine Frau, 9.9.1914.
5 Zit. nach Massie, Castles, S. 54 (»No captain can do very wrong if he places his ship alongside that of an enemy«).
6 Admiral Sir John Fisher in einem Brief an einen Freund; zit. nach Massie, Castles, S. 54 (»Lamentable blow to British naval prestige«).

Kapitel I: Der deutsche Traum von der Seemacht

1 Hase, Skagerrak, S. 33.
2 Chickering, Reich, S. 117.
3 Tirpitz, Erinnerungen, S. 10.
4 Duppler, Juniorpartner, S. 155.
5 Zit. nach Fesser, Traum, S. 25.
6 Hildebrand, Allianz, S. 306.
7 Hobson, Maritimer Imperialismus, S. 326.
8 Zit. nach Hobson, Maritimer Imperialismus, S. 264.
9 Denkschrift Tirpitz' vom Juli 1897 über »Allgemeine Gesichtspunkte bei der Feststellung unserer Flotte nach Schiffsklassen und Schiffstypen«, in: Berghahn/Deist, Rüstung, S. 122–127, Zitat S. 122.
10 Hobson, Maritimer Imperialismus, besonders S. 283–296 u. 325ff. Die

Dienstschrift Nr. IX über »Allgemeine Erfahrungen aus den Manövern der Herbstübungsflotte« ist abgedruckt in: Besteck, »First Line of Defence«, S. 125–208, Zitat S. 126.

11 »Notizen des Staatssekretärs des RMA zum Immediatvortrag am 15.6.1897 über das Flottenrüstungsprogramm«, in: Berghahn/Deist, Rüstung, S. 134–136, Zitat S. 135.
12 So der Wortlaut in Tirpitz' Begründung zum zweiten Flottengesetz, in: Berghahn/Deist, Rüstung, S. 285 f.
13 Nipperdey, Machtstaat, S. 539.
14 Kelly, Tirpitz, S. 190 (»Culminating moment in Tirpitz's naval career«).
15 Herwig, Elitekorps, S. 17.
16 Mertens, Privileg, S. 59.
17 Rohkrämer, Militarismus, S. 82.
18 Zitat: Rüger, Great Naval Game, S. 41 (»Major imperial pageants«).
19 Berghahn, Tirpitz-Plan, S. 271–304.
20 Hartwig, Dönitz, S. 29.
21 Scheerer, Die Marineoffiziere der Kaiserlichen Marine, S. 347, Anlage 6.2., bzw. Jones, Making, S. 6.
22 Zit. nach Herwig, Elitekorps, S. 34 f.
23 Hartwig, Dönitz, S. 29.
24 Herwig, Elitekorps, S. 78.
25 Spector, At War, S. 35 (»Many British naval officers were superb seamen, brave and resourceful leaders, but as a whole they were a narrow, reactionary, class-conscious, and inward-looking social group«).
26 Zit. nach Lange, Fahneneid, S. 75, Anm. 252.
27 Metternich an Bülow, 30.6.1908, in: Die Große Politik der europäischen Kabinette (im Folgenden: GP) 24, Nr. 8212.
28 Randbemerkung Wilhelms II. zu einem Telegramm Metternichs vom 16.3.1909, GP 28, Nr. 10 271. »Blech« usw.: Bethmann Hollweg an Wilhelm II., 24.11.1911, GP 31, Nr. 11 322.
29 Zit. nach Epkenhans, Leben, S. 199, Anm. 33 (»The British Navy is to us a necessity and, from some points of view, the German Navy is to them more in the nature of a luxury«).
30 Undatierte Notiz Tirpitz' (Mai 1914), zit. nach Epkenhans, Flottenrüstung, S. 391.
31 Zahlen nach Halpern, Naval History, S. 7 f.
32 Weizsäcker, Erinnerungen, S. 31.

Kapitel II: Der Krieg beginnt

1 Diercks, Einfluss, S. 240.
2 Ebd.

3 Zit. nach Diercks, Einfluss, S. 259.
4 Tagebuch Franz Hipper, BA-MA, N 162, Nachlass Franz Ritter von Hipper, Eintrag vom 26.7.1914.
5 Tagebuch Hipper, 1.8.1914.
6 Heinrich Stenzler an seine Mutter, BA-MA, Militärgeschichtliche Sammlung, MSg 1/3093, Brief vom 4.8.1914.
7 Tagebuch Hermann Graf von Schweinitz, abgedruckt in: Schweinitz, Das Kriegstagebuch eines kaiserlichen Seeoffiziers, Eintrag vom 4.8.1914.
8 Souchon an seine Frau, 12.8.1914.
9 Chickering, Reich, S. 26.
10 Jünger, In Stahlgewittern, S. 7.
12 Souchon an seine Frau, 12.8.1914: »Mein Handwerk ist der Krieg …«
12 Tagebuch Schweinitz, 19.9.1914.
13 Tagebuch Schweinitz, 22.10.1914 bzw. 12.4.1915 (»Feuerluv«).
14 Tagebuch Schweinitz, 30.4.1915.
15 Stumpf, Tagebuch, S. 12.
16 Rahn, Strategische Probleme, S. 343.
17 Denkschrift Tirpitz' über »Unsere maritim-militärische Fortentwicklung« vom April 1891, in: Berghahn/Deist, Rüstung, S. 82–87, Zitat S. 86.
18 Stevenson, 1914–1918, S. 117.
19 Barnett, Anatomie, S. 126.
20 Lennon Goldsmith an seinen Vater, Universitätsbibliothek Leeds, Liddle Collection, RNMN/GOLDSMITH, Brief vom 3.8.1914 (»I do not see how England can possibly refuse to assist France, now that Germany has plunged in this way – and there is little doubt in my mind that an Englishman will never be safe from scorn on the Continent if we do hold aloof in an in-glorious neutrality«).
21 David Beatty an seine Frau, abgedruckt in: The Beatty Papers, Brief vom 5.8.1914 (»Such a magnificent and cheerful spirit«).
22 Tagebuch Edward Berthon, Universitätsbibliothek Leeds, Liddle Collection, RNMN/BERTHON, Eintrag vom 29.7.1914 (»Everyones ambition is to be in the action«) und 9.8.1914 (»Well, we are looking forward very keenly to a jolly good scrap in the near future and I hope we are in the thick of it«).
23 Young, With the, S. 49 (»The real tone was of high expectation that at any moment the enemy might come out and the long anticipated fight might take place«).
24 Zit. nach Goldrick, The King's Ships, S. 66 (»If we go up on a mine, they might as well go first«).
25 Tagebuch Rudolph Firle, BA-MA, N 155, Nachlass Rudolph Firle, Eintrag vom 6.8.1914.
26 Tagebuch Reinhold Knobloch, Archiv der Marine-Offizier-Vereinigung Bonn, Dokumentensammlung, Eintrag vom 16.8.1914.

27 Tagebuch Hipper, 12.8.1914.
28 Zit. nach Röhl, Wilhelm II., Bd. 3, S. 1185.
29 Der Krieg zur See, Nordsee, Bd. 2, Anlage 4, S. 301 f.
30 Tagebuch Hipper, 6.8.1914.
31 Tagebuch Hipper, 13.8.1914.

Kapitel III: Kämpfen und Sterben im Namen der Ehre

1 Tagebuch Knobloch, 21.8.1914.
2 Halpern, Naval History, S. 31 (»The track charts of the action are possibly the most difficult to follow of any battle during the war«).
3 Zit. nach Waldeyer-Hartz, Hipper, S. 111 f.
4 Tagebuch Hipper, 1.9.1914.
5 Beatty an seine Frau, 29.8.1914 (»It was good work to be able to do it within 20 miles of their main base, Heligoland, and with the whole of the High Sea Fleet listening to the boom of our guns«).
6 Roger Keyes an William Goodenough, abgedruckt in: The Keyes Papers, Brief vom 5.9.1914 (»I think an absurd fuss was made over that small affair«).
7 Tagebuch Hipper, 1.9.1914.
8 Ernst von Weizsäcker an seine Mutter, abgedruckt in: Hill, Die Weizsäcker-Papiere, Brief vom 9.8.1914.
9 Weizsäcker an seinen Vater, abgedruckt in: Hill, Die Weizsäcker-Papiere, Brief vom 20.10.1914.
10 Schilling, U-Boothelden, S. 203.
11 Tagebuch Schweinitz, 24.9.1914.
12 Brief Weizsäcker vom 23.9.1914, abgedruckt in: Hill, Die Weizsäcker-Papiere.
13 Tagebuch Walter Zaeschmar, Archiv der Marineschule Mürwik, Ref. Nr. 10983/84/85, Eintrag vom 23.9.1914.
14 Tagebuch Geoffrey Harper, Churchill Archives Centre Cambridge, Manuscripts Collection, HRPR 1/1–11, Eintrag vom 22.10.1914 (»Anyone, of any nationality, who serves in a submarine is not playing the game«).
15 Ebd. (»I always had a feeling against submarines and nothing would induce me to go in for them because I always thought they were not exactly the Navy, and now I have become quite certain. … It is rotten and underhand and like stabbing a man in the back«).
16 Zit. nach Herwig, Luxury Fleet, S. 207 (»It will be months before the North Sea is safe for yachting«).
17 Souchon an seine Frau, 18.8.1916.
18 Zit. nach Bennett, Seeschlachten, S. 136.
19 Zit. nach Bennett, Seeschlachten, S. 37.

20 Zit. nach Bennett, Seeschlachten, S. 45.
21 Weizsäcker an seine Mutter, 8. 11. 1914.
22 Zit. nach Afflerbach, Mit wehender Fahne, S. 597.
23 Zit. nach Massie, Castles, S. 219 (»I will take care I do not suffer the fate of poor Troubridge«).
24 Zit. nach Afflerbach, Mit wehender Fahne, S. 602.
25 Zit. nach Afflerbach, Mit wehender Fahne, S. 603.
26 Afflerbach, Kunst, S. 142.
27 Zit. nach Afflerbach, Mit wehender Fahne, S. 599 f.
28 Beatty an seine Frau, 2. 11. 1914 (»Poor old Kit Cradock has gone, at Coronel, poor old chap. He had a glorious death«).
29 Zit. nach Bennett, Seeschlachten, S. 134.
30 Zit. nach Bennett, Seeschlachten, S. 50.
31 Zit. nach Bennett, Seeschlachten, S. 138.
32 Pochhammer, Graf Spees letzte Fahrt, S. 144.
33 Pochhammer, Graf Spees letzte Fahrt, S. 151.
34 Zit. nach Plaschka, Matrosen, Bd. 1, S. 328.
35 Pochhammer, Graf Spees letzte Fahrt, S. 152.
36 Zit. nach Plaschka, Matrosen, Bd. 1, S. 329.
37 Brief des Seekadetten Esmond an seinen Vater, abgedruckt im *Penny Pictorial* vom 13. 3. 1915, in: BA-MA, RM 3/3165.
38 Zit. nach Bennett, Seeschlachten, S. 191 f.
39 Tagebuch Hipper, 11. 12. 1914.
40 Tagebuch Firle, 12. 12. 1914.
41 Afflerbach, Kunst, S. 156.
42 Zit. nach Afflerbach, Mit wehender Fahne, S. 600.
43 Dienst an Bord, S. 190.
44 Afflerbach, Mit wehender Fahne, S. 611.
45 Pohl, Aus Aufzeichnungen und Briefen, S. 111 (Brief vom 14. 2. 1915).
46 Souchon an seine Frau, 31. 12. 1914.
47 Zit. nach Afflerbach, Mit wehender Fahne, S. 607.
48 Zit. nach Salewski, Seekriegsleitung, S. 164, Anm. 140.
49 Afflerbach, Kunst, S. 150.
50 Zit. nach Afflerbach, Mit wehender Fahne, S. 609.
51 Zit. nach Afflerbach, Mit wehender Fahne, S. 610.
52 Zit. nach Pochhammer, Graf Spees letzte Fahrt, S. 161.
53 Tagebuch Hipper, 25. 11. 1914.
54 Tagebuch Hipper, 29. 11. 1914.
55 Tagebuch Hipper, 29.3.-4. 5. 1916.
56 Tagebuch Knobloch, 15. 12. 1914.
57 Tagebuch Hipper, 16. 12. 1914.
58 Roger Keyes an seine Frau, abgedruckt in: The Keyes Papers, Brief vom 21. 11. 1914 (»Where would we be without it!«).

59 Beatty an seine Frau, 10. 12. 1914 (»Has been an expensive luxury and is not doing its job«).
60 Beatty an John Jellicoe, abgedruckt in: The Jellicoe Papers, Brief vom 13. 11. 1914 (»Considerable loss of morale, which at this juncture is of the highest importance if an enemy force bombarded our coasts and arsenals and we did not engage them at once«).
61 Keyes an seine Frau, 17. 12. 1914 (»Missed a good chance of winning much honour and glory«).
62 Beatty an Jellicoe, 20. 12. 1914; in: The Jellicoe Papers (»Truly the past has been the blackest week in my life and I trust earnestly to have the opportunity in the very near future to obliterate it«).
63 Tagebuch Zaeschmar, 22. 12. 1914 (»1000 Zivilisten«); Tagebuch Firle, 19. 12. 1914 (»schwache Rache«).
64 Tagebuch Hipper, 19. 12. 1914.
65 Tagebuch Hipper, 16. 12. 1915.
66 Zit. nach Massie, Castles, S. 325 (»Infamous crime against humanity and against international law«).
67 Tagebuch James Colvill, Royal Naval Museum Portsmouth, Manuscripts Collection, Ref. Nr. 1997/43, Eintrag vom 18. 12. 1914 (»May we have a chance of paying them back their own coin to the last pfennig, but not by slaughtering non-combatants, when we get into Germany. I would like to see a dozen German towns – beginning with Essen & finishing with Berlin – turned to the ground & utterly sacked, in one word – ›Louvained‹«).
68 Adolf von Trotha an seine Frau, Niedersächsisches Staatsarchiv Bückeburg, Dep. Nr. 18, Nachlass Adolf von Trotha, Brief vom 28. 10. 1914.
69 Tagebuch Colvill, 8. 5. 1917.
70 Jahr, Krämervolk, S. 124.
71 Tagebuch Knobloch, 2. 2. 1916.
72 Walter von Keyserlingk an seinen Onkel, BA-MA, N 161, Nachlass Walter Freiherr von Keyserlingk, Brief ohne Datum, Ende 1915.
73 Zit. nach Goldrick, The King's Ships, S. 261 (»Anyone brought up in the oil fuel age can have no idea of the physical effort required of the stokers of a coal-fired ship steaming at high speed. With the fans supplying air to the boilers whirring at full speed the furnaces devoured coal just about as fast as a man could feed them. Black, begrimed and sweating men working in the bunkers in the ship's side dug the coal out and loaded it into skids which were then dragged along the steel deck and emptied on to the floorplates in front of each boiler in turn. No hygenic or sterilised suits for these men. If the ship rolled or pitched there was always a risk that a loaded skid might take charge with resultant danger to life and limb. Looking down from the iron catwalk above, the scene had all the appearance of one from Dante's Inferno, ›For flames I saw and wailings

smote mine ears.‹ Watching the pressure gauges for any fall in the steam pressure, the Chief Stoker walked to and fro encouraging his men. Now and then the telegraph from the engineroom would clang and the finger on the dial move around to the section marked ›MORE STEAM‹. The Chief would press the reply gong with an oath. ›What do the bastards think we're doing‹, he would exclaim, ›Come on boys, shake it up, get going‹, and the sweating men would redouble their efforts, throw open the furnace doors and shovel still more coal into the blazing inferno«).

74 Tagebuch Knobloch, 24. 1. 1915.

75 Zit. nach Massie, Castles, S. 413 f. (»It will be some time before they go baby-killing again!«).

76 Beatty an Keyes, 10. 2. 1915, zit. nach Roskill, Beatty, S. 113 f. (»The disappointment of that day is more than I can bear to think of. Everybody thinks it was a great success when in reality it was a terrible failure. I had made up my mind that we were going to get four, the lot, and four we ought to have got«).

77 King-Hall an seine Eltern, abgedruckt in: Louise King-Hall, Sea Saga, Brief ohne Datum, Ende Februar 1915 (»Perhaps we shan't hear quite so much of this beastly ›where's the Navy?‹ after the 24th. It makes me so wild, we might be having the time of our lives on the Riviera from what some people say and write«).

78 Tagebuch Schweinitz, 25. 1. 1915.

79 Stenzler an seine Mutter, 31. 1. 1915.

80 Tagebuch Hipper, 24. 1. 1915.

81 Tagebuch Hipper, 26. 1. 1915.

82 Ansprache Wilhelms II. vom 4. 2. 1915, in: BA-MA, RM 2/1126 (Unterstreichungen im Original).

83 Weisung an den Flottenchef vom 10. 1. 1915, in: Der Krieg zur See, Nordsee, Bd. 3, S. 158.

84 Rahn, Strategische Probleme, S. 351.

85 Halpern, Naval History, S. 47 (»Was unwilling to put his head in the German noose«).

86 Tagebuch Schweinitz, 19. 9. 1914.

Kapitel IV: Leben an Bord und an Land

1 Tagebuch Knobloch, 16. 8. 1914.

2 Tagebuch Schweinitz, 17. 8. 1914.

3 Stumpf, Tagebuch, S. 16.

4 Stumpf, Tagebuch, S. 117 f.

5 Tagebuch Harper, 7. 9. 1914.

6 Tagebuch Knobloch, 1. 12. 1914 bzw. 17. 11. 1914.

7 Tagebuch Hipper, 9.-13. 1. 1917.
8 Trotha an seine Frau, 30. 3. 1915.
9 Tagebuch Schweinitz, 31. 12. 1915.
10 Goldsmith an seinen Vater, 28. 10. 1916 (»We are having a terrific time, and of course the Commanders stand most of the anxiety and strain – and the frequent changes in command in this flotilla must just show how men do crumple up before Nature in her sterner moods! Yesterday was typical. I was on the bridge practically all the time from 3 a. m. till 10 p. m. being blown, rained, and sprayed upon by one of these almost perpetual hurricanes; arrived in stiff and aching, and utterly worn out«).
11 Pochhammer, Graf Spees letzte Fahrt, S. 51.
12 Pohl, Aus Aufzeichnungen und Briefen, S. 137 f. (Brief vom 17. 7. 1915).
13 Souchon an seine Frau, 4. 3. 1915.
14 Raeder, Mein Leben, S. 140.
15 Tagebuch Knobloch, 18. 9. 1916.
16 Tagebuch Edward Roynon-Jones, Imperial War Museum London, Manuscripts Collection, Ref. Nr. 66/29/1, Eintrag vom 9. 4. 1915 (»I visited ›Princess Royal‹, then had lunch in ›Lion‹ & afterwards tea in ›New Zealand‹. Bridge after dinner«).
17 Schoultz, Grand Fleet, S. 348.
18 Waldeyer-Hartz, Hipper, S. 181 f.
19 Tagebuch Stephen King-Hall, abgedruckt in: Louise King-Hall, Sea Saga, Eintrag vom 24. 3. 1916 (»I could not help thinking this evening of the extraordinary contrast in modern war, and perhaps more particularly in modern Naval war. What made me do so were the thoughts which entered my head as I looked round the mess half an hour ago. We had just finished dinner, and we were at sea. Without boasting of anything luxurious, I could not help thinking how comfortable it all looked. Tulips on the table, nice white table cloth, a dozen or more officers smoking, drinking their port and coffee, the whole well lit up with electric lights shaded in yellow silk. And yet with all this comfort we were out on business, thank goodness«).
20 Erinnerungen Paul Heinrich, in: BA-MA, MSg1/2306, S. 49.
21 Spiess, Wir jagten Panzerkreuzer, S. 10.
22 Hashagen, U-Boote Westwärts, S. 45.
23 Carr, By Guess and by God, S. 193.
24 Hashagen, U-Boote Westwärts, S. 67 und 71.
25 Zit. nach Adams, Adventure, S. 45.
26 Schoultz, Grand Fleet, S. 93 f.
27 John Jellicoe an Beatty, 12. 12. 1914, abgedruckt in: The Jellicoe Papers (»I've already sprained a finger and a knee, but it keeps you as fit as possible«).
28 King-Hall, North Sea Diary, S. 36 (»Every afternoon, weather and cir-

cumstances permitting, crowds of officers, from Sir John Jellicoe to the latest joined snotty, lined up in the queue at the first tee«).

29 Schoultz, Grand Fleet, S. 25.
30 Tagebuch Knobloch, 27. 8. 1915.
31 Stumpf, Tagebuch, S. 110.
32 Schaible, Standes- und Berufspflichten, S. 92.
33 Stumpf, Tagebuch, S. 47.
34 Tagebuch Harper, 19. 11. 1918 (»It was the best show that has ever been given by any ship«).
35 Herbert Packer an seinen Vater, Churchill Archives Centre Cambridge, Manuscripts Collection, PCKR 2/1–4, Brief vom 28. 2. 1916 (»This was even a better audience to play the ass to as their laughter is spontaneous and unrestrained. Of course they laughed where the officers didn't and vice versa«).
36 Jellicoe an Frederick Hamilton, 16. 4. 1916, in: The Jellicoe Papers (»It may seem a small thing but I assure you that I have had much anxiety on the subject of keeping the men contented and in good spirits and the Gourkho is a valuable asset in this direction. Take her away and I prophesy many evils; gambling, immorality, striking cases, etc., etc. You know better than most people how easy it is to go from a happy fleet to a bored and discontented fleet«).
37 Marine-Rundschau 24 (1913), S. 1124.
38 Tagebuch Knobloch, 30. 9. 1915 bzw. 30. 10. 1916.
39 Tagebuch Knobloch, 7. 11. 1915.
40 Kocka, Klassengesellschaft, S. 32 f.
41 Trotha an seine Frau, 30. 6. 1918.
42 Tagebuch Schweinitz, 30. 9. 1917.
43 Souchon an seine Frau, 11. 6. 1917.
44 Tagebuch Hipper, 15. 10. 1914.
45 Weizsäcker an seine Mutter, 12. 1. 1916.
46 Weizsäcker an seinen Vater, 10. 10. 1915.
47 Souchon an seine Frau, 29. 10. 1915.
48 Tagebuch Schweinitz, 29. 10. 1917 bzw. 4. 7. 1915.
49 Tagebuch Knobloch, 20. 9. 1915.
50 Tagebuch Hipper, 13. 4. 1917.
51 Tagebuch Hipper, 10. 9. 1918.
52 Souchon an seine Frau, 18. 7. 1915.
53 Souchon an seine Frau, 20. 9. 1915.
54 Stumpf, Tagebuch, S. 124.
55 Tagebuch Zaeschmar, 12. 11. 1916.
56 Tagebuch Zaeschmar, 16. 1. 1917.
57 Tagebuch Zaeschmar, 14. 12. 1917.
58 Trotha an seine Frau, 22. 4. 1916.

59 Tagebuch Albert Hopman, abgedruckt in: Hopman, Das ereignisreiche Leben, Eintrag vom 6. 10. 1915.

60 John McLeod an seine Mutter, Universitätsbibliothek Leeds, Liddle Collection, RNMN/MCLEOD, Brief vom 24. 10. 1918 (»Apparently if one cannot kill huns one must kill birds«).

61 Krieg zur See, Nordsee, Bd. 6, S. 131 f.

62 Tagebuch Oswald Frewen, Familienarchiv Frewen, The Sheep House, Brede/Sussex, Eintrag vom 19. 1. 1917 (»The fact is that I am ›weary, in the uttermost part of the Sea‹ – War-weary, Scapa-weary, weary of seeing the same old damned agony of grey, grey, grey, grey sky, grey sea, grey ship. I could do with a drop of Mediterranean; and a thousand times more, with a month's leave«).

63 Schoultz, Grand Fleet, S. 103.

64 Schoultz, Grand Fleet, S. 67.

65 Keyes, Memoirs, Bd. 2, S. 73 (»Three children, seven servants, two dozen chickens, two prams and about two tons of luggage«).

66 Beatty an seine Frau, 29. 6. 1915 (»The best thing for me when I get the Blues, which I fear I do rather too often now«).

67 Tagebuch Frewen, 24. 10. 1915 (»This is a different world from Scapa. Officers go to Edinburgh every afternoon. The shores of the Firth of Forth for miles are lined with officers' wives & midshipmen's mothers. They all go ›home‹, & they grouse because here the mail takes a day & a half!«).

68 Beatty an seine Frau, 2. 5. 1915.

69 Tagebuch Frewen, 11. 5. 1916 (»Fleshpots of Egypt«) bzw. 13. 9. 1916 (»I hate the Battle Cruisers, they are Pharisees«).

70 Tagebuch King-Hall, Sea Saga, S. 495, Eintrag vom 20. 3. 1917 (»In many ways a bad thing« bzw. »There is amongst them a natural tendency to live rather for the afternoons, when one can go ashore, instead of the forenoons when the turrets go round. After all, human nature is human nature, even when it is in a Battle Cruiser in Wartime«).

71 Tagebuch Roynon-Jones, 1. 6. 1915 (»I went on to Strathpeffer another 5 miles & took a room at the Highland Hotel. This is a pretty little place situated in a ralley below Ben Wyvis, nearly 4000 feet high, there are other hotels & many lodging houses & they are only full up in the months July to September. There is a spa where people drink various kinds of waters & have baths. Golf links & tennis courts are other attractions & a band plays in the gardens in the season. I slept in the afternoon«).

Kapitel V: Selbstzweifel und Sinnkrisen

1 Hüppauf, »Der Tod«, S. 71.

2 Tagebuch Zaeschmar, 9. 10. 1914.

3 Tagebuch Zaeschmar, 19.11.1914.
4 Tagebuch Zaeschmar, 20.2.1915.
5 Tagebuch Knobloch, 30.5.1915.
6 Tagebuch Knobloch, 23.9.1915.
7 Stenzler an seine Mutter, 5.10.1914.
8 Stenzler an seine Mutter, 5.1.1915.
9 Tagebuch Schweinitz, 4.5.1917.
10 Tagebuch Knobloch, 11.7.1915.
11 Beatty an seine Frau, 29.6.1915 (»At times our inactivity frets me to such an extent that I can hardly bear it. The greatest war of all time is proceeding, the finest deeds of heroism are being performed daily, the dreams of the past, of glory & achievement are being uprooted & proved impossible of accomplishment. The country is in such need, the spirit is so willing, and yet we are doomed to do nothing, achieve nothing & sit day after day working out schemes that will never be carried out, endeavouring by pen & paper to impress the Admiralty with the possibility of our doing something«).
12 Tagebuch Knobloch, 27.10.1915.
13 Tagebuch Knobloch, 2.8.1915.
14 Tagebuch Knobloch, 4.8.1915.
15 Tagebuch Knobloch, 9.2.1915.
16 Tagebuch Hipper, 15.2.1915 bzw. 10.12.1914.
17 Souchon an seine Frau, 13.1.1915.
18 Waldeyer-Hartz, Hipper, S. 182.
19 Zit. nach Herwig, Elitekorps, S. 74.
20 Radkau, Zeitalter, S. 415.
21 Kriegssanitätsbericht, S. 111, 112, 285.
22 Tagebuch Colvill, 3.9.1916 (»We all know what that means«).
23 McLeod an seine Mutter, 14.6.1918 bzw. 3.2.1916 (»This shadow fighting is getting on my nerves. Here is the finest war the world has ever seen and I am out of it«).
24 Beatty an Winston Churchill (undatierter Entwurf), November 1914, in: The Beatty Papers (»Nothing less than complete annihilation can or must be allowed to satisfy us«).
25 Beatty an Herbert Asquith, 3.2.1916, in: The Beatty Papers (»They desire, as the whole nation desires, that when we fight the result should be decisive and overwhelming«).
26 Beatty an seine Frau, 7.4.1918 (»I often wonder what Nelson would have thought of it. His high spirit would have chafed him to death by this time«).
27 Marder, Dreadnought, Bd. 5, S. 305 (»Hypnotised by its past«).
28 King-Hall an seine Eltern, o.D., März 1915 (»The Navy goes to war in a luxurious way compared to our gallant Army. Contrast their hours in

the trenches, rain, lying on the ground, marches etc. with us. We have long hours at sea, but we have to come in for coal and that usually means 24 hrs. rest and clean up. Our food is as good as in peace, we have a piano, a comfortable and well lit and warmed mess, with books, magazines, papers, a cabin, slightly denuded true, but a cabin with a bunk«).

29 McLeod an seine Mutter, 20.8.1914 (»I wish I was a soldier in these days. It is most boring on board« bzw. »who has not been in the thick of it«).

30 Beatty an seine Frau, 30.10.1914 (»I'd give anything to be there and would give up my battle-cruisers if I could command one regiment of cavalry«).

31 Beatty an seine Frau, 21.5.1915 (»It is foolish, no doubt, but can't you understand the feeling of hopeless inutility which comes over me from time to time, when we spend days doing nothing, when so many are doing so much?«).

32 Beatty an Roger Keyes, 18.9.1914, in: The Keyes Papers (»But when one reads of the gallant deeds done by our Army I feel I would give up the B[attle] C[ruiser] S[quadron] like a shot to command a Cavalry Regiment, or even a Squadron. That is heresy but it's there deep down«).

33 Keyes an seine Frau, 9.10.1914 (»I would give anything to be a soldier until the Fleet comes out«).

34 Keyes an seine Frau, 11.12.1914 (»I am very sick of this inaction! I think next time I come into the world I shall be a soldier – it was stupid of me not to have thought of it before making up one's mind to go into the Navy. History is plain enough on the subject. Soldiers fight almost every day of a war. Sailors about once a year at the most if they are lucky. The worst of it is one has to make up one's mind for the Navy so young, one probably doesn't know enough about history, and those six volumes of James' Naval History – (in my room) – which I lived on about that time were misleading, they are crowded with fights big and small but spread over 30 or 40 years«).

35 Keyes an seine Frau, 17.2.1915 (»I never felt so buoyant and confident about anything in my life before. We are going to have a splendid affair«).

36 Gordon, Rules, S. 395 (»In some ways easier to start with a clean slate than to modify long-held attitudes, platitudes, structures and strategies«).

37 Weizsäcker an seinen Vater, 28.10.1914.

38 Tagesbefehl des Flottenchefs vom 14.8.1914, zit. nach Scheer, Hochseeflotte, S. 73f.

39 Weizsäcker an seine Mutter, 12.11.1915.

40 Tagebuch Knobloch, 29.8.1915.

41 Trotha an seine Frau, 14.9.1914.

42 Stumpf, Tagebuch, S. 13.

43 Chickering, Reich, S. 41.

44 Tagebuch Schweinitz, 24. 8. 1914.
45 Tagebuch Schweinitz, 5. 10. 1914 bzw. 18. 8. 1914 (»Schreibstube«).
46 Tagebuch Schweinitz, 4. 1. 1915.
47 Tagebuch Hipper, 21. 8. 1914.
48 Tagebuch Knobloch, 5. 8. 1915.
49 Tagebuch Knobloch, 15. 9. 1916.
50 Tagebuch Knobloch, 16. 4. 1917.
51 Tagebuch Schweinitz, 27. 3. 1918.
52 Tagebuch Weizsäcker, abgedruckt in: Hill, Die Weizsäcker-Papiere, Eintrag vom 27. 9. 1916.
53 Tagebuch Knobloch, 30. 9. 1915.
54 Tagebuch Knobloch, 21. 4. 1917.
55 Keegan, Antlitz, S. 276.
56 Keegan, Antlitz, S. 277 f.
57 Tagebuch Knobloch, 28. 11. 1917.
58 Tagebuch Knobloch, 29. 11. 1917.
59 Trotha an seine Frau, 18. 9. 1914.
60 Souchon an seine Frau, 29. 8. 1915.
61 Tagebuch Bogislav von Selchow, BA-MA, N 428, Nachlass Bogislav von Selchow, Eintrag vom 21. 8. 1914.
62 Albert Hopman an seine Frau, abgedruckt in: Hopman, Das ereignisreiche Leben, Brief vom 1. 9. 1915.
63 Tagebuch Knobloch, 5. 12. 1915.
64 Tagebuch Knobloch, 24. 9. 1914.
65 Tagebuch Hipper, 20. 10. 1914.
66 Tagebuch Knobloch, 24. 7. 1916.
67 Tagebuch Knobloch, 5. 9. 1915.
68 Souchon an seine Frau, 18. 8. 1915.
69 Tagebuch Hipper, 8. 5. 1915.
70 Weizsäcker an seine Mutter, 10. 5. 1915.
71 Stumpf, Tagebuch, S. 59.
72 Tagebuch Knobloch, 19. 12. 1915.
73 Tagebuch Knobloch, 9. 3. 1916.
74 Tagebuch Knobloch, 21. 12. 1916.
75 Souchon an seine Frau, 29. 10. 1916.
76 Tagebuch Zaeschmar, 1. 8. 1917.
77 Tagebuch Zaeschmar, 17. 11. 1917.

Kapitel VI: Die Seeschlacht vor dem Skagerrak

1 Ernst von Weizsäcker an seine Eltern, abgedruckt in: Hill, Die Weizsäcker-Papiere, Brief vom 31. 1. 1916.

2 Stumpf, Tagebuch, S. 44.
3 Tagebuch Selchow, 31.5.1916.
4 Tagebuch Zaeschmar, 15.6.1916.
5 Stumpf, Tagebuch, S. 138.
6 Stumpf, Tagebuch, S. 143.
7 Stumpf, Tagebuch, S. 139 bzw. 128.
8 Tagebuch Schweinitz, 24.8.1914.
9 Hase, Skagerrak, S. 101.
10 Ebd.
11 Zit. nach Steel/Hart, Jutland, S. 113 (»There seems to be something wrong with our bloody ships today!«).
12 Barnett, Anatomie, S. 162.
13 Rahn, Seeschlacht, S. 171.
14 Hase, Skagerrak, S. 113.
15 Hase, Skagerrak, S. 116.
16 Hase, Skagerrak, S. 120f.
17 Hase, Skagerrak, S. 93.
18 Hase, Skagerrak, S. 123.
19 Zit. nach Rahn, Seeschlacht, S. 175.
20 Hase, Skagerrak, S. 126.
21 Hase, Skagerrak, S. 126f.
22 Hase, Skagerrak, S. 127.
23 Hase, Skagerrak, S. 129.
24 Bericht von Johannes Karl Groth, Geschützführer an Bord des Schlachtkreuzers *Lützow*, in: Skagerrakschlacht, S. 256–266, hier S. 263.
25 Ebd., S. 263 f.
26 Ebd., S. 265.
27 Rahn, Seeschlacht, S. 180.
28 Tagebuch Schweinitz, 2.6.1916.
29 Zit. nach Steel/Hart, Jutland, S. 87f. (»The cries of the wounded and burnt men were very terrible to listen to. They were brought in sometimes with feet or hands hanging off. Very soon the deck of the distributing station was packed with wounded and dying men, and when fresh cases were brought in one had some difficulty in avoiding stepping on the others. Very little operating, save of an urgent kind was done during the action, though we had an operating table ready. The doctors occupied themselves chiefly in first aid work. Morphia was given to a lot of the wounded. After a time they all settled down and we were able to sort them out putting the slightly wounded in one place and the more serious in the other. A certain number of men were gassed and it was a sad sight to see them die. They began by coughing insistently and then gradually went off in a stupor. The greater number of injuries were caused by burns – some men had all their head, hands and arms burned, but there were

not many burned about the body. Those that died were taken out and put in the messdeck port side abreast of the distributing station. When there was no longer room for the wounded in the distributing station they were placed in the corresponding messdeck, starboard side«).

30 Zit. nach Steel/Hart, Jutland, S. 400 (»The sea was strewn with wreckage for miles and we steamed for half an hour through large numbers of dead bodies, mostly German, floating in a mass of blood, oil, dead fish, seagulls, cartridge cases etc.«).

31 Zit. nach Steel/Hart, Jutland, S. 327 f. (»As the smoke and steam cleared off I could see many heads in the water – about 40 to 50 I should think. There was no support beyond lifebelts, lifebuoys and floating waistcoats, so I was afraid few of us could possibly survive, especially as I realised that all the destroyers had gone on and no big ship would dare stop, even if they saw us in the water. I spoke to many men and saw most of them die one by one. … I was nearly done in once or twice in the first hour by men hanging on to me in the last stages of exhaustion, and I was separated from my lifebuoy and was pulled right over in the water, but managed to recover myself and the buoy. None of the men appeared to have suffered at all; they just seemed to lie back and go to sleep. … I began to feel drowsy and dropped off into a sort of sleep several times, only to be awakened again by waves slapping into my face. … I woke again after what I felt to be a long time to hear a shout and could see ships a long way off. I took a sort of detached interest in them and gave an answering shout to ›Stick it Ardents!‹ to someone in the water nearby whom I could not see. I watched the ships disappear again without much interest and dozed off again. Once again I awoke to find a flotilla leader – the [HMS] *Marksman* – close alongside me. I sang out for help and in reply got a welcoming and re-assuring shout ›You're all right, Sir! We're coming!‹ and once again relapsed into unconsciousness«).

32 Das berichten Hase, Skagerrak, S. 139, und Weizsäcker, Erinnerungen, S. 36.

33 Trotha an seine Frau, 3. 6. 1916.

34 Tagebuch Schweinitz, 2. 6. 1916.

35 Tagebuch Schweinitz, 29. 8. 1916.

36 Krause, Scapa Flow, S. 20.

37 Salewski, Skagerrak, S. 75.

38 Souchon an seine Frau, 18. 11. 1914. Bei einem Gefecht mit einem russischen Schiff wurden an Bord der *Goeben* zwölf Mann durch einen Volltreffer »… entsetzlich zerissen und verstümmelt, aber doch so jäh und schnell ein beneidenswerter Heldentod«.

39 Zit. nach Steel/Hart, Jutland, S. 373 (»When we could see and I had time to think it dawned on me what a terrible scene had been enacted. We thought of the ›Honour‹ and ›Glory‹, which so many people in their

ignorance say is attached to warfare. You should have seen the decks of HMS Broke at 4am, June 1st, 1916. There you would have seen an exhibition of the ›Honour‹ and ›Glory‹ in reality. Forty-eight of our crew lay dead and most of them shattered beyond recognition; another forty were wounded very badly. We were about five hours finding all of our dead chums, dragging them out of the wrecked messdeck and throwing their bodies over the side to be buried in the deep ocean. That was the ›Honour‹ and ›Glory‹ we had. It strikes you as being one gigantic murder. You wonder how men can have the audacity, for if we stopped to think what we were going to do we should never fight at all«).

40 Zit. nach Massie, Castles, S. 663 (»The German fleet has assaulted its jailor, but it is still in jail«).

41 Tagebuch Charles Daniel, Churchill Archives Centre Cambridge, Manuscripts Collection, DANL 241/1–2, Eintrag vom 3.6.1916 (»It was a great victory, the enemy being driven back into harbour with considerably heavier losses in both men and material than our own. This did not prevent the press losing its head and starting an unqualified panic. Without waiting for results abuse and idiocy were powered out … A more disgusting exhibition can hardly be imagined. … One paper only (the ›Morning Post‹) had a headline ›Admiral Jellicoe's Victory‹. The Battlefleet naturally hardly received a mark of recognition from a public which judges results by one's ability for being rapidly sunk. But then one should know better than to expect thanks from a public so obtuse and dull as the British masses«).

42 Gordon, Rules, S. 505 (»The unpalatable truths remained, however, that British ships and 6,000 lives had been traded cheaply in the exchange of battle, and that the R[oyal] N[avy] had failed to obtain a result accordant with its heritage – and immune to the mendacious constructions of journalists«).

43 Beatty an seine Frau, 24.5.1917 (»My answer is that that was one of the saddest days of my life, in which I lost many old and valued friends and trusted comrades, and the Navy missed one of the greatest opportunities of achieving the greatest and most glorious victory, and therefore it could not in any sense be considered a day for celebration«).

44 Tagebuch Knobloch, o.D., Juni 1916.

45 Tagebuch Hipper, 7.6.1916.

46 Zit. nach Granier, Seekriegsleitung, Bd. 2, S. 97ff.

47 Tagebuch Schweinitz, 26.2.1915.

48 Tagebuch Schweinitz, 29.8.1916.

49 Keyserlingk an seinen Onkel, 10.6.1916.

50 Tagebuch Firle, 3.6.1916 bzw. 2.6.1916.

Kapitel VII: Der U-Boot-Krieg

1 Immediatbericht des Kommandos der Hochseestreitkräfte über die Seeschlacht vor dem Skagerrak vom 4. Juli 1916, in: BA-MA, RM 5/4754, teilweise abgedruckt in: Skagerrakschlacht, S. 205–214, Zitat S. 213.
2 Ebd., S. 214.
3 Schröder, U-Boote, S. 74f.
4 Zit. nach Schröder, U-Boote, S. 101.
5 Assmann, Seestrategie, S. 80.
6 Pohl, Aus Aufzeichnungen und Briefen, S. 131 (Brief vom 5.6.1915).
7 Zit. nach Schröder, U-Boote, S. 134f.
8 Zit. nach Stegemann, Marinepolitik, S. 31.
9 Tagebuch Hipper, 24.6.1915.
10 Tagebuch Hipper, 1.9.1915 (Zitat) bzw. 8.9.1915.
11 Weizsäcker an seine Mutter, 8.8.1915.
12 Schröder, U-Boote, S. 194.
13 Tagebuch Hipper, 19.2.1916.
14 Tagebuch Firle, 29.2.1916.
15 Tagebuch Hopman, 16.3.1916.
16 Herwig, Elitekorps, S. 153.
17 Tagebuch Firle, 23.7.1915.
18 Beide Denkschriften in: BA-MA, RM 2/1983.
19 Keyserlingk an seinen Onkel, 29.12.1914.
20 Souchon an seine Frau, 17.1.1916.
21 Tagebuch Knobloch, 4.10.1915.
22 Tagebuch Firle, 13.4.1917.
23 Tagebuch Knobloch, 28.8.1916.
24 Nipperdey, Machtstaat, S. 855.
25 Tagebuch Knobloch, 29.11.1916.
26 Offer, First World War, S. 31ff.
27 Ullrich, Revolution, S. 13.
28 Tagebuch Knobloch, 27.11.1916.
29 Tagebuch Selchow, 23.1.1918 bzw. 22.2.1918.
30 Tagebuch Hopman, 14.8.1916.
31 Tagebuch Weizsäcker, 27.9.1916.
32 Kielmansegg, Deutschland, S. 386.
33 Zit. nach Schröder, U-Boote, S. 308.
34 Tagebuch Weizsäcker, 22.7.1917.
35 Zit. nach Schröder, U-Boote, S. 318.
36 Tagebuch Hipper, 1.2.1917.
37 Tagebuch Hipper, 26./27./28.8.1916.
38 Tagebuch Knobloch, 2.2.1917.
39 Stenzler an seine Mutter, 2.2.1917.

40 Stenzler an seine Mutter, 28. 3. 1917.
41 Tagebuch Knobloch, 8. 3. 1917.
42 Tagebuch Knobloch, 24. 3. 1917 bzw. 13. 1. 1917.
43 Tagebuch Selchow, o. D., Juni 1917.
44 Zit. nach Schröder, U-Boote, S. 314.
45 Winter, Great War, S. 103–248.
46 Offer, First World War, S. 34 ff.
47 Tagebuch Schweinitz, 31. 5. 1917 bzw. 8. 4. 1917.
48 Tagebuch Knobloch, 14. 7. 1917.
49 Trotha an seine Frau, 29. 7. 1917.
50 Tagebuch Zaeschmar, 1. 8. 1917.
51 Tagebuch Hipper, 13. 7. 1917.
52 Hashagen, U-Boote Westwärts, S. 125.
53 Zit. nach Herwig, Elitekorps, S. 175.

Kapitel VIII: Die Flottenunruhen 1917

1 Souchon an seine Frau, 25. 3. 1915.
2 Souchon an seine Frau, 20. 4. 1915.
3 Souchon an seine Frau, 12. 6. 1917.
4 Souchon an seine Frau, 8. 9. 1917.
5 Souchon an seine Frau, 29. 9. 1917.
6 Souchon an seine Frau, 26. 9. 1917.
7 Stumpf, Tagebuch, S. 255 f.
8 Zit. nach Herwig, Elitekorps, S. 162.
9 Ullrich, Revolution, S. 20.
10 Tagebuch Knobloch, 7. 7. 1917.
11 Tagebuch Knobloch, 29. 4. 1917.
12 Hopman an seine Frau, 1. 4. 1917.
13 Hopman an seine Frau, 29. 3. 1917.
14 Tagebuch Hopman, 8. 4. 1917.
15 Müller, Nation, S. 289.
16 Stumpf, Tagebuch, S. 153.
17 Tagebuch Knobloch, 5. 9. 1916.
18 Horn, Naval Mutinies, S. 29 (»The majority of officers were so dominated by their caste spirit that they lacked the ability to put themselves into their men's shoes. Therefore they showed little understanding for their men's needs and problems. From their first day in the navy they had been trained to regard themselves as infinitely superior to their men«).
19 Scheer, Hochseeflotte, S. 414.
20 Stumpf, Tagebuch, S. 123 f.

21 Stumpf, Tagebuch, S. 162.
22 Stumpf, Tagebuch, S. 33.
23 Stumpf, Tagebuch, S. 65.
24 Stumpf, Tagebuch, S. 81.
25 Tagebuch Knobloch, 7.4.1915.
26 Tagebuch Stitzinger, 3.9.1915 bzw. 15.9.1915.
27 Horn, Naval Mutinies, S. 34f.
28 Schaible, Standes- und Berufspflichten, S. 141.
29 Das Werk des Untersuchungsausschusses (im Folgenden: WUA), Bd. 9/1, S. 12.
30 WUA, Bd. 9/1, S. 424.
31 WUA, Bd. 9/2, S. 168.
32 Stumpf, Tagebuch, S. 162.
33 Tagebuch Schweinitz, 26.11.1917.
34 Hashagen, U-Boote Westwärts, S. 66f.
35 Zit. nach McKee, Sober Men and True, S. 53 (»There was never any camaraderie between us or anything like that. He was there, and you did what you were told«).
36 Tagebuch Edward Parry, Imperial War Museum London, Manuscripts Collection, Ref. Nr. 71/19/1, Eintrag vom 13.10.1915 (»The C.-in-C. pointed out how disgraceful such a business was in wartime and said he hoped there would be no more trouble. Everything on board seems to be going much more happily since«).
37 Erinnerungen Paul Heinrich, in: BA-MA, MSg1/2304, S. 60.
38 Ebd., S. 61.
39 Tagebuch Knobloch, 26.1.1917.
40 Tagebuch Knobloch, 11.2.1917.
41 Tagebuch Knobloch, 24.12.1916.
42 Chickering, Reich, S. 60.
43 Marine-Taschenbuch 16 (1918), S. 177–235; Trotha an seine Frau, 19.12.1916. Zum Gehalt des Flottenchefs: Hugo von Pohl an Alfred von Tirpitz, 16.2.1915, in: BA-MA, RM 2/1546.
44 BA-MA, RM 2/1546.
45 Marine-Taschenbuch 16 (1918), S. 177–235.
46 WUA, Bd. 9/1, S. 411f.
47 Horn, Naval Mutinies, S. 40.
48 Stumpf, Tagebuch, S. 199.
49 Stumpf, Tagebuch, S. 63.
50 Kocka, Klassengesellschaft, S. 34.
51 Zit. nach Kocka, Klassengesellschaft, S. 34.
52 Stumpf, Tagebuch, S. 240f.
53 Horn, Naval Mutinies, S. 46.
54 Hase, Skagerrak, S. 79.

55 Tagebuch Knobloch, 30.4.1917.
56 Tagebuch Knobloch, 3.5.1918.
57 Tagebuch Knobloch, 31.7.1915.
58 Tagebuch Knobloch, 12.7.1916.
59 Zit. nach Herwig, Elitekorps, S. 74.
60 Souchon an seine Frau, 12.5.1915.
61 Tagebuch Knobloch, 10.8.1917.
62 Tagebuch Knobloch, 6.10.1917.
63 Zit. nach Scheerer, Die Marineoffiziere der Kaiserlichen Marine im Ersten Weltkrieg, S. 280.
64 Tagebuch Weizsäcker, 4.8.1917.
65 Tagebuch Schweinitz, 3.8.1917.
66 Stumpf, Tagebuch, S. 251.
67 Tagebuch Knobloch, 25.8.1917.
68 Tagebuch Hipper, 7.8.1917.
69 Tagebuch Weizsäcker, 19.8.1917.
70 Tagebuch Hipper, 28.8.1917 bzw. 13.8.1917.
71 Tagebuch Zaeschmar, 29.9.1917.
72 Tagebuch Knobloch, 6.10.1917.
73 Bericht des Flottenchefs an den Kaiser über die Ursachen der Flottenunruhen vom 6.10.1917, abgedruckt in: Deist, Militär und Innenpolitik, Bd. 2, S. 1068ff.
74 Flottenbefehl des Chefs der Hochseestreitkräfte vom 7.10.1917, abgedruckt in: Ursachen und Folgen, Bd. 1, S. 229ff.
75 Herwig, Elitekorps, S. 164.
76 Zit. nach Herwig, Elitekorps, S. 175f.
77 Souchon an seine Frau, 15.10.1917.
78 Souchon an seine Frau, 17.10.1917.
79 Tagebuch Selchow, 11.12.1917.
80 Beatty an seine Frau, 13.10.1917 (»Yes, the mutiny in the enemy Fleet is a sign of the times. … I pray also that it will not touch us, but … one can never be quite sure what will happen«).
81 Alle Zahlen aus: Navy List 1914, 3. Quartal.
82 Winter, Great War, S. 225.
83 Beatty an seine Frau, 1.3.1917 (»I think there is real need to cut things down … We are cutting down in the Mess a good deal. Flags is my Food Dictator & is very arbitrary«).
84 McLeod an seine Mutter, 8.4.1915 (»Rats who could come forward but won't«).
85 Tagebuch Francis Pridham, Churchill Archives Centre Cambridge, Manuscripts Collection, PRID 1/1–5, Eintrag vom 18.7.1915 (»The C[ommander] in C[hief] ordered us not to go at greater speed as orders have been given to the Fleet to economise coal on account of the strike at

home. This after a year of War!!! It seems to me to be the most disgraceful thing which has happened yet and that is saying a good deal«).

86 Beatty an seine Frau, 16.5.1917 (»And when we turn to the other side and see the engineers striking it fairly makes one's blood boil, and nothing is done to them. Why not send them to the trenches?«).

87 Tagebuch Frewen, 20.5.1916 (»Old women who rule us«).

88 Bethmann Hollweg, Betrachtungen, S. 185.

89 Herwig, Elitekorps, S. 203.

Kapitel IX: Der Plan der letzten Fahrt

1 Souchon an seine Frau, 20.10.1914.

2 King-Hall an seine Eltern, o. D., Ende Februar 1915 (»Of course, there's a lot to be done, Service duties, drills, etc., etc., but one's appetite when sharpened by being at War, is not readily appeased by Hum-Drum diet«).

3 Speitkamp, Ohrfeige, S. 157.

4 Zit. nach Afflerbach, Mit wehender Fahne, S. 611.

5 William Shakespeare, König Heinrich der Vierte, Übers. von August Wilhelm von Schlegel, hg. von Dietrich Klose, Stuttgart 1978, 5. Aufzug, 1. Szene, S. 82f.

6 Der Krieg zur See, Nordsee, Bd. 2, Anlage 4, S. 301f.

7 Tagebuch Hipper, 8.10.1914.

8 Tagebuch Hipper, 12.10.1914.

9 Allerhöchste Kabinettsordre vom 7.9.1915, in: BA-MA, RM 2/1129.

10 Tagebuch Knobloch, 14.9.1915.

11 Allerhöchste Kabinettsordre vom 7.9.1915, in: BA-MA, RM 2/1129.

12 Zit. nach Schröder, U-Boote, S. 222.

13 Weizsäcker an seinen Vater, 10.3.1910.

14 Tagebuch Knobloch, 5.6.1916.

15 Rose, King George, S. 169 (»He donned the mantle of King Henry V with diffidence; he would always do his best, but he was not a born leader. The cheers outside the palace saluted the symbol rather than the man«).

16 Beatty an seine Frau, 19.6.1917 (»The Monarch arrives Thursday, he really is a nuisance and adds much to the labours, and is to remain until Monday. He is to be accompanied by Pressmen and cinematographers. It appears he is anxious that the world should know that he is doing something. But it does not help the war«).

17 Gordon, Rules, S. 529f.

18 David Beatty an Eugenie Godfrey-Faussett, Churchill Archives Centre Cambridge, Manuscripts Collection, SLGF 14/1–2, Brief vom 31.3.1917 (»One of my duties, and a deuced hard one, is to keep smiling«).

19 Beatty an Eugenie Godfrey-Faussett, 6.9.1918 (»I have to keep them up,

to carry them along on the top of the wave of hope, cheerfulness, confidence etc. and cannot indulge in despondency or grumblings so dear to the heart of every Britisher«).

20 Tagebuch Frewen, 26. 1. 1918 (»The pangs of conscience are cumulative, & I feel I ought, at my age, to take my share in the war, & I feel it more daily«).

21 Speitkamp, Ohrfeige, S. 17.

22 Ebd.

23 Weizsäcker an seine Mutter, 19. 9. 1915.

24 Tagebuch Firle, 3. 2. 1916.

25 Hopman an seine Frau, 11. 11. 1915.

26 Tagebuch Hipper, 27. 5. 1916.

27 Tagebuch Zaeschmar, 25. 7. 1916.

28 Tagebuch Hipper, 9. 5. 1917.

29 Stumpf, Tagebuch, S. 25.

30 Wörtlich sagte Ludendorff am 1. Oktober 1918 vor Offizieren seines Stabes, er habe »S[eine] M[ajestät] gebeten, jetzt auch diejenigen Kreise an die Regierung zu bringen, denen wir es in der Hauptsache zu danken haben, daß wir so weit gekommen sind. Wir werden also diese Herren jetzt in die Ministerien einziehen sehen. Die sollen nun den Frieden schließen, der jetzt geschlossen werden muss. Sie sollen die Suppe jetzt essen, die sie uns eingebrockt haben!« Zit. nach Hildebrand, Reich, S. 403.

31 Tagebuch Hipper, 3. 10. 1918 bzw. 4. 10. 1918.

32 Der Notenwechsel ist dokumentiert in: Ursachen und Folgen, Bd. 2, S. 373–470.

33 Kolb, Versailles, S. 27.

34 Tagebuch Schweinitz, 6. 10. 1918.

35 Tagebuch Selchow, 5. 10. 1918.

36 Tagebuch Schweinitz, 10. 10. 1918.

37 Tagebuch Schweinitz, 13. 10. 1918.

38 Tagebuch Hopman, 17. 10. 1918.

39 Trotha an seine Frau, 22. 10. 1918 bzw. 20. 10. 1918.

40 Tagebuch Schweinitz, 24. 10. 1918.

41 Tagebuch Hipper, 17. 10. 1918.

42 Trotha an Alfred von Tirpitz, 31. 3. 1915, abgedruckt in: Trotha, Volkstum und Staatsführung, S. 29–32, Zitat S. 30.

43 Tagebuch Hipper, 7. 10. 1918.

44 Herwig, Elitekorps, S. 187.

45 Groß, Frage, S. 352, Anm. 16.

46 Zit. nach Deist, Politik, S. 198.

47 Tagebuch Hipper, 22. 10. 1918.

48 Scheer an seine Frau, abgedruckt in: Epkenhans, Mein lieber Schatz, Brief vom 27. 10. 1918.

49 Trotha an Magnus von Levetzow, 8.10.1918, zit. nach Deist, Politik, S. 196.
50 Wilhelm Tägert an seine Frau, BA-MA, N 284, Nachlass Wilhelm Tägert, Brief vom 9.11.1918.
51 Deist, Politik, S. 206.
52 Tagebuch Hipper, 31.10.1918.
53 Ebd.
54 Scheer an seine Frau, 1.11.1918.
55 Herwig, Elitekorps, S. 200.
56 Dähnhardt, Revolution, S. 91.
57 Stumpf, Tagebuch, S. 302.
58 Tagebuch Schweinitz, 2.11.1918.
59 Tagebuch Schweinitz, 5.11.1918.
60 Tagebuch Schweinitz, 7.11.1918.
61 Tagebuch Schweinitz, 8.11.1918.
62 Tagebuch Hipper, 6.11.1918.
63 Tägert an seine Frau, 5.11.1918.
64 Tägert an seine Frau, 9.11.1918.
65 Tagebuch Knobloch, 6./7.11.1918.
66 Tagebuch Knobloch, 8.11.1918.
67 Tagebuch Knobloch, 9.11.1918.
68 Hopman an seine Frau, 7.11.1918.
69 Tagebuch Weizsäcker, 5./6.11.1918.

Kapitel X: Waffenstillstand und Internierung

1 Zit. nach Röhl, Wilhelm II., Bd. 3, S. 1239.
2 Zit. nach Röhl, Wilhelm II., Bd. 3, S. 1241.
3 Tagebuch Hipper, 2.11.1918.
4 Zit. nach Röhl, Wilhelm II., Bd. 3, S. 1245.
5 Tagebuch Hipper, 9.11.1918.
6 Tagebuch Selchow, 10.11.1918.
7 Trotha an seine Frau, 7.11.1918.
8 Dönitz, Mein wechselvolles Leben, S. 132.
9 Tagebuch Weizsäcker, 2.11.1918.
10 Scheer an seine Frau, 7.11.1918.
11 Tagebuch Weizsäcker, 9.11.1918.
12 Herwig, Elitekorps, S. 201.
13 Abdankungsurkunde Kaiser Wilhelms II. vom 28.11.1918, abgedruckt in: Ursachen und Folgen, Bd. 2, S. 579.
14 Tagebuch Weizsäcker, 9.11.1918.
15 Zit. nach Kolb, Versailles, S. 34.

16 Zit. nach Kolb, Versailles, S. 35.
17 Tägert an seine Frau, 9. 11. 1918.
18 BA-MA, RM 47/810.
19 WUA, Bd. 10/1, S. 206ff.
20 Dähnhardt, Revolution, S. 127.
21 Zit. nach Ullrich, Revolution, S. 49.
22 Dähnhardt, Revolution, S. 118.
23 Tagebuch Knobloch, 14. 11. 1918.
24 Weizsäcker an seine Eltern, 18. 11. 1918.
25 Niemöller, Vom U-Boot, S. 148.
26 Tagebuch Harper, 9. 11. 1918 (»To slink home with nothing to show for our 4 1/4 years waiting«).
27 Beatty an Eugenie Godfrey-Faussett, 31. 10. 1918 (»It would be a very bad thing for the country if our Great Fleet never has an opportunity of showing its power in a more demonstrative manner than it has. The Public are very short-sighted and would murmur at the necessity of expending large sums on the maintenance of the Sea Power if they had no ocular demonstration of its power to command the Seas«).
28 Kennedy, Aufstieg, S. 298.
29 Ebd.
30 Zit. nach Marder, Dreadnought, Bd. 5, S. 179 (»The naval conditions of the armistice should represent the admission of German defeat by sea in the same degree as the military conditions recognise the corresponding admission of German defeat by land«).
31 Zit. nach Marder, Dreadnought, Bd. 5, S. 180. (»Inclusion [of the fleet flagship] might be thought to be unduly humiliating to Germany«).
32 Zit. nach Krause, Scapa Flow, S. 118.
33 Die Bedingungen sind abgedruckt in: Corbett/Newbolt, Naval Operations, Bd. 5, S. 413–418.
34 Beatty an Eugenie Godfrey-Faussett, 9. 11. 1918 (»I had most of my Captains and Admirals on board this morning … All suffering from a feeling far greater than disappointment, depressed beyond measure. But they responded gallantly and sink their feelings in their attention to duty.« Und weiter: »that is Hell« bzw. »who are strong in the Council Chamber but who have accomplished but a 100th part of our share, i. e. Americans, French, Italians, Portuguese and others« bzw. »The only thing is to sail into their poisonous country and wreck it and take what we want and put the fear of God, Truth and Justice into them, represented by the British Tommy«).
35 Zit. nach Krause, Scapa Flow, S. 158 (»The most suitable place«).
36 Zit. nach Herwig, Elitekorps, S. 205.
37 Ebd.
38 Tagebuch Hipper, 16. 11. 1918.

39 Tagebuch Hipper, 12.11.1918.
40 Reuter, Scapa Flow, S. 13.
41 Tagebuch Colvill, 21.11.1918 (»That annoyed him & he cursed heartily under his breath. It must be a most humiliating position of a man to have his ship searched by a Foreign N[aval] O[fficer]«).
42 Zit. nach Marder, Dreadnought, Bd. 5, S. 191 (»I always told you they would have to come out«).
43 Zit. nach Marder, Dreadnought, Bd. 5, S. 194 (»No really great nation would have tolerated such a degradation to its flag« bzw. »The German navy is not only defeated, it is dishonoured for all time, alike by the foulness of its fighting and by its cowardice in the day of its doom«).
44 Tagebuch Colvill, 19.11.1918 (»A lot of us think one or two ships will make a fight for it at the end to save their honour. Handing over such a fleet without a fight for it seems to me to be the depths of humiliation. Despite his defects the German officer is a proud & brave man & he will find it very hard to be humiliated so«).
45 Zit. nach Tagebuch Pridham, 23.11.1918 (»The history of the last forty-eight hours will be written in letters of gold in the Naval History of England, and I congratulate you on being present and on taking part« bzw. »a force which would permit itself to be given up, handed over, and led in like a flock of sheep, is not worth the life or a drop of blood of a single British Bluejacket«).
46 Cork, My Naval Life, S. 120 (»It was a great event to take part in, but I am sure that I was not alone in a feeling of disappointment when we sighted the German ships coming to meet us, not to fight, but to be escorted as prisoners into the Firth of Forth. It was difficult to analyse one's feelings. It was the first tangible sign of the nation's victory, and so to be rejoiced at, but it was also the blighting of our hopes to substitute a veritable triumph, that no one could question, for the unsatisfactory result of the Battle of Jutland«).
47 Ansprache Beattys vom 24.11.1918; in: The Beatty Papers (»It was a pitiable sight, in fact I should say it was a horrible sight to see these great ships that we have been looking forward so long to seeing, expecting them to have the same courage that we expect from men whose work lies upon great waters – we did expect them to do something for the honour of their country – and I think it was a pitiable sight to see them come in, led by a British light cruiser, with their old antagonists, the battle-cruisers, gazing at them. I am sure that the sides of this gallant old ship, which have been well hammered in the past, must have ached – as I ached, as all ached – to give them another dose of what we had intended for them«).
48 Beatty an Eugenie Godfrey-Faussett, 26.11.1918 (»I am beginning to wish we were still at war, this peace business makes me tired, all hopes destroyed, all ideas of glorious achievements gone by the board, nothing

but an immense drudgery and masses of problems which there seems to be great difficulty in solving«).

49 Tagebuch Zaeschmar, 18.11.1918.
50 Ebd.
51 Ebd.
52 Tagebuch Zaeschmar, 14.11.1918.
53 Tagebuch Zaeschmar, 17.12.1918.
54 Ebd.
55 Tagebuch Hipper, 19.11.1918.
56 Tagebuch Hipper, 29.11.1918.
57 Tagebuch Hipper, 16.2.1920.

Kapitel XI: Selbstversenkung in Scapa Flow

1 Nicolson, Friedensmacher, S. 353.
2 Reuter, Scapa Flow, S. 78.
3 Das Schreiben ist abgedruckt in: Trotha, Volkstum und Staatsführung, S. 182f., Zitat S. 183.
4 Krause, Scapa Flow, S. 225.
5 Reuter, Scapa Flow, S. 64.
6 Zit. nach Krause, Scapa Flow, S. 250.
7 Zit. nach Krause, Scapa Flow, S. 233.
8 Zit. nach Kolb, Versailles, S. 76.
9 Der Vertragstext ist abgedruckt in: Der Versailler Vertrag.
10 Kolb, Versailles, S. 80.
11 Zit. nach Krause, Scapa Flow, S. 296.
12 Herwig, Elitekorps, S. 206.
13 Ruge, Scapa Flow, S. 152f.
14 Zit. nach Krause, Scapa Flow, S. 323.
15 Rosslyn Wemyss an George P. Hope, 22.6.1919, zit. nach Marder, Dreadnought, Bd. 5, S. 290 (»I look upon the sinking of the German Fleet as a real blessing. It disposes once for all of the thorny question of the distribution of these ships and eases us of an enormous amount of difficulties«).
16 Reuter, Scapa Flow, S. 115.
17 Reuter an Trotha, 10.6.1919, zit. nach Herwig, Elitekorps, S. 204.
18 Erlass Trothas an die Marine vom 3.7.1919, abgedruckt in: Trotha, Volkstum und Staatsführung, S. 184–186.
19 Herwig, Elitekorps, S. 207.
20 Salewski, England, S. 218.
21 Erich Raeder an Magnus von Levetzow, 28.1.1924, zit. nach Dülffer, Weimar, S. 39, Anm. 2.

22 Salewski, Offizierkorps, S. 109.
23 Zit. nach Schreiber, Kontinuität, S. 118.
24 Zit. nach Schreiber, Kontinuität, S. 125.
25 Zit. nach Grundzüge der deutschen Militärgeschichte, Bd. 2, S. 391.
26 Weisung des Oberbefehlshabers der Kriegsmarine und Chefs der Seekriegsleitung vom 23.5.1940, abgedruckt in: Salewski, Seekriegsleitung, S. 522 ff.
27 Ebd.
28 Weizsäcker an seine Mutter, 19.9.1915.
29 Weizsäcker an Trotha, 4.10.1918.
30 Tagebuch Weizsäcker, 9.11.1918.
31 Weizsäcker an seine Eltern, 18.11.1918, ferner Tagebuch Weizsäcker, 16.11.1918, 20.-22.11.1918, 25.11.1918.
32 Weizsäcker an seinen Vater, 20.2.1920.

Quellen und Literatur

I. Ungedruckte Quellen

1. Bundesarchiv-Militärarchiv, Freiburg i. Br. (BA-MA)

Nachlässe

N 155	Rudolph Firle
N 156	Wilhelm Souchon
N 161	Walter Freiherr von Keyserlingk
N 162	Franz Ritter von Hipper
N 284	Wilhelm Tägert
N 428	Bogislav von Selchow

Militärgeschichtliche Sammlung

MSg 1 / 2304	Erinnerungen Paul Heinrich
MSg 1 / 2306	dito
MSg 1 / 3093	Feldpostbriefe Heinrich Stenzler

Marineakten

RM 2	Kaiserliches Marinekabinett
RM 3	Reichsmarineamt
RM 5	Admiralstab der Marine
RM 47	Kommando der Hochseestreitkräfte
RM 51	Geschwader und Gruppen
RM 92	Schwere und mittlere Kampfschiffe

2. Niedersächsisches Staatsarchiv, Bückeburg

Dep. 18	Adolf von Trotha

3. Marine-Offizier-Vereinigung, Bonn

o. Sign.	Tagebuch Reinhold Knobloch

4. Wissenschaftliches Institut für Schiffahrts- u. Marinegeschichte, Hamburg

Kart. 45	Tagebuch Walther Stitzinger

5. Marineschule Mürwik, Flensburg

10983/84/85	Tagebuch Walter Zaeschmar

6. Imperial War Museum, London

66/29/1	Tagebuch Edward Roynon-Jones
71/19/1	Tagebuch Sir Edward Parry

7. Royal Naval Museum, Portsmouth

1997/43	Tagebuch James Colvill

8. Liddle Collection, Leeds

RNMN/BERTHON	Tagebuch Edward Berthon
RNMN/GOLDSMITH	Briefe Sir Lennon Goldsmith
RNMN/MCLEOD	Briefe John McLeod

9. Churchill Archives Centre, Cambridge

DANL 241/1–2	Tagebuch Sir Charles Daniel
HRPR 1/1–11	Tagebuch Geoffrey Harper
PCKR 2/1–4	Bricfe Sir Herbert Packer
PRID 1/1–5	Tagebuch Sir Francis Pridham
SLGF 14/1–2	Briefe David Beatty an Eugenie Godfrey-Faussett

10. Familienarchiv Frewen, Brede/Sussex

Tagebuch Oswald Frewen

11. Public Record Office, London

Akten der Admiralität

ADM 1	Correspondence and Papers
ADM 116	Record Office/Cases
ADM 156	Courts Martial Cases and Files
ADM 178	Naval Courts Martial Cases, Boards of Inquiry Reports and Other Papers
ADM 196	Registers of Officers' Services
ADM 242	Naval Casualties. Indexes, War Grave Rolls and Statistics Book

II. Gedruckte Quellen und Literatur

Adams, Michael, *The Great Adventure. Male Desire and the Coming of World War I*, Bloomington 1990

Afflerbach, Holger, *Die Kunst der Niederlage. Eine Geschichte der Kapitulation*, München 2013

Afflerbach, Holger, *Der Dreibund. Europäische Großmacht- und Allianzpolitik vor dem Ersten Weltkrieg*, Wien 2002

Afflerbach, Holger, *Falkenhayn. Politisches Denken und Handeln im Kaiserreich*, München 1994

Afflerbach, Holger, *»Mit wehender Fahne untergehen«. Kapitulationsverweigerungen in der deutschen Marine*. In: Vierteljahrshefte für Zeitgeschichte, 49 (2001), S. 595–612

Allerhöchste Verordnungen über die Ehrengerichte der Offiziere und Sanitätsoffiziere in der Kaiserlichen Marine, Berlin 1902

Arbuthnot, Robert K., *Details and Station Bill for a Battleship*, Portsmouth 1901

Aspinall-Oglander, Cecil, *Roger Keyes*, London 1951

Assmann, Kurt, *Deutsche Seestrategie in zwei Weltkriegen*, Heidelberg 1957

August 1914. Ein Volk zieht in den Krieg, hg. von der Berliner Geschichtswerkstatt, Berlin 1989

Bacon, Reginald, *The Dover Patrol 1915–1917*, 2 Bde., London 1919

Bacon, Reginald, *From 1900 Onward*, London 1939

Bailey, Thomas A./Paul B. Ryan, *The Lusitania Disaster. An Episode in Modern Warfare and Diplomacy*, New York 1975

Bald, Detlef, *Der deutsche Offizier. Sozial- und Bildungsgeschichte des deutschen Offizierkorps im 20. Jahrhundert*, München 1982

Bald, Detlef, *Vom Kaiserheer zur Bundeswehr. Sozialstruktur des Militärs: Politik der Rekrutierung von Offizieren und Unteroffizieren*, Frankfurt a. M. 1981

Bald, Detlef, *Der deutsche Generalstab 1859–1939. Reform und Restauration in Ausbildung und Bildung*, München 1977

Bald, Detlef, *Sozialgeschichte der Rekrutierung des deutschen Offizierkorps von der Reichsgründung bis zur Gegenwart*. In: Sozialwissenschaftliches Institut der Bundeswehr, Berichte (3), München 1977, S. 17–47

Balfour, Michael, *Der Kaiser. Wilhelm II. und seine Zeit*, 2. Aufl., Berlin 1996

Barnett, Correlli, *Anatomie eines Krieges. Eine Studie über Hintergründe und entscheidende Phasen des Ersten Weltkrieges*, München 1963

Barnett, L. Margaret, *British Food Policy During the First World War*, Boston 1985

Barth, Boris, *Dolchstoßlegenden und politische Desintegration. Das Trauma der deutschen Niederlage im Ersten Weltkrieg 1914–1933*, Düsseldorf 2003

Bauer, Hermann, *Reichsleitung und U-Bootseinsatz 1914–1918. Zusammenarbeit zwischen politischer und militärischer Führung im Kriege*, Lippoldsberg 1956

Bauer, Hermann, *Als Führer der U-Boote im Weltkriege. Der Eintritt der U-Boot-Waffe in die Seekriegführung*, Leipzig 1941

Bauerkämper, Arnd, *Die »radikale Rechte« in Großbritannien. Nationa-*

listische, antisemitische und faschistische Bewegungen vom späten 19. Jahrhundert bis 1945, Göttingen 1991

Baum, Walter, *Marine, Nationalsozialismus und Widerstand*. In: Vierteljahrshefte für Zeitgeschichte, 11 (1963), S. 16–48

Bayly, Lewis, *Pull Together!*, London 1939

Baynham, Henry, *Men from the Dreadnoughts*, London 1976

The Beatty Papers. Selections from the Private and Official Correspondence of Admiral of the Fleet Earl Beatty, Volume I, 1902–1918. Ed. by B. McL. Ranft, Aldershot 1989

Becker, Frank, *Strammstehen vor der Obrigkeit? Bürgerliche Wahrnehmung der Einigungskriege und Militarismus im Deutschen Kaiserreich*. In: Historische Zeitschrift, 277 (2003), S. 87–113

Beckett, Ian F. W./Keith Simpson (Hg.), *A Nation in Arms. A Social Study of the British Army in the First World War*, Manchester 1985

Beesly, Patrick, *Room 40. British Naval Intelligence 1914–18*, London 1982

Bell, Christopher M./Bruce A. Elleman (Hg.), *Naval Mutinies of the Twentieth Century. An International Perspective*, London 2003

Bennett, Geoffrey, *Die Seeschlachten von Coronel und Falkland und der Untergang des deutschen Kreuzergeschwaders unter Admiral Graf Spee*, München 1980

Bennett, Geoffrey, *Naval Battles of the First World War*, London 1968

Bercuson, David J./Holger H. Herwig, *The Destruction of the Bismarck*, Toronto 2001

Berger, Peter L./Thomas Luckmann, *Die gesellschaftliche Konstruktion der Wirklichkeit. Eine Theorie der Wissenssoziologie*, 5. Aufl., Frankfurt a. M. 1998

Berghahn, Volker R., *Germany and the Approach of War in 1914*, London 1973

Berghahn, Volker R., *Rüstung und Machtpolitik. Zur Anatomie des »Kalten Krieges« vor 1914*, Düsseldorf 1973

Berghahn, Volker R., *Der Tirpitz-Plan. Genesis und Verfall einer innenpolitischen Krisenstrategie unter Wilhelm II.*, Düsseldorf 1971

Berghahn, Volker R., *Zu den Zielen des deutschen Flottenbaus unter Wilhelm II.* In: Historische Zeitschrift, 210 (1970), S. 34–100

Berghahn, Volker R., *Flottenrüstung und Machtgefüge*. In: Stürmer, Michael (Hg.), Das kaiserliche Deutschland. Politik und Gesellschaft 1870–1918, Düsseldorf 1970, S. 378–396

Berghahn, Volker R./Wilhelm Deist (Hg.), *Rüstung im Zeichen der wilhelminischen Weltpolitik. Grundlegende Dokumente 1890–1914*, Düsseldorf 1988

Berghahn, Volker R., *Kaiserliche Marine und Kriegsausbruch 1914. Neue Dokumente zur Juli-Krise*. In: Militärgeschichtliche Mitteilungen, 7 (1970), S. 37–58

Graf Bernstorff, *Deutsches Marineleben. Eine Erzählung aus dem Leben und Treiben an Bord deutscher Kriegsschiffe*, Minden 1908

Besteck, Eva, *Die trügerische »First Line of Defence«. Zum deutsch-britischen Wettrüsten vor dem Ersten Weltkrieg*, Freiburg/Berlin 2006

Bestimmungen für den Dienst an Bord, hg. vom Reichs-Marine-Amt, Berlin 1909

Bethmann Hollweg, Theobald von, *Betrachtungen zum Weltkriege*, Bd. 2, Berlin 1921

Bidlingmaier, Gerhard, *Seegeltung in der deutschen Geschichte. Ein seekriegsgeschichtliches Handbuch*, Darmstadt 1967

Bingham, Barry, *Falklands, Jutland and the Bight*, London 1919

Bird, Keith, *Weimar, the German Naval Officer Corps and the Rise of National Socialism*, Amsterdam 1977

Birley, Derek, *Land of Sport and Glory. Sport and British Society 1887–1910*, Manchester 1995

Bisset, James, *Commodore. War, Peace and Big Ships*, London 1961

Bourne, J. M., *Britain and The Great War 1914–1918*, London 1989

Bräckow, Werner, *Die Geschichte des deutschen Marine-Ingenieuroffizierkorps*, Oldenburg 1974

Breyer, Siegfried, *Schlachtschiffe und Schlachtkreuzer 1905–1970*, München 1970

The British Navy from Within, by »Ex-Royal Navy«, London 1916

Brodsky, G. W. Stephen, *Gentlemen of the Blade. A Social and Literary History of the British Army since 1660*, New York 1988

Brown, Malcolm/Patricia Meehan (Hg.), *Scapa Flow. The Reminiscenes of Men and Women who served in Scapa Flow in the two World Wars*, London 1968

Brownrigg, Douglas, *Indiscretions of the Naval Censor*, London 1920

Bruendel, Steffen, *Volksgemeinschaft oder Volksstaat. Die »Ideen von 1914« und die Neuordnung Deutschlands im Ersten Weltkrieg*, Berlin 2003

Burchardt, Lothar, *Die Auswirkungen der Kriegswirtschaft auf die deutsche Zivilbevölkerung im Ersten und im Zweiten Weltkrieg*. In: Militärgeschichtliche Mitteilungen, 15 (1974), S. 65–97

Burgess, Robert/Roland Blackburn, *We joined the Navy. Traditions, Customs and Nomenclature of the Royal Navy*, London 1943

Burt, R. A., *British Battleships of World War One*, London 1986

Buschmann, Nikolaus/Horst Carl (Hg.), *Die Erfahrung des Krieges. Erfahrungsgeschichtliche Perspektiven von der Französischen Revolution bis zum Zweiten Weltkrieg*, Paderborn 2001

Callender, Geoffrey/F. H. Hinsley, *The Naval Side of British History 1485–1945*, London 1954

Campbell, A. B., *Customs and Traditions of the Royal Navy*, Aldershot 1956

Campbell, Gordon, *My Mystery Ships*, London 1928
Campbell, John, *Jutland. An Analysis of the Fighting*, 2. Aufl., London 1998
Carew, Anthony, *The Lower Deck of The Royal Navy 1900–39. The Invergordon Mutiny in Perspective*, Manchester 1981
Carr, William Guy, *By Guess and by God. The Story of the British Submarines in the War*, New York 1930
Cecil, Hugh/Peter Liddle (Hg.), *Facing Armageddon. The First World War Experienced*, London 1996
Chalmers, William S., *The Life and Letters of David Earl Beatty*, London 1951
Chatfield, Lord, *The Navy and Defence*, London/Toronto 1942
Chickering, Roger, *Das Deutsche Reich und der Erste Weltkrieg*, München 2002
Chickering, Roger, *We Men who feel most German. A Cultural Study of the Pan-German League 1886–1914*, Boston 1984
Churchill, Winston, *The World Crisis 1911–1918*, 6 Bde., London 1923–1931
Clark, Christopher M., *The Sleepwalkers. How Europe went to War in 1914*, London 2012
Clark, Christopher M., *Wilhelm II. Die Herrschaft des letzten deutschen Kaisers*, München 2008
Coetzee, Frans/Marilyn Shevin-Coetzee (Hg.), *Authority, Identity and the Social History of the Great War*, Providence/Oxford 1995
Compton-Hall, Richard, *Submarines and the War at Sea*, London 1991
Corbett, Julian S./Henry Newbolt, *Naval Operations. History of the Great War Based on Official Documents*, 5 Bde., London 1920–1931
Cork & Orrery, Admiral of the Fleet The Earl of, *My Naval Life 1886–1941*, London 1942
Creutz, Martin, *Die Pressepolitik der kaiserlichen Regierung während des Ersten Weltkriegs. Die Exekutive, die Journalisten und der Teufelskreis der Berichterstattung*, Frankfurt a. M. 1996
Dade, Peter, *Fahneneid und feierliches Gelöbnis. Zur militärischen Verpflichtungsform in der deutschen Wehrgeschichte. Insbesondere zur geltenden Regelung für die Soldaten der Bundeswehr*, Darmstadt 1971
Dähnhardt, Dirk, *Revolution in Kiel. Der Übergang vom Kaiserreich zur Weimarer Republik 1918/19*, Neumünster 1978
De Chair, Dudley, *The Sea is Strong*, London 1961
DeGroot, Gerard J., *Blighty. British Society in the Era of the Great War*, London/New York 1996
Deist, Wilhelm, *Militär, Staat und Gesellschaft. Studien zur preußisch-deutschen Militärgeschichte*, München 1991
Deist, Wilhelm, *Flottenpolitik und Flottenpropaganda. Das Nachrichtenbureau des Reichsmarineamtes 1897–1914*, Stuttgart 1976

Deist, Wilhelm, *Die Politik der Seekriegsleitung und die Rebellion der Flotte Ende Oktober 1918*. In: Deist, Militär, Staat und Gesellschaft, S. 185–210

Deist, Wilhelm, *Die Unruhen in der Marine 1917/18*. In: Deist, Militär, Staat und Gesellschaft, S. 165–184

Deist, Wilhelm, *Kaiser Wilhelm II. als Oberster Kriegsherr*. In: Deist, Militär, Staat und Gesellschaft, S. 1–18

Deist, Wilhelm, *Verdeckter Militärstreik im Kriegsjahr 1918?* In: Wette (Hg.), Der Krieg des kleinen Mannes, S. 146–167

Demeter, Karl, *Das deutsche Offizierkorps in Gesellschaft und Staat 1650–1945*, Frankfurt a. M. 1964

Die deutsche Flotte im Spannungsfeld der Politik 1848–1985. Vorträge und Diskussionen der 25. Historisch-Taktischen Tagung der Flotte 1985, hg. vom Deutschen Marine-Institut u. vom Militärgeschichtlichen Forschungsamt, Herford 1985

Die deutsche Marine. Historisches Selbstverständnis und Standortbestimmung, hg. vom Deutschen Marine-Institut und der Deutschen Marine-Akademie, Herford 1983

Deutsche Marinen im Wandel. Vom Symbol nationaler Einheit zum Instrument internationaler Sicherheit. Im Auftr. des Militärgeschichtlichen Forschungsamtes hg. von Werner Rahn, München 2005

Dewar, K. G. B., *The Navy from Within*, London 1939

Diercks, Wulff, *Der Einfluß der Personalsteuerung auf die deutsche Seekriegführung 1914 bis 1918*, in: Deutsche Marinen im Wandel, S. 235–267

Dönitz, Karl, *Mein wechselvolles Leben*, Göttingen 1968

Doepgen, Peter, *Die Washingtoner Konferenz, das Deutsche Reich und die Reichsmarine. Die Auswirkungen der Washingtoner Abrüstungskonferenz 1921/1922 auf das Deutsche Reich und die Reichsmarine 1922–1935*, Diss. Kiel 2000

Drascher, Wahrhold, *Zur Soziologie des deutschen Seeoffizierkorps*. In: Wehrwissenschaftliche Rundschau, 10 (1962), S. 555–569

Dülffer, Jost, *Regeln gegen den Krieg? Die Haager Friedenskonferenzen von 1899 und 1907 in der internationalen Politik*, Berlin 1981

Dülffer, Jost, *Weimar, Hitler und die Marine. Reichspolitik und Flottenbau 1920–1939*, Düsseldorf 1973

Dülffer, Jost, *Die Reichs- und Kriegsmarine 1918–1939*. In: Handbuch zur deutschen Militärgeschichte 1648–1939, hg. vom Militärgeschichtlichen Forschungsamt, Bd. 4/Abschnitt VIII, München 1977, S. 337–488

Dülffer, Jost /Karl Holl (Hg.), *Bereit zum Krieg. Kriegsmentalität im wilhelminischen Deutschland 1890–1914*, Göttingen 1986

Duppler, Jörg (Hg.), *Seemacht und Seestrategie im 19. und 20. Jahrhundert*, Hamburg 1999

Duppler, Jörg, *Prinz Adalbert von Preußen. Gründer der deutschen Marine*, Herford/Bonn 1986
Duppler, Jörg, *Der Juniorpartner. England und die Entwicklung der Deutschen Marine 1848–1890*, Herford 1985
Edwards, Kenneth, *We Dive at Dawn*, London 1939
Ehrenrangliste der Kaiserlich Deutschen Marine 1914–18, bearb. von Konteradmiral a.D. Stoelzel, Berlin 1930
Ehrensberger, Konrad, *Hundert Jahre Organisation der deutschen Marine 1890–1990*, Bonn 1993
Eisenberg, Christiane, *»English Sports« und deutsche Bürger. Eine Gesellschaftsgeschichte 1800–1939*, Paderborn 1999
Eley, Geoff, *The View from the Throne: The Personal Rule of Kaiser Wilhelm II*. In: Historical Journal, 28 (1985), S. 469–485
Elvert, Jürgen/Jürgen Jensen/Michael Salewski (Hg.), *Kiel, die Deutschen und die See*, Stuttgart 1992
Elz, Wolfgang/Sönke Neitzel (Hg.), *Internationale Beziehungen im 19. und 20. Jahrhundert. Festschrift für Winfried Baumgart zum 65. Geburtstag*, Paderborn 2003
Endres, Franz Carl, *Soziologische Struktur und ihr entsprechende Ideologien des deutschen Offizierkorps vor dem Weltkriege*. In: Archiv für Sozialwissenschaft und Sozialpolitik, 58 (1927), S. 282–319
Epkenhans, Michael (Hg.), *Mein lieber Schatz! Briefe von Admiral Reinhard Scheer an seine Ehefrau; August bis November 1918*, Bochum 2006
Epkenhans, Michael, *Die wilhelminische Flottenrüstung 1908–1914. Weltmachtstreben, industrieller Fortschritt, soziale Integration*, München 1991
Epkenhans, Michael, *Die kaiserliche Marine im Ersten Weltkrieg: Weltmacht oder Untergang?* In: Der Erste Weltkrieg, S. 319–340
Epkenhans, Michael, *Wilhelm II and ›his‹ Navy 1888–1918*. In: The Kaiser, S. 12–36
Epkenhans, Michael, *»Wir als deutsches Volk sind doch nicht klein zu kriegen ...« Aus den Tagebüchern des Fregattenkapitäns Bogislav von Selchow 1918/19*. In: Militärgeschichtliche Mitteilungen, 55 (1996), S. 165–224
Epkenhans, Michael, *»Der Dreizack gehört in unsere Faust.« Die Bedeutung von Seemacht im kaiserlichen Deutschland*. In: Liberalismus, Parlamentarismus und Demokratie. Festschrift für Manfred Botzenhart zum 60. Geburtstag. Hg. von Michael Epkenhans, Martin Kottkamp und Lothar Snyders, Göttingen 1994, S. 191–211
Epkenhans, Michael, *Großindustrie und Schlachtflottenbau 1897–1914*. In: Militärgeschichtliche Mitteilungen, 1 (1988), S. 65–140
Epkenhans, Michael, *›Red Sailors‹ and the Demise of the German Empire*

1918. In: Bell/Elleman (Hg.), Naval Mutinies of the Twentieth Century, S. 80–105

Der Erste Weltkrieg. Wirkung, Wahrnehmung, Analyse. Im Auftr. des Militärgeschichtlichen Forschungsamtes hg. von Wolfgang Michalka, Weyarn 1997

Erster Weltkrieg – Zweiter Weltkrieg. Ein Vergleich. Krieg, Kriegserlebnis, Kriegserfahrung in Deutschland. Im Auftr. des Militärgeschichtlichen Forschungsamtes hg. von Bruno Thoß und Hans-Erich Volkmann, Paderborn 2002

Fälschle, Christian, *Rivalität als Prinzip. Die englische Demokratie im Denken des wilhelminischen Deutschland 1900–1914*, Frankfurt a. M. 1991

Fairbairn, Douglas, *The Narrative of a Naval Nobody 1907–1924*, London 1929

Fawcett, H. W./G. W. W. Hooper (Hg.), *The Fighting at Jutland. The Personal Experiences of Sixty Officers and Men of the British Fleet*, London 2001

Feldman, Gerald D., *Army, Industry and Labor in Germany 1914–1918*, Princeton 1966

Ferber, Konstantin, *Organisation und Dienstbetrieb der Kaiserlich deutschen Marine*, 4. Aufl., Berlin 1903

Ferguson, Niall, *Der falsche Krieg. Der Erste Weltkrieg und das 20. Jahrhundert*, 2. Aufl., Stuttgart 1999

Fesser, Gerd, *Reichskanzler Fürst von Bülow. Architekt der deutschen Weltpolitik*, Leipzig 2003

Fesser, Gerd, *Der Traum vom Platz an der Sonne. Deutsche »Weltpolitik« 1897–1914*, Bremen 1996

Fischer, Fritz, *Griff nach der Weltmacht. Die Kriegszielpolitik des kaiserlichen Deutschland 1914/18*, 4. Aufl., Düsseldorf 1971

Fischer, Jörg-Uwe, *Admiral des Kaisers. Georg Alexander von Müller als Chef des Marinekabinetts Wilhelms II.*, Frankfurt a. M. 1992

Flasch, Kurt, *Die geistige Mobilmachung. Die deutschen Intellektuellen und der Erste Weltkrieg*, Berlin 2000

Förster, Stig, *Der doppelte Militarismus. Die deutsche Heeresrüstungspolitik zwischen Status-quo-Sicherung und Aggression 1890–1913*, Stuttgart 1985

Forstmeier, Friedrich, *Probleme der Erziehung und Ausbildung in der Kaiserlichen Marine in Abhängigkeit von geistiger Situation und sozialer Struktur*. In: Marine-Rundschau, 63 (1966), S. 189–198

Forstmeier, Friedrich, *Stellung und Disziplinarbefugnisse des Ersten Offiziers an Bord von Kriegsschiffen der deutschen Marinen 1847–1945*. In: Marine-Rundschau, 66 (1969), S. 34–50

Fremantle, Sydney Robert, *My Naval Career 1880–1928*, London 1949

French, David, *British Strategy and War Aims 1914–1916*, London 1986
Frevert, Ute, *Die kasernierte Nation. Militärdienst und Zivilgesellschaft in Deutschland*, München 2001
Frevert, Ute (Hg.), *Militär und Gesellschaft im 19. und 20. Jahrhundert*, Stuttgart 1997
Frevert, Ute, *Ehrenmänner. Das Duell in der bürgerlichen Gesellschaft*, München 1991
Frewen, Oswald, *Sailor's Soliloquy*, ed. by G. P. Griggs, London 1961
Friedman, Norman, *Battleship Design and Development 1905–1945*, London 1978
Fuller, John G., *Troop Morale and Popular Culture in the British and Dominion Armies 1914–1918*, Oxford 1990
Gade, Christel, *Gleichgewichtspolitik oder Bündnispflege? Maximen britischer Außenpolitik (1909–1914)*, Göttingen/Zürich 1997
Geinitz, Christian, *Kriegsfurcht und Kampfbereitschaft. Das Augusterlebnis in Freiburg. Eine Studie zum Kriegsbeginn 1914*, Essen 1998
Gemzell, Carl-Axel, *Organization, Conflict and Innovation. A Study of German Naval Strategic Planning 1888–1940*, Lund 1973
Geyer, Michael, *Deutsche Rüstungspolitik 1860–1980*, Frankfurt a. M. 1984
Giessler, Klaus-Volker, *Die Institution des Marineattachés im Kaiserreich*, Boppard 1976
Girouard, Mark, *The Return to Camelot. Chivalry and the English Gentleman*, New Haven/London 1981
Goldrick, James, *The King's Ships Were at Sea. The War in the North Sea August 1914–February 1915*, Annapolis 1984
Goldrick, James, *The Battleship Fleet: The Test of War 1895–1919*. In: The Oxford Illustrated History of the Royal Navy, S. 280–318
Goltermann, Svenja, *Körper der Nation. Habitusformierung und die Politik des Turnens 1860–1890*, Göttingen 1998
Gordon, Andrew, *The Rules of the Game. Jutland and British Naval Command*, London 1996
Graham, Admiral Sir Angus Cunninghame, *Random Naval Recollections 1905–1951*, Gartocharn 1980
Granier, Gerhard, *Die deutsche Seekriegsleitung im Ersten Weltkrieg*, 4 Bde., Koblenz 1999–2004
Granier, Gerhard, *Magnus von Levetzow. Seeoffizier, Monarchist und Wegbereiter Hitlers. Lebensweg und ausgewählte Dokumente*, Boppard 1982
Graubohm, Herbert, *Die Ausbildung in der deutschen Marine. Von ihrer Gründung bis zum Jahre 1914*, Düsseldorf 1977
Graubohm, Herbert, *Historische Wurzeln der Ausbildung in der Marine*. In: Die deutsche Marine, S. 131–142

Gretton, Peter, *Former Naval Person. Winston Churchill and the Royal Navy*, London 1968

Groß, Gerhard Paul, *Die Seekriegführung der Kaiserlichen Marine im Jahre 1918*, Frankfurt a. M. 1989

Groß, Gerhard Paul, *Eine Frage der Ehre? Die Marineführung und der letzte Flottenvorstoß 1918*. In: Deutsche Marinen im Wandel, S. 287–304

Groß, Gerhard Paul, *Unternehmen »Albion«. Eine Studie zur Zusammenarbeit von Armee und Marine während des Ersten Weltkrieges*. In: Elz/Neitzel (Hg.), Internationale Beziehungen im 19. und 20. Jahrhundert, S. 171–186

Die Große Politik der Europäischen Kabinette von 1871–1914. Sammlung der diplomatischen Akten des Auswärtigen Amtes, hg. von Johannes Lepsius, 40 Bde., Berlin 1922–1927

Grundzüge der deutschen Militärgeschichte, hg. von Karl-Volker Neugebauer, 2 Bde., Freiburg 1993

Güth, Rolf, *Admiralstabsausbildung in der deutschen Marine*, Bonn 1979

Güth, Rolf, *Die Organisation der deutschen Marine in Krieg und Frieden 1913–1933*. In: Handbuch zur deutschen Militärgeschichte 1648–1939, hg. vom Militärgeschichtlichen Forschungsamt, Bd. 4/Abschnitt VIII, München 1977, S. 263–336

Guth, Ekkehart P., *Der Loyalitätskonflikt des deutschen Offizierkorps in der Revolution 1918–20*, Frankfurt a. M. 1983

Guttandin, Friedhelm, *Das paradoxe Schicksal der Ehre. Zum Wandel der adeligen Ehre und zur Bedeutung von Duell und Ehre für den monarchischen Zentralstaat*, Berlin 1993

Hagenlücke, Heinz, *Deutsche Vaterlandspartei. Die nationale Rechte am Ende des Kaiserreiches*, Düsseldorf 1997

Haggie, Paul, *The Royal Navy and War Planning in the Fisher Era*. In: Kennedy (Hg.), The War Plans of the Great Powers, S. 118–132

Halpern, Paul G., *A Naval History of World War I*, Annapolis 1994

Halpern, Paul G., *The Naval War in the Mediterranean 1914–1918*, London 1987

Hamilton, W. Mark, *The Nation and the Navy. Methods and Organization of British Navalist Propaganda 1889–1914*, New York/London 1986

Hamilton, K. A., *Great Britain and France 1905–1911*. In: Hinsley (Hg.), British Foreign Policy under Sir Edward Grey, S. 113–119

Handbuch der Deutschen Marine und der Seestreitkräfte des Auslandes, Kiel 1917

Hankel, Gerd, *Die Leipziger Prozesse. Deutsche Kriegsverbrechen und ihre strafrechtliche Verfolgung nach dem Ersten Weltkrieg*, Hamburg 2003

Hartwig, Dieter, *Großadmiral Karl Dönitz. Legende und Wirklichkeit*, Paderborn 2010

Hase, Georg von, *Skagerrak. Erinnerungen eines deutschen Seeoffiziers*, 8. Aufl., Leipzig 1934

Hashagen, Ernst, *U-Boote Westwärts! Meine Fahrten um England 1914–1918*, Berlin 1942

Haste, Cate, *Keep the Home Fires Burning. Propaganda in the First World War*, London 1977

Hayes, Paul, *Britain, Germany and the Admiralty's Plans for Attacking German Territory 1906–1915*. In: Freedman, Lawrence/Paul Hayes/Robert O'Neill (Hg.), War, Strategy and International Politics. Essays in Honour of Sir Michael Howard, Oxford 1992

Hayward, Victor, *HMS Tiger at Bay. A Sailor's Memoir 1914–18*, London 1977

Heinsius, Paul, *Die deutsche Marine, eine Schöpfung des Jahres 1848*. In: Die deutsche Marine, S. 25–34

Heitmann, Jan, *Unter Wasser in die Neue Welt. Handelsunterseeboote und kaiserliche Unterseekreuzer im Spannungsfeld von Politik und Kriegsführung*, Berlin 1999

Hering, Rainer, *Konstruierte Nation. Der Alldeutsche Verband 1890 bis 1939*, Hamburg 2003

Herrmann, David G., *The Arming of Europe and the Making of the First World War*, Princeton 1996

Herrmann, Erich, *Auf dem Panzerkreuzer »Seydlitz« während der Revolution und bei der Versenkung der Hochseeflotte in Scapa Flow*, Minden 1922

Herwig, Holger, *»Luxury« Fleet. The Imperial German Navy 1888–1918*, London 1980

Herwig, Holger, *Das Elitekorps des Kaisers. Die Marineoffiziere im Wilhelminischen Deutschland*, Hamburg 1977

Herwig, Holger, *Admirals versus Generals: The War Aims of the Imperial German Navy 1914–1918*. In: Central European History, 5 (1972), S. 208–233

Herwig, Holger, *Das Offizierkorps der Kaiserlichen Marine vor 1918*. In: Hofmann (Hg.), Das deutsche Offizierkorps 1860–1960, S. 139–162

Herwig, Holger, *Soziale Herkunft und wissenschaftliche Vorbildung des Seeoffiziers der Kaiserlichen Marine vor 1914*. In: Militärgeschichtliche Mitteilungen, 2 (1971), S. 81–111

Herwig, Holger, *Zur Soziologie des kaiserlichen Seeoffizierkorps vor 1914*. In: Schottelius/Deist (Hg.), Marine und Marinepolitik im kaiserlichen Deutschland, S. 73–88

Herzog, Bodo, *60 Jahre deutsche U-Boote. 1906–1966*, München 1968

Hildebrand, Hans H., *Die organisatorische Entwicklung der Marine nebst Stellenbesetzung 1848–1945*, 3 Bde., Osnabrück 2000

Hildebrand, Hans H./Ernest Henriot, *Deutschlands Admirale 1849–1945*.

Die militärischen Werdegänge der See-, Ingenieur-, Sanitäts-, Waffen- und Verwaltungsoffiziere im Admiralsrang, 4 Bde., Osnabrück 1988–1996

Hildebrand, Klaus, *Das vergangene Reich. Deutsche Außenpolitik von Bismarck bis Hitler 1871–1945*, 2. Aufl., Stuttgart 1996

Hildebrand, Klaus, *Deutsche Außenpolitik 1871–1918*, München 1989

Hildebrand, Klaus, *Zwischen Allianz und Antagonismus. Das Problem bilateraler Normalität in den britisch-deutschen Beziehungen des 19. Jahrhunderts (1870–1914)*. In: Dollinger, Heinz/Horst Gründer/Alwin Hanschmidt (Hg.), Weltpolitik, Europagedanke, Regionalismus. Festschrift für Heinz Gollwitzer, Münster 1982

Hildebrand, Klaus, *Imperialismus, Wettrüsten und Kriegsausbruch 1914*. In: Neue Politische Literatur, 20 (1975), Teil 1, S. 160–194

Hill, Leonidas E. (Hg.), *Die Weizsäcker-Papiere 1900–1932*, Berlin 1982

Hill, Leonidas E., *Signal zur Konterrevolution? Der Plan zum letzten Vorstoß der deutschen Hochseeflotte am 30. Oktober 1918*. In: Vierteljahrshefte für Zeitgeschichte, 36 (1988), S. 113–129

Hillgruber, Andreas, *Die gescheiterte Großmacht. Eine Skizze des Deutschen Reiches 1871–1945*, 4. Aufl., Düsseldorf 1984

Hinsley, F. H. (Hg.), *British Foreign Policy under Sir Edward Grey*, Cambridge 1977

Hirschfeld, Gerhard/Gerd Krumeich/Irina Renz (Hg.), *Enzyklopädie Erster Weltkrieg*, Paderborn 2003

Hobson, Rolf, *Maritimer Imperialismus. Seemachtideologie, seestrategisches Denken und der Tirpitzplan 1875 bis 1914*, München 2004

Hofmann, Hanns Hubert (Hg.), *Das deutsche Offizierkorps 1860–1960*, Boppard 1980

Holt, Richard, *Sport and the British. A Modern History*, Oxford 1989

Hopman, Albert, *Das ereignisreiche Leben eines »Wilhelminers«. Tagebücher, Briefe, Aufzeichnungen 1901 bis 1920*. Im Auftr. des Militärgeschichtlichen Forschungsamtes hg. von Michael Epkenhans, München 2004

Horn, Daniel, *The German Naval Mutinies of World War I*, New Brunswick 1969

Horne, John/Alan Kramer, *Deutsche Kriegsgreuel 1914. Die umstrittene Wahrheit*, Hamburg 2004

Hough, Richard, *The Great War at Sea 1914–1918*, Oxford 1983

Hubatsch, Walther, *Kaiserliche Marine. Aufgaben und Leistungen*, München 1975

Hubatsch, Walther, *Der Admiralstab und die obersten Marinebehörden in Deutschland 1848–1945*, Frankfurt a. M. 1958

Hubatsch, Walther, *Die Ära Tirpitz. Studien zur deutschen Marinepolitik 1890–1918*, Göttingen 1955

Hüppauf, Bernd (Hg.), *Ansichten vom Krieg. Vergleichende Studien zum Ersten Weltkrieg in Literatur und Gesellschaft*, Königstein 1984

Hüppauf, Bernd, *»Der Tod ist verschlungen in den Sieg.« Todesbilder aus dem Ersten Weltkrieg und der Nachkriegszeit*. In: Hüppauf (Hg.), Ansichten vom Krieg, S. 55–91

Hughes, Matthew/Matthew Seligmann (Hg.), *Leadership in Conflict 1914–1918*, Barnsley 2000

Humphreys, Roy, *The Dover Patrol 1914–18*, Stroud 1998

Jahr, Christoph/Uwe Mai/Kathrin Roller (Hg.), *Feindbilder in der deutschen Geschichte. Studien zur Vorurteilsgeschichte im 19. und 20. Jahrhundert*, Berlin 1994

Jahr, Christoph, *»Das Krämervolk der eitlen Briten«. Das deutsche Englandfeindbild im Ersten Weltkrieg*. In: Jahr/Mai/Roller (Hg.), Feindbilder in der deutschen Geschichte, S. 115–142

Jalevich, Peter, *German Culture in the Great War*. In: European Culture in the Great War. The Arts, Entertainment, and Propaganda 1914–1918, ed. by Aviel Roshwald and Richard Stites, Cambridge 1999, S. 32–58

James, William, *The Sky was Always Blue*, London 1951

James, W. M., *New Battleship Organisations and Notes for Executive Officers*, Portsmouth 1916

Jansen, Christian (Hg.), *Der Bürger als Soldat. Die Militarisierung europäischer Gesellschaften im langen 19. Jahrhundert: ein internationaler Vergleich*, Essen 2004

Jarausch, Konrad H., *The Enigmatic Chancellor. Bethmann Hollweg and the Hubris of Imperial Germany*, New Haven/London 1973

Jeismann, Michael, *Das Vaterland der Feinde. Studien zum nationalen Feindbegriff und Selbstverständnis in Deutschland und Frankreich 1792–1918*, Stuttgart 1992

Jellicoe, John, *The Grand Fleet 1914–1916. Its Creation, Development and Work*, London 1919

The Jellicoe Papers. Selections from the Private and Official Correspondence of Admiral of the Fleet Earl Jellicoe of Scapa, Volume I, 1893–1916, ed. by A. Temple Patterson, London 1966

John, Hartmut, *Das Reserveoffizierkorps im Deutschen Kaiserreich 1890–1914. Ein sozialgeschichtlicher Beitrag zur Untersuchung der gesellschaftlichen Militarisierung im Wilhelminischen Deutschland*, Frankfurt a. M. 1981

Joll, James, *The Origins of the First World War*, London/New York 1984

Jones, Mary, *The Making of the Royal Naval Officer Corps 1860–1914*, Diss. Exeter 1999

Jones, T. M., *Watchdogs of the Deep. Life in a Submarine During the Great War*, Sydney 1935

Jordan, Gerald (Hg.), *Naval Warfare in the Twentieth Century 1900–1945. Essays in Honour of Arthur Marder*, London/New York 1977

Jünger, Ernst, *In Stahlgewittern*, 43. Aufl., Stuttgart 2003

The Kaiser. New Research on Wilhelm II's Role in Imperial Germany. Ed. by Annika Mombauer and Wilhelm Deist, Cambridge 2003

Kaiser Wilhelm II. als Oberster Kriegsherr im Ersten Weltkrieg. Quellen aus der militärischen Umgebung des Kaisers 1914–1918, bearbeitet und eingeleitet von Holger Afflerbach, München 2005

Keegan, John, *Das Antlitz des Krieges. Die Schlachten von Azincourt 1415, Waterloo 1815 und an der Somme 1916*, Frankfurt a.M./New York 1991

Keiner fühlt sich hier mehr als Mensch … Erlebnis und Wirkung des Ersten Weltkriegs, hg. von Gerhard Hirschfeld, Gerd Krumeich und Irina Renz, Essen 1993

Kelly, Patrick J., *Tirpitz and the Imperial German Navy*, Bloomington 2011

Kennedy, Paul M. (Hg.), *The War Plans of the Great Powers 1880–1914*, Boston 1985

Kennedy, Paul M., *The Rise of the Anglo-German Antagonism 1860–1914*, London 1980

Kennedy, Paul M., *Aufstieg und Verfall der britischen Seemacht*, Bonn 1978

Kerr, Mark, *The Navy in My Time*, London 1933

Keyes, Roger, *The Naval Memoirs*, 2 Bde., London 1934 u. 1935

The Keyes Papers. Selections from the Private and Official Correspondence of Admiral of the Fleet Baron Keyes of Zeebrugge, Volume I, 1914–1918, ed. by Paul G. Halpern, 2. Aufl., London 1979

Kielmansegg, Peter Graf, *Deutschland und der Erste Weltkrieg*, 2. Aufl., Stuttgart 1980

Kift, Dagmar, *Arbeiterkultur im gesellschaftlichen Konflikt: Die englische Music Hall im 19. Jahrhundert*, Essen 1991

King-Hall, Louise (Hg.), *Sea Saga. Being the Naval Diaries of four Generations of the King-Hall Family*, London 1935

King-Hall, Stephen, *A North Sea Diary 1914–1918*, London 1936

King-Hall, Stephen, *My Naval Life 1906–1929*, London 1952

The King's Regulations and Admiralty Instructions, London 1913

Kitchen, Martin, *The German Officer Corps 1890–1914*, Oxford 1968

Kluge, Ulrich, *Soldatenräte und Revolution. Studien zur Militärpolitik in Deutschland 1918/19*, Göttingen 1975

Knoch, Peter (Hg.), *Kriegsalltag. Die Rekonstruktion des Kriegsalltags als Aufgabe der historischen Forschung und der Friedenserziehung*, Stuttgart 1989

Koch, H.W., *The Anglo-German Alliance Negotiations: Missed Opportunity or Myth?* In: History, 54 (1969), S. 378–392

Koch, H. W. (Hg.), *The Origins of the First World War. Great Power Rivalry and German War Aims*, New York 1972

Kocka, Jürgen, *Klassengesellschaft im Krieg. Deutsche Sozialgeschichte 1914–1918*, 2. Aufl., Göttingen 1978

Kolb, Eberhard, *Der Frieden von Versailles*, 2. Aufl., München 2011

Komo, Günter, *»Für Volk und Vaterland«. Die Militärpsychiatrie in den Weltkriegen*, Münster/Hamburg 1992

Koop, Gerhard/Erich Mulitze, *Die Marine in Wilhelmshaven. Eine Bildchronik zur deutschen Marinegeschichte von 1853 bis heute*, 2. Aufl., Bonn 1997

Koselleck, Reinhart, *Der Einfluß der beiden Weltkriege auf das soziale Bewußtsein*. In: Wette (Hg.), Der Krieg des kleinen Mannes, S. 324–343

Koszyk, Kurt, *Deutsche Pressepolitik im Ersten Weltkrieg*, Düsseldorf 1968

Krause, Andreas, *Scapa Flow. Die Selbstversenkung der Wilhelminischen Flotte*, Berlin 1999

Kriegsende 1918. Ereignis, Wirkung, Nachwirkung, im Auftr. des Militärgeschichtlichen Forschungsamtes hg. von Jörg Duppler und Gerhard P. Groß, München 1999

Kriegserfahrungen. Studien zur Sozial- und Mentalitätsgeschichte des Ersten Weltkriegs, hg. von Gerhard Hirschfeld, Gerd Krumeich, Dieter Langewiesche und Hans-Peter Ullmann, Essen 1997

Kriegssanitätsbericht über die Deutsche Marine 1914–1918, hg. von der Medizinalabteilung der Marineleitung im Reichswehrministerium, II. Band: Statistik über die Erkrankungen, Verwundungen durch Kriegswaffen, Unfälle und ihre Ausgänge im Kriege 1914–1918, Berlin 1934

Der Krieg zur See 1914–1918. Reihe I: Der Krieg in der Nordsee, 7 Bde., Berlin 1920–1937, Frankfurt a. M. 1965; Reihe II: Der Krieg in der Ostsee, 3 Bde., Berlin 1921/1929, Frankfurt a. M. 1964; Reihe III: Der Kreuzerkrieg in den ausländischen Gewässern, 3 Bde., Berlin 1922–1937; Reihe IV: Der Krieg in den türkischen Gewässern, 2 Bde., Berlin 1938; Reihe V: Die Kämpfe der Kaiserlichen Marine in den deutschen Kolonien, 2 Bde., Berlin 1935; Reihe VI: Der Handelskrieg mit U-Booten, 5 Bde., Berlin 1932–1934, Frankfurt a. M. 1964/1966; Reihe VII: Die Überwasserstreitkräfte und ihre Technik, Berlin 1930

Krumeich, Gerd (Hg.), *Versailles 1919. Ziele, Wirkung, Wahrnehmung*, Essen 2001

Kruse, Wolfgang, *Krieg und Klassenheer. Zur Revolutionierung der deutschen Armee im Ersten Weltkrieg*. In: Geschichte und Gesellschaft, 22 (1996), S. 530–561

Kühne, Thomas, *Der Soldat*. In: Frevert, Ute/Heinz-Gerhard Haupt (Hg.), Der Mensch des 20. Jahrhunderts, Frankfurt a. M./New York 1999, S. 344–372

Lambert, Nicholas (Hg.), *The Submarine Service 1900–1918*, Aldershot 2001

Lambert, Nicholas, *Sir John Fisher's Naval Revolution*, Columbia 1999

Lambert, Nicholas, *British Naval Policy 1913–1914: Financial Limitation and Strategic Revolution*. In: Journal of Military History, 67 (1995), S. 595–626

Lambert, Nicholas, *»Our Bloody Ships« or »Our Bloody System«? Jutland and the Loss of the Battle Cruisers 1916*. In: Journal of Military History, 62 (1998), S. 29–56

Lambi, Ivo Nikolai, *The Navy and German Power Politics 1862–1914*, Boston 1984

Lange, Sven, *Der Fahneneid. Die Geschichte der Schwurverpflichtung im deutschen Militär*, Bremen 2002

Langensiepen, Bernd/Dirk Nottelmann/Jochen Krüsmann, *Halbmond und Kaiseradler. Goeben und Breslau am Bosporus 1914–1918*, Hamburg 1999

Langhorne, Richard, *Anglo-German Negotiations concerning the Future of the Portuguese Colonies 1911–1914*. In: Historical Journal, 16 (1973), S. 361–387

Langhorne, Richard, *The Naval Question in Anglo-German Relations 1912–1914*. In: Historical Journal, 14 (1971), S. 359–370

Laverrenz, Victor, *Deutschlands Kriegsflotte. Eine Darstellung der Entwickelung und des gegenwärtigen Bestandes der gesamten Reichsmarine, ihrer Organisation und ihres Materials*, Erfurt 1906

Leed, Eric J., *No Man's Land. Combat and Identity in World War I*, Cambridge 1979

Legahn, Ernst, *Meuterei in der Kaiserlichen Marine 1917/1918. Ursachen und Folgen*, Herford 1970

Leitfaden für den Dienst-Unterricht in der Hochseeflotte, 17. Aufl., Oldenburg 1915

Lerner, Paul, *»Ein Sieg deutschen Willens«: Wille und Gemeinschaft in der deutschen Kriegspsychiatrie*. In: Eckart, Wolfgang U./Christoph Gradmann (Hg.), Die Medizin und der Erste Weltkrieg, Pfaffenweiler 1996, S. 85–107

Lewis, Michael, *England's Sea-Officers. The Story of the Naval Profession*, London 1939

Lewis, Wallace Leigh, *The Survival of the German Navy 1917–1920: Officers, Sailors and Politics*, Diss. Iowa 1969

Lipp, Anne, *Meinungslenkung im Krieg. Kriegserfahrungen deutscher Soldaten und ihre Deutung 1914–1918*, Göttingen 2003

Lochner, Reinhard K., *Die Kaperfahrten des kleinen Kreuzers Emden*, 6. Aufl., München 1990

Mackay, Ruddock F., *Fisher of Kilverstone*, Oxford 1973

Mai, Gunther, *Das Ende des Kaiserreichs. Politik und Kriegführung im Ersten Weltkrieg*, München 1987

Marder, Arthur J., *The Anatomy of British Sea Power. A History of British Naval Policy in the Pre-Dreadnought Era 1880–1905*, 3. Aufl., London 1974

Marder, Arthur J., *From The Dardanelles to Oran*, London 1974

Marder, Arthur J., *From the Dreadnought to Scapa Flow. The Royal Navy in the Fisher Era 1904–1919*, 5 Bde., London 1961–1970

Marienfeld, Wolfgang, *Wissenschaft und Schlachtflottenbau in Deutschland 1897–1906*, Frankfurt a.M. 1957

Marine-Taschenbuch 1914–1918

Marine-Verordnungs-Blatt 1914–1918

Marwick, Arthur, *The Deluge. British Society and the First World War*, London 1973

Massie, Robert K., *Castles of Steel. Britain, Germany and the Winning of the Great War at Sea*, New York 2003

Maurer, John H., *Churchill's Naval Holiday: Arms Control and the Anglo-German Naval Race 1912–1914*. In: Strategic Studies, 15 (1992), 102–127

McKee, Christopher, *Sober Men and True. Sailor Lives in the Royal Navy 1900–1945*, Cambridge (MA)/London 2002

Mertens, Lothar, *Das Privileg des Einjährig-Freiwilligen Militärdienstes im Kaiserreich und seine gesellschaftliche Bedeutung*. In: Militärgeschichtliche Mitteilungen, 1(1986), S. 59–66

Messerschmidt, Manfred, *Militär und Politik in der Bismarckzeit und im Wilhelminischen Deutschland*, Darmstadt 1975

Messinger, Gary S., *British Propaganda and the State in the First World War*, Manchester/New York 1992

Militär und Innenpolitik im Weltkrieg 1914–1918, bearb. von Wilhelm Deist, 2 Bde., Düsseldorf 1970

Militärstrafgerichtsordnung vom 1. 12. 1898, 4. Aufl., Berlin 1907

Miller, Geoffrey, *Superior Force. The Conspiracy behind the Escape of Goeben and Breslau*, Hull 1996

Miller, Susanne, *Burgfrieden und Klassenkampf. Die deutsche Sozialdemokratie im Ersten Weltkrieg*, Düsseldorf 1974

Mommsen, Wolfgang J., *War der Kaiser an allem schuld? Wilhelm II. und die preußisch-deutschen Machteliten*, München 2002

Mommsen, Wolfgang J. (Hg.), *Die ungleichen Partner. Deutsch-britische Beziehungen im 19. und 20. Jahrhundert*, Stuttgart 1999

Mommsen, Wolfgang J., *Großmachtstellung und Weltpolitik. Die Außenpolitik des Deutschen Reiches 1870 bis 1914*, Frankfurt a.M./Berlin 1993

Mommsen, Wolfgang J., *Der autoritäre Nationalstaat. Verfassung, Gesellschaft und Kultur des deutschen Kaiserreiches*, Frankfurt a.M. 1990

Mommsen, Wolfgang J., *Kaiser Wilhelm II and German Politics*. In: Journal of Contemporary History, 25 (1990), S. 289–316

Mommsen, Wolfgang J./Elisabeth Müller-Luckner (Hg.), *Kultur und Krieg: Die Rolle der Intellektuellen, Künstler und Schriftsteller im Ersten Weltkrieg*, München 1996

Monger, George, *The End of Isolation. British Foreign Policy 1900–1907*, London/New York 1963

Moraht, Robert, *Zehn Jahre neues System der Offizierausbildung in England*. In: Marine-Rundschau 1913, S. 1293–1302

Moseley, Sydney A., *The Fleet from Within. Being the Impressions of a R. N. V. R. Officer*, London/Edinburgh 1919

Mosse, George L., *Gefallen für das Vaterland. Nationales Heldentum und namenloses Sterben*, Stuttgart 1993

Mühlhahn, Klaus, *Herrschaft und Widerstand in der »Musterkolonie« Kiautschou. Interaktionen zwischen China und Deutschland 1897–1914*, München 2000

Müller, Georg Alexander von, *Regierte der Kaiser? Kriegstagebücher, Aufzeichnungen und Briefe 1914–1918*, hg. von Walter Görlitz, Göttingen 1959

Müller, Georg Alexander von, *Der Kaiser … Aufzeichnungen des Chefs des Marinekabinetts Admiral Georg Alexander v. Müller über die Ära Wilhelms II.*, hg. von Walter Görlitz, Göttingen 1965

Müller, Sven Oliver, *Die Nation als Waffe und Vorstellung. Nationalismus in Deutschland und Großbritannien im Ersten Weltkrieg*, Göttingen 2002

Munro, D. J., *Scapa Flow. A Naval Retrospect*, London 1932

The Navy List 1914–1918

Neilson, Keith, *Britain and the Last Tsar. British Policy and Russia 1894–1917*, Oxford 1995

Neitzel, Sönke/Harald Welzer, *Soldaten. Protokolle vom Kämpfen, Töten und Sterben*, 5. Aufl., Frankfurt a. M. 2011

Neitzel, Sönke, *Weltmacht oder Untergang. Die Weltreichslehre im Zeitalter des Imperialismus*, Paderborn 2000

Nicolai, Britta, *Die Lebensmittelversorgung in Flensburg 1914–1918. Zur Mangelwirtschaft während des Ersten Weltkrieges*, Flensburg 1988

Nicolson, Harold, *Friedensmacher 1919*, Berlin 1933

Niemöller, Martin, *Vom U-Boot zur Kanzel*, Berlin 1934

Nipperdey, Thomas, *Deutsche Geschichte 1866–1918, Bd. 2: Machtstaat vor der Demokratie*, 3. Aufl., München 1995

Offer, Avner, *The First World War. An Agrarian Interpretation*, Oxford 1989

Offiziere im Bild von Dokumenten aus drei Jahrhunderten, hg. vom Militärgeschichtlichen Forschungsamt, Stuttgart 1964

Oppelland, Torsten, *Reichstag und Außenpolitik im Ersten Weltkrieg. Die deutschen Parteien und die Politik der USA 1914–1918*, Düsseldorf 1995

Oppelt, Ulrike, *Film und Propaganda im Ersten Weltkrieg. Propaganda als Medienrealität im Aktualitäten- und Dokumentarfilm*, Stuttgart 2002

O'Sullivan, Patrick, *Die Lusitania. Mythos und Wirklichkeit*, Hamburg 1999

Ostertag, Heiger, *Bildung, Ausbildung und Erziehung des Offizierkorps im deutschen Kaiserreich 1871 bis 1918. Eliteideal, Anspruch und Wirklichkeit*, Frankfurt a.M. 1990

The Oxford Illustrated History of the Royal Navy. Ed. by J.R. Hill and Bryan Ranft, Oxford 2002

Packer, Joy, *Deep as the Sea*, London 1976

Padfield, Peter, *The Great Naval Race. The Anglo-German Naval Rivalry, 1900–1914*, London 1974

Parker, Peter, *The Old Lie. The Great War and the Public-School Ethos*, London 1987

Partridge, Michael, *The Royal Naval College Osborne. A History 1903–1921*, Stroud 1999

Patemann, Reinhard, *Der Kampf um die preußische Wahlreform im Ersten Weltkrieg*, Düsseldorf 1964

Patterson, A. Temple, *Jellicoe. A Biography*, London 1969

Pelly, Henry, *300000 Sea Miles. An Autobiography*, London 1938

Penn, Geoffrey, *»Up Funnel, Down Screw!« The Story of the Naval Engineer*, London 1955

Persius, Lothar, *Menschen und Schiffe in der kaiserlichen Flotte*, Berlin 1925

Petter, Martin, *»Temporary Gentlemen« in the Aftermath of the Great War: Rank, Status and the Ex-Officer Problem*. In: Historical Journal, 37 (1994), S. 127–152

Petter, Wolfgang, *Deutsche Flottenrüstung von Wallenstein bis Tirpitz*. In: Handbuch zur deutschen Militärgeschichte 1648–1939, hg. vom Militärgeschichtlichen Forschungsamt, Bd. 4/Abschnitt VIII, München 1977, S. 13–262

Philbin, Tobias R., *Admiral von Hipper. The Inconvenient Hero*, Amsterdam 1982

Plagemann, Volker (Hg.), *Übersee. Seefahrt und Seemacht im deutschen Kaiserreich*, München 1988

Plaschka, Richard Georg, *Matrosen, Offiziere, Rebellen. Krisenkonfrontationen zur See 1900–1918*, 2 Bde., Wien 1984

Plunkett-Drax, R., *The Modern Officer of the Watch*, 6. Aufl., London 1918

Pochhammer, Hans, *Graf Spees letzte Fahrt. Erinnerungen an das Kreuzergeschwader*, 11. Aufl., Leipzig 1939

Podestá (Marine-Stabsarzt), *Häufigkeit und Ursachen seelischer Erkrankungen in der deutschen Marine unter Vergleich mit der Statistik der Armee*. In: Archiv für Psychiatrie, 40 (1905), S. 651–703

Pohl, Hugo von, *Aus Aufzeichnungen und Briefen während der Kriegszeit*, Berlin 1920

Poolman, Kenneth, *Zeppelins over England*, London 1975

Pound, A. D., *Man of War Organization*, Portsmouth 1913

Pyta, Wolfram, *Hindenburg. Herrschaft zwischen Hohenzollern und Hitler*, München 2007

Radkau, Joachim, *Das Zeitalter der Nervosität. Deutschland zwischen Bismarck und Hitler*, München 1998

Raeder, Erich, *Mein Leben, Bd. 1: Bis zum Flottenabkommen mit England 1935*, Tübingen 1956

Rahn, Werner, *Reichsmarine und Landesverteidigung 1919–1928. Konzeption und Führung der Marine in der Weimarer Republik*, München 1976

Rahn, Werner, *Die Seeschlacht vor dem Skagerrak: Verlauf und Analyse aus deutscher Perspektive*, in: Skagerrakschlacht, S. 139–196

Rahn, Werner, *Strategische Probleme der deutschen Seekriegführung 1914–1918*. In: Der Erste Weltkrieg, S. 341–365

Raithel, Thomas, *Das »Wunder« der inneren Einheit. Studien zur deutschen und französischen Öffentlichkeit bei Beginn des Ersten Weltkrieges*, Bonn 1996

Rauh, Manfred, *Die Parlamentarisierung des Deutschen Reiches*, Düsseldorf 1977

Reeve, John/David Stevens (Hg.), *The Face of Naval Battle. The Human Experience of Modern War at Sea*, Crows Nest 2003

Rehder, Jacob, *Die Verluste der Kriegsflotten 1914–1918*, neu bearbeitet und erweitert von Helmut Sander, München 1969

Reinermann, Lothar, *Der Kaiser in England. Wilhelm II. und sein Bild in der britischen Öffentlichkeit*, Paderborn 2001

Reuter, Ludwig von, *Scapa Flow. Das Grab der deutschen Flotte*, 4. Aufl., Leipzig 1921

Reventlow, Graf Ernst zu, *Deutschland zur See. Ein Buch von der deutschen Kriegsflotte*, Leipzig 1914

Richter, A./O. Szczesny, *Ratgeber für den Dienstbetrieb in der Kaiserlichen Marine*, Berlin 1913

Ritter, Gerhard, *Staatskunst und Kriegshandwerk. Das Problem des »Militarismus« in Deutschland*, 4 Bde., München 1960–1968

Ritter, Gerhard A./Peter Wende (Hg.), *Rivalität und Partnerschaft. Studien zu den deutsch-britischen Beziehungen im 19. und 20. Jahrhundert*, Paderborn 1999

Roberts, John, *The Battleship Dreadnought*, London 1992

Robinson, Douglas H., *The Zeppelin in Combat. A History of the German Naval Airship Division 1912–1918*, 3. Aufl., Henley-on-Thames 1971
Rodger, N. A. M., *The Command of the Ocean 1649–1815*, London 2004
Rodger, N. A. M., *The Admiralty*, Lavenham 1979
Rödel, Christian, *Krieger, Denker, Amateure. Alfred von Tirpitz und das Seekriegsbild vor dem Ersten Weltkrieg*, Stuttgart 2003
Röhl, John C. G., *Wilhelm II.*, 3 Bde., München 1993–2008
Röhl, John C. G., *Kaiser, Hof und Staat. Wilhelm II. und die deutsche Politik*, 4. Aufl., München 1995
Röhl, John C. G. (Hg.), *Der Ort Kaiser Wilhelms II. in der deutschen Geschichte*, München 1991
Röhl, John C. G./Nicolaus Sombart (Hg.), *Kaiser Wilhelm II. New Interpretations. The Corfu Papers*, Cambridge 1982
Roerkohl, Anne, *Hungerblockade und Heimatfront. Die kommunale Lebensmittelversorgung in Westfalen während des Ersten Weltkrieges*, Stuttgart 1991
Rössler, Eberhard, *Geschichte des deutschen U-Bootbaus*, München 1975
Rohkrämer, Thomas, *Der Militarismus der »kleinen Leute«. Die Kriegervereine im Deutschen Kaiserreich 1871–1914*, München 1990
Rose, Kenneth, *King George V*, London 1983
Roskill, Stephen, *Admiral of the Fleet Earl Beatty. The Last Naval Hero. An Intimate Biography*, London 1980
Roskill, Stephen, *Naval Policy Between the Wars*, 2 Bde., London 1968 u. 1976
Roskill, Stephen, *The Naval Air Service*, London 1969
The Royal Navy by a Lieutenant, London 1897
Rüger, Jan, *The Great Naval Game. Britain and Germany in the Age of Empire*, Cambridge 2007
Ruge, Friedrich, *Scapa Flow 1919. Das Ende der deutschen Flotte*, Oldenburg/Hamburg 1969
Russell, Dave, ›*We carved our way to glory*‹*. The British Soldier in Music Hall Song and Sketch, 1880–1914*. In: MacKenzie, John M. (Hg.), Popular Imperialism and the Military 1850–1950, Manchester 1992, S. 50–79
Ryheul, Johan, *Marinekorps Flandern 1914–1918*, Hamburg 1997
Salewski, Michael, *Die Deutschen und die See. Studien zur deutschen Marinegeschichte des 19. und 20. Jahrhunderts*, Stuttgart 1998
Salewski, Michael, *Die Deutschen und die See, Studien zur deutschen Marinegeschichte des 19. und 20. Jahrhunderts*, Teil II, Stuttgart 2002
Salewski, Michael, *Tirpitz. Aufstieg–Macht–Scheitern*, Göttingen 1979
Salewski, Michael, *Die deutsche Seekriegsleitung 1935–1945*, Bd. I: 1935–1941, Frankfurt a. M. 1970
Salewski, Michael, *Entwaffnung und Militärkontrolle in Deutschland 1919–1927*, München 1966

Salewski, Michael, *England, Hitler und die Marine*. In: Salewski, Die Deutschen und die See, I, S. 215–227

Salewski, Michael, *Skagerrak! Sechzig Jahre Rückblick*. In: Salewski, Die Deutschen und die See, II, S. 74–78

Salewski, Michael, *Das Offizierkorps der Reichs- und Kriegsmarine*. In: Salewski, Die Deutschen und die See, II, S. 102–114

Salewski, Michael, *Selbstverständnis und historisches Bewußtsein der deutschen Kriegsmarine*. In: Salewski, Die Deutschen und die See, I, S. 170–190

Sanders, M. L./Philip M. Taylor, *Britische Propaganda im Ersten Weltkrieg 1914–1918*, Berlin 1990

Schaible, Camell, *Standes- und Berufspflichten des deutschen Offiziers*, 6. Aufl., Berlin 1908

Scheck, Raffael, *Alfred von Tirpitz and German Right-Wing Politics 1914–1930*, New Jersey 1998

Scheck, Raffael, *Der Kampf des Tirpitz-Kreises für den uneingeschränkten U-Boot-Krieg und einen politischen Kurswechsel im deutschen Kaiserreich 1916–1917*. In: Militärgeschichtliche Mitteilungen, 55 (1996), S. 69–91

Scheer, Reinhard, *Deutschlands Hochseeflotte im Weltkrieg*, Berlin 1919

Scheer, Reinhard, *Vom Segelschiff zum U-Boot*, Leipzig 1925

Scheerer, Thomas, *Die Marineoffiziere der Kaiserlichen Marine im Ersten Weltkrieg*. In: Deutsche Marinen im Wandel, S. 269–285

Scheerer, Thomas, *Die Marineoffiziere der Kaiserlichen Marine. Sozialisation und Konflikte*, Diss. Hamburg 1993

Schieder, Wolfgang/Volker Sellin (Hg.), *Sozialgeschichte in Deutschland*, 4 Bde., Göttingen 1986 u. 1987

Schilling, René, »*Kriegshelden*«. *Deutungsmuster heroischer Männlichkeit in Deutschland 1813–1945*, Paderborn 2002

Schilling, René, *U-Boothelden in Deutschland von 1914 bis in die Gegenwart. Die Beispiele Otto Weddigen und Günter Prien*. In: Stephan Huck (Hg.), 100 Jahre U-Boote in deutschen Marinen. Ereignisse–Technik–Mentalitäten–Rezeption, Bochum 2011, S. 201–210

Der Schlieffenplan. Analysen und Dokumente. Im Auftr. des Militärgeschichtlichen Forschungsamtes und der Otto-von-Bismarck-Stiftung hg. von Hans Ehlert, Michael Epkenhans und Gerhard P. Groß, 2. Aufl., Paderborn 2007

Schneider, Ulrich, *Die Londoner Music Hall und ihre Songs 1850–1920*, Tübingen 1984

Schöllgen, Gregor, *Imperialismus und Gleichgewicht. Deutschland, England und die orientalische Frage 1871–1914*, 2. Aufl., München 1992

Schöllgen, Gregor (Hg.), *Flucht in den Krieg? Die Außenpolitik des kaiserlichen Deutschland*, Darmstadt 1991

Schönberger, Christoph, *Die überholte Parlamentarisierung. Einflußgewinn und fehlende Herrschaftsfähigkeit des Reichstags im sich demokratisierenden Kaiserreich*. In: Historische Zeitschrift, 272 (2001), S. 623–666

Schottelius, Herbert/Wilhelm Deist (Hg.), *Marine und Marinepolitik im kaiserlichen Deutschland 1871–1914*, Düsseldorf 1972

Schoultz, Gustav von, *Mit der Grand Fleet im Weltkrieg. Erinnerungen eines Teilnehmers*, Leipzig 1925

Schreiber, Gerhard, *Zur Kontinuität des Groß- und Weltmachtstrebens der deutschen Marineführung*. In: Militärgeschichtliche Mitteilungen, 2 (1979), S. 101–171

Schröder, Joachim, *Die U-Boote des Kaisers. Die Geschichte des deutschen U-Boot-Krieges gegen Großbritannien im Ersten Weltkrieg*, Lauf a. d. Pregnitz 2000

Schröder, Karsten, *Parlament und Außenpolitik in England 1911–1914, dargestellt an der englischen Deutschlandpolitik von der Agadirkrise bis zum Beginn des Ersten Weltkrieges*, Göttingen 1974

Schröder, Stephen, *Die englisch-russische Marinekonvention. Das Deutsche Reich und die Flottenverhandlungen der Tripleentente am Vorabend des Ersten Weltkriegs*, Göttingen 2006

Schröder, Hans-Jürgen, *Demokratie und Hegemonie. Woodrow Wilsons Konzept einer neuen Weltordnung*. In: Der Erste Weltkrieg, S. 159–177

Schubert, Helmuth, *Admiral Adolf von Trotha (1868–1940). Ein Versuch zur historisch-psychologischen Biographik*, Diss. Freiburg 1976

Schulze, Winfried (Hg.), *Ego-Dokumente: Annäherung an den Menschen in der Geschichte*, Berlin 1996

Schwabe, Klaus, *Deutsche Revolution und Wilson-Frieden. Die amerikanische und deutsche Friedensstrategie zwischen Ideologie und Machtpolitik 1918/19*, Düsseldorf 1971

Schweinitz, Kurt Graf von (Hg.), *Das Kriegstagebuch eines kaiserlichen Seeoffiziers (1914–1918). Kapitänleutnant Hermann Graf von Schweinitz*, Bochum 2003

Schwengler, Walter, *Völkerrecht, Versailler Vertrag und Auslieferungsfrage. Die Strafverfolgung als Problem des Friedensschlusses 1919/20*, Stuttgart 1982

Sears, Jason, *Discipline in the Royal Navy 1913–1946*. In: War & Society, 9 (1991), S. 39–60

Selchow, Bogislav von, *Hundert Tage aus meinem Leben*, Leipzig 1943

Sheffield, Gary D., *Leadership in the Trenches. Officer-Man Relations, Morale and Discipline in the British Army in the Era of the First World War*, Basingstoke 2000

Sieferle, Rolf Peter, *Der deutsch-englische Gegensatz und die »Ideen von 1914«*. In: Niedhart, Gottfried (Hg.), Das kontinentale Europa und die britischen Inseln. Wahrnehmungsmuster und Wechselwirkungen seit der Antike, Mannheim 1993, S. 139–160

Skagerrakschlacht. Vorgeschichte – Ereignis – Verarbeitung. Im Auftr. des Militärgeschichtlichen Forschungsamtes hg. von Michael Epkenhans, Jörg Hillmann und Frank Nägler, München 2009

Smith, Humphrey Hugh, *A Yellow Admiral Remembers*, London 1932

Spector, Ronald, *At War at Sea. Sailors and Naval Warfare in the Twentieth Century*, London 2001

Speitkamp, Winfried, *Ohrfeige, Duell und Ehrenmord. Eine Geschichte der Ehre*, Stuttgart 2010

Spiers, Edward M., *The Army and Society 1815–1914*, London 1980

Spiess, Johannes, *Wir jagten Panzerkreuzer. Kriegsabenteuer eines U-Boot-Offiziers*, Berlin 1938

Spode, Hasso, *Die Macht der Trunkenheit. Kultur- und Sozialgeschichte des Alkohols in Deutschland*, Opladen 1993

Spohn, Klemens, *Ratgeber in Ehrenfragen aller Art für Heer und Marine*, 6. Aufl., Berlin 1918

Steel, Nigel/Peter Hart, *Jutland 1916. Death in The Grey Wastes*, London 2003

Stegemann, Bernd, *Die deutsche Marinepolitik 1916–1918*, Berlin 1970

Stegmann, Dirk, *Die Erben Bismarcks. Parteien und Verbände in der Spätphase des Wilhelminischen Deutschlands. Sammlungspolitik 1897–1918*, Köln/Berlin 1970

Steinberg, Jonathan, *Yesterday's Deterrent. Tirpitz and the Birth of the German Battle Fleet*, London 1965

Steinberg, Jonathan, *The Tirpitz-Plan*. In: Historical Journal, 16 (1973), S. 196–204

Steinberg, Jonathan, *The Copenhagen Complex*. In: Journal of Contemporary History, 1 (1966), S. 23–46

Steiner, Zara S./Keith Neilson, *Britain and the Origins of the First World War*, 2. Aufl., Basingstoke/New York 2003

Steinmetz, Hans-Otto, *Bismarck und die deutsche Marine*, Herford 1974

Steltzer, Hans Georg, *Die deutsche Flotte. Ein historischer Überblick von 1640 bis 1918*, Frankfurt a. M. 1989

Stevenson, David, *1914–1918. Der Erste Weltkrieg*, 3. Aufl., Düsseldorf 2006

Stibbe, Matthew, *German Anglophobia and the Great War 1914–1918*, Cambridge 2001

Strachan, Hew, *The First World War*. Volume I: To Arms, Oxford 2001

Stumpf, Richard, *Das Tagebuch des Matrosen Richard Stumpf*. In: Das Werk des Untersuchungsausschusses, Bd. X/2, Berlin 1928

Sumida, Jon Tetsuro, *In Defence of Naval Supremacy. Finance, Technology and British Naval Policy 1889–1914*, 2. Aufl., London/New York 1993

Sumida, Jon Tetsuro, *Sir John Fisher and the Dreadnought: The Sources of Naval Mythology*. In: Journal of Military History, 59 (1995), S. 619–638

Tarrant, V. E., *Jutland. The German Perspective*, London 2001

Thoß, Bruno, *Nationale Rechte, militärische Führung und Diktaturfrage in Deutschland 1913–1923*. In: Militärgeschichtliche Mitteilungen, 2 (1987), S. 27–76

Tirpitz, Alfred von, *Politische Dokumente*, 2 Bde., Stuttgart 1924 u. Hamburg 1926

Tirpitz, Alfred von, *Erinnerungen*, Leipzig 1919

Trotha, Adolf von, *Der Organismus der Kaiserlichen Marine und der Weltkrieg*, Berlin 1930

Trotha, Adolf von, *Volkstum und Staatsführung. Briefe und Aufzeichnungen aus den Jahren 1915–1920*, Berlin 1928

Tupper, Reginald, *Reminiscences*, London 1929

Tweedie, Hugh, *The Story of a Naval Life*, London 1939

Ullrich, Volker, *Die Revolution von 1918/19*, München 2009

Ullrich, Volker, *Vom Augusterlebnis zur Novemberrevolution. Beiträge zur Sozialgeschichte Hamburgs und Norddeutschlands im Ersten Weltkrieg*, Bremen 1999

Ulrich, Bernd, *Die Augenzeugen. Deutsche Feldpostbriefe in Kriegs- und Nachkriegszeit 1914–1933*, Essen 1997

Ulrich, Bernd, *Nerven und Krieg. Skizzierung einer Beziehung*. In: Loewenstein, Bedrich (Hg.), Geschichte und Psychologie. Annäherungsversuche, Pfaffenweiler 1992, S. 163–192

Ulrich, Bernd/Benjamin Ziemann, *Das soldatische Kriegserlebnis*. In: Kruse, Wolfgang (Hg.), Eine Welt von Feinden. Der Große Krieg 1914–1918, Frankfurt a. M. 1997, S. 127–158

Untersuchungen zur Geschichte des Offizierkorps. Anciennität und Beförderung nach Leistung, hg. vom Militärgeschichtlichen Forschungsamt, Stuttgart 1962

Ursachen und Folgen. Vom deutschen Zusammenbruch 1918 und 1945 bis zur staatlichen Neuordnung Deutschlands in der Gegenwart, hg. von Herbert Michaelis u. Ernst Schraepler, Bd. 1: Die Wende des Ersten Weltkrieges und der Beginn der innerpolitischen Wandlung 1916/1917, Berlin 1959, Bd. 2: Der militärische Zusammenbruch und das Ende des Kaiserreiches, Berlin 1959

Veitch, Colin, *»Play up! Play up! and Win the War!« Football, the Nation, and the First World War 1914–15*. In: Journal of Contemporary History, 20 (1985), S. 363–378

Verhey, Jeffrey, *Der »Geist von 1914« und die Erfindung der Volksgemeinschaft*, Hamburg 2000

Der Vertrag von Versailles, München 1978

Vietsch, Eberhard von, *Bethmann Hollweg. Staatsmann zwischen Macht und Ethos*, Boppard am Rhein 1969

Vincent, C. Paul, *The Politics of Hunger. The Allied Blockade of Germany 1915–1919*, Athens 1985

Vogel, Jakob, *Nationen im Gleichschritt. Der Kult der »Nation in Waffen« in Deutschland und Frankreich 1871–1914*, Göttingen 1997

Waites, Bernard, *A Class Society At War. England 1914–1918*, Leamington Spa 1987

Waldeyer-Hartz, Hugo von, *Admiral Hipper. Das Lebensbild eines deutschen Flottenführers*, Leipzig 1933

Wall, Richard/Jay Winter (Hg.), *The Upheaval of War. Familiy, Work and Welfare in Europe 1914–1918*, Cambridge 1988

Wallach, Jehuda L., *Das Dogma der Vernichtungsschlacht. Die Lehren von Clausewitz und Schlieffen und ihre Wirkungen in zwei Weltkriegen*, Frankfurt a. M. 1967

Walton, Oliver, *Social History of the Royal Navy 1856–1900. Corporation and Community*, Diss. Exeter 2003

Walvin, James, *Leisure and Society 1830–1950*, London 1978

Wegener, Edward, *Selbstverständnis und historisches Bewußtsein der deutschen Kriegsmarine*. In: Marine-Rundschau, 67 (1970), S. 321–340

Wehler, Hans-Ulrich, *Deutsche Gesellschaftsgeschichte*, 4 Bde., München 1996–2003

Weir, Gary E., *Building the Kaiser's Navy. The Imperial Navy Office and German Industry in the von Tirpitz Era 1890–1919*, Annapolis 1992

Weizsäcker, Ernst von, *Erinnerungen*, München 1950

Welch, David, *Germany, Propaganda and Total War 1914–1918. The Sins of Omission*, New Brunswick 2000

Wells, John, *The Royal Navy. An Illustrated Social History 1870–1982*, Stroud 2000

Das Werk des Untersuchungsausschusses der Verfassunggebenden Deutschen Nationalversammlung und des Deutschen Reichstages 1919–1928. Vierte Reihe: Die Ursachen des Deutschen Zusammenbruchs im Jahre 1918. Zweite Abteilung: Der Innere Zusammenbruch, Bde. IX, 1 u. 2; X, 1 u. 2, Berlin 1928

Wernecke, Klaus, *Der Wille zur Weltgeltung. Außenpolitik und Öffentlichkeit im Kaiserreich am Vorabend des Ersten Weltkrieges*, Düsseldorf 1970

Werner, Reinhold, *Das Buch von der deutschen Flotte*, Bielefeld/Leipzig 1898

Wette, Wolfram (Hg.), *Der Krieg des kleinen Mannes. Eine Militärgeschichte von unten*, 2. Aufl., München 1995

Wette, Wolfram (Hg.), *Militarismus in Deutschland 1871–1945. Zeitgenössische Analysen und Kritik*, Münster 1999

Weyer, Bruno (Hg.), *Taschenbuch der Kriegsflotten*. XVII. Jahrgang, München 1916
The White Ensign, Notes on Life and Work in Her Majesty's Navy, contributed by Naval Officers, London 1896
Wilson, Keith M., *The Policy of the Entente. Essays on the Determinants of British Foreign Policy 1904–1914*, Cambridge 1985
Wilson, Trevor, *The Myriad Faces of War. Britain and the Great War 1914–1918*, Cambridge 1986
Winter, Denis, *Death's Men. Soldiers of the Great War*, London 1979
Winter, Jay M., *The Experience of World War I*, London 1988
Winter, Jay M., *The Great War and the British People*, Basingstoke 1986
Winter, Jay/Geoffrey Parker/Mary R. Habeck (Hg.), *Der Erste Weltkrieg und das 20. Jahrhundert*, Hamburg 2002
Winzen, Peter, *Bülows Weltmachtkonzept. Untersuchungen zur Frühphase seiner Außenpolitik 1897–1901*, Boppard am Rhein 1977
Wipperfürth, Christian, *Von der Souveränität zur Angst. Britische Außenpolitik und Sozialökonomie im Zeitalter des Imperialismus*, Stuttgart 2004
Wippermann, Wolfgang, *Der »deutsche Drang nach Osten«. Ideologie und Wirklichkeit eines politischen Schlagwortes*, Darmstadt 1981
Witt, Peter-Christian, *Die Finanzpolitik des Deutschen Reiches von 1903–1913. Eine Studie zur Innenpolitik des Wilhelminischen Deutschland*, Lübeck/Hamburg 1970
Wolz, Nicolas, *Das lange Warten. Kriegserfahrungen deutscher und britischer Seeoffiziere 1914 bis 1918*, Paderborn 2008
Woodward, David, *The Collapse of Power. Mutiny in the High Seas Fleet*, London 1973
Woollard, Claude L. A., *With the Harwich Naval Forces 1914–1918 or Under Commodore Tyrwhitt in the North Sea*, Privatdruck 1934
Yates, Keith, *Flawed Victory. Jutland 1916*, London 2000
Yexley, Lionel, *The Inner Life of the Navy*, London 1908
Young, Filson, *With the Battle Cruisers*, London 1921
Young, E. Hilton, *By Sea and Land*, 2. Aufl., London 1924
Zeisler, Kurt, *Die revolutionäre Matrosenbewegung in Deutschland im Oktober/November 1918*. In: Revolutionäre Ereignisse und Probleme in Deutschland während der Periode der Großen Sozialistischen Oktoberrevolution 1917/18, Berlin 1957

Bildnachweis

akg images: Bilder 5, 18, 24, 25, 26, 38
Süddeutsche Zeitung Photo: Bilder 1, 7, 35
ullstein bild: Bilder 2, 3, 4, 10, 17, 33, 36, 38
Mit freundlicher Genehmigung des Archivs des WGAZ der Marineschule Mürwik: Bild 19

Register

Die kursiven Namen/Ziffern bezeichnen Schiffe

G

H

I

FLUCHTWEG
DER GOEBEN, 1914
Goeben und Breslau
Britische Verfolgung
FRANK-
REICH
Marseille
Toulon
Triest
Pula
(30. Juli)
ÖSTERREICH – UNGARN
RUMÄNIEN
SERBIEN
BULGARIEN
Schwarzes
Meer
Bosporus
Konstantinopel
Marmara-
meer
MONTE-
NEGRO
Korsika
Rom
Adriatisches
Meer
ALBANIEN
Brindisi
(1. Aug.)
Neapel
Sardinien
ITALIEN
Tarent
Gallipoli
Imbros
Dardanellen
(10. Aug.)
Tenedos
Limnos
Ägäisches
Meer
TÜRKEI
GRIECHEN-
LAND
Athen
Ionisches
Meer
(3. Aug.)
(5. Aug.)
Goeben
Breslau
(4. Aug.)
Philippeville
(4. Aug.)
Bône
Sizilien
Straße von
Messina
Zakynthos
Donousa
Kap
Matapan
(7. Aug.)
Rhodos
TUNESIEN
Malta
Mittelmeer
Kreta
0 50 100 Meilen
0 50 100 km

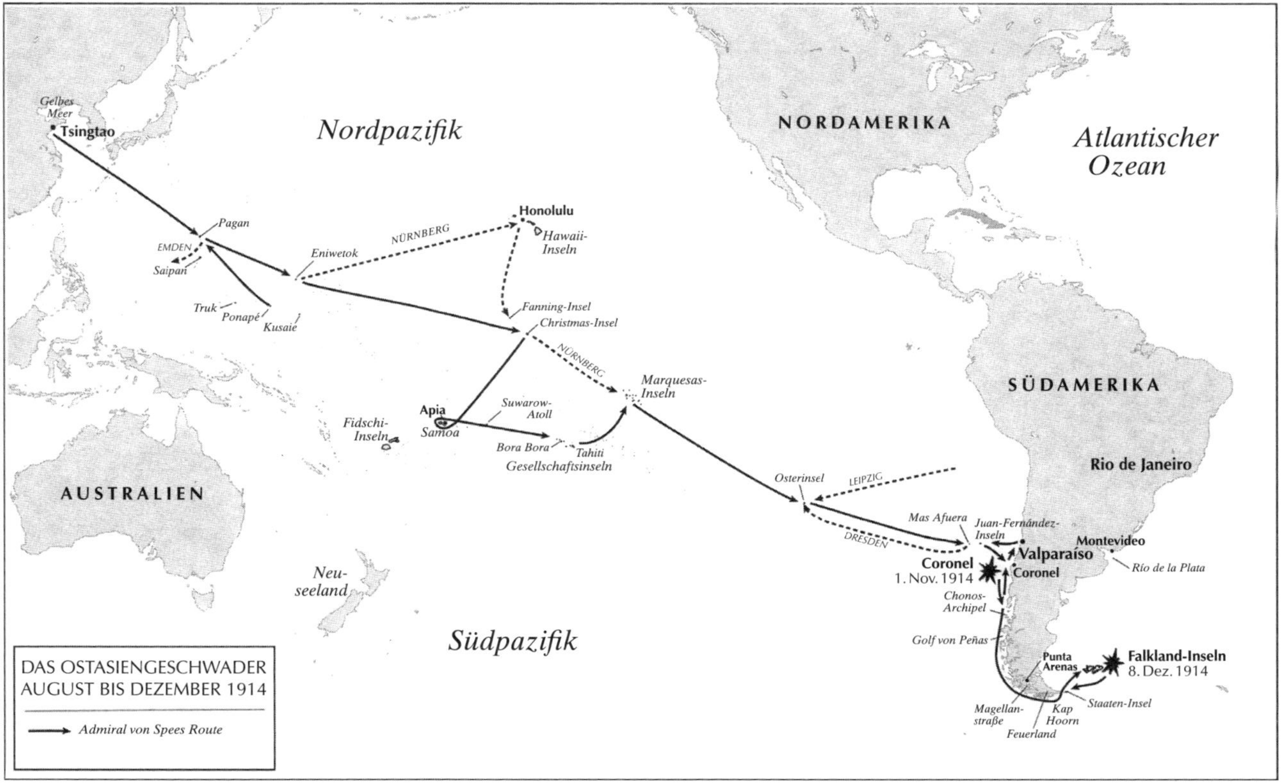

DAS OSTASIENGESCHWADER
AUGUST BIS DEZEMBER 1914
Admiral von Spees Route
Nordpazifik
Südpazifik
Atlantischer Ozean
NORDAMERIKA
SÜDAMERIKA
AUSTRALIEN
Gelbes Meer
Tsingtao
Pagan
EMDEN
Saipan
Truk
Ponapé
Kusaie
Eniwetok
NÜRNBERG
Honolulu
Hawaii-Inseln
Fanning-Insel
Christmas-Insel
NÜRNBERG
Marquesas-Inseln
Apia
Samoa
Fidschi-Inseln
Suwarow-Atoll
Bora Bora
Tahiti
Gesellschaftsinseln
Neu-seeland
Osterinsel
LEIPZIG
DRESDEN
Mas Afuera
Juan-Fernández-Inseln
Valparaíso
Coronel
Coronel
1. Nov. 1914
Chonos-Archipel
Golf von Peñas
Montevideo
Río de la Plata
Rio de Janeiro
Punta Arenas
Falkland-Inseln
8. Dez. 1914
Staaten-Insel
Magellan-straße
Kap Hoorn
Feuerland

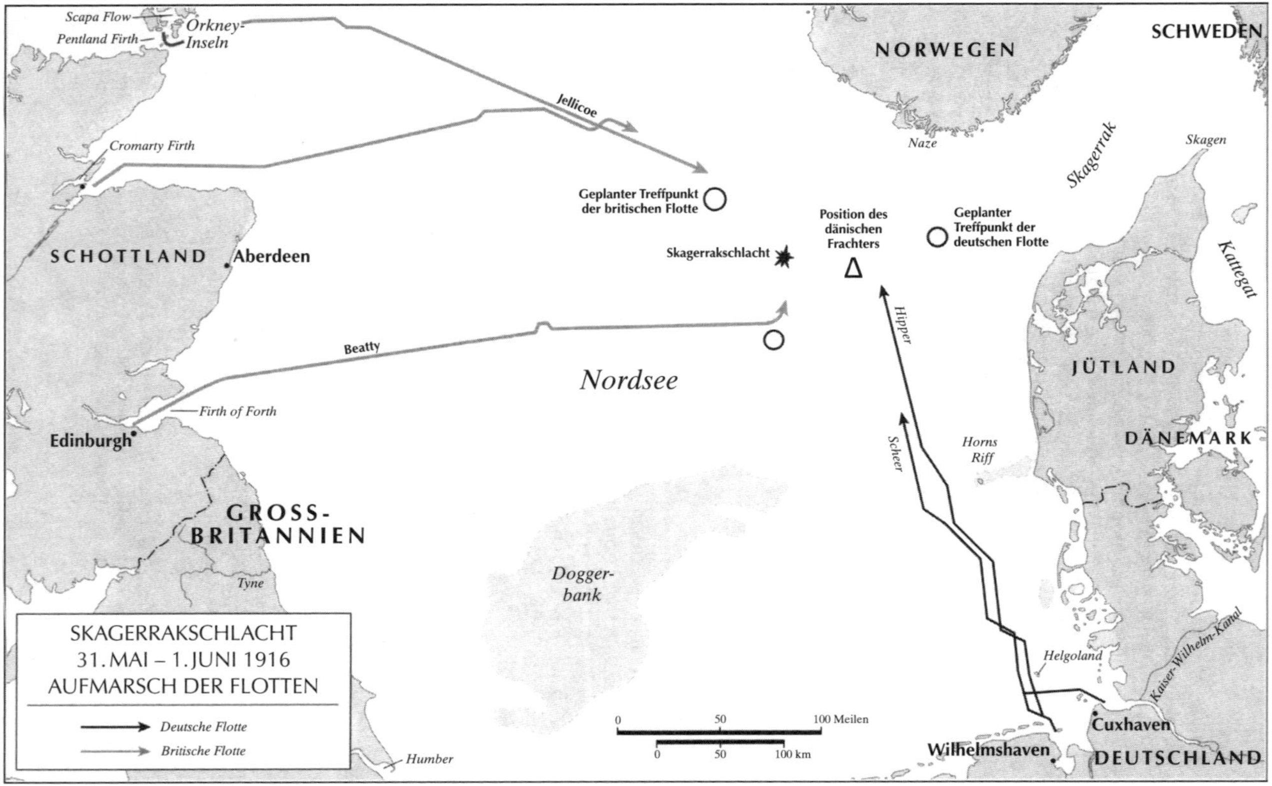
Scapa Flow
Pentland Firth
Orkney-Inseln
Cromarty Firth
SCHOTTLAND
Aberdeen
Edinburgh
Firth of Forth
GROSS-BRITANNIEN
Tyne
Humber
Jellicoe
Beatty
Geplanter Treffpunkt der britischen Flotte
Skagerrakschlacht
Position des dänischen Frachters
Geplanter Treffpunkt der deutschen Flotte
Nordsee
Doggerbank
NORWEGEN
Naze
Skagerrak
SCHWEDEN
Skagen
Kattegat
JÜTLAND
DÄNEMARK
Horns Riff
Hipper
Scheer
Helgoland
Kaiser-Wilhelm-Kanal
Cuxhaven
Wilhelmshaven
DEUTSCHLAND
0 50 100 Meilen
0 50 100 km
SKAGERRAKSCHLACHT
31. MAI – 1. JUNI 1916
AUFMARSCH DER FLOTTEN
Deutsche Flotte
Britische Flotte